# KRIEG IM MITTELALTER

# KRIEG IM MITTELALTER

Herausgegeben von
Hans-Henning Kortüm

Akademie Verlag

Abbildung auf dem Einband:
Miniatur von Jean Fouquet (gest. vor 1481) in den Grandes Chroniques de France, Paris,
Bibliothèque nationale de France, Manuscrit français 6465, fol. 78v:
Schlachtszene aus dem ersten aquitanischen Feldzug Karls des Großen.

Die Deutsche Bibliothek – CIP-Einheitsaufnahme

Ein Titeldatensatz für diese Publikation ist bei Der Deutschen Bibliothek erhältlich.

ISBN 3-05-003496-3

© Akademie Verlag GmbH, Berlin 2001

Das eingesetzte Papier ist alterungsbeständig nach DIN/ISO 9706.

Alle Rechte, insbesondere die der Übersetzung in andere Sprachen, vorbehalten.
Kein Teil dieses Buches darf ohne schriftliche Genehmigung des Verlages
in irgendeiner Form – durch Photokopie, Mikroverfilmung oder irgendein anderes Verfahren –
reproduziert oder in eine von Maschinen, insbesondere von Datenverarbeitungsmaschinen,
verwendbare Sprache übertragen oder übersetzt werden.

Einbandgestaltung: Ingo Ostermaier, Berlin
Druck: GAM Media, Berlin
Bindung: Norbert Klotz, Jettingen-Scheppach
Printed in the Federal Republic of Germany

# Inhalt

Vorwort ........................................................................................................... 7

Hans-Henning Kortüm: Der Krieg im Mittelalter als Gegenstand der
Historischen Kulturwissenschaften. Versuch einer Annäherung ................... 13

Evangelos Chrysos: Vernichtungskriege des 6. Jahrhunderts ....................... 45

Bassam Tibi: Krieg und Ethnizität im Islam .................................................. 59

Rémi Brague: Der Dschihad der Philosophen ............................................... 77

Matthew J. Strickland: Killing or Clemency? Ransom, Chivalry and
Changing Attitudes to Defeated Opponents in Britain and Northern France,
7-12$^{th}$ centuries ............................................................................................... 93

Hannelore Zug Tucci: Kriegsgefangenschaft im Mittelalter. Probleme und
erste Forschungsergebnisse ........................................................................... 123

Jean-Marie Moeglin: Von der richtigen Art zu kapitulieren: Die sechs
Bürger von Calais (1347) .............................................................................. 141

Christopher Allmand: Some Writers and the Theme of War in the Fourteenth
and Fifteenth Centuries .................................................................................. 167

Philippe Contamine: Guerre et paix à la fin du Moyen Age: l'action et la
pensée de Philippe de Mézières (1327-1405) ............................................... 181

Christiane Raynaud: Défenses annexes et fortifications de campagne dans
les enluminures des XIV$^e$ et XV$^e$ siècles. Première approche ...................... 197

Marcus Popplow: Militärtechnische Bildkataloge des Spätmittelalters ........ 251

Register der Orts- und Personennamen ......................................................... 269

# Vorwort

Sammelbände erfreuen sich im allgemeinen keines besonderen Ansehens. Ihnen eilt der Ruf voraus - zumal im Fall der sogenannten Festschriften -, es handle sich bei ihnen in der Regel um reine Buchbindersynthesen. Auch beim vorliegenden Band könnte ein solcher Verdacht naheliegen. Denn wie ein rascher Blick auf das Inhaltsverzeichnis lehrt, findet sich hier scheinbar höchst Heterogenes zum Thema "Krieg im Mittelalter" versammelt. Der Verdacht müßte sich noch verstärken, wenn man an die Umstände denkt, die dem Entstehen dieser einzelnen Beiträge zugrundeliegen. Denn mit einer Ausnahme - dem einleitenden Essay des Herausgebers - sind sie alle erwachsen aus einer Ringvorlesung, die im Sommersemester 1999 an der Universität Regensburg über den "Krieg im Mittelalter" stattgefunden hat. Der damalige Eröffnungsvortrag von Gerd Althoff (Münster) ist mittlerweile bereits an anderer Stelle publiziert worden,[1] weshalb auf einen erneuten Abdruck verzichtet werden konnte; bei allen anderen Beiträgen (mit der soeben erwähnten Ausnahme) handelt es sich um überarbeitete Fassungen der damals gehaltenen Vorträge.

Ungeachtet aller Unterschiede im einzelnen verbindet dennoch eine gemeinsame Grundüberzeugung alle hier vertretenen Forscherinnen und Forscher: Nach ihrer Einschätzung muß der mittelalterliche Krieg als ein höchst komplexes kulturelles Phänomen verstanden werden. Seine Erklärung kann daher auch nicht von der Geschichtswissenschaft schlechthin geleistet werden. Vielmehr bedarf es der Kooperation mit benachbarten Wissenschaften. Wenn das oft gebrauchte und fast ebenso oft mißbrauchte Schlagwort von der Interdisziplinarität überhaupt einen Sinn hat, dann ganz gewiß beim Problemkomplex des Krieges.

Der Interdisziplinarität ist im vorliegenden Band wenigstens ansatzweise Rechnung getragen worden: So beschränkt sich der Kreis der Beiträgerinnen und Beiträger nicht auf Mittelalterhistoriker im engeren Sinne. Vielmehr sind auch ein Althistoriker, ein Kunsthistoriker, ein Technikhistoriker, ein Politologe und ein Philosophiehistoriker vertreten. Ungleich wichtiger als die jeweilige Zugehörigkeit zu einzelnen Spezialdisziplinen erscheint etwas anderes, das diesen Band in beson-

---

1 GERD ALTHOFF, Münster: Schranken der Gewalt. Wie gewalttätig war das "finstere Mittelalter"?, in: Horst Brunner (Hg.), Der Krieg im Mittelalter und in der Frühen Neuzeit: Gründe, Begründungen, Bilder, Bräuche, Recht, Wiesbaden 1999, S. 1-23.

derer Weise auszeichnet, nämlich die Internationalität der hier vertretenen Autoren: Von elf Beiträgen stammen immerhin neun aus dem Ausland (England, Frankreich, Italien, USA und Zypern). Dies hat schon aufgrund der national sehr unterschiedlichen Wissenschaftskulturen zu einer erfreulichen Vielfalt der Perspektiven, der Methoden, der behandelten Themen und in letzter Konsequenz damit auch zu einer Interdisziplinarität geführt. Sicherlich wird man den Umstand bedauern müssen, daß wichtige Disziplinen, insbesondere die Philologien, aber auch Soziologie, Psychologie und die Religionswissenschaften, im vorliegenden Band nicht vertreten sind, doch waren die Rahmenbedingungen, zumal die finanziellen, unter denen Ringvorlesung und Publikation standen, relativ strikt vorgegeben.

Eröffnet wird der Reigen mit einem Beitrag von Evangelos Chrysos (Nikosia) über den Krieg in einer Zeit des Übergangs zwischen Spätantike und Frühmittelalter, genauer über die Endphase der militärischen Auseinandersetzung zwischen Byzanz und dem Ostgotenreich. Chrysos widerspricht der typologischen Einschätzung, die als *communis opinio* der Forschung bis zum heutigen Tage gelten darf: daß es sich nämlich bei diesem Krieg um einen sog. Vernichtungskrieg gehandelt habe. Unter Hinweis auf die primär defensiv-antimilitaristisch Haltung des byzantinischen Reiches im allgemeinen und unter Einbeziehung weiterer historischer und philologischer Argumente deutet der Autor die Auseinandersetzungen zwischen Byzanz und den Ostgoten als einen politischen Krieg im Sinne der berühmten Clausewitzschen Definition, der lediglich die Wiederherstellung der römischen Herrschaft beabsichtigt habe.

Mit den beiden Beiträgen von Bassam Tibi (Göttingen/Harvard) und Remi Brague (Paris) verlagert und erweitert sich gleichzeitig das Blickfeld. Durch die Einbeziehung der islamischen Welt ergibt sich dankenswerterweise die Möglichkeit zum interkulturellen Vergleich. Dieser erscheint umso wichtiger, als lange Phasen kriegerischer Auseinandersetzung zwischen Islam und Christentum in die Zeit des Mittelalters fallen, die gemeinhin unter dem Stichwort 'Epoche der Kreuzzüge' rubriziert werden. Der große Wert des Beitrages von Bassam Tibi läßt sich in zwei Punkten zusammenfassen. Erstens bietet er eine konzise, historisch orientierte Typologie islamischer Kriege. Er macht die Vielfalt islamischer Kriegsformen und der davon sich ableitenden Kriegsbegriffe deutlich, die sich eben nicht auf den einen vielstrapazierten und vieldeutigen Dschihad-Begriff reduzieren lassen. In diesem Zusammenhang macht der Autor auch auf unterschiedliche moderne Interpretationen des Dschihad innerhalb des modernen Islam aufmerksam (kleiner bzw. unbewaffneter versus großer/bewaffneter Dschihad). Zweitens deutet er gegenwärtige von islamischen Ethnien/Stämmen geführte Kriege als Dschihad-Kriege und versteht sie als eine Rückkehr zu mittelalterlichen Kriegsformen (im Sinne eines sog. new medievalism), weil sie nicht mehr dem neuzeitlichen Paradigma zwischenstaatlicher regulärer, an rechtliche Konventionen gebundener Kriege des 18. und 19. Jahrhundert folgten - eine These, die zweifellos eine ernsthafte Diskussion verdient. Remi Brague geht es um den Dschihad-Begriff bei den arabischen Philosphen Al-Farabi (9. Jahrhundert), Avicenna und Averroes (11. bzw. 12. Jahrhundert). Das Aufregende seiner Analyse der genannten drei arabischen Philosophen ist die Erkenntnis, wie stark sie in ihrem Denken und in ihrer Bewertung des Krieges von Platon und Aristoteles beeinflußt sind. Mit ihren griechischen Vorläufern übernehmen und teilen sie die Rechtfertigung von Krieg. Brague zufolge waren die Philosophen in diesem Sinne ungleich "radikaler" als die praktische islamische Politik, der es in einem ersten Schritt zunächst nur einmal auf die kriegerische Eroberung nichtislamischer Gebiete angekommen sei. Demgegenüber sei für das Denken dieser drei Philosophen die Eroberung der Köpfe im Sinne einer Islamisierung von besonderer Bedeutung gewesen - ein, wenn nicht der Grund, der einen Krieg zu einem'heiligen Krieg' machen konnte.

Den Kenner der mittelalterlichen Geschichte wird es nicht überraschen, wenn bei den angelsächsischen (Matthew Strickland, Christopher Allmand) und den französischen Autoren (Philippe Contamine, Christiane Raynaud) der englischfranzösische Konflikt im 12. Jahrhundert bzw. das Paradigma eines mittelalterlichen Krieges, der sog. Hundertjährige Krieg im 14. und 15. Jahrhundert, im Mittelpunkt des Interesses stehen. Dennoch geht es in jedem Fall um ganz unterschiedliche Fragestellungen. Für den in Glasgow lehrenden Mediävisten Matthew Strickland steht die Frage unterschiedlicher "Kriegsstile" im Vordergrund seiner Untersuchung. Er kann nachweisen, wie abhängig sich die mittelalterliche Kriegsführung von der gesellschaftlichen Stellung der beteiligten Kombattanten erweist, wobei als besonders interessantes Ergebnis sich die Gleichzeitigkeit des Ungleichzeitigen erweist: Englische Ritter kämpfen in anderer Art und Weise mit ihren französischen Standesgenossen, als sie es mit ihren irischen oder schottischen Feinden tun. Während sich im ersteren Fall ansatzweise eine 'Zähmung' bzw. Zivilisierung des Krieges konstatieren läßt, beispielsweise den Verzicht auf Verstümmelung oder Hinrichtung zugunsten extensiver Lösegeldpraktiken, bewahrt im letzteren Fall Krieg seinen exterminatorischen Charakter: Ziel des Krieges bleibt die existentielle Vernichtung des Gegners, die Liquidierung des Feindes.

Andere Akzente setzen Christopher Allmand (Liverpool) und Philippe Contamine (Paris). Für beide geht es um die Auseinandersetzung von Gesellschaften mit ihrem 'Krieg'. Allmand kann zeigen, wie sich in England und Frankreich die gesellschaftliche Debatte über den Krieg intensiviert und gegen Ende des 14. und zu Beginn des 15. Jahrhunderts zunehmend die mit dem Krieg verbundenen Folgekosten den Gegenstand sich verschärfender intellektueller Kritik am Krieg bilden. In dieser Diskussion wird immer wieder der Ruf nach einem starken Königtum laut, von dem eine grundlegende Reform der Gesellschaft erhofft wird. Bestimmte Gruppen innerhalb der Gesellschaft, wie z. B. Adel und Söldner, werden besonders kritisiert, wodurch naturgemäß ihre gesellschaftliche Privilegierung in Frage gestellt wird. Philipp Contamine hat an einem Mitglied der französischen

Intelligentsia, dem Kreuzzugsteilnehmer und Ordensgründer Philippe de Mézières (gest. 1405), demonstriert, wie genau man sich im Kreise der Intellektuellen bewußt war, welch verheerende Folgen generationenlange Konflikte wie der Hundertjährige Krieg zeitigten. Philippe de Mézières wußte um die damit einhergehende innere, wirtschaftliche und soziale Schwächung Frankreichs wie um den damit verbundenen außenpolitischen Prestigeverlust: Dieser ließ das ehrgeizige Ziel und vor allem den alten französischen Anspruch, Anführerin des Kreuzzuges zu sein, obsolet werden. Nicht zuletzt diese Einsicht veranlaßte ihn, auf literarische Weise in seinem ′Traum des alten Pilgers′ (Le Songe du Vieil Pélerin) ein konservatives, auf die Stärkung des Königs als dem Garanten des Allgemeinwohls gerichtetes Reformmodell zu entwickeln.

Um gesellschaftliche Reaktionen auf das Phänomen des Krieges geht es auch der in Montpellier lehrenden Kunsthistorikerin Christiane Raynaud. Nur bilden diesmal nicht, wie noch in den vorausgehenden Fällen, Schriftquellen den alleinigen Betrachtungsgegenstand, sondern die Buchmalereien des 14. und 15. Jahrhunderts rücken in den Vordergrund der historischen Analyse. In ihrem Fall stellen sich die Probleme insofern als ausgesprochen komplex dar, weil sich eine isolierte Betrachtung der Buchmalerei per se verbietet. Vielmehr gilt es, beide Ebenen, die bildliche wie die textliche, miteinander zu verbinden. Und in jedem Einzelfall ist zu prüfen, wie sich beide zueinander verhalten. Weder lassen sich, so lautet ein wichtiges Fazit ihrer peniblen Analyse der studierten Originale, bildliche Darstellungen jeweils als genaue Wiedergaben historischer Realität lesen, noch handelt es sich immer um realitätsferne Imaginationen des Malers. Große Probleme bereitet in diesem Zusammenhang das Verhältnis von Bild und Text. Keinesfalls braucht die Illustration direkten Bezug auf den umgebenden, ihn gleichsam einrahmenden Text zu nehmen. So verzichtet sie in vielen Fällen auf eine explikative Funktion. Gleichwohl kann die Buchmalerei aber auch auf technische Innovationen sehr sensibel reagieren und sie durchaus "realistisch" widerspiegeln. Die Autorin hat dies am Beispiel mittelalterlicher Befestigungs- und Verteidigungswerke eindrucksvoll aufgezeigt. Immer bleibt aber die Wahrnehmung kriegerischer Wirklichkeit jeweils kulturell gebunden, geprägt von künstlerischer Tradition und Intention - sie erweist sich notwendigerweise immer als eine *vision déformée*.

Auch für den Berliner Technikhistoriker Marcus Popplow stellen sich ähnliche Probleme wie im Fall des Beitrages von Raynaud. Ausgangspunkt ist hier gleichfalls die bildliche Repräsentation von Kriegs-Technik. Popplow kann deutlich machen, wie sehr die Visualisierung des Krieges kulturell konditioniert ist. Keinesfalls geht es immer um eine realistische Wiederabgabe oder um vorwiegend technisch orientierte Abbildung bei dem von ihm untersuchten Bildmaterial. Die jeweiligen Detailinformationen, Maße und Gewichte, Proportionen, bleiben öfter unerwähnt oder spielen eine sekundäre Rolle. Vielmehr verbinden die sog. Bildkataloge, wie sie namentlich in Italien seit dem beginnenden 14. Jahrhundert entstanden, ganz unterschiedliche Ziele: Die Eigenwerbung des Technikers, der Versuch, die eigene Kompetenz, sein Ingenium nachzuweisen, ist ebenso anzutreffen, wie die Absicht unübersehbar bleibt, das angesprochene Publikum, nämlich Hof und Herrscher, zu unterhalten. Daher wird in der Regel auch die Alltagswirklichkeit des Krieges nicht dargestellt. In den Bildkatalogen wird nicht gestorben, sondern Militärtechnik wird stark idealisierend in klinischer Reinheit als ästhetisches Schauobjekt dargeboten.

Mit dem Beitrag von Frau Hannelore Zug Tucci (Perugia) verbleiben wir im Bereich von Italien, wechseln aber das Objekt der historischen Analyse und der eingeschlagenen Methode. Ihre Aufmerksamkeit gilt einem der dunkelsten und am meisten vernachlässigten Kapitel der mittelalterlichen Kriegsgeschichte: dem Problem der Kriegsgefangenen, das anhand italienischer Beispiele aus dem späteren Mittelalter historisch entfaltet und rechtshistorisch angegangen wird. Dies empfiehlt sich unter anderem deshalb, weil mit der damals schon nachweisbaren, massenhaften Internierung von Kriegsgefangenen juristische Probleme von grundsätzlicher Bedeutung verbunden waren. Anders als man es zunächst vermuten könnte, hat sich das römisches Recht in diesem Fall nicht durchsetzen können. Wie Zug Tucci plausibel machen kann, lag dies vermutlich an der Rigorosität des römischen Rechtes, das Kriegsgefangenschaft, sei es die eigene oder die fremde, automatisch mit dem Verlust bürgerlicher Rechte und persönlicher Freiheit bestrafte. Demgegenüber zeigt die italienische Praxis eine ungleich tolerantere Einstellung: den Kriegsgefangenen wird das Testierrecht zuerkannt. Sie können, obschon in öffentlichen oder - gleichsam in Auftragsverwaltung - in Häusern von "Privatpersonen" interniert, rechtsgültige Verfügungen treffen, z. B. Testamente errichten oder juristische Verfügungen treffen. Wie stark in italienischen Kommunen Krieg als staatliche Angelegenheit angesehen wurde, zeigt die rechtliche Einschätzung der *captivi* bzw. *incacerati*: Die Ausgestaltung der Internierung liegt ausschließlich in den Händen des "Staates", d. h. der städtischen Obrigkeit.

Zum Krieg, oder genauer formuliert, zur Erinnerung an den Krieg, gehört der Mythos. Gerade das Beispiel des sogenannten Hundertjährigen Krieges zwischen England und Frankreich bietet dafür zahlreiche Beispiele. Den vielleicht bis heute langlebigsten Mythos bildet der durch Schulbuch und Denkmal gleichermaßen im historischen Bewußtsein vieler Franzosen verankerte Mythos vom "Opfergang der sechs Bürger von Calais". Indem er den tatsächlichen Ablauf anhand der wichtigsten zeitgenössischen Quellen rekonstruiert, dekonstruiert Jean-Marie Moeglin (Paris) im selben Moment diesen Mythos. Er ordnet die in die Jahre 1346 bis 1347 fallende Belagerung und Eroberung der Stadt Calais durch den englischen König in den Kanon zeitgenössischer mittelalterlicher Kapitulationsformen ein. Auch in diesem konkreten Fall läßt sich der Fall Calais' als Muster einer sogenannten *deditio* verstehen: Die angebliche Bereitschaft der sechs Bürger von Calais, zugunsten der Freiheit ihrer Mitbürger in den Tod zu gehen, erweist sich bei näherer Betrachtung als Bestandteil eines festgelegten Übergaberituals, das die beiden

Parteien, der siegreiche englische König und die unterlegene französische Stadt, miteinander zelebrierten. Der "Opfergang" war fester Bestandteil dieses Schauspiels, dessen friedvolles Ende, sprich die Nicht-Hinrichtung der Bürger, zwischen den Parteien ausgemacht war.

Ebenfalls zum festen Ritual gehört es, am Ende eines solchen Vorwortes auch seinen Dank abzustatten denjenigen gegenüber, denen man sich verpflichtet fühlt und ohne deren tatkräftige Mithilfe dieses Buch nicht entstanden wäre. Der Herausgeber dieses Band kommt dieser Verpflichtung umso lieber nach, als es sich für ihn nicht um eine lästige Pflicht, sondern um ein wirkliches Anliegen handelt, auch wenn diese Aussage strenggenommen ihrerseits bereits wieder topisch ist. An allererster Stelle richtet sich der Dank, wie könnte es auch anders sein, an die beteiligten Kolleginnen und Kollegen, die ungeachtet zahlreicher anderer Verpflichtungen spontan der Einladung gefolgt sind und dabei den für manche doch sehr weiten Weg nach Regensburg nicht gescheut haben. Vor allem aber haben sie durch das schnelle Fertigstellen ihrer Manuskripte die rasche Publikation ermöglicht, die in den Händen des Berliner Akademie Verlages und seines bewährten Lektors für Geschichte, Herrn Manfred Karras, lag.

Der vorliegend Band hätte ungeachtet des Engagements der beteiligten Kolleginnen und Kollegen aber nicht erscheinen können, wenn er nicht die entscheidende moralische wie finanzielle Förderung und Rückendeckung durch den Rektor der Universität, Herrn Prof. Dr. Helmut Altner, erfahren hätte. Nicht zuletzt seinem Engagement vor allem ist es zu danken, daß die Regensburger Universitätsstiftung Hans Vielberth durch die großzügige Übernahme der Reisekosten die Ringvorlesung überhaupt erst ermöglicht hat, wofür ihr an dieser Stelle noch einmal sehr herzlich gedankt sei. Die Hochschulleitung hat darüberhinaus die Ringvorlesung und die Publikation des Bandes durch eine eigene, großzügige finanzielle Zuwendung unterstützt. Auch hierfür fühlt sich der Herausgeber dem Rektor und namentlich auch dem Kanzler, Herrn Hans-Hagen Zorger, tief verpflichtet.

Mein ausdrücklicher Dank gilt ferner den beiden Assistenten, Herrn Dr. Achim Hack und Herrn Dr. Alfred Hüttemann, der Doktorandin Martina Schmidt und den studentischen Hilfskräften Sandra Freimuth und Martin Völkl. Auch wenn ihrer aller Namen, wiederum der Tradition folgend, erst am Schluß dieser Danksagung genannt werden, so spiegelt dieser Umstand bedauerlicherweise nicht das wider, was sie alles zum guten Gelingen der Ringvorlesung und des vorliegendes Bandes geleistet haben. Ohne ihr großes, nie erlahmendes Engagement und ihre Begeisterung, von der sich insbesondere auch die ausländischen Referenten anstecken ließen, die als Fremde kamen und als Freunde schieden, wäre dieses Unternehmen nicht gelungen.

Regensburg, im Mai 2000                                  Hans-Henning Kortüm

# Hans-Henning Kortüm

# Der Krieg im Mittelalter als Gegenstand der Historischen Kulturwissenschaften. Versuch einer Annäherung

## I. Vorklärungen

Der Titel des vorliegenden Beitrages verlangt zwingend nach definitorischen Vorüberlegungen, denn eingestandenermaßen präsentiert er sich überaus komplex. Zwei Umstände bedingen seine Komplexität: Erstens handelt es sich bei allen verwendeten zentralen Begriffen, nämlich bei "Krieg", "Mittelalter" und "Kulturwissenschaften", um Termini und Konstrukte, mit denen sich ganz verschiedene Assoziationen verbinden, worauf im folgenden noch näher einzugehen sein wird. Zweitens erscheint die hier vorgenommene Verknüpfung der erwähnten Begriffe miteinander nicht unproblematisch. Auch darauf wird noch zurückzukommen sein. Schließlich möchte der Untertitel des Essays "Versuch einer Annäherung" ausdrücklich nicht als üblicher Bescheidenheitstopos aufgefasst werden. Denn, wie noch zu zeigen sein wird, befindet sich die mediävistische Forschung auf diesem wichtigen Feld noch weitgehend im Anfangsstadium. Daher kann es nur um eine Annäherung im Sinne einer Skizzierung künftiger Forschungsfelder gehen.[1]

Begonnen sei mit dem ersten Punkt: Es gilt gleich eingangs darauf hinzuweisen, daß die gewählte Abfolge: "Krieg" - "Mittelalter" - "Kulturwissenschaften" nicht zufällig ist, sondern vielmehr auf die stark abnehmende sachliche Konkretion dieser Begriffe hinweisen möchte: So scheint in umgangssprachlicher Verwendung zumindest Einigkeit über den Begriff des Krieges zu herrschen; auch über den Terminus Mittelalter wird man sich in alltagssprachlichem Kontext in aller Regel

---

[1] Im Rahmen einer von der "Deutschen Forschungsgemeinschaft" bewilligten interdisziplinär ausgerichteten Forschergruppe "Krieg im Mittelalter", die zum 1. 6. 2000 ihre Arbeit an der Universität Regensburg aufgenommen hat, unternimmt es das Teilprojekt "Feindbild und Krieg im Mittelalter. Zur Rolle von Auto- und Heterostereotypen am Beispiel Frankreichs und Englands (11. - 15. Jahrhundert)" den unten in Abschnitt V. skizzierten Fragen nachzugehen.

noch problemlos verständigen können, während sich die "Kulturwissenschaften" jeder strengen Festlegung entziehen. Deren Unschärfe ist wesentlich durch die Unschärfe des Begriffes Kultur geprägt. So hat man bereits vor knapp fünfzig Jahren über 300 höchst unterschiedliche Kulturdefinitionen gezählt,[2] und heute mehr denn je ist die Einschätzung weitverbreitet, daß es sich bei "Kultur" um ein höchst diffuses Konzept handle.[3] Angesichts dieses Umstandes erscheint eine allseits akzeptierte und systematisch-theoretisch befriedigende Definition nicht möglich, schon gar nicht im Rahmen eines Essays. Nur so viel scheint sicher: nach der Debatte der letzten Jahre[4] und vor allem angesichts der Ausdehnung des "Kultur"-Begriffes auf höchst unterschiedliche Bereiche ist ein klassischer Kulturbegriff im Sinne einer wie auch immer definierten gesellschaftlichen "Hochkultur", da allzu eng, obsolet geworden: Ganz offensichtlich "ist Kultur" - um eine Formulierung Jan Assmanns aufzugreifen - "kein Kampfbegriff mehr".[5] Hingegen macht ein weiter und offener Begriff von "Kultur", wie er sich in alltagssprachlicher Verwendung niederschlägt,[6] diesen für ganz unterschiedliche Wissenschaftszweige ausgesprochen attraktiv. Dies dürfte ein Grund neben anderen dafür sein, warum soviele, höchst unterschiedliche Disziplinen für sich beanspruchen, "kulturwissenschaftlich" zu arbeiten. Schließlich hat man in jüngster Zeit sogar die Frage gestellt, ob nicht das Konzept einer gleichsam überwölbenden Kulturwissenschaft dazu geeignet sein könnte, die traditionell starren Grenzen zwischen "harten" Naturwissenschaften und "weichen" Geisteswissenschaften zu überwinden.[7]

Ob man angesichts der Vielzahl "kulturwissenschaftlich" orientierter Arbeiten und Projekte schon von einer inflationären Verwendung dieses Begriffes sprechen möchte, muß dabei der Einschätzung eines jeden einzelnen überlassen bleiben. Es droht aber unübersehbar die Gefahr einer gewissen Beliebigkeit und einer damit notwendigerweise verbundenen Unschärfe, worauf die Vertreter einer traditionel-

---

2 Vgl. dazu SEMIRA SORAYA, Zum Kulturbegriff in der Multikultur, in: ALEXANDER THOMAS (Hg.): Psychologie und multikulturelle Gesellschaft. Problemanalysen und Problemlösungen, Göttingen 1994, S. 15-22.

3 CHRISTOPH CONRAD/MARTINA KESSEL, Blickwechsel: Moderne Kultur, Geschichte, in: DIES. (Hgg.), Kultur und Geschichte, Stuttgart 1998, S. 9-40.

4 Angesichts der Fülle der Literatur vgl. statt aller UTE DANIEL, Clio unter Kulturschock. Zu den aktuellen Debatten der Geschichtswissenschaft, in: GWU 48 (1997), S. 195-218.

5 ALEIDA und JAN ASSMANN, Kultur und Konflikt. Aspekte einer Theorie des unkommunikativen Handelns, in: JAN ASSMANN/DIETRICH HARTH, Kultur und Konflikt, Frankfurt 1990, S. 11-48, hier S. 35.

6 Vgl. die bei A. und J. ASSMANN, Kultur (wie Anm. 5), S. 35 zitierten Beispiele "Versicherungskultur, Körperkultur, Lachkultur, Stadtkultur, Einkaufskultur".

7 Vgl. dazu OTTO GERHARD OEXLE, Naturwissenschaft und Geschichtswissenschaft. Momente einer Problemgeschichte, in: LORRAINE DASTON/OTTO GERHARD OEXLE (Hgg.), Naturwissenschaft, Geisteswissenschaft, Kulturwissenschaft. Einheit-Gegensatz-Komplementarität? (Göttinger Gespräche zur Geschichtswissenschaft VI), Göttingen 1998, S. 99-151, hier S. 146-151.

len Strukturgeschichte, heiße sie nun Sozial- oder Gesellschaftsgeschichte, nicht ohne kritischen Unterton hingewiesen haben.[8] Daß gleichwohl kulturwissenschaftliche Ansätze gerade im mediävistischen Bereich nutzbringend sein können, lehrt ein Blick auf Entwicklungen innerhalb der Mittelalterforschung der letzten Jahrzehnte.[9] Insbesondere die von Otto Gerhard Oexle vorgeschlagene Verortung einer kulturgeschichtlich orientierten Mediävistik als eines integralen Bestandteils der Historischen Kulturwissenschaften[10] erweist sich als ein außerordentlich hilfreiches Konzept. Denn es macht deutlich, daß nicht traditionelle Kulturgeschichte im Sinne einer tendenziell am Rande liegenden, eher unwichtigen, weil auch eher unpolitischen historischen Teildisziplin gemeint sein kann, sondern daß der Anspruch ungleich umfassender und allgemeiner ist. So verdienstvoll ältere Formen der Kulturgeschichtsschreibung auch gewesen sein mögen,[11] so geht es doch einer modernen Kulturgeschichtsschreibung nicht nur um die Aufwertung der eigenen Disziplin im Sinne einer gleichgewichtigen Positionierung von "Kultur" neben Politik[12]. Es geht ihr vielmehr um die historische Aufarbeitung kulturell vermittelter Wahrnehmungs- und Deutungsmuster von Gesellschaften. Um diesen sehr umfassenden Anspruch auch nur partiell einlösen zu können, bedarf die Medi-

---

8   Vgl. dazu das gegenüber den "Kulturwissenschaften" insgesamt eher skeptisch bleibende "Vorwort" von HANS-ULRICH WEHLER, eines Hauptvertreters der klassischen Sozial- und Strukurgeschichte, in: DERS., Die Herausforderung der Kulturgeschichte, München 1998, S. 7-13. Wehler spricht ebd. S. 9 auch über "Kapitulation vor dem Chic des innovationsverheißenden Modetrends."

9   Vgl. dazu den Überblick von HANS-WERNER GOETZ, Moderne Mediävistik. Stand und Perspektiven der Mittelalterforschung, Darmstadt 1999.

10  OTTO GERHARD OEXLE, Geschichte als Historische Kulturwissenschaft, in: WOLFGANG HARDTWIG u. a., Kulturgeschichte heute, Göttingen 1996, S. 14-40.

11  Über die Geschichte der Kulturgeschichte in Deutschland informiert STEFAN HAAS, Historische Kulturforschung in Deutschland 1880-1930. Geschichtswissenschaft zwischen Synthese und Pluralismus (Münstersche Historische Forschungen V), Köln u. a. 1994, der den "Kontinuitätsriß" der deutschen Kulturgeschichte "zwischen erstem Weltkrieg und nationalsozialistischer Machtergreifung" ansetzt (ebd. S. 7). Die Arbeit von Haas macht auch deutlich, daß es "die" Kulturgeschichte in Deutschland nie gegeben hat, sondern, wie nicht anders zu erwarten, höchst unterschiedliche Spielarten existierten.

12  Insbesondere die mit dem Namen Karl Lamprechts verbundene "Kulturgeschichte" wurde häufig als ein wissenschaftlicher Paradigmenwechsel im Sinne einer Abwendung von einer alles dominierenden politischen hin zu einer Kultur-, Wirtschafts- und Sozialgeschichte gedeutet, vgl. dazu insbesondere LUISE SCHORN-SCHÜTTE, Karl Lamprecht. Kulturgeschichtsschreibung zwischen Wissenschaft und Politik (Schriftenreihe der Historischen Kommission bei der Bayerischen Akademie der Wissenschaften XXII), Göttingen 1984; vgl. ferner S. HAAS, Historische Kulturforschung (wie Anm. 11), S. 41: "Der Paradigmenwechsel von der Verfassungs- zur Wirtschaftsgeschichte" und WINFRIED SCHULZE, Otto Hintze und die deutsche Geschichtswissenschaft um 1900, in: NOTKER HAMMERSTEIN (Hg.), Deutsche Geschichtswissenschaft um 1900, Stuttgart 1988, S. 323-339, hier S. 325 mit dem Hinweis auf die "Problematisierung der bislang gültigen Leitkategorien der Geschichtswissenschaft ... ob das 'individualistische' Paradigma des Historismus abgelöst werden sollte durch ein 'kollektivistisches'".

ävistik - dies liegt auf der Hand - der Kooperation mit Nachbardisziplinen. Und tatsächlich zeigt sich, in welch großem Umfang die heutige Mittelalterforschung von den Erkenntnissen benachbarter Fächer, insbesondere der Ethnologie, der Soziologie, der Politikwissenschaften usw. hat profitieren können. Bei vielen der heuristischen Kategorien, wie sie heutigentags verwendet werden, handelt es sich ja keineswegs um genuin mediävistische Begriffsprägungen: Man denke nur an so zentrale Termini wie die Begriffe des "Archaischen", der "Mündlichkeit" bzw. "Oralität", des "Rituals", des "Konflikts" bzw. der "Konfliktlösung", des "Konsenses" usw., die unübersehbar ihre analytische Brauchbarkeit erwiesen haben. Dies gilt ungeachtet des Umstandes, daß partiell Uneinigkeit darüber herrscht, inwieweit sie das tatsächliche Verhalten geschichtlicher Subjekte gesteuert haben. Als wohl wichtigstes Ergebnis läßt sich feststellen, daß noch von der älteren Forschung bisweilen eher unbedenklich gebrauchte heuristische Kategorien wie z. B. "Staat" zunehmend ins Hintertreffen geraten sind.[13]

Eindeutig nicht ins Hintertreffen geraten ist hingegen der Begriff des Mittelalters.[14] Ja, fast könnte man den Eindruck gewinnen, daß er sich mehr denn je besonderer Konjunktur erfreut. Damit ist hier nicht eine fast schon inflationäre Züge annehmende *event culture* gemeint, die Mittelalter als Marketingaufgabe (miß-)versteht. Vielmehr rückt ganz notwendigerweise typisch Mittelalterliches in den Vordergrund der Betrachtung, wenn man, wie die jüngere mediävistische Forschung, dezidiert darauf verzichtet, uns aus der Gegenwart vertraute Begriffe als Beschreibungskategorien einzusetzen. Indem beispielsweise eine soeben erschienene Darstellung der ottonischen Geschichte ganz dezidiert den Staatsbegriff, da inadäquat, ablehnt,[15] so betont sie damit gleichzeitig das spezifisch Andersartige, das Fremde, mit einem Wort: das "Mittelalterliche". Andererseits mag in diesem Zusammenhang die Frage erlaubt sein, wann ein unter den eingangs

---

13 Vgl. dazu den nach Einschätzung des Verfassers "ein wenig provokant wirkend(en) Untertitel" der jüngsten Monographie von GERD ALTHOFF, Die Ottonen. Königsherschaft ohne Staat, Stuttgart u. a. 2000.
14 Zum Verständnis des "Mittelalters" in der Moderne: GERD ALTHOFF, Sinnstiftung und Instrumentalisierung: Zugriffe auf das Mittelalter, in: DERS. (Hg.), Die Deutschen und ihr Mittelalter, 1992, S. 1-6; OTTO GERHARD OEXLE, Das Bild der Moderne vom Mittelalter und die moderne Mittelalterforschung, in: Frühmittelalterliche Studien 24 (1990), S. 1-22; DERS., Das entzweite Mittelalter, in: GERD ALTHOFF (Hg.), Sinnstiftung und Instrumentalisierung, S. 7-28; DERS., Das Mittelalter und das Unbehagen an der Moderne. Mittelalterbeschwörungen in der Weimarer Republik und danach, in: SUSANNE BURGHARTZ u. a. (Hgg.), Spannungen und Widersprüche, Gedenkschrift für František Graus, Sigmaringen 1992, S. 125-153. - Daß bereits "das Mittelalter" vergangene, notabene auch "mittelalterliche" Epochen zur eigenen Identitätsstiftung in Anspruch genommen hat, demonstriert am Beispiel Karls des Großen eindrucksvoll BERND SCHNEIDMÜLLER, Sehnsucht nach Karl dem Großen. Vom Nutzen eines toten Kaisers für die Nachgeborenen, in: GWU LI 2000, S. 284-301.
15 Vgl. Anm. 13.

erwähnten Kategorien gedeutetes Mittelalter denn dann wirklich endet. Ein Blick auf moderne, zeitgenössische Rituale und Konflikte und die damit verbundenen Konfliktlösungen - man denke nur an die üblichen Tarifauseinandersetzungsrituale bundesrepublikanischer Sozialpartner -, stimmt einen skeptisch, ob das Mittelalter wirklich auch um 1500 schon zu Ende gegangen ist. In diesem Zusammenhang wird man sich auch dem Problem stellen müssen, ob die traditionellen, und das heißt: die vornehmlich der politischen Geschichte verpflichteten Periodisierungskonzepte ihre Gültigkeit behalten. Insbesondere wird man auch nicht der Frage ausweichen können, ob man überhaupt vom "Krieg im Mittelalter" sprechen darf, impliziert diese Wendung doch, daß es einen spezifisch mittelalterlichen Krieg etwa im Unterschied zum frühneuzeitlichen Krieg gegeben habe. Auch dazu wird im folgenden noch Stellung zu nehmen sein im Zusammenhang mit dem eingangs bereits erwähnten zweiten Problem, das sich aus der gegenseitigen Verknüpfung von "Krieg", "Mittelalter" und "Kulturwissenschaften" ergibt. Zuvor gilt es aber noch einen Blick auf den Terminus "Krieg" zu werfen.

Es wurde eingangs bereits darauf hingewiesen, daß der heutige umgangssprachliche Gebrauch dieses Wortes relativ problemlos erscheint, wofür nicht zuletzt die einschlägigen Etikettierungen der kriegerischen Konflikte in der jüngeren und jüngsten Vergangenheit herangezogen werden können: Man spricht vom Kosovo-Krieg, vom Tschetschenien-Krieg, vom Sieben-Tage-Krieg, vom Krieg in Afghanistan, vom Iranisch-Irakischen Krieg und vom Golf-Krieg. Spätestens diese militärische Auseinandersetzung mag Zweifel aufkommen lassen, ob es sich bei diesem dem Fernsehzuschauer als *spectaculum* präsentierten Medienereignis noch um einen "richtigen Krieg" gehandelt hat. Zumindestens äußern Militärhistoriker und Politologen gleichermaßen massive Zweifel, ob diese Einschätzung zutrifft auf eine Auseinandersetzung zwischen einer Supermacht, den USA, und einer noch als Entwicklungsland einzuschätzenden Regionalmacht, dem Irak. Offenkundig gehört zu unserem Verständnis von Krieg auch die Annahme einer gewissen Vergleichbarkeit der Kräfte der untereinander kriegführenden Parteien. Das hier vorhandene starke Ungleichgewicht drückt sich besonders deutlich in der Zahl der Kriegstoten aus. Die Verluste der sog. Golfkriegskoaliton, der USA und der mit ihr verbündeten Staaten, hielten sich in engen Grenzen. Diese Aussage gilt sowohl für die Soldaten wie auch die Zivilisten. Die Verluste auf irakischer Seite, sowohl bei Kombattanten wie Nichtkombattanten, dürften ungleich höher gelegen haben. Noch drastischer sieht das Verhältnis im sog. Kosovo-Krieg aus, der von alliierter Seite ganz bewußt als reiner Luftkrieg geführt wurde, um eigene Verluste zu minimieren. Deshalb ist es auch vor dem Rückzug der serbischen Truppen aus dem Kosovo zu keinem Einsatz von Bodenkräften gekommen. Handelt es sich dann aber noch um einen "Krieg" im strengen Sinn? Gehört zum Krieg, wie man gemeint hat, nicht nur die

Bereitschaft zum Töten, sondern ebenso die Bereitschaft, sich töten zu lassen?[16] Und ist der "Krieg" nach dem Einmarsch der KFOR-Truppen wirklich schon zu Ende, oder fängt er jetzt nicht erst richtig an?

Die Unsicherheit, die in diesen Fragen zum Ausdruck kommt, beruht darauf, daß unser Verständnis von Krieg offensichtlich bestimmten historisch-typologischen Mustern verpflichtet ist. Dies beweist auch der Umstand, daß die irakisch-iranische Auseinandersetzung der Jahre 1986 bis 1992 von Experten ohne Zögern als "Krieg" eingeschätzt wird, denn er erfüllt ganz offensichtlich die Kriterien, die "Krieg" herkömmlicherweise zu definieren scheinen: um eine mittels Gewalt geführte, in aller Regel eine längere Zeit in Anspruch nehmende militärische, d. h. an bestimmte Regeln gebundene, Auseinandersetzung zwischen zwei oder mehr Staaten, die zur Erreichung bestimmter Ziele geführt wird.[17] Dieser Definitionsversuch ist deshalb nicht unproblematisch, da er vor allem anderen auf dem Begriff des Staates basiert: Krieg und Staat erscheinen aufs engste miteinander verbunden. Auch die berühmte und deshalb auch immer wieder gern zitierte Clausewitzsche Formel vom Krieg als einer "bloße(n) Fortsetzung der Politik mit anderen Mitteln"[18] beruht auf der engen Verbindung von Politik bzw. Staat und Krieg, die auch vor dem Hintergrund der als Staatskriege geführten nationalen Einigungskriege in der zweiten Hälfte des 19. und vor allem der beiden Weltkriege im 20. Jahrhundert nachwievor ihre Gültigkeit zu behalten schien. Ihr zufolge können ausschließlich Staaten Kriege führen. Mit anderen Worten: Kriege im Sinne der soeben angeführten Definition sind vorwiegend oder gar ausschließlich ein Phänomen der Neuzeit oder zumindestens des späten Mittelalters, da der Staatsbegriff, wie erwähnt, die politischen Strukturen des frühen und hohen Mittelalters nicht adäquat zu beschreiben vermag. Aber nicht allein in dem Umstand, daß eine solche Definition antike, mittelalterliche oder auch noch viele frühneuzeitliche Kriege per se ausschlösse, liegt ihr Ungenügen. Vielmehr wird - und dies dürfte ungleich wichtiger sein - eine solche definitorische Engführung bereits der damaligen historischen Realität nicht mehr gerecht.[19] Denn

---

16 Zu einer so gearteten Definition von Krieg vgl. unten Anm. 20.
17 Zur Definition von Krieg, die einen "Staats"-Begriff voraussetzt vgl. die folgende Anm.
18 Vgl. CARL VON CLAUSEWITZ, Vom Kriege, Erster Teil, Erstes Buch, 17. Auflage. Vollständige Ausgabe im Urtext, Bonn 1966, S. 108. - Eine gute Einführung in das Denken von Clausewitz', in die historischen Erfahrungen, die seiner Philosophie zugrundelagen, und schließlich in die von ihm ausgehende Wirkung bieten MARTIN VAN CREVELD, On Future War, London 1991, S. 33-42 (dt.: Die Zukunft des Krieges, München 1998) und JOHN KEEGAN, Die Kultur des Krieges, Berlin 1995, S. 21-52 (engl. Originalausgabe: A History of Warfare, New York/London 1993).
19 Vgl. dazu J. KEEGAN, Kultur (wie Anm. 18), S. 25: "Das Ziel, das Clausewitz mit aller ihm zu Gebote stehenden philosophischen Kraft verfolgte, war eine allgemeingültige Theorie, was der Krieg sein *sollte* [Hervorhebung im O.], nicht aber, wie er sich in Vergangenheit und Gegenwart tatsächlich darbot." - Zur tatsächlichen Situation der Zeit von Clausewitz', insbesondere zu Beispielen nichtstaatlicher Kriegsführung, vgl. M. VAN CREVELD, Future War (wie Anm. 18), S. 39-41.

bereits und gerade die Zeit von Clausewitz, d. h. die Zeit der Napoleonischen Kriege, bietet ein Beispiel dafür, daß die Kriegsführung den Händen eines Staates bzw. einer Regierung entgleiten kann. Der spanische Volksaufstand gegen die französischen Besatzungstruppen, die Mobilisierung des "Volkes" in Form der sog. Landwehr in den Befreiungskriegen zu Beginn des 19. Jahrhunderts, verweisen auf andere Manifestationen von Krieg. Nur noch die eine der beiden kriegführenden Partei ist mit einem Staat zu identifizieren, die andere Seite ist eine gesellschaftliche Gruppe oder Organisation, die für sich beansprucht, im Namen des "Volkes" oder der "Nation" Krieg zu führen. Die militärischen und vor allem die politischen Schwierigkeiten, die aus einer solchen Disparität der Kriegsteilnehmer für diejenige Seite erwachsen, die einen "normalen" Krieg im Sinne eines staatlichen Krieges führen will, lassen sich bekanntlich bis in die jüngste Vergangenheit studieren. Der Vietnamkrieg, dessen Ende mit dem Fall Saigons sich 1999 zum fünfundzwanzigsten Mal gejährt hat, ist ein Beispiel, das für viele andere steht.

Es überrascht angesichts des offensichtlichen Ungenügens einer althergebrachten, am Begriff des "Staates" orientierten Definition des Krieges nicht, daß neue Definitionen von Krieg vorgeschlagen worden sind. Dabei hat sich insbesondere die aus dem Lager der Ethnologen stammende Definition des Krieges von Margaret Mead auf breiterer Ebene durchsetzen können, weil sie anstatt von Staaten von (mindestens zwei) gesellschaftlichen Gruppen ausgeht, die einander feindlich gegenüberstehend zur Erreichung ihrer jeweiligen Ziele militärische Mittel einsetzen, wobei der Tod des Feindes wie der eigene bewußt einkalkuliert wird.[20]

Die Unterschiedlichkeit der gegeneinander kriegführenden Parteien hat häufig zu untereinander unterschiedlichen Wahrnehmungsformen und damit im Gefolge auch zu unterschiedlichen Terminologien und Praktiken geführt. Diejenige Seite, die einen staatlichen Krieg führen möchte, hat dem Gegner häufig den Kombattantenstatus verweigert, ihn terminologisch und damit auch moralisch zu disqualifizieren versucht. Vor allem aber ist in einem solchen Krieg der Grad der Akzeptanz von "Spielregeln", die die beteiligten Parteien einzuhalten gewillt sind, äußerst gering.

---

20 Vgl. MARGARET MEAD, Alternativen zum Krieg, in: MORTON FRIED u. a. (Hgg.), Der Krieg. Zur Anthropologie der Aggression und des bewaffneten Konflikts, Frankfurt a. M. 1971, S. 235-252, hier S. 236, wo "Krieg" als ein Konflikt verstanden wird, bei dem erstens die Konfliktaustragung in organisierten Kampfgruppen stattfindet, zweitens das Töten nicht den gesellschaftlichen Sanktionen unterliegt, die gewöhnlich dafür innerhalb der jeweiligen Gruppe gelten, drittens die Krieger grundsätzlich zum Töten und Sterben bereit sind, viertens die genannten Charakteristika bei beiden gegnerischen Parteien vorhanden sind und jeweils beide von der Legitimität ihres Handelns subjektiv überzeugt sind. - Zitiert wird diese Definition M. Meads u. a. bei JÖRG RÜPKE, Artikel "Krieg", in: Handbuch religionswissenschaftlicher Grundbegriffe III, Stuttgart/Berlin/Köln 1993, 449-460, hier 449; ferner HEINRICH VON STIETENCRON, Töten im Krieg. Grundlagen und Entwicklungen, in: DERS./JÖRG RÜPKE (Hgg.), Töten im Krieg (Historische Anthropologie VI), Freiburg/München 1995, S. 17-56, hier S. 22-23.

Anders formuliert: Guerilla-Kriege, "Befreiungskriege" sind häufig von besonderer Grausamkeit gekennzeichnet, die Zahl der durch sie verursachten Opfer besonders hoch. Dies gilt auch für einen weiteren Typus von Krieg, der durch die Definition von Clausewitz nicht erfaßt wird, nämlich den Bürgerkrieg. Bei ihm handelt es sich expressis verbis um einen innerstaatlichen Krieg, der von einer Partei notwendigerweise die Aufhebung und Zerstörung der aktuell existierenden staatlichen Macht intendiert. Auch andere Kriegstypen, man denke nur an die in Gestalt sog. Heiliger Kriege[21] geführten Auseinandersetzungen, bei denen Macht-, Glaubens- und Religionsaspekte eine nicht immer auseinander zu haltende Gemengelage bilden, lassen sich nicht ohne weiteres unter die oben erwähnte Definition subsumieren. Auch ihr unübersehbar aufklärerischer Optimismus, daß Kriege lediglich Mittel zum Zweck darstellen, verkennt die Tatsache, daß Kriege staatlicher Kontrolle entgleiten und sich verselbständigen, zum Zweck an sich werden. Auch der existentielle oder Vernichtungs-Krieg, bei dem nicht nur die Existenz der unmittelbar am Kriegsgeschehen Beteiligten auf dem Spiel steht, sondern bei dem es um die Existenz der ganzen Gruppe, des ganzen Stammes, des Staates oder der "Nation" geht, erfährt bei Clausewitz in Gestalt des von ihm so genannten "absoluten Krieges" nur bedingt eine Würdigung.[22]

Interessanterweise spiegeln sich auch in der Wort- und Begriffsgeschichte von "Krieg" kulturelle und geschichtliche Aspekte dieses Phänomens wider. Es gilt zunächst festzuhalten, daß der moderne Gebrauch des Wortes "Krieg" sich deutlich von demjenigen früherer Zeiten unterscheidet. So dienen im Alt- bzw. Mittelhochdeutschen *kreg* bzw. *kriec* zunächst und vor allem als Bezeichnung einer emotionalen Haltung oder Einstellung ('Starrsinn', 'Hartnäckigkeit') und der aus ihr erwachsenden Situation ('Streit', 'Uneinigkeit') bis hin zur Bedeutung der "mit Kampfhandlungen einhergehenden Fehde": "Erst ab dem 18. Jh. verlagert sich die

---

21 Vgl. dazu die Beiträge von REMI BRAGUE und BASSAM TIBI im vorliegenden Band; ferner ALBRECHT NOTH, Der a priori legitime Krieg im Islam: Hauptaspekte des islamischen Rechts zum Thema "Krieg und Frieden", in: H. VON STIETENCRON/J. RÜPKE, Töten im Krieg (wie Anm. 20), S. 277-295; zur "Sakralisierung" derjenigen Kriege, die von Christen geführt wurden, vgl. GEORG KRETSCHMAR, Der heilige Krieg in christlicher Sicht, in: H. VON STIETENCRON/J. RÜPKE, Töten im Krieg (wie Anm. 20), S. 297-316.

22 Über den "absoluten Krieg" handelt C. VON CLAUSEWITZ, Vom Kriege (wie Anm. 18), Dritter Teil, 7. Buch, S. 850-857. Für dessen Manifestation "gerade in unseren Tagen" macht v. Clausewitz Napoleon verantwortlich: "Nach einer kurzen Einleitung, die die französische Revolution gemacht hat, hat ihn [sl. "den wirklichen Krieg in seiner absoluten Vollkommenheit"] der rücksichtslose Bonaparte schnell auf diesen Punkt gebracht" [ebd. S. 851]. Zur Einschätzung des Begriffes "absoluter Krieg" vgl. J. KEEGAN, Kultur des Krieges (wie Anm. 18), S. 41 und insbes. S. 49-50, wo C. v. Clausewitz als "Ideologen" eines "totalen Krieges" einschätzt. Anders M. VAN CREFELD, Future War (wie Anm. 18), der die Unterschiede zwischen Clausewitz und späteren Propagandisten (COLMAR VON DER GOLTZ, Volk in Waffen, Berlin 1883; ERICH LUDENDORFF, Der totale Krieg, München 1936) betont.

Bedeutung von Krieg 'Austragung eines privaten Streites oder Interesses mit Mitteln der Gewalt' (als eine "innenpolitische" Erscheinung) auf die Bedeutung 'Austragung eines Konflikts oder Anspruches zwischen Staaten mit militärischen, nicht diplomatischen Mitteln') (als eine 'außenpolitische Erscheinung')."[23] Daraus sollte aber nicht der Schluß gezogen werden, daß früheren Zeiten das Phänomen Krieg nicht vertraut oder etwa gar nicht existent gewesen sei. Die Fülle einschlägiger alt- und mittelhochdeutscher Glossierungen lateinischer Termini wie *bellum, proelium, pugna*[24] legt vielmehr etwas anderes nahe: daß auch dem Mittelalter das Phänomen "Krieg" in seinen unterschiedlichen typologischen Ausprägungen wohl vertraut war, auch wenn es ihm andere Namen dafür gab. Diesen Umstand gilt es zu betonen, da wenigstens die ältere Forschung zu einer stark harmonisierenden Deutung des mittelalterlichen Krieges neigte. Die starke Konzentration der Forschung auf die Fehde und deren Ineinssetzung mit Krieg hat dazu geführt, daß man den mittelalterlichen Krieg als eine eher harmlose Angelegenheit angesehen hat. Glaubt man beispielsweise der von Wilhelm Janssen immerhin an sehr autoritativer Stelle - in Band 3 der Geschichtlichen Grundbegriffe - vorgetragenen These, so "hat [es] große mittelalterliche Kriege und Fehden gegeben, die schiedlich oder vertraglich beendet werden konnten, ohne daß es überhaupt zu Gewaltanwendung gekommen ist. Ohnehin wurde der mittelalterliche Krieg seinem Begriff als Rechtsstreit entsprechend mit einem Minimum an Gewaltaktionen durchgeführt ..." und auch noch die jüngste rechtshistorische Erörterung der Fehde durch Elmar Wadle fordert eine begriffliche Scheidung dieser von Krieg, verneint aber deren praktische Durchführbarkeit.[25] Es liegt auf der Hand, daß solche Aussagen in sich nicht unproblematisch sind. Ein Phänomen, das zuvor aufgestellten definitorischen Kriterien für ein bestimmtes *genus* nicht genügt, läßt sich typologisch nicht als eine *species* eben dieses *genus* definieren. Weniger kompliziert ausgedrückt: Macht es Sinn, einen Konflikt als einen Krieg zu bezeichnen, dem ein *proprium*, das Töten und das Getötetwerden,[26] abhanden geht?

---

23  BRIGITTE BULITTA, Artikel "Krieg", in: Hoops. Reallexikon der Germanischen Altertumskunde XV, Berlin/New York 2000 (im Druck).
24  Vgl. die einschlägigen Glossierungen bei BULITTA (wie Anm. 23).
25  Vgl. WILHELM JANSSEN, Artikel "Krieg", in: Geschichtliche Grundbegriffe. Historisches Lexikon zur politisch-sozialen Sprache in Deutschland, hrsg. v. OTTO BRUNNER/WERNER CONZE/REINHART KOSELLECK Bd. I-VII, Stuttgart 1972-1992, hier III, S. 567-615, Zitat ebd. S. 570 und ELMAR WADLE, Zur Delegitimierung der Fehde durch die mittelalterliche Friedensbewegung, in: H. BRUNNER, Krieg im Mittelalter (wie Anm. 35), S. 73-91, hier S. 75: "... Bauernfehde und ritterliche Fehde, Krieg und Heerfahrt müssen gewiß voneinander unterschieden werden" bzw. S. 76: "Daß Fehde in der hier behandelten Zeit in erster Linie die Ritterfehde meint, versteht sich nahezu von selbst. Gleichwohl bleibt zu beherzigen, daß Fehde und Krieg bis ins Hochmittelalter hinein kaum zu unterscheiden sind; man hat ja nicht zu Unrecht gesagt, Fehden seien Kriege im kleinen und Kriege seien Fehden im größeren Maßstab".
26  Vgl. dazu oben Anm. 20 und unten Anm. 45.

Die Aussagen Janssens und Wadles erklären sich aber psychologisch relativ einfach, wenn man daran denkt, wie hervorragend sich das Mittelalter heute als positive Kontrastfolie zur Moderne eignet. Die negativen Züge der Moderne sind im Mittelalter nach der Meinung auch so prominenter Mediävisten wie Philippe Ariès nicht oder kaum vorhanden gewesen. Unerfreuliches, wie beispielsweise der angeblich anonyme Tod auf der Intensivstation, wird einzig der Moderne angelastet, die schlecht dasteht angesichts eines angeblich behüteten Sterbens in der mittelalterlichen Gemeinschaft.[27] Es liessen sich weitere Beispiele dieser harmonisierenden und verklärenden Mittelaltersicht anführen,[28] die eines verbindet: sie entstammen alle unübersehbar einem Leiden an der Moderne. Und wo könnte sich das Leid dramatischer und offensichtlicher konkretisieren als im Beispiel des modernen Krieges, den zwei Umstände, denkt man an die beiden Weltkriege, in Sonderheit und vor allem anderen auszeichnen: Es waren Massen-Kriege, und es waren Vernichtungskriege. Es waren ganz offensichtlich keine Kriege in einem romantisch-ritterlichen Sinne, die ja, um es mit den Worten von Wilhelm Janssen zu formulieren, keine richtigen, sondern "temperierte" gewesen seien.[29]

## II. Krieg und Mittelalter

Spätestens an diesem Punkt sind wir endgültig an einem zentralen Problem unserer Themenstellung angekommen, nämlich an der Verbindung von Krieg und Mittelalter, wie sie im Titel des Essays bereits anklingt. Zu der soeben angeführten harmonisierenden Betrachtungsweise des Krieges im Mittelalter sicherlich wesentlich beigetragen hat der Umstand, daß man vor allem in der deutschen Forschung bis in die jüngere Zeit den Krieg unter den Kategorien des Rechts gedeutet hat. Und ganz sicher verstärkt hat diesen Prozeß das bekannte Werk "Land und Herrschaft" Otto Brunners[30] mit seiner Deutung des mittelalterlichen Fehdebegriffes: Krieg bzw.

---

27 Zu Ariès und anderen Vertretern, die an der Moderne leidend zu einer harmonisierenden Sicht des Mittelalters neigen, vgl. HANS-HENNING KORTÜM, Menschen und Mentalitäten. Einführung in Vorstellungswelten des Mittelalters, Berlin 1996, S. 257-268.
28 Vgl. zum Beispiel die optimistische Einschätzung (spät-)mittelalterlicher städtischer Sexualität und ihrer gesellschaftlichen Akzeptanz bei Autoren wie Jacques Roussiaud oder Peter Schuster; dazu mit Beispielen H.-H. KORTÜM, Menschen und Mentalitäten (wie Anm. 27), S. 153-156.
29 Vgl. W. JANSSEN, "Krieg" (wie Anm. 25), S. 570.
30 Zu Brunners Bedeutung vgl. OTTO GERHARD OEXLE, Sozialgeschichte - Begriffsgeschichte - Wissenschaftsgeschichte. Anmerkungen zum Werk Otto Brunners, in: VSWG LXXI 1984, S. 305-341, hier S. 320 zum Fehde-Begriff bei Brunner: "Erst diese seine Einsicht ermöglichte Brunner die Erkenntnis, daß Reich und Land 'Rechts- und Friedensgemeinschaften' waren; daß die 'Fehde' nicht eine illegitime Durchbrechung des Monopols legitimer Gewaltanwendung war, sondern 'die Rechtsform aller mittelalterlichen Politik, soweit sie im Innern wie nach außen zur Waffengewalt greift'."

Fehde erscheinen in dieser Deutung primär als ein legitimes Mittel der Rechtsfindung und verlieren damit ein Gutteil ihres Schreckens: "So habe Gewalt gegen Sachen" im Vordergrund gestanden, "Gewalt gegen Personen wurde in der Regel nicht angewandt, um den Feind zu töten, sondern um ihn gefangenzunehmen".[31] Mithin also der mittelalterliche Krieg ein kontrollierter, ein disziplinierter Krieg mit beschränkter Gewaltanwendung, Gewalt vorwiegend und "bloß" gegen Sachen? Die hier intendierte Verharmlosung mittelalterlicher Kriege geht unübersehbar auf Kosten einer stringenten Begrifflichkeit von "Gewalt". Sie unterschlägt eine wesentliche Konsequenz, die mit Gewaltausübung einherzugehen pflegt: die (körperliche) Verletzung desjenigen, dem Gewalt angetan wird. Man sollte in diesem Zusammenhang daher auch die Mahnung des Soziologen Heinrich Popitz beherzigen und "den Begriff der Gewalt nicht dehnen und zerren, wie es üblich geworden ist".[32] Wenn Brunner zufolge Fehde einerseits eine "Rechtsform mittelalterlicher Politik" darstellt, andererseits Fehde aber "Krieg", in welcher Form auch immer, bedeutet, dann rückt ein solcher "Politik"-Begriff in eine sehr enge Verbindung zum "Krieg" und man befindet sich - zufällig? - in fataler Nähe zu den einschlägigen Ansichten Carl Schmitts.[33]

Die vorherrschende rechtshistorische Betrachtung des mittelalterlichen Krieges wurde sicherlich auch dadurch gefördert, daß schon die Antike dem Verhältnis von Recht und Krieg größere Aufmerksamkeit geschenkt zu haben schien.[34] Das Nach-

---

31 Vgl. W. JANSSEN, "Krieg" (wie Anm. 25), S. 570.
32 HEINRICH POPITZ, Phänomene der Macht. Autorität-Herrschaft-Gewalt-Technik, Tübingen 1986, S. 73. Zur Bedeutung der Verletzbarkeit des Menschen ("Verletzungsmächtigkeit", "Verletzungsoffenheit") als Definitionskriterium von Gewalt vgl. ebd. S. 68-73. Die Definition der Gewalt von Popitz ("Gewalt meint eine Machtaktion, die zur absichtlichen körperlichen Verletzung anderer führt...", vgl. ebd. S. 73) ist von der jüngeren Gewaltsoziologie allgemein akzeptiert worden, vgl. dazu unten Anm. 58.
33 Vgl. CARL SCHMITT, Der Begriff des Politischen, 1. Aufl. 1927; hier zitiert nach der 3. Aufl. Hamburg 1933. Nachdem Schmitt als "die eigentlich politische Unterscheidung ... die Unterscheidung von Freund und Feind" (ebd. S. 7) bezeichnet hatte, verknüpft er im weiteren die Begriffe "Feind", "Kampf" und "Krieg": "Zum Begriff des Feindes gehört die im Bereich des Realen liegende Eventualität eines bewaffneten Kampfes, das bedeutet hier eines Krieges ... Krieg ist bewaffneter Kampf zwischen organisierten politischen Einheiten ... Das Wesentliche an dem Begriff der Waffe ist, daß es sich um ein Mittel physischer Tötung von Menschen handelt. Die Begriffe Freund, Feind und Krieg erhalten ihren realen Sinn dadurch, daß sie insbesondere auf die reale Möglichkeit der physischen Tötung Bezug haben und behalten. Der Krieg folgt aus der Feindschaft, denn diese ist seinsmäßige Negierung eines anderen Seins. Krieg ist nur die äußerste Realisierung der Feindschaft" (ebd. S. 15f.).
34 Eine Zusammenfassung betont die Funktionalität über den Krieg aufgestellter "Rechtssätze", die "stets nur von der inneren Ordnung einer der beiden Parteien her zu sehen" seien, vgl. THEODOR MAYER-MALY, Artikel "Kriegsrecht", in: Der kleine Pauly III, Stuttgart 1969, Sp. 346. Ähnlich JÖRG RÜPKE, Wege zum Töten, Wege zum Ruhm: Krieg in der römischen Republik, in: Töten im Krieg (wie Anm. 20), S. 213-240, der "Krieg als Medium des Leistunsvergleichs" interpretiert, dem das Recht funktional zugeordnet ist: "Der rechtliche und rituelle Rahmen des römischen

denken der Juristen über den Krieg setzte sich im Mittelalter und darüber hinaus ungebrochen fort, wobei gleichsam nur als Chiffre an den oft bemühten Augustinus und seine Reflexionen über den "Gerechten Krieg" erinnert sei. Es kann hier nicht der Ort sein, um die frühneuzeitliche Debatte über das *ius ad bellum* und das *ius in bello* im Einzelnen zu verfolgen.[35] Es bleibt jedoch festzuhalten, daß die rechtliche Betrachtung von Krieg und Recht eine ausgesprochen lange Tradition besitzt, die sich eigentlich bis heute ungebrochen fortgesetzt hat.[36] Sie ist an dieser Stelle erwähnt worden, weil die juristische Aufarbeitung von Krieg allzusehr die genauso wichtigen, wenn nicht die gewichtigeren kulturellen Aspekte des Krieges, auch des mittelalterlichen Krieges, in den Hintergrund gedrängt hat. Daß der mittelalterliche Krieg auch ein Mittel der Rechtsfindung, gleichsam einen Ersatz für den aus welchen Gründen auch immer verschlossen gebliebenen 'normalen', d. h. gewaltlosen Rechtsweg dargestellt habe, soll gar nicht geleugnet werden. Diese Aussage erklärt und beschreibt aber allenfalls einen Teil mittelalterlicher Kriege und auch nur deren rechtliche Aspekte. In gewisser Weise verharmlost sie durch die ihr eigene kasuistische Betrachtung auch das Phänomen "Krieg", indem ein *proprium* des Krieges, das Töten und Getötetwerden, ausgeblendet bleibt. Sie fördert die Romantisierung eines Mittelalters, bei dem "Krieg" weitgehend seinen Schrecken verloren hat, weil er angeblich "ritterlich" geführt worden sei. "Ritterlichkeit" dient noch weit bis in die Neuzeit als Argument, um den Akt des Tötens ethisch zu rechtfertigen und ihn idealistisch zu überhöhen, während der Vorwurf der "Unritterlichkeit" in denunziatorischer Absicht den Feind trifft. So unterstellte Max Scheler im November 1914 dem englischen Kriegsgegner, "die Gesetze jener Ritterlichkeit, die das Menschentöten erst zum 'Kriege' machen, in bekannter Weise mißachtet" zu haben.[37] Der Rückzug ins Mittelalter wird dabei unterstützt durch die

---

Krieges ist der Aufgabenstellung, Wettkampfmedium für die Mitglieder der Führungsschicht zu sein, kongenial..." (ebd. S. 216).

35 Zur Bedeutung von Augustinus für das Mittelalter und zur Unterscheidung von *ius ad bellum* und *ius in bello* vgl. die kurze Zusammenfassung mit Literaturhinweisen bei KARL-HEINZ ZIEGLER, Kriegsrechtliche Literatur im Spätmittelalter, in: HORST BRUNNER (Hg.), Der Krieg im Mittelalter und in der Frühen Neuzeit: Gründe, Begründungen, Bilder, Bräuche, Recht (Imagines medii aevi III), Wiesbaden 1999, S. 57-71, hier S. 58.

36 Als Beispiel aus der jüngsten Vergangenheit sei nur an die v. a. im Lager von "Bündnis 90/Die Grünen" besonders intensiv geführte Debatte um die Frage der Rechtmäßigkeit eines militärischen Eingreifens der Bundesrepublik Deutschland im Kosovo erinnert. Vgl. dazu MICHAEL SCHWAB-TRAPP, Legitimatorische Diskurse. Der Diskurs über den Krieg in Jugoslawien und der Wandel der politischen Kultur, in: TRUTZ VON TROTHA (Hg.), Soziologie der Gewalt (Kölner Zeitschrift für Soziologie und Sozialpsychologie, Sonderbd. XXXVII), Wiesbaden 1997, S. 302-326.

37 Vgl. MAX SCHELER, Der Genius des Krieges und der Deutsche Krieg, Leipzig 1914 (hier zitiert nach der 3. Auflage, Leipzig 1917), S. 27; zu Schelers "Kriegsphilosophie" vgl. HERMANN LÜBBE, Politische Philosophie in Deutschland, Basel/Stuttgart 1963, S. 221-227. Zuletzt KURT FLASCH, Die geistige Mobilmachung: die deutschen Intellektuellen und der Erste Weltkrieg. Ein Versuch, Berlin 2000, hier S. 103-146 zu Schelers Leben und Werk.

dem Menschen häufig eigene Sicht, in der Vergangenheit sei alles besser gewesen. Das Bedenkliche einer solchen Verabsolutierung eines einzigen und zudem eines sehr begrenzten Teilaspektes von mittelalterlichem Krieg liegt auf der Hand: man übernimmt unbewußt und unreflektiert die Selbststilisierungen der mittelalterlichen höfischen Gesellschaft, diejenigen Bilder, die diese über den Krieg entwarfen.

Wie sehr dieses Bild vom mittelalterlichen Krieg bis in die jüngere Vergangenheit nachgewirkt hat, zeigt insbesondere der Umstand, welcher Art von Kriegen sich eine Gesellschaft erinnert. So kommt es nicht von ungefähr, daß beispielsweise in Deutschland[38] vor allem solche Soldaten und solche Kriegshandlungen im Rahmen des Zweiten Weltkrieges wiederholt Gegenstand von Büchern und Filmen geworden sind, mit denen sich Bilder wie "ritterlicher Einzelkämpfer", "verwegener Haudegen", "Fliegeraß", "tollkühner U-Boot-Kommandant" oder "Wüstenfuchs" verbanden, deren "Heldentum" in Gestalt des "Ritterkreuzes" höchste gesellschaftliche Anerkennung fand. Aus dem öffentlichen Bewußtsein hingegen weitgehend verdrängt wurden "schmutzige Kriege", so z. B. der größte Verluste fordernde Partisanenkrieg auf dem Balkan 1942-1944, der sich ebensowenig unter dem Signum eines ritterlichen Kampfes begreifen läßt wie, um ein Beispiel aus der jüngeren Vergangenheit zu nennen, der Vietnam-Krieg, dessen gesellschaftliche Erinnerung im Sinne einer Bewältigung durch die amerikanische Gesellschaft bislang nicht gelungen zu sein scheint. Jedenfalls hat man den Golf-Krieg 1990 als Versuch gedeutet, sich vom Vietnam-Trauma zu befreien.

Es bleibt in diesem Zusammenhang noch eine andere Frage zu klären: Der Titel unseres Essays "Der Krieg im Mittelalter als Gegenstand der Kulturwissenschaften" legt die Frage nahe, ob es sich beim "Krieg im Mittelalter" um etwas ganz Spezifisches im Gegensatz etwa zum Krieg der Frühen Neuzeit gehandelt habe. Diese Frage wenigstens für den Bereich des Spätmittelalters eindeutig bejaht hat unlängst die Würzburger Forschergruppe um Horst Brunner, Rolf Sprandel und Dietmar Willoweit, deren Aufmerksamkeit sich auf "Das Bild des Krieges im Wandel vom späten Mittelalter zur frühen Neuzeit" richtet und programmatisch dem "Konzept des Wandels vom Mittelalter zu Neuzeit" verpflichtet ist.[39] Das bedeutet im vorliegenden Fall, daß diese Forschergruppe ungeachtet vorhandener Kontinuitäten von einer historischen Zäsur zwischen Mittelalter und Neuzeit ausgeht. Sie setzt insbesondere auf historische Unterschiede zwischen beiden Epochen, wie sie beispielsweise etwa im Bereich der bekannten technologischen Neuerungen bestehen. So hat der israelische Militärhistoriker Martin van Creveld

---

38 Zur deutschen Erinnerungskultur vgl. ALEIDA ASSMANN/UTE FREVERT, Geschichtsvergessenheit-Geschichtsversessenheit. Vom Umgang mit deutschen Vergangenheiten nach 1945, Stuttgart 1999.
39 Vgl. dazu das "Vorwort" von HORST BRUNNER, in: DERS., Krieg im Mittelalter und in der frühen Neuzeit (wie Anm. 35), S. VII-XIX; speziell zum "Konzept des Wandels" ebd. S. XIIIff.

ein bis zum Jahr 1500 reichendes Mittelalter als *age of tools* von dem dann einsetzenden frühneuzeitlichen *age of machines* unterschieden.[40] Nun geht es aber der Würzburger Gruppe nicht um die Technikgeschichte im engeren Sinne, sondern ganz ausdrücklich um "das Bild des Krieges", was notwendigerweise große methodische Schwierigkeiten aufwirft: Beispielsweise müßte erst gezeigt werden, daß sich materielle Veränderungen quasi automatisch, zumindest ohne größen "Zeitverlust", in einer Veränderung der "Bilder" niederschlägt. Verändern sich kulturell konditionierte Wahrnehmungen und kulturelle Repräsentationsformen in demselben Maße und in derselben Geschwindigkeit? Inwieweit bleiben sie - sei es bewußt oder unbewußt - den althergebrachten Mustern verhaftet? Dieses Problem ist der Kunstgeschichte als derjenigen Disziplin, die sich mit "Bildern" im eigentlichen Sinne ex officio beschäftigt, wohlvertraut: Wolfgang Hardtwig hat in seiner Auseinandersetzung mit Francis Haskell[41] auf den Anachronismus hingewiesen, der sich daraus ergibt, daß Bilder keineswegs unmittelbar die Wirklichkeit abbilden. Da Bilder und Texte ihre je eigene Wirklichkeit haben, ergibt sich daraus auch zwingend, daß im strengen Wortsinn Bilder nicht auf Texte Bezug nehmen können. Allenfalls mittelbar in einer erst zu dechiffrierenden Metaebene spiegele sich zeitgenössische Wirklichkeit in Bildern wider.[42] Am Beispiel spätmittelalterlicher Buchmalerei, die dem Krieg gilt, hat im vorliegenden Band Christiane Raynaud die Bedeutung traditioneller Muster erweisen können:[43] Der spätmittelalterliche Krieg erscheint nicht als ein Krieg des späten Mittelalters, sondern - für den modernen Betrachter - in einem seltsam antikisierenden Gewande. Die Buchmalerei gibt damit nicht unmittelbar Auskunft über zeitgenössische Kriege, sondern über die gesellschaftlichen "Imaginationen", d. h. "verbildlichte Vorstellungen" (Hardtwig), die durch das Realphänomen spätmittelalterlicher Krieg hervorgerufen werden. "Bilder" und "Texte" können als Belege für gesellschaftliche Deutungsversuche der Wirklichkeit dienen, bilden aber Wirklichkeit niemals unmittelbar ab.

---

40 MARTIN VAN CREVELD, Technology and War. From 2000 B. C. to the present, London u. a. 1991 unterscheidet "The Age of Tools, from Earliest Times to 1500. A.D." von "The Age of Machines, 1500-1830"; vgl. zuvor schon neben anderen GEOFFREY PARKER, Die militärische Revolution. Die Kriegskunst und der Aufstieg des Westens 1500-1800, Frankfurt a.M. 1990.
41 FRANCIS HASKELL, Die Geschichte und ihre Bilder, München 1995.
42 WOLFGANG HARDTWIG, Der Historiker und die Bilder. Überlegungen zu Francis Haskell, in: Geschichte und Gesellschaft XXIV 1998, S. 304-332.
43 Vgl. im vorliegenden Band ihren Beitrag "Défenses annexes et fortifications de campagne dans les enluminures des XIV$^e$ et XV$^e$ siècles. Première approche".

# III. Krieg und Historische Kulturwissenschaften

Krieg gehört zu den zentralen Themen der Historischen Kulturwissenschaften. Dies leuchtet unmittelbar ein angesichts der Tatsache, daß es sich bei Krieg um ein zutiefst kulturelles Phänomen handelt. Diesen Umstand gilt es deshalb besonders zu betonen, da man, wie bereits erwähnt, vor allem in der Vergangenheit dazu geneigt hat, dem Phänomen Krieg fast ausschließlich durch genuin historische und rechtliche Erklärungsversuche gerecht zu werden. Einer dezidert kulturwissenschaftlichen Aufarbeitung stand zumindest in Deutschland ein restriktiver Begriff von Kultur im Sinne einer Hochkultur entgegen,[44] der dazu führen mußte, in "Kultur" und "Krieg" zwei nicht miteinander zu vereinbarende Begriffe zu sehen. Krieg konnte allenfalls Kultur zerstören. Erst ein weiteres Verständnis von Kultur ermöglicht es jetzt, beide Termini in enger Beziehung zueinander zu sehen. Dabei lassen sich verschiedene Betrachtungsweisen voneinander unterscheiden:

Erstens wird vor allem im angelsächsischen Sprachraum von jeweils unterschiedlichen "Kulturen des Krieges" gesprochen im Sinne einer morphologisch-historischen Betrachtungsweise. Die jeweilige "Kultur eines Krieges" äußert sich in der spezifischen Form, in der bestimmte Gesellschaften ihre Kriege geführt haben und führen. Mit anderen Worten: Krieg spiegelt den kulturellen Habitus einer Gesellschaft wider. Dabei läßt sich konstatieren, daß, wie ein Teil der Forschung annehmen möchte, ein kultureller Entwicklungsprozeß der Kriegsführung stattgefunden hat: einem "primitiven" bzw. "archaischen" Krieg, einem "Krieg der Wilden" wird ein "entwickelterer Krieg" entgegengesetzt, der schließlich in den "modernen Krieg" einmündet. Als Charakteristikum des archaischen bzw. des primitiven Krieges ließe sich - und hier wird auf die Ergebnisse der anthropologischen Forschung verwiesen - ein höherer Grad der Ritualität feststellen.[45] Über die daraus zu folgernden Konsequenzen für die Einordnung des mittelalterlichen Krieges wird noch zu sprechen sein.

Zweitens bestimmt eine kulturwissenschaftliche Betrachtung von Krieg als dessen *proprium* das Töten und stellt dieses in den Mittelpunkt ihrer Überlegungen: "Im Krieg wird getötet; dies ist so gut wie eine Definition des Krieges".[46] Der Ausgangspunkt dieser Arbeiten ist, was nicht weiter überrascht, stark anthropo-

---

44 Vgl. dazu A. und J. ASSMANN, Kultur und Konflikt (wie Anm. 5).
45 Eine anthropologischen Definition eines "primitiven Krieges" (i. e. "organisierte[r] bewaffnete[r] Konflikt zwischen Mitgliedern der relativ kleinen, nicht als Staaten organisierter Gesellschaften, die den traditionellen Forschungsgegenstand des Anthropologen bilden") bietet z. B. ANDREW P. VAYDA, Hypothesen zur Funktion des Krieges, in: M. FRIED, Krieg (wie Anm. 20) S. 103-110, hier S. 104. - Beispiele über ritualisierte "Kriegsführung primitiver Völker" bei J. KEEGAN, Kultur (wie Anm. 18), S. 149-179.
46 WALTER BURKERT, Krieg und Tod in der griechischen Polis, in: H. VON STIETENCRON/J. RÜPKE, Töten im Krieg (wie Anm. 20), S. 179-196, hier S. 179.

logisch ausgerichtet. Die emotionalen Komponenten der Kriegführenden, - Gier, Zorn, Haß, Angst - rücken in den Vordergrund. Aspekte von Töten und Getötetwerden stellen zentrale Untersuchungsaspekte dar.[47] Impulse kommen in diesem Zusammenhang insbesondere von den Religionswissenschaften: So erweist sich der Begriff des Opfers als geeignet, um Töten legitimieren zu können. Es erleichtert eine sakrale Deutung des Krieges: Die Hingabe an Gott kulminiert im Opfer des eigenen Lebens, und das Töten des Feindes kann verstanden werden als Opfer, das Gott dargebracht wird. Interessanterweise setzt die Sakralisierung des Krieges im Sinne des "Opfers" und der "Aufopferung" des eigenen Lebens verstärkt im Zeitalter der Aufklärung ein.[48]

Drittens hat die kulturwissenschaftliche Betrachtung des Krieges dazu geführt, einem weiteren wesentlichen Aspekt von Krieg verstärkte Aufmerksamkeit zu schenken, der diesem vorausgeht und ihn begleitet: der Konstruktion von Feindbildern. Denn erst die Konstituierung des "Anderen" als eines Feindes ermöglicht oder erleichtert es, diesen Anderen auch zu töten.[49] Wesentlich zur Begriffsschärfung beigetragen haben in diesem Zusammenhang Humanethologen und Sozialpsychologen. So haben die Kulturwissenschaften von ihnen die zentrale Unterscheidung von Wir-Gruppe und Fremd-Gruppe[50] übernommen; sie haben gelernt, zwischen Innergruppen- und Intergruppenverhalten[51] zu differenzieren, und man hat die Begriffe der Pseudospeziation[52] und des Stereotyps[53] adaptiert. In Auseinandersetzung mit Vertretern der Humanethologie sieht man im Kreise der Kultur-

---

47 Es genügt an dieser Stelle, auf das Inhaltsverzeichnis des Buches "Töten im Krieg" (wie Anm. 20) zu verweisen.

48 Dazu mit weiterer Literatur HILDEGARD CANCIK-LINDEMAIER, Opfer - Lohn der Gewalt, in: ERWIN ORYWAL u. a. (Hgg.), Krieg und Kampf. Die Gewalt in unseren Köpfen, Berlin 1996, S. 183-193.

49 Zumindestens eine Relativierung der Bedeutung von Feindbildern für Griechenland vermutet W. BURKERT, Krieg und Tod (wie Anm. 46), S. 180: "Eine Besonderheit des Griechischen ist dabei doch wohl, daß die weithin übliche Dehumanisierung des Feindes nicht vollzogen wird". - Zum Begriff des "Feindbildes" vgl. auch unten Anm. 93.

50 Vgl. statt aller GEORG ELWERT, Nationalismus und Ethnizität. Über die Bildung von Wir-Gruppen, in: Kölner Zeitschrift für Soziologie und Sozialpsychologie XLI 1989, S. 440-464.

51 Vgl. IRENÄUS EIBL-EIBESFELDT, Die Biologie des menschlichen Verhaltens. Grundriß der Humanethologie, München ³1995 (hier zitiert nach der 1. Auflage 1984), S. 33 und 409.

52 Zum Begriff und seiner Bedeutung für die Kulturwissenschaften vgl. HANS G. KIPPENBERG, "Pflugscharen zu Schwertern": Krieg und Erlösung in der vorderasiatischen Religionsgeschichte, in: H. VON STIETENCRON/J. RÜPKE, Töten im Krieg (wie Anm. 20), S. 99-123, hier S. 99-102.

53 Grundlegend: HENRI TAJFEL, Gruppenkonflikt und Vorurteil: Entstehung und Funktion sozialer Stereotypen, Bern u. a., 1982 (zuerst engl.: Human Groups and social categories. Studies in social Psychology, Cambridge 1981); zum gegenwärtigen Stand der amerikanischen Forschung vgl. SUSAN T. FISKE, Stereotyping, Prejudice and Discrimination, in: The Handbook of Social Psychology, New York ⁴1988; zusammenfassende Überblicke bieten GÜNTER KEHRER, Autostereotyp und Heterostereotyp, in: HUBERT CANCIK u. a. (Hgg.), Handbuch religionswissenschaftlicher Grundbegriffe II, Stuttgart 1990, S. 106-109; DIETER FREY/SIEGFRIED GREIF, Sozialpsychologie. Ein Handbuch in Schlüsselbegriffen, Weinheim ⁴1997.

wissenschaftler die Differenzierung zwischen "uns" und den "anderen" aber ausdrücklich nicht als naturgegeben, als "natürlich" an, sondern versucht diese als einen Prozeß kultureller Abgrenzung ("Distinktion") bzw. sog. limitischer Symbolik zu deuten.[54]

Viertens kann eine kulturwissenschaftliche Betrachtung des Krieges dazu dienen, den Begriff der Gewalt als zentrale analytische Kategorie einzuführen. Denn, um noch einmal von Clausewitz zu bemühen, "der Krieg ist also ein Akt der Gewalt".[55] Und er fügt in diesem Zusammenhang ausdrücklich hinzu:

"Nun könnten menschenfreundliche Seelen sich leicht denken, es gebe ein künstliches Entwaffnen oder ein Niederwerfen des Gegners, ohne zuviel Wunden zu verursachen, und das sei die wahre Tendenz der Kriegskunst. Wie gut sich das auch ausnimmt, so muß man doch diesen Irrtum zerstören, denn in so gefährlichen Dingen, wie der Krieg eins ist, sind die Irrtümer, welche aus Gutmütigkeit entstehen, die schlimmsten. Da der Gebrauch der physischen Gewalt in ihrem ganzen Umfange die Mitwirkung der Intelligenz auf keine Weise ausschließt, so muß der, welcher sich dieser Gewalt rücksichtslos ohne Schonung des Blutes bedient, ein Übergewicht bekommen ...".[56]

Wie von Panjotis Kondylis in diesem Zusammenhang gezeigt worden ist, kommt dem Begriff der Gewalt im Denken von Clausewitz' eine zentrale Rolle zu: es ist die äußerste Gewalt: "Ohne Töten aus Feindschaft gibt es keinen Krieg".[57]

Soziologische Arbeiten zum "Gewalt"-Begriff haben nun in jüngster Zeit auf die Körperlichkeit von Gewalt als "unverzichtbaren Referenzpunkt" derselben verwiesen: "Die Gewalt ist ein *Antun* und, auf der Seite des Opfers, ein *Erleiden*. Antun wie Erleiden haben als primären Gegenstand den Körper des Menschen".[58] Es ist unmittelbar evident, wie sehr eine solche Definition von Gewalt die Beschreibung und Erklärung von Krieg befördert. Denn wo, wenn nicht im Krieg, findet über einen längeren Zeitraum hinweg eine solche äußerste "Entgrenzung" von Gewalt (H. Popitz)[59] statt, wie sie nun einmal das Töten darstellt? Wenn Gewaltausübung als Zufügung von körperlicher Verletzung und daraus resultierendem Schmerz verstanden wird, dann müssen auch die bislang eher vernachlässigten, gleichwohl

---

54 Zu den Begriffen "kultureller Distinktion" und "limitischer Symbolik" vgl. bereits A. und J. ASSMANN, Kultur und Konflikt (wie Anm. 5) S. 26-29 und ausführlich JAN ASSMANN, Das kulturelle Gedächtnis. Schrift, Erinnerung und politische Identität in frühen Hochkulturen, München ²1999, S. 153-160.
55 C. VON CLAUSEWITZ, Vom Kriege (wie Anm. 18), Erster Teil, Erstes Buch, S. 89.
56 C. VON CLAUSEWITZ, Vom Kriege (wie Anm. 18), ErsterTeil, Erstes Buch, S. 90.
57 Zum Begriff der Gewalt bei von Clausewitz und der Interpretation der zitierten Stelle vgl. PANAJOTIS KONDYLIS, Theorie des Krieges. Clausewitz-Marx-Engels-Lenin, Stuttgart 1988, S. 12-16; Zitat hier S. 14.
58 TRUTZ VON TROTHA, Zur Soziologie der Gewalt, in: Ders. (Hg.), Soziologie der Gewalt (wie Anm. 36), S. 9-56, hier S. 26.
59 Zu diesem Begriff vgl. H. POPITZ, Macht (wie Anm. 32), S. 73-78.

konkreten körperlichen Aspekte von Krieg und Gewalt in den Vordergrund rücken, d. h. diejenigen Formen, in denen sich Gewalt unmittelbar konkretisiert und die von Wolfgang Sofsky so eindringlich beschrieben wurden: "die Waffe", "die Tortur", "der Kampf", "Jagd" und "Flucht", "das Massaker" usw.[60]

## IV. Der Krieg im Mittelalter als Gegenstand der Historischen Kulturwissenschaften. Die gegenwärtige Situation

Versucht man anhand der im Zeitraum zwischen 1985 bis 1999 erschienenen Literatur sich einen Überblick über Forschungsschwerpunkte der letzten Jahre zu verschaffen, so ergibt sich ein sehr zwiespältiger Eindruck. Nicht weiter überraschend erfreut sich das Thema "Krieg im Mittelalter" ungebrochener Attraktivität, was sich allein schon in einer schier unüberschaubar gewordenen einschlägigen Literaturflut niederschlägt.[61] Gleichwohl lassen sich einige Grundtendenzen der Forschung herausschälen. So gibt es namentlich im französischen und angelsächsischen Bereich eine ungebrochene Kontinuität der kriegsgeschichtlichen Forschung, was wohl wesentlich damit zusammenhängen dürfte, daß in beiden Ländern die nationalen Gründungsmythen ausgesprochen militärisch geprägt sind: man denke nur an die normannische Eroberung Englands seit 1066, an den sich abzeichnenden englisch-französischen Dualismus im 12. und beginnenden 13. Jahrhundert, an die Tatsache, daß die Kreuzzüge in besonderer Weise mit den beiden westeuropäischen Ländern verknüpft waren,[62] und schließlich an den sog. Hundertjährigen Krieg im 14. und 15. Jahrhundert als den Krieg katexochen, dessen Ende zugleich mit dem Beginn der französischen Nationskonstituierung verbunden ist. Es mag daher nicht bloßer Zufall sein, daß der Nestor der französischen Mediävistik des Spätmittelalters, der in Paris lehrende Philippe

---

60 WOLFGANG SOFSKY, Traktat über die Gewalt, Frankfurt a. M. ²1996. - Zu den Gefahren, die mit diesem "dichten Beschreibungsversuch" Sofskys verbunden sind, vgl. die teilweise berechtigte Kritik von BRIGITTE NEDELMANN, Gewaltsoziologie am Scheideweg, in: T. V. TROTHA (Hg.), Soziologie der Gewalt (wie Anm. 36), S. 59-85, hier S. 70: "erdichtete Beschreibung", "lustbetonter Voyeurismus", "Detailbeobachtungen mit Gewaltimaginationen vermischt, in einem ästhetisierenden Stil aufbereitet".

61 Die Zahl der mit den einschlägigen Hilfsmitteln (Bibliographien, Fachzeitschriften etc.) ermittelten Titeln übersteigt die Zahl Eintausend.

62 Bei den von M. KEEN, Medieval Warfare (wie Anm. 64) S. 294-295 allein aus den Neunziger Jahren angegebenen fünf Titeln über *Crusading Warfare* handelt es sich ausschließlich um englischsprachige Monographien.

Contamine das führende Handbuch des mittelalterlichen Krieges verfaßt hat.[63] Es ergibt sich mithin der Eindruck einer größeren Unbefangenheit, von der speziell die angelsächsische kriegsgeschichtliche Literatur geprägt ist. Deren Interesse konzentriert sich zu einem Gutteil auf die Realien des mittelalterlichen Krieges. Den technologischen Aspekten des mittelalterlichen Krieges wird besondere Aufmerksamkeit geschenkt: Waffen, Ausrüstung, Logistik, aber auch die Kriegsführung im engeren Sinne, die einzelnen Schlachten und Feldzüge, stehen im Mittelpunkt der historischen Analysen. So nennt sich denn auch der jüngste von Maurice Keen herausgegebene Sammelband nicht grundlos "Medieval Warfare" und eben nicht "Medieval War".[64] Die einzelnen Epochen der mittelalterlichen Kriegsführung und spezielle Techniken der Kriegsführung sind Inhalt des Bandes. Auch wenn der Editor in seiner Einleitung die zentrale Rolle des "Krieges" für die mittelalterliche Kultur betont hat,[65] so spiegeln die einzelnen Beiträge dieses Bandes den kulturellen Aspekt des Krieges doch nur bedingt wider.[66] Das gilt auch für die reiche und aufwendige Bebilderung, die in vielen Fällen zu einer so sicher nicht beabsichtigten, gleichwohl aber unvermeidlich sich einstellenden Ästhetisierung des Krieges führt. Der von den Autoren intendierte Belegcharakter der angebotenen Bilder bleibt eher beschränkt und tritt zurück hinter einer beim Betrachter nolens volens ausgelösten Schaulust. Die Bilder gestatten zumeist eben gerade nicht einen Blick auf "the face of the battle" (John Keegan).[67] Denn namentlich die isolierte Präsentation von Waffen, sei es nun ein frühmittelalterliches Langschwert oder eine spätmittelalterliche Kanone, wirkt durch die Herauslösung aus ihrem ursprünglich einmal vorhandenen Funktionszusammenhang - das Schwert durchbohrt keinen menschlichen Körper, die Kanone zerfetzt keine menschlichen Glieder - "museal"

---

63 PHILIPPE CONTAMINE, La guerre au Moyen Age, Paris ⁴1997 (engl.: War in the Middle Ages, Oxford 1984, ND 1996).
64 MAURICE KEEN (Hg.), Medieval Warfare, Oxford 1999.
65 M. KEEN, Warfare (wie Anm. 64), S. 3f.: "War is thus central to the narrative political story of the middle ages. It is also central to their cultural history. Indeed, their martial secular culture may arguable be claimed to be, along with their Christian ideology, one of the two chief defining features of their civilization".
66 Laut der Zusammenfassung des Editors (vgl. M. KEEN, Warfare [wie Anm. 64], S. 8) stehen im ersten Teil des Bandes die gesellschaftliche Erfahrung mit Krieg und die Einflüsse auf die zur Kriegsführung benötigten "menschlichen Ressourcen" und die "menschliche Leistungsfähigkeit" im Vordergrund, wobei der zeitliche Rahmen von der Karolinger- und Ottonenzeit bis zur Epoche des Hundertjährigen Krieges reicht. Im zweiten Teil geht es um die Entwicklung der Kriegsführung: Befestigung und Belagerung, Rolle und Ausrüstung des bewaffneten Kavalleristen, Söldnerwesen, die Rolle der Nicht-Kombattanten, die Bedeutung von Kanonen, Schießpulver und stehenden Heeren am Ende des Mittelalters.
67 JOHN KEEGAN, The Face of Battle, London 1976 (dt.: Das Antlitz des Krieges. Die Schlachten von Azincourt 1415, Waterloo 1815 und an der Somme 1916, Frankfurt a.M./New York), bietet das Musterbeispiel einer "dichten Beschreibung". Auf ihn ausdrücklich bezogen hat sich aber M. KEEN, Warfare (wie Anm. 64), S. 5.

im Sinne von bloß "ausgestellt".[68] Vor allen anderen gelingt Christopher Allmand, der sich auch sonst einen Sensus für die menschlichen Folgekosten des Krieges bewahrt hat,[69] mit seinem Beitrag über "Krieg und Nicht-Kombattant im Mittelalter" im hier erwähnten Sammelband eine wirkliche Verbindung von Bild und Text. Die ausgewählten Illustrationen verdeutlichen die "Gewalt des Krieges" unmittelbar. Ihre Entgrenzung wird beispielsweise unmittelbar einsichtig in der realistischen Widergabe der extremen körperlichen Verstümmelung einer "Zivilistin".[70]

Der Gedanke liegt nahe, den englischen Sammelband mit einem französischen Pendant zu vergleichen, das drei Jahre zuvor erschienen war. Bereits der Titel dieses zweibändigen, auf maßgebliche Initiative Philippe Contamines hin erschienen Werkes: "La Guerre, la Violence et les Gens au Moyen Age"[71] verdeutlicht einen ganz anderen Ansatz. Zwar fehlen nähere Aussagen über den Begriff der im Titel bereits angesprochenen Gewalt und ihrer Nähe zu Krieg - jedenfalls sucht man sie in der *présentation* der Bände vergeblich -, doch vermittelt schon eine flüchtige Betrachtung der einzelnen Aufsätze, daß die überwiegende Mehrzahl der Verfasser an der Kriegsgeschichte im engereren Sinne nicht interessiert ist. Im Blickpunkt stehen stattdessen die *malheurs de la guerre*[72], um eine Formulierung Contamines aufzugreifen. Ein paar Beispiele mögen an dieser Stelle genügen: statt der Schlachtanalyse geht es um die Ausplünderung der verwundeten und toten Feinde auf dem Schlachtfeld, wobei aber weniger das Verhalten als solches, als vielmehr die damit beabsichtige Wirkung im Vordergrund (Versuch der Identitätszerstörung) steht;[73] behandelt ist das alle Gesellschaften umtreibende Problem von Geschlecht und Krieg;[74] es gelingen "dichte Beschreibungen" eines gefangengenommenen adligen

---

68 Auf die Problematik musealer Präsentation militärischer Objekte weist auch die von J. KEEGAN, Kultur des Krieges (wie Anm. 18), S. 143 erzählte Anekdote: "Noch heute sehe ich den Ausdruck des Abscheus im Gesicht des hochberühmten Direktors einer der größten Sammlungen von Waffen und Rüstungen auf der Welt, als ich beiläufig erwähnte, daß Feldscher im Zeitalter des Schießpulvers aus den Wunden von Soldaten häufig Knochensplitter und Zähne von Kameraden herausholten. Er hatte sich einfach nie Gedanken gemacht, welche Wirkungen die Waffen, über die er so viel wußte, auf die Körper der Soldaten hatten, gegen die sie eingesetzt wurden."
69 Vgl. dazu in diesem Band seinen Beitrag "Writers and the Theme of War in the 14th and 15th centuries".
70 CHRISTOPHER ALLMAND, War and the Non-Combatant in the Middle Ages, in: M. KEEN (Hg.), Medieval Warfare (wie Anm. 64), S. 253-272 und hier insbesondere die Abb. auf S. 266, die eine Frau ohne Arme und einem amputierten Bein zeigt.
71 La guerre, la violence et les gens au Moyen Age I: Guerre et violence; II: Guerre et gens. Sous la direction de PHILIPPE CONTAMINE/OLIVIER GUYOTJEANNIN, Paris 1996.
72 Der Ausdruck fällt in der *présentation* zweimal, vgl. I. Guerre et violence (wie Anm. 71) S. 7f.
73 Vgl. den Beitrag ANDRÉ CRÉPIN, Les dépouillés des tués sur le champ de bataille dans l'histoire, les arts et la pensée du haut Moyen Age, in: I. Guerre et violence (wie Anm. 71), S. 15-24.
74 Vgl. den einschlägigen Abschnitt *femmes en guerre* (drei Aufsätze), in: II. Guerre et gens (wie Anm. 71), S. 9-46.

Kriegsteilnehmers aus England und die Verwicklungen eines Klosters in den kriegerischen Alltag[75] und es wird das problematische Verhältnis von Bild und Text anhand spätmittelalterlicher Weltchronistik und ihrer Darstellung von "Gewalt" untersucht.[76]

Im Unterschied zu England und Frankreich gibt es in Deutschland keine ungebrochene Tradition einer Geschichte des mittelalterlichen Krieges mehr.[77] Ein Blick auf die umfangreiche Bibliographie im Handbuch Contamines genügt, um zu erkennen, daß es in Deutschland einmal diesen Zweig der Geschichtsschreibung sehr wohl gegeben hat, daß er aber spätestens 1945 sein Ende gefunden hat.[78] Und es kann niemanden überraschen, daß auch bis in die jüngste Vergangenheit hinein "der mittelalterliche Krieg" kein Thema zu sein schien, mit dem man sich im Lager der deutschen Historiker auseinandersetzen wollte, sieht man einmal von allerneuesten Aktivitäten der bereits erwähnten Würzburger Forschergruppe ab.[79] Einzig die Kanonistik hat sich unter kirchenrechtlichen Aspekten intensiver mit Krieg[80] beschäftigt. Im übrigen sind lediglich zwei umfangreichere Darstellungen für das letzte Jahrzehnt zu nennen. Die 1990 erschienene Habilitationsschrift von Volker Schmidtchen, "Kriegswesen im späten Mittelalter"[81] gibt schon durch ihren Untertitel zu erkennen, worauf sich das Interesse des Autors vornehmlich richtet: inten-

---

75 Vgl. MICHAEL JONES, Fortunes et malheurs de guerre: autour de la rançon du chevalier anglais Jean Bourchier (†1400), in: I. Guerre et violence (wie Anm. 71), S. 189-208 und BERTRAND SCHNERB, Un monastère dans la guerre: l'abbaye du Mont-Saint-Eloi (fin XIV$^e$ début XV$^e$ siècle), in: II. Guerre et gens (wie Anm. 71), S. 101-118.

76 NATHALIE HUREL, La représentation de la violence dans l'illustration des Chroniques universelles en rouleau, in: I. Guerre et violence (wie Anm. 71), S. 125-135.

77 Einen Überblick über die Literatur bietet LEOPOLD AUER, Formen des Krieges im abendländischen Mittelalter, in: MANFRED RAUCHENSTEINER/ERWIN A. SCHMIDL (Hgg.), Formen des Krieges. Vom Mittelalter zum 'Low-Intensity-Conflict' (Forschungen zur Militärgeschichte 1), Graz (u.a.) 1991, S. 17-43.

78 So entstammt die überwiegende Masse der von P. CONTAMINE, La guerre (wie Anm. 63), S. 11-68 in seiner *Orientation bibliographique et documentaire* angeführten deutschenTitel aus dem Zeitraum bis zum Ende des 2. Weltkrieges; fast überhaupt keine deutschen Artikel verzeichnen der *supplément bibliographique* und der *second supplément bibliographique*, ebd. S. I-XLIII.

79 Zum Würzburger Ansatz vgl. oben S. 10. Aus der Schule Horst Brunners ist u.a. zu nennen SONJA KERTH, Das Bild des Krieges in den politischen Ereignisdichtungen des 13.-16. Jahrhunderts (Imagines Medii Aevi I), Wiesbaden 1997; der Schule Rolf Sprandels verpflichtet sind etwa CHRISTOPH HEIDUK/ALMUT HÖFERT, Krieg und Verbrechen nach spätmittelalterlichen Chroniken (Kollektive Einstellungen und sozialer Wandel im Mittelalter. N. F. IV), Köln u.a. 1977; GERRIT HIMMELSBACH, Die Renaissance des Krieges. Kriegsmonographien und das Bild des Krieges in der spätmittelalterlichen Chronistik am Beispiel der Burgunderkriege, Zürich 1999.

80 ERNST-DIETER HEHL, Kirche und Krieg im 12. Jahrhundert. Studien zu kanonischem Recht und politischer Wirklichkeit, Stuttgart 1980; RAYMUND KOTTJE, Die Tötung im Kriege. Ein moralisches und rechtliches Problem im frühen Mittelalter, Barsbüttel 1991.

81 VOLKER SCHMIDTCHEN, Kriegswesen im späten Mittelalter. Technik, Taktik, Theorie, Weinheim 1990.

diert ist eine reichhaltige Realienkunde spätmittelalterlicher Kriegsgeschichte im engeren Sinne. Den Blick auf das gesamte Mittelalter richtet schließlich die für ein breiteres Publikum geschriebene Darstellung von Norbert Ohler "Krieg und Frieden im Mittelalter" aus dem Jahre 1997.[82] Schon aufgrund der Tatsache, daß der Autor versucht hat, die gesamte Zeitspanne zwischen 500 und 1500 zu berücksichtigen, führt dazu, daß die Darstellung oberflächlich harmonisierend wirkt und insgesamt doch wenig problemorientiert argumentiert.[83]

Dennoch ist spätestens seit Mitte der Achtziger Jahre das Thema "Krieg" wenigstens indirekt wieder zu einem Gegenstand wissenschaftlicher Beschäftigung der deutschen Mediävistik geworden, wenn auch jetzt unter dem neuen Lemma "Konflikt". Es lohnte wohl eine eigene wissenschaftsgeschichtliche Studie, um aufzuzeigen, welche anderen zeitgenössischen Konzepte aus den Humanwissenschaften (Anthropologie, Politikwissenschaften) dafür verantwortlich zu machen sind, daß zusammen mit dem Begriff des Rituals der "Konflikt" zu den *mots clés* eines grossen Teils der jüngeren Frühmittelalterforschung avancieren konnte. Man wird ohne Übertreibung sagen können, daß es mittlerweile schon zu einer Art von Schulbildung gekommen ist, als deren unbestrittener geistiger Kopf und *spiritus rector* der Münsteraner Mediävist Gerd Althoff anzusehen ist.[84] In seinem jüngst publizierten Beitrag "Schranken der Gewalt. Wie gewalttätig war das 'finstere Mittelalter'?"[85] zieht der Autor gleichsam eine Summe seiner bisherigen Forschungen. Sie lautet: "Die Kriegergesellschaft des frühen und hohen Mittelalters hatte also ein differenzierteres Verhältnis zu Krieg und Gewalt, als es unsere gängigen Mittelalterbilder vermitteln".[86] Nach Einschätzung Althoffs "bestand in mittelalterlichen Konflikten jederzeit die Möglichkeit, die Gewaltanwendung durch Unterwerfung

---

82 NORBERT OHLER, Krieg und Frieden im Mittelalter, München 1997.
83 So ergeht sich N. OHLER, Krieg (wie Anm. 82) gern in militärischen Planspielereien; vgl. etwa ebd. S. 223: "Vielleicht hätten die Franken mit einer kombinierten Verteidigungs- und Angriffsstrategie die Normannengefahr bannen können: tiefe Gliederung der Defensive, vor allem Sperrung der Flußläufe an geeigneten Stellen, was bedeutet hätte, zeitweilig Teile des Landes aufzugeben ...", kombiniert mit einem manchmal etwas platt wirkenden Psychologisieren, vgl. ebd.: "Über die Gründe der Unbeholfenheit kann man spekulieren: In innere Auseinandersetzungen verstrickt, zeigten die Enkel Karls des Großen sich unfähig zu aktiver, phantasievoller Gegenwehr. Vielleicht hatten die Völker des Frankenreiches sich in siegreichen Kriegen verausgabt. Oder wirkten sich ihre bäuerlichen Traditionen negativ aus?" - Als weiteres Beispiel banaler Alltagspsychologie vgl. etwa ebd. S. 260: "War schmerzliches Unrecht (der Gegenseite!) zu beklagen, stieg mit der Gereiztheit die Bereitschaft, auf abstoßende Weise Rache zu üben."
84 Angesichts der Vielzahl erschienener Arbeiten sei an dieser Stelle auf eine vollständige Auflistung verzichtet. Eine gute Zusammenstellung der wichtigsten Publikationen findet sich in: GERD ALTHOFF, Spielregeln der Politik im Mittelalter. Kommunikation in Frieden und Fehde, Darmstadt 1997. Vgl. im übrigen auch die folgende Anm.
85 GERD ALTHOFF, Schranken der Gewalt. Wie gewalttätig war das 'finstere Mittelalter'?, in: H. BRUNNER, Krieg im Mittelalter (wie Anm. 85), S. 1-23.
86 G. ALTHOFF, Schranken der Gewalt (wie Anm. 85), S. 23.

zu beenden", wofür er auch eine Fülle von Beispielen nicht nur in diesem Beitrag zusammengetragen hat. Der Verfasser hält die Etikettierung des Mittelalters als "gewalttätig" für ein Klischee. Man gewinnt den Eindruck, daß es sich zumindest im Fall der von Althoff bisher untersuchten Zeiträume des frühen und hohen Mittelalters ganz im Gegenteil um relativ friedfertige Epochen gehandelt habe, um Konflikte, die mithin im Sinne einer Deeskalation beherrschbar blieben. Durch eine "Vielzahl von Gewohnheiten, Regeln und Verfahren" die "Gewaltausübung zu begrenzen",[87] sei das Ziel dieser Gesellschaften gewesen. Vor diesem Hintergrund erkläre sich auch der Umstand, daß "Gewalt" sich weniger auf den Konfliktgegner gerichtet habe: "Blutvergießen unter den Waffenträgern einzudämmen bzw. zu verhindern",[88] habe vielmehr im Vordergrund gestanden.

Es gehört zur wissenschaftlichen Lauterkeit Althoffs, daß er ausdrücklich darauf hinweist, daß er nur diesen "einen Aspekt des Themas Krieg und Gewalt in den früheren Jahrhunderten des Mittelalters" berücksichtigt habe. Nun stellt sich aber doch die Frage, ob angesichts dieser Art von Konflikten dann überhaupt noch der Begriff des "Krieges" bzw. der "Gewalt" irgendeinen heuristischen Wert besitzt. Althoff hat seine Beispiele sämtlich aus dem Bereich innergesellschaftlicher, genauer: innerständischer Konfliktlagen entnommen, und er hat insbesondere die Begriffe "Fehde" und "Krieg" synonym verwendet. Wenn Fehde nun aber, wie von Althoff an zahlreichen Beispielen eindrucksvoll gezeigt, im frühen und hohen Mittelalter ein Mittel der Konfliktaustragung mit allenfalls begrenzter Gewaltanwendung darstellt - Gewaltausübung vorwiegend und "bloß" gegen Sachen stattfindet -, dann stellt dieser Umstand allein noch keinen ausreichenden Indikator für eine friedvolle Haltung eines angeblich zu Unrecht als gewalttätig verschrieenen Adels dar. Denn dann müßte erst noch gezeigt werden, daß solche friedliche Beilegungen von Konflikten weitaus überwogen, und daß eine gewalttätige Austragung von Konflikten, i. e. Krieg, den Ausnahmefall darstellte. Vielleicht sollte man ein solches Verfahren und ein damit einhergehendes Verhalten, das mit sehr begrenztem persönlichen Risiko für die jeweiligen Konfliktparteien auf die Durchsetzung eigener Interessen und auf die eigene Positionierung innerhalb einer und derselben gesellschaftlichen Gruppe abzielt, auch nicht unbedingt als "Krieg" bezeichnen. Denn sonst verlöre dieser Terminus, dem, wie oben gezeigt, der Begriff des Tötens und Getötetwerdens ja immanent ist, gänzlich seine begriffliche Schärfe. Es handelt sich, um einen Vergleich aus der Biologie heranzuziehen, um Kämpfe innerhalb eines Rudels: die eigene Position und Stärke wird in einem begrenzten Konflikt mit dem Gegner festgelegt. Bei dieser Konfliktaustragung handelt es sich aber nicht um einen Krieg, der die tödliche Vernichtung des Gegners intendieren würde, sondern lediglich um die Auslotung eigener Stärken bzw. Schwächen. Noch anders for-

---

87  Ebd.
88  G. ALTHOFF, Schranken der Gewalt (wie Anm. 39), S. 9.

muliert: nicht jeder Konflikt ist ein Krieg, aber jedem Krieg liegt ein Konflikt zugrunde.

Eindeutig um Kriege handelt es sich aber beispielsweise bei denjenigen Auseinandersetzungen im Zeitalter des Investiturstreites, die in der Forschung üblicherweise als "Sachsenkriege" firmieren.[89] Hier greift das Konfliktparadigma nur noch bedingt, weil diese Konflikte zu äußerst gewalttätigen Kriegen mutierten. Jüngst ist sogar die Meinung verfochten worden, daß diese Kriege, die in den Jahren 1073-1080, 1085-1089 und dann schließlich 1112-1115 ausgefochten wurden, "action highlights of the most important war in Germany before the Thirty Years War" darstellten.[90] Auch wenn diese Einschätzung übertrieben sein sollte, soviel scheint doch sicher zu sein: wenn denn Strategien einer Konfliktbeilegung verfolgt worden sein sollten, dann haben sie hier offensichtlich versagt.[91] Angesichts der derzeitigen Forschungslage können an dieser Stelle nur Vermutungen angestellt werden, warum sie versagt haben. Nur eines dürfte unstrittig sein: Der Haß, der zwischen den Parteien geherrscht haben muß, dürfte immens gewesen sein. Diesen Eindruck vermitteln zumindestens die zeitgenössischen Quellen[92] für die erste Phase der Auseinandersetzungen. Man könnte daher die Vermutung wagen, daß aufgrund der aufgebauten topischen Feindbilder,[93] also derjenigen "Bilder", die die einzelnen

---

89 Einen Überblick bietet WOLFGANG GIESE, Der Stamm der Sachsen und das Reich in ottonischer und salischer Zeit. Studien zum Einfluß des Sachsenstammes auf die politische Geschichte des deutschen Reiches im 10. und 11. Jahrhundert und zu ihrer Stellung im Reichsgefüge mit einem Ausblick auf das 12. und 13. Jahrhundert, Wiesbaden 1979, S. 148-195.

90 Vgl. JOHN GILLINGHAM, An Age of Expansion, c. 1020-1204, in: M. KEEN, Medieval Warfare (wie Anm. 64), S. 59-88, hier S. 73.

91 Die Deutung der Sachsenkriege im Lichte der Althoffschen Forschungen versuchte MONIKA SUCHAN, Königsherrschaft im Streit. Konfliktaustragung in der Regierungszeit Heinrichs IV. zwischen Gewalt, Gespräch und Schriftlichkeit (Monographien zur Geschichte des Mittelalters XLII), Stuttgart 1997, insbesondere S. 90-93 und 145-162. Die Autorin will zeigen, daß "die Streitigkeiten zwischen Heinrich IV. und seinen sächsischen Gegnern in der zweiten Hälfte der 1080er Jahren" "in der Tradition der Spielregeln der Konfliktaustragung vollzogen worden sind" (ebd. S. 161), doch vermag sie nicht zu erklären, warum diese Spielregeln im Sinne einer Beilegung des Konfliktes nicht mehr gegriffen haben. In gewissem Sinne widerspricht sie sich selbst bei ihrer Schilderung eben dieses "Konfliktes", der längst vom "Konflikt" zu einem "richtigen Krieg" ohne Konfliktaustragungsregeln mutiert war; vgl. z. B. die Schilderung für die Zeit von 1086 bis 1088: "Die Verbündeten (sl. gemeint sind die sächsischen, schwäbischen und bayerischen Gegner Heinrichs IV.) suchten zu diesem Zeitpunkt kein friedliches, gewaltloses Ende der Auseinandersetzungen, sondern eine militärische Entscheidung" (*sic!*) ... Der Salier gewann politisch an Boden, zugleich dämpfte Kampfesmüdigkeit (*sic!*) den Widerstand, so daß sich die überlebenden (*sic!*) sächsischen Großen bis 1088 mit Heinrich ausgesöhnt hatten." (ebd. S. 161-162).

92 Überblick über die wichtigsten Quellen (Lampert von Hersfeld, Annalen; Bruno, Carmen de bello Saxonco; Vita Heinrici Quarti) bei W. GIESE, Der Stamm der Sachsen (wie Anm. 89).

93 Die Literatur zum Begriff des "Feindbildes" ist vergleichsweise reichhaltig und teilweise politik- bzw. sozialwissenschaftlich orientiert, vgl. etwa DANIEL FREI, Feindbilder und Abrüstung. Die gegenseitige Einschätzung der UdSSR und der USA. Eine Studie des Instituts der Vereinten

Parteien von sich und dem jeweiligen Feind entwarfen, tradierte Verfahren zur Konfliktbeilegung einfach nicht mehr funktionieren konnten. Die Feindbilder auf beiden Seiten waren insofern topisch, als sie der uralten politischen Semantik des "Guten" und des "Bösen" folgten: Dem jeweiligen Gegner werden unfaire Kampfpraktiken,[94] rücksichtslose Plünderungen, Versklavung der "Kriegsgefangenen", Vergewaltigung der 'Zivilbevölkerung' usw. vorgeworfen,[95] während das eigene Verhalten natürlich untadelig ist.[96] Dieser Umstand verweist auf die enorme Bedeutung von Auto- und Heterostereotypen für eine weiter gefaßte Kulturgeschichte des Krieges.

## V. Künftige Aufgaben einer Kulturgeschichte des mittelalterlichen Krieges

Eine ihrer ersten Aufgaben wird es sein, sich der Aufarbeitung solcher Bilder von sich und dem anderen zu widmen: Wie werden sie konstruiert und auf welchen Voraussetzungen bauen sie auf? Wann werden sie eingesetzt und worin besteht ihre Leistung? Hier handelt es sich, was den Bereich der mittelalterlichen Geschichte

---

Nationen für Abrüstungsforschung, (UNIDIR), München 1985; KURT R. SPILLMANN/KATI SPILLMANN, Feindbilder. Hintergründe, Funktion und Möglichkeit ihres Abbaus, in: Beiträge zur Konfliktforschung XIX 1989, S. 19-44; GÜNTHER WAGENLEHNER (Hg.), Feindbild: Geschichte-Dokumentation-Problematik, Frankfurt a.M. 1989; WOLFGANG BENZ, Feindbild und Vorurteil. Beiträge über Ausgrenzung und Verfolgung, München 1996. - Als Bibliographie für ältere Arbeiten nützlich: JOHANNES HOFFMANN, Stereotypen, Vorurteile, Völkerbilder in Ost und West - in Wissenschaft und Unterricht. Eine Bibliographie (Studien der Forschungsstelle Ostmitteleuropa an der Universität Dortmund I) 1986; vgl. ferner RUDOLF JAWORSKI, Osteuropa als Gegenstand historischer Stereotypenforschung, in: Geschichte und Gesellschaft XIII 1987, S. 63-76. Den Begriff des Feindbildes mit Erfolg herangezogen hat auch MICHAEL JEISMANN, Das Vaterland der Feinde. Studien zum nationalen Feindbegriff und Selbstverständnis in Deutschland und Frankreich 1792-1918, Stuttgart 1992.

94 Vgl. für die sächsische Perspektive Bruno, De bello Saxonico 117 (ed. Hans-Eberhard Lohmann, MGH Deutsches Mittelalter. Kritische Studientexte II: Brunos Buch vom Sachsenkrieg, Leipzig 1937, S. 110): ungewöhnlicher Winterfeldzug Heinrichs IV.1080, um die Sachsen zu überraschen; die königlichen Truppen scheuen den offenen Kampf: *illi, sicut semper solebant, calliditate pugnaturi ...*

95 Vgl. z. B. Bruno, De bello Saxonico 16, 25, 47, 108 (ed. LOHMANN [wie Anm. 94] S. 23, 29, 45f., 98f.).

96 Vgl. Bruno, De bello Saxonico 123 (ebd. S. 117): Kriegsgefangene werden unentgeltlich gesundgepflegt und unter Verzicht auf Lösegeld, mit Waffen und Kleidern in nobler Weise versorgt, in die Heimat entlassen: *sanati, si vulnerati erant, gratis in patriam suam remittuntur, vestibus et armis decenter instructi.*

angeht, noch um ein vergleichsweise wenig bearbeitetes Forschungsfeld,[97] dem gleichwohl eine unübersehbare Bedeutung zukommt. Denn allemal "beginnen die Kriege", wie die UNESCO-Präambel vom 16. 11. 1945 zu Recht formuliert hat, "in den Köpfen der Menschen".[98] Es gilt mit anderen Worten, die kulturellen Konstruktionen von Feindbildern aufzudecken.

Eine zweite Aufgabe einer modernen Kulturgeschichtsschreibung des Krieges hängt auf das engste mit der soeben gestreiften Bedeutung der Feindbilder zusammen und betrifft die Analyse mittelalterlicher Identitäten im Kontext des mittelalterlichen Krieges. Denn die notwendige Voraussetzung für die Instrumentalisierbarkeit von Feindbildern ist die Gewinnung einer eigenen Identität in Abgrenzung zu einer fremden Identität. In den Human- und Sozialwissenschaften besteht insoweit Konsens, daß eigene Identitäten sich besonders in solchen Situationen herausbilden, die von einer Gruppe, einer Ethnie, "Nation" usw. als Bedrohungsszenarien angesehen werden. Das größte aller denkbaren Bedrohungsszenarien stellt aber zweifellos der Krieg dar. Insoweit kann es auch nicht weiter überraschen, daß Kriege in besonderer Weise identitätsstiftend wirken. Übertragen auf den Fall der gerade erwähnten Sachsenkriege versucht der Autor des "Buches vom Sachsenkrieg", der Magdeburger Kleriker Bruno,[99] eine Identitätsstiftung, indem er harmonisierend die *Saxones* und die *Saxonia* als eine geschlossene und monolithisch agierende politischen Einheit anspricht.[100] Um ein anderes Beispiel zu wählen: der bekannte Umstand, daß verschiedentlich in Ritterschlachten namentlich des Hochmittelalters vergleichsweise wenige *milites* umkamen, kann keinen geeigneter Maßstab für die Gewalttätigkeit bzw. Nichtgewalttätigkeit des Ritterstandes darstellen.

---

97 Eine deutschsprachige Stereotypenforschung gibt es für den Bereich der mittelalterlichen Geschichte allenfalls in Ansätzen. In diesem Zusammenhang zu nennen sind LUDWIG SCHMUGGE, Über nationale Vorurteile im Mittelalter, in: DA XXXVIII 1982, S. 439-459; KARL FRIEDRICH KRIEGER, England aus der Sicht des Kriegsgegners. Das Englandbild im Traktat "Le Débat des Hérauts d'armes de France et d'Angleterre", in: GOTTFRIED NIEDHART (Hg.), Das kontinentale Europa und die britischen Inseln. Wahrnehmungsmuster und Wechselwirkungen seit der Antike, Mannheim 1993, S. 71-86; CLAUDIUS SIEBER-LEHMANN, Spätmittelalterlicher Nationalismus. Die Burgunderkriege am Oberrhein und in der Eidgenossenschaft (Veröffentlichungen des Max-Planck-Instituts für Geschichte CXVI). Vgl. ferner FRANZ BOSBACH (Hg.), Feindbilder. Die Darstellung des Gegners in der politischen Publizistik des Mittelalters und der Neuzeit, Köln u. a. 1992.

98 Vgl. den bei E. ORYWAL, Krieg und Kampf (wie Anm. 48), S. 12 zitierten Text der UNESCO-Präambel.

99 Zu Bruno vgl. zuletzt HANNA VOLLRATH, Konfliktwahrnehmung und Konfliktdarstellung, in: STEFAN WEINFURTER (Hg.), Die Salier und das Reich III: Gesellschaftlicher und ideengeschichtlicher Wandel im Reich der Salier, Sigmaringen 1991, S. 279-296, hier S. 285.

100 Vgl. z. B. Bruno, De bello Saxonico 22: *ex ore totius Saxoniae* (ed. Lohmann [wie Anm. 94] S. 27); 23: *cum omnibus Saxonibus* (ebd. S. 28); 26: *totius Saxoniae libertatem* (ebd. S. 31); 27: *omnium Saxonum ... dux* (ebd. S. 31); 44: *ex omnium persona Saxonum* (ebd. S. 43); 45: *cum tota Saxonum gente* (ebd. S. 44); 54: *tota Saxonia quieta staret* (ebd. S. 51) usw.

Neben dem materiellen Interesse des Siegers, der für seinen gefangengenommenen Gegner auf ein Lösegeld hoffen konnte, ist vor allem auf die ritterliche Identität zu verweisen. Sie ermöglichte es dem einzelnen Ritter, eine Schlacht als eine "sportliche" Auseinandersetzung mit festgelegten Regeln zu begreifen. Da andere am Kampf beteiligte Gruppen wie beispielsweise *rustici*, angeworbene nichtritterliche Spezialisten und Techniker des Krieges, in diese Identität ausdrücklich nicht eingeschlossen waren, stellten sie nach ritterlichem Verständnis keine Gegner dar, gegen die man hätte "kämpfen" können. Was man allenfalls tun konnte, war, daß ein Heerführer ihre Abschlachtung anordnete, und seien es wie im Fall der nur noch als hinderlich empfundenen Genueser Armbrustschützen in der Schlacht von Crécy 1346 auch die eigenen Leute.[101]

Auch das von der mittelalterlichen Kirche seit der Epoche der Kreuzzüge propagierte Ideal des *miles Christianus* kann unter dem Signum der Identität als ein Versuch verstanden werden, eine bereits vorhandene ritterliche Identität durch eine zusätzliche spezifisch christliche Identität zu überformen, was zu einem zweifelhaften Kompromiß führt: die Tabuisierung des Tötens bezieht sich auschließlich auf die eigene christliche Gruppe; hingegen ist es erlaubt bzw. sogar gefordert, den Nicht-Christen zu töten.

Der Grad der Grausamkeit, der Gewalttätigkeit mittelalterlicher Kriege, ist also primär eine Frage nach den Identitäten derjenigen, die an diesem Konflikt beteiligt sind. Nur dann, wenn eine gemeinsame Identität, so könnte man es formulieren, der Konfliktparteien gegeben ist, können auch "Spielregeln" vereinbart werden, an die man sich dann halten muß. Ein "normaler" Krieg ist dadurch ausgezeichnet, daß keine oder allenfalls noch elementare Spielregeln gelten, während ein "geregelter" Krieg fast schon so etwas wie eine *contradictio in adjecto* darstellt. So erklärt beispielsweise der Umstand, daß in spätmittelalterlichen Schlachten des Crécy-Typus[102] ritterliche Wettbewerbsregeln von einer (der englischen Seite) außer Kraft gesetzt waren, die englischen Siege und die französischen Niederlagen. Ihre sich abzeichnende, allmähliche Außerkraftsetzung hängt mit der Ersetzung einer alten ritterlichen durch eine neue, vielleicht schon "pränationale Identität" zusammen. Erleichtert wird dieser Vorgang durch den Umstand, daß Ritter jetzt nicht mehr in die Schlacht als 'Reiter' ziehen, sondern im Zug der sogenannten 'Infantry Revolution' des 14. Jahrhunderts von ihren Pferden steigen und zu Fuß kämpfen. Sie kämpfen - und das dürfte von größter Wichtigkeit in diesem Zusammenhang gewesen sein - im Verein mit anderen nichtritterlichen Infanterietruppen, was zu

---

101 Vgl. zu dieser oft zitierten Szene, dem Befehl König Philipps VI. zur Hinrichtung der infolge eines Gewittergusses kampfunfähig gewordenen Genueser Hilfstruppen, JEAN FAVIER, La Guerre de Cent Ans, Paris 1980, S. 114.

102 Die großen Schlachten des sog. Hundertjährigen Krieges (Crécy 1346, Poitiers 1356, Azincourt 1415) waren wiederholt Gegenstand militärgeschichtlicher Forschung; vgl. dazu die bei M. KEEN, Medieval Warfare (wie Anm. 64), S. 296 angegebene Literatur und die folgende Anm.

gesteigerter Gewalt führt: "One side of the rising importance of common infantry was that the European battlefield became a much more sanguinary place than it had been".[103] Welch verheerende Konsequenzen dieser Vorgang für die alte ritterliche Identität zeitigen mußte, liegt auf der Hand. Man kann die ritterliche Identität im Sinne einer vertikalen Distinktion (Jan Assmann[104]) deuten: die ritterliche Elite grenzt sich nach unten gegen die Nichtritter ab, und das tut sie ganz unmittelbar, ganz plastisch auch und vor allem dadurch, daß allein sie zu Pferde in die Schlacht zieht. Die neue ethnizistisch-"nationale" Identität kann sich gar nicht mehr, selbst wenn sie es wollte, nach unten abgrenzen - Ritter und Nichtritter kämpfen ja jetzt gemeinsam zu Fuß und grenzen sich gegenüber dem Feind auf der anderen Seite ab. Es ist zumindest für die Periode des Kämpfens in der Schlacht zu einem Distinktionswechsel gekommen: Die vertikale hat sich in eine laterale Distinktion verwandelt. Dieser Distinktionswechsel läßt sich, sowohl in einem realen wie in einem übertragenen Sinn in das Bild desjenigen fassen, der jetzt 'von seinem hohen Roß heruntersteigen' muß.

Die dritte Aufgabe, die einer modernen Kulturgeschichtsschreibung des mittelalterlichen Krieges zukommt, hängt auf das engste mit dem soeben erwähnten Identitätsbegriff zusammen. Auch hier kann man sich eine allgemeine Erkenntnis der Kulturwissenschaften zunutze machen, die besagt, daß die Identitätsgewinnung sich häufig durch den Bezug auf eine Vergangenheit vollzieht. Vergangenheit wird "erfunden" oder re-konstruiert, um sich der eigenen Identität zu versichern. Die Mediävistik hat für den Vorgang, wie sich mittelalterliche Gesellschaften ihrer Toten erinnert haben, den Begriff der *Memoria* und der "Memorialkultur" geprägt.[105] Man könnte daran denken, diesen Begriff auch für eine Kulturgeschichtsschreibung des Krieges zu nutzen und von der "Memoria des Krieges" sprechen. Darunter könnten diejenigen Formen verstanden werden, in denen sich einzelne Menschen und ganze Gesellschaften ihrer Kriege "erinnern", indem sie sie "rekonstruieren".[106] Nun ist die Forschung zur Erinnerungskultur inzwischen äußerst komplex und für den Nichtfachmann auch kaum mehr überschaubar. Es existieren eine Fülle theoretischer, vielleicht auch miteinander konkurrierender Konzepte über das, was erinnert wird und wie es erinnert wird; so wird beispielsweise unterschieden

---

103 CLIFFORD J. ROGERS, The Age of the Hundred Years War, in: M. KEEN (Hg.), Medieval Warfare (wie Anm. 64), S. 136-160, hier S. 144.
104 Zu den Begriffen "vertikale" bzw. "laterale Distinktion" ausführlich J. ASSMANN, Kulturelles Gedächtnis (wie Anm. 54), S. 156.
105 Vgl. dazu den Überblick bei OTTO GERHARD OEXLE, Artikel "Memoria, Memorialüberlieferung", in: LexMA VI, München/Zürich 1993, Sp. 510-513.
106 Zum Begriff des "Rekonstruierens", der der Gedächtnistheorie von Maurice Halbwachs entstammt, vgl. die Erläuterungen bei JAN ASSMANN, Erinnern, um dazuzugehören. Kulturelles Gedächtnis, Zugehörigkeitsstruktur und normative Vergangenheit, in: KRISTIN PLATT/MIHRAN DABAG (Hgg.), Generation und Gedächtnis. Erinnerungen und kollektive Identitäten, Opladen 1995, S. 51-75, hier S. 59.

zwischen individueller und kollektiver Erinnerung, zwischen "Funktionsgedächtnis" und "Speichergedächtnis"[107] usw. Und man wird sich auch fragen dürfen, inwieweit solche Konzepte bei der praktischen Arbeit an den Quellen weiterführen. Dennoch gilt auch für das Mittelalter, was Christian Meier im Hinblick auf den antiken Krieg angemerkt hat: Daß wir über den Krieg, "wenn nicht wenig, so doch sehr viel weniger als über viele andere Teile des damaligen Lebens wissen", obgleich "unsere Überlieferung ... voll [ist] von Kriegen".[108] Man denke nur an die kriegerischen Gründungsmythen, an die militärischen Rituale und Liturgien, an autobiographische Kriegserinnerungen usw. Von daher erwächst auch der Zwang, sich mit der Memoria des Krieges auseinanderzusetzen.

Wie ein Blick auf Entwicklungen im Bereich der Neueren Geschichte zeigt, nimmt das Interesse an einer "modernen" Kriegs- bzw. Militärgeschichte zu. Anstöße kamen insbesondere aus dem Bereich der "Historischen Friedensforschung".[109] Es wurden mit teilweise beachtlichem Erfolg Anstrengungen zu einer "Militärgeschichte von unten" mit einer Konzentration auf die beiden Weltkriege unternommen.[110] In Tübingen hat 1998 ein von der Deutschen Forschungsgemeinschaft geförderter Sonderforschungsbereich, der sich mit "Kriegserfahrungen. Krieg und Gesselschaft in der Neuzeit" beschäftigt, seine Arbeit aufgenommen. Auch wenn naturgemäß die Distanz zwischen dem Mittelalter und der Neuzeit vor allem aus der Perspektive der Moderne sehr groß erscheint, so sollte sie doch nicht unüberbrückbar sein. Der Autor dieses Essays glaubt, daß die einzelnen Teildisziplinen durchaus voneinander lernen können. Dazu gehört freilich die Bereitschaft, einander zuzuhören. Eine Beschäftigung mit dem mittelalterlichen Krieg könnte einen gewichtigen Beitrag zur politischen Semantik des Krieges liefern: Beispielsweise die Tiefenstrukturen von Feindbildern klären und aufzeigen, daß es sich bei modernen Feindbildern um keine *creationes ex nihilo* handelt, sondern daß diese längere, in die Vergangenheit zurückreichende mittelalterliche Vorgeschichten besitzen. In diesem Zusammenhang müßte auch noch einmal die These überprüft werden, ob, wie vermutet wurde, eine politische Dimension und Funktionalisierung von Feindbildern (z. B. Völkerstereotypen) erst am Ende des 18. Jahrhundert eingetreten ist[111]. Auf jedenfall könnte eine solche Analyse die Last und Bedeutung

---

107 Diese Begriffe sind geprägt worden von ALEIDA ASSMANN; vgl. zuletzt DIES., Erinnerungsräume. Formen und Wandlungen des kulturellen Gedächtnisses, München 1999, S. 130-145.
108 CHRISTIAN MEIER, Die Rolle des Krieges im klassischen Athen (Schriften des Historischen Kollegs - Dokumentationen 6), München 1991, S. 5.
109 Vgl. für eine erste Übersicht WOLFGANG KRUSE, Kriegerische Geschichte und pazifistische Geschichtswissenschaft: Das Jahrbuch für Historische Friedensforschung, in: Geschichte und Gesellschaft XXIV 1998, S. 339-348.
110 Vgl. BERND ULRICH, "Militärgeschichte von unten". Anmerkungen zu ihren Ursprüngen, Quellen und Perspektiven im 20. Jahrhundert, in: DIETER LANGEWIESCHE (Hg.), Militärgeschichte heute (Geschichte und Gesellschaft XXII/4 1996), S. 473-504.
111 So die These von M. JEISMANN, Vaterland der Feinde (wie Anm. 93).

kultureller Traditionen für die modernen Wahrnehmungs- und Deutungsmuster von Krieg offenlegen: die mittelalterlichen Wurzeln von Rechtfertigungen, von Mythologisierungen und Heroisierungsversuchen des Krieges offenlegen, weil sie auch für die moderne Bewältigung von Krieg - für den einzelnen wie für die gesamte Gesellschaft - von Bedeutung waren und partiell noch immer sind.

## Summary

The editor's introductory essay surveys current trends in research in cultural studies and outlines the methodological frame for the following contributions. It emerges that the basic concepts 'war', 'middle ages' and 'cultural studies' are not as easily defined as it might seem at first sight. Few contemporary concepts have been so variously defined, so contested as 'culture'. Consequently, there is a great difference between cultural history in a traditional, narrow sense and recent approaches which see 'culture' as a kind of mental superstructure conditioning the way in which both individuals and societies are affected by and deal with certain experiences, and how they express themselves about them. The essay shows how the subject of war might be studied in the light of new interdisciplinary approaches and what might be achieved if war is not just studied in the narrow terms of military history. It questions the traditional definition of war implying an armed conflict between states as well as its underlying concept of 'state' and it reviews current attempts at definition based on the notions of 'killing' and 'violence'. Modern war has been characterized as a war of annihilation which affects the military and the civilian alike, whereas medieval war is described as a highly regulated form of conflict, in which violence is directed more against inanimate objects than people. The tendency that war was also interpreted in legalistic terms, i. e. as a legitimate way to defend one's rights played down the role of violence even further and helped to cement the romanticizing interpretation of medieval warfare.

Cultural approaches seek to place their subject in a wider context by making a few basic assumptions. Firstly, there are different ‚cultures of war' depending on a society's degree of complexity, which in turn, determines the way in which a society wages war. Secondly, as war implies killing, this act becomes a new point of departure for research into the anthropological dimension of war and the cultural preconceptions of the parties involved. Thirdly, another concomitant of warfare has become the object of inquiry, i. e. the way in which attitudes to one's opponents are formed and how they shape the nature of behaviour in war. Fourthly, the concept of violence is introduced as a central analytical category, thus, the human and social costs of war are seen as an object meriting closer attention. Finally, the essay gives a critical appreciation of what has been achieved in the field so far and indicates new directions for further research.

## Compte rendu

Dans son introduction, l'éditeur donne d'abord une vue générale des tendances actuelles dans les *cultural studies* à laquelle il ajoute une esquisse du cadre méthodologique de base des contributions de ce volume. L'auteur montre que les notions fondamentales de 'guerre', de 'Moyen Âge' et de *cultural studies* ne peuvent pas être définies si facilement qu'il paraît à première vue. Peu de notions contemporaines ont connu des définitions si multiples que le mot de *civilisation*. Par conséquent, il y a une grande différence entre l'*histoire de civilisation* dans le sens traditionnel, limité, et les démarches récentes qui voient dans le phénomène de *civilisation* une sorte de superstructure mentale conditionnant la manière dont et les individus et les sociétés sont affectés par certaines expériences et qu'ils les traitent, et déterminant le besoin social et individuel de s'exprimer. Cette contribution montre comment le phénomène de la guerre pourrait devenir l'objet de démarches nouvelles, interdisciplinaires qui mèneraient l'étude de la guerre hors des bornes étroites de l'histoire militaire et qui élargiraient ainsi le champ d'observation et donc les résultats possibles. L'auteur met en question la définition traditionnelle de la guerre, c'est-à-dire celle d'un conflit armé entre des États, de même que la notion sous-jacente d''État'; et il repasse les tentatives actuelles qui essayent d'arriver à une nouvelle définition de guerre basée sur les notions de 'tuer' et de 'violence'. On a qualifié la guerre moderne de 'guerre d'extinction' affectant et les hommes militaires et la population civile, par opposition à la guerre médiévale tenue alors pour un mode de conflit largement réglé où la violence se dirigeait plus contre des objets inanimés que contre des personnes. La tendance à interpréter la guerre d'après les notions juridiques de belligérance, c'est-à-dire: à la comprendre comme une manière légitime de défendre ses droits sous-estimait d'autant plus le rôle de la violence et aidait à confirmer une conception romantique de la guerre médiévale.

En partant de quelques présuppositions de base, la démarche des *cultural studies* cherche à situer son objet dans un contexte élargi. D'abord, il y a différents 'civilisations de guerre' dépendant du degré de complexité d'une société, lequel, en revanche, détermine la manière dont une société se risque à mener la guerre. En second lieu, comme la guerre implique la mise à mort, cet acte devient - pour la recherche des dimensions anthropologiques de la guerre et des préconceptions culturelles des partis impliqués - un point de départ nouveau. Troisièmement, un autre épiphénomène de la guerre, à savoir la façon dont les attitudes à l'égard de l'opposant sont formées et comment celles-ci influencent le comportement des combattants pendant la guerre est devenu l'objet de la recherche. Quatrièmement, la notion de violence est introduite en fonction de catégorie analytique centrale; donc, il faut considérer les conséquences humaines et sociales de la guerre comme une matière qui mérite une attention particulière. Finalement, l'auteur donne une appréciation critique des résultats déjà obtenus dans ce domaine et indique de nouvelles directions de recherche.

Evangelos Chrysos

# Vernichtungskriege des 6. Jahrhunderts[1]

Als die Regensburger Kollegen vor einem Jahr die Idee entwickelten, eine Ringvorlesung über den Krieg im Mittelalter zu organisieren, haben sie sicherlich nicht geahnt, daß dieser wissenschaftliche Diskurs im Schatten und in der stinkenden Luft eines wirklichen Krieges stattfinden würde. Ich habe natürlich nicht die Absicht, hier politische Botschaften zu vermitteln, vor allem keine moralisierenden, weil solche Botschaften gewöhnlich auf der falschen Voraussetzung gründen, man sei ein unschuldiger Betrachter und kein involvierter Teilnehmer am Kriegsgeschehen, obwohl wir alle doch bitte in der einen oder anderen Weise aktive Teilnehmer sind. Wir können uns aber einigen, in dieser Stunde der Leidenden im Krieg zu gedenken, ob Serben oder Kossovaren, die, obwohl Kinder derselben schönen Welt und Natur des Balkans, ungewollt und unbewußt sich allmählich von einander trennten und schließlich zu gegenseitigen Feinden wurden, nicht zuletzt durch den *distorting* Spiegel, den wir alle selbstbewußt und selbstherrlich vor dem Gesicht tragen.

Was ist ein Vernichtungskrieg? Die einfachste Definition ist wohl, "ein Krieg, der zur Vernichtung des Gegners führt". Insofern unterscheidet sich der Vernichtungskrieg vom "totalen Krieg", welcher, in nationalsozialistischem Jargon entstanden, durch die "totale Mobilisierung sämtlicher materieller und personeller Ressourcen zur Sicherung des Endsieges" gekennzeichnet ist.[2] Mehrere Varianten dieser Definition sind dabei zulässig: Ist die Vernichtung des Gegners das eigentliche Ziel des Krieges, oder soll damit der Vorsatz gemeint sein, bis zur Vernichtung des Gegners oder aber - wenn es sein muß - auch bis zur eigenen Vernichtung den Krieg fortzusetzen? Wie definieren wir aber den Begriff Vernichtung im Rahmen eines

---

[1] Dieser Aufsatz erscheint hier in der Form, wie er als Vortrag am 26. 5. 1999 an der Universität Regensburg gehalten wurde. Herrn Kollegen Christoph Schäfer danke ich für die Einladung zur Ringvorlesung sowie für stilistische Verbesserungen des Textes.
[2] Siehe WOLFGANG BENZ u. a. (Hg.), Enzyklopädie des Nationalsozialismus, Stuttgart 1977, S. 761; Im historiographischem Sprachgebrauch nach dem 2. Weltkrieg tendiert man jedoch dazu, die Begriffe Vernichtungskrieg und totaler Krieg synonym zu gebrauchen.

Krieges? Ist damit lediglich der Sieg über die Streitkräfte des Gegners und deren Ausschaltung oder auch die physische Vernichtung des feindlichen Heeres gemeint? Beinhaltet er ferner die Eliminierung des feindlichen Staates als Staatsgefüge, möglicherweise sogar die physische Vernichtung der Bürger des zu bekriegenden Staates, oder wird lediglich der Sturz der politischen Führung des Gegners angestrebt? Mit anderen Worten und verallgemeinernd: Ist der Krieg ein Ziel oder nur ein Mittel der Politik? Wenn er ein Ziel darstellt, muß er die totale Vernichtung des Gegners bezwecken. Ist er aber nur ein Mittel zu einem Zweck, z.B. zur Wiederherstellung des Friedens, dann kann er jederzeit beendet werden, sobald das gesetzte Ziel erreicht ist, wobei unter Umständen die Kriegsfähigkeit des Friedenspartners erhalten bleiben kann.

Wenn wir nun diese Palette von Variationen zum selben Thema vor uns haben, ist weiter zu fragen, ob es überhaupt im 6. Jahrhundert Vernichtungskriege gegeben hat. Eine Kette von Kriegen kennzeichnet diese Epoche. Gleich zu Beginn des Jahrhunderts - im Jahre 502 - brach ein sechsjähriger Krieg mit den Persern aus. Viele weitere Kämpfe gegen die Perser sollten im Laufe des Jahrhunderts folgen, sind diese doch durchweg die gefährlicheren Gegner des Reiches geblieben. Darüber hinaus eskalierten immer wieder kriegerische Auseinandersetzungen mit gentilen Formationen auf dem Balkan bzw. an der Donau. In den dreißiger Jahren folgten dann die großen byzantinischen Expeditionen gegen die Vandalen in Nordafrika und die Goten in Italien, die über zwei Jahrzehnte bis zur Konsolidierung der militärischen Erfolge andauerten. Sie wurden nur wenige Jahre später durch die Konfrontation mit den Langobarden in Italien und den Awaren auf dem nördlichen Balkan fortgesetzt. Kurzum, es war ein Jahrhundert der Kriege. Waren sie aber Vernichtungskriege?

Im folgenden werde ich darauf verzichten, alle diese Kriege auf ihren Vernichtungseffekt hin zu überprüfen. Denn das würde zwangsweise zu einer unüberschaubaren Fülle von Fakten und Daten führen. Stattdessen möchte ich einen dieser Kriege exemplarisch behandeln. Hierfür habe ich den Gotenkrieg ausgewählt, den Justinian in Italien führte, und zwar nicht den ganzen Krieg, der von 536 bis 553 bzw. 555 andauerte, sondern nur seinen zweiten Teil. Wie bekannt, öffnete im Jahre 540 König Wittigis die Tore von Ravenna der römischen Armee und der berühmte Feldherr Belisarius nahm die Stadt, den König und den königlichen Schatz unter seine Kontrolle. Ein Teil der gotischen Waffenträger hat jedoch ein solches Ende des Krieges nicht akzeptieren können, sich eine neue Führung gewählt und die kriegerische Auseinandersezung fortgesetzt.[3] Meine Analyse wird sich im folgenden auf diese zweite Phase des Gotenkrieges konzentrieren.

---

[3] JOHN B. BURY, History of the Later Roman Empire II, Dover edition, New York 1958, S. 226ff. HERWIG WOLFRAM, Die Goten, München ³1990, S. 348. Wolfram schließt seine Behandlung der Ereignisse, die zur Einnahme Ravennas führten, folgendermaßen ab: "Aber der Krieg war nicht zu Ende; der Kampf bis zum 'totalen Sieg' hatte, wie gewöhnlich, den Frieden verspielt." Damit

Lassen Sie mich zum Auftakt zu unseren Betrachtungen auf einen Bericht aus dem Geschichtswerk des Agathias aus Myrina in der Übersetzung von Otto Veh verweisen. Er behandelt die letzte und entscheidende Schlacht, die die kaiserliche Armee unter ihrem Oberbefehlshaber Narses im Nachspiel des Gotenkrieges bei Capua gegen die Franken schlug, wobei die feindlichen Kontingente völlig vernichtet wurden. "Die Römer schossen die Franken nicht nur mit ihren Pfeilen nieder, auch die Schwer- und Leichtbewaffneten gingen zum Angriff vor; sie warfen mit Lanzen, stießen mit Stangen und schlugen mit Schwertern, dazu überflügelte die Reiterei die Feinde, drängte sie in die Mitte und schnitt ihnen so den Rückweg ab. Wenn aber einer den Schwertern entging, mußte er sich auf der Flucht in den Fluß stürzen, wo er in den Wellen ertrank. Überall konnte man die Jammerrufe der Barbaren vernehmen, wie sie elendiglich den Tod fanden. Butilin selbst, ihr Führer, und das ganze Herr waren nicht mehr, vernichtet auch die Heruler, die vor dieser Schlacht übergelaufen waren, und von all den vielen Franken kehrten nur noch fünf, die sich irgendwie durchgeschlagen hatten, in ihre Heimat zurück. Wie sollte dieser Ausgang nicht sonnenklar beweisen, daß die Feinde für ihre Untaten büßen mußten und eine himmlische Macht über sie kam? Denn jene unendliche Masse von Franken und Alemannen und was sonst alles noch mit ihnen zusammen in den Krieg gezogen war, war völlig ausgetilgt, während auf römischer Seite lediglich achtzig Mann gefallen waren, die dem ersten feindlichen Ansturm hatten standhalten müssen. Ausgezeichnet haben sich in dieser Schlacht von den römischen Regimentern fast alle, von den verbündeten Barbaren aber der Gote Aligern, der ebenfalls mitkämpfte, und der Herulerführer Sindual, der hinter keinem anderen zurückblieb. Alle priesen Narses und bewunderten ihn; dankten sie es doch nur seiner Klugheit, daß sie solch großen Ruhm ernteten"[4]. Im Hinblick auf diese Schlacht spricht Adolf Lippold[5] von einem "totalen Sieg" und Otto Veh[6] hat dem Bericht den Titel "vernichtende Niederlage der Franken" gegeben. Auch Berthold Rubin bezeichnet die Konfrontation als "Vernichtungsschlacht"[7]. Sicherlich mit Recht. Denn nach der Schlacht hatten die Römer nur 80 gefallene Krieger zu beklagen, angesichts von nur fünf Gegnern, die angeblich die tödliche Niederlage überlebten.

---

    weist er wohl auf die Entscheidung des Belisar hin, das von Kaiser Justinian den Goten gemachte Angebot, sie sollten sich in das transpadanische Gebiet zurückzuziehen und dort weiter in ihrem Staatsgebilde leben, zu vereiteln. Siehe dazu EVANGELOS CHRYSOS, Zur Reichsideologie und Westpolitik Justinians. Der Friedensplan des Jahres 540, in: VLADIMIR VAVRINEK (Hg.), From Late Antiquity to Early Byzantium, Prag 1985, S. 41-48.

[4] Agathias, II 9, 10-13, in der Übersetzung von OTTO VEH, Prokop, Gotenkriege, München 1966, S. 1195-1197. In Vehs Übersetzung werden im folgenden weitere Passagen aus Agathias und Prokop zitiert.
[5] ADOLF LIPPOLD, RE Suppl. XII, 1970, s. v. Narses, Sp. 884.
[6] (Wie Anm. 4), S. 1193.
[7] BERTHOLD RUBIN, Das Zeitalter Iustinians II, Berlin 1995, S. 200.

Im Jahre 551 - wohl im Herbst - schickte König Totila eine Gesandtschaft an Kaiser Justinian. Hierüber berichtet Prokop von Caesarea (BG IV 24,4 f.): "In Audienz trugen die Gesandten dem Kaiser vor, daß die Franken den Großteil von Italien in Besitz genommen hätten, während das restliche Gebiet durch den Krieg weithin menschenleer geworden sei. Sizilien und Dalmatien indessen, die allein verschont geblieben seien, würden die Goten den Römern überlassen, außerdem wollten sie jährlich Steuern und Abgaben für das entvölkerte Land entrichten, gegen jeden beliebigen Feind des Kaisers Kriegsdienste leisten und sich überhaupt als seine getreuen Untertanen erweisen. Doch von all diesen Erklärungen nahm der Kaiser keine Kenntnis und schickte sämtliche Gesandte wieder nach Hause. Er war nämlich dem gotischen Namen bitter feind und wollte sie bis auf den letzten Mann aus dem Römerreiche verjagen." Einheitlich kommentieren die modernen Kritiker die Kampfhandlungen, die in diesem Satz geschildert werden, als "totalen Krieg". So schreibt Herwig Wolfram in seinem Gotenbuch: "Justinians Antwort auf die Vorschläge der Gesandten ist der 'totale' Krieg."[8] Ähnlich hatte schon John B. Bury vor langer Zeit den Satz von Prokop wiedergegeben: "But the Emperor refused to listen to the pleadings of the envoys. He was so bitter against the Ostrogoths that he had determined to expunge their name from the map of the Roman world."[9] Hier hätten wir also einen totalen Krieg im 6. Jahrhundert, im Sinne einer bezweckten Vernichtung des Gegners. Trifft aber diese Deutung zu? Ist es wirklich so gewesen? Für die Analyse des Sachverhalts müssen wir uns den politischen und kriegerischen Rahmen vergegenwärtigen.

Die vermeintliche Friedensinitiative von Seiten Totilas kam in einer Zeit großer Besorgnis der Goten um den weiteren Verlauf des Krieges. Direkt vor dem Bericht über die erfolglose Gesandtschaft heißt es bei Prokop (BG IV 24, 1-3): "Nach Anordnung Justinians führte Artabanes das gesamte römische Heer in Sizilien. Dieser belagerte die Goten, die in ganz geringer Zahl als Besatzung in den dortigen Festungen zurückgeblieben waren, besiegte sie, soweit sie Ausfälle unternahmen, im Kampf und zwang sie späterhin durch vollständige Aushungerung insgesamt zur Kapitulation. Solche Rückschläge sowie die Niederlage zur See - von der vorher die Rede war - versetzten die Goten in große Angst und Trauer und ließen sie am glücklichen Ausgang des Krieges verzweifeln. In völliger Hoffnungslosigkeit mußten sie einsehen, daß sie nach ihrer schmachvollen Niederlage durch die Feinde und ihrer gänzlichen Schwächung diesen im Augenblick nicht einmal kurzfristigen Widerstand leisten oder sich in Italien behaupten könnten, wenn die Römer auch nur geringe Unterstützung erhielten. Ebensowenig durften sie sich durch Verhandlungen mit dem Kaiser einen Erfolg versprechen." Es folgt der Bericht über die Gesandtschaft. Egal, ob diese Beurteilung der Kriegssituation zum gegeben Zeit-

---

[8] (Wie Anm. 3), S. 357, wobei das Wort "total" mit Anführungszeichen versehen ist.
[9] (Wie Anm. 3), S. 260.

punkt richtig gewesen ist, sie erklärt die diplomatische Initiative der Goten als ein Zeichen der Schwäche. Formulierungen wie "große Angst und Trauer", "Zweifel am glücklichen Ausgang des Krieges", "völlige Hoffnungslosigkeit", "schmachvolle Niederlage" und "gänzliche Schwächung" bezeugen nicht nur das literarische Geschick des Historikers Prokop, der sich damit als echter Imitator der klassischen Geschichtsschreiber ausweist, sondern sie vermögen auch eine Atmosphäre der Bedrückung und Depression zu vermitteln.

Allerdings ging die Botschaft nach Konstantinopel just in einer Zeit, als Justinian die Entscheidung getroffen hatte, eine große Armee unter der Führung seines Vertrauten Narses nach Italien zu schicken, um den Krieg zu beenden. Daß die Kapitulation der Goten zum einzigen Kriegsziel erhoben wurde, kann mit Sicherheit angenommen werden. Es wird jedoch gleich zu zeigen sein, daß die Römer nicht an eine bedingungslose Kapitulation und sicherlich nicht an eine Vernichtung des gotischen Heeres geschweige denn des gotischen Volkes dachten, sondern vielmehr die Aufgabe des gotischen Anspruchs auf die Herrschaft in Italien im Sinn hatten.

Die Analyse der Bedingungen, welche die gotische Gesandtschaft unterbreitete, hilft uns, die politischen Ziele der Kontrahenten zu erfassen. Totila bietet zunächst eine schematische und tendenziöse Schilderung der Situation in Italien. Erstens: Die Franken hätten den Großteil von Italien in Besitz genommen. Diese Aussage, die in dem betreffenden Zeitraum nur teilweise für das transpadanische Gebiet richtig war, will besagen, daß die Goten nicht die Absicht hatten, über die zukünftige Herrschaft in Norditalien - das Gebiet nördlich des Flusses Po - in Verhandlungen einzutreten. Mit dieser Bemerkung wollten die Goten klarstellen, daß für sie Norditalien nicht oder nicht mehr als Ausweichmöglichkeit in Frage kam, d.h. sie lehnten von vornherein das auch schon früher unterbreitete Angebot von seiten des Kaisers ab, sich in dieses Gebiet zurückzuziehen. Justinian hatte ja - wie gesagt - bereits 540 den Goten offiziell vorgeschlagen, sie sollten sich auf dem Gebiet zwischen Po und Donau ihre Existenz und ihr Reich aufbauen.[10] Ein befriedetes Padanien, wie das Land nach heutiger Terminologie heißen könnte, in dem die Ostgoten, ortsansässige und teilweise ihnen treu gebliebene Romanen[11] aber auch Alamannen und Baiuwaren siedelten, mit denen einst Theoderich der Große Föderatenverträge geschlossen hatte, hätte außerdem als Bollwerk zur Verteidigung Italiens gegen die Franken dienen können.

Die Goten waren dagegen nur bereit, auf die Herrschaft über Sizilien und Dalmatien zugunsten des Kaisers zu verzichten. Dieser Vorschlag stellte jedoch keine Neuerung dar. Seit Beginn der Ostgotenherrschaft in Italien hatten die gotischen

---

[10] Siehe oben, Anm. 3.
[11] Die progotische Parteinahme der römischen Grundbesitzer Norditaliens weist CHRISTOPH SCHÄFER, Der weströmische Senat als Träger antiker Kontinuität unter den Ostgotenkönigen (490-540), St. Katharinen 1991, S. 276ff., nach.

Könige nämlich mehrmals ihre Bereitschaft angekündigt, auf diese zwei Gebiete zu verzichten. Zum einen waren in Sizilien kaum Goten ansässig, der Verzicht hätte also keine größeren sozialen Nachteile gebracht. Zum anderen lebten auch in Dalmatien keine Goten mehr, die Provinz hatte keine wirtschaftliche, wohl aber eine größere strategische Bedeutung sowohl im defensiven als auch im offensiven Sinne gegenüber Byzanz und den in Pannonien wohnenden Langobarden und Gepiden.

Was das cispadanische Italien betrifft, schlugen sie vor, jährlich Steuern und Abgaben zu entrichten. In einer kaum zu verheimlichenden Form bedeutete dieser Vorschlag, daß eigentlich die Goten die Herrschaft über Italien fest in ihren Händen behalten und dafür dem Reich einen verdeckten Tribut leisten würden, um dadurch die nominelle Souveränität des Kaisers zu bekunden. Dieser hätte so sein Gesicht wahren können. Das Argument, Italien sei menschenleer geworden und habe daher keine wirtschaftliche Bedeutung mehr, ging natürlich an der ganzen ideologischen, aber auch an der politischen Gesinnung Justinians vorbei, der ja den Krieg eben um den Besitz von Rom und Zentralitalien führte.

Schließlich ist das Symmachie-Angebot, die Bereitschaft gegen jeden beliebigen Feind des Kaisers Kriegsdienste zu leisten, in einer Weise formuliert, als willigten die Goten ein, die Stellung von Föderaten einzunehmen. Denn sie sprechen von einer einseitigen Verpflichtung ihrerseits, Kriegsdienste für das Reich zu leisten, weil sie wohl sehr genau wußten, daß das Reich dauerhaft auf solche Dienste von Verbündeten angewiesen war. Berthold Rubin spricht in seinem ausführlichen RE-Artikel über Prokop[12] von "großzügigen Angeboten" der gotischen Gesandtschaft. Wenn meine Analyse der vorgetragenen Offerten zutrifft, waren sie jedoch überhaupt nicht großzügig, sondern sehr genau kalkulierte Bedingungen, die einzig die diplomatische Stärkung der eigenen Position als Herrscher Italiens zum Ziel hatten.

Die abschließende Bemerkung Prokops, der Kaiser "sei dem gotischen Namen bitter feind und wollte sie bis auf den letzten Mann aus dem Römerreiche verjagen", bedarf einiger Erläuterung. Selbstverständlich war Justinian das Problem mit den Goten leid, nicht zuletzt wegen ihres nun schon 12 Jahre (nach der förmlichen Kapitulation durch den letzten anerkannten ostgotischen König Witigis) andauernden Aufstandes gegen das Imperium. In seinen Augen stand nämlich der Krieg, den die Goten nach der Kapitulation des Jahres 540 führten, in offenem Gegensatz zur völkerrechtlichen Ordnung. Infolgedessen galten ihre Führer als Usurpatoren und Tyrannen. Deswegen hat Justinian es während der ganzen Zeit des Krieges nach 540 konsequent abgelehnt, die post-amalische Königsherrschaft in irgendeiner Form anzuerkennen. Diese feindliche Einstellung den Goten gegenüber wurde besonders von einer starken Lobby bestärkt, zu der mehrere namhafte römische Senatoren gehörten, die in Konstantinopel im Exil lebten. Diese, so Prokop berichtet, "drangen unausgesetzt in den Kaiser, er möge die Wiedergewinnung

---

[12] BERTHOLD RUBIN, RE XXIII, Stuttgart 1954, s. v. Prokopios, Sp. 519.

Italiens mit aller Macht betreiben" (Proc. BG III 35, 9).[13] Es war daher nur folgerichtig, daß nach dem Ende des Krieges hinsichtlich der Regelungen, die für die Administration Italiens getroffen wurden, die Regierungszeit Totilas strikt als unrechtmäßig ignoriert wurde. Und doch darf der Satz Prokops nicht so verstanden werden, wie die Übersetzung von Otto Veh es nahelegt, daß nämlich der Kaiser "die Goten bis auf den letzten Mann aus dem Römerreich verjagen" wollte, er also eine physische Vertreibung "bis auf den letzten Mann" beabsichtigte. Prokop spricht vom "Namen der Goten", nicht von den Menschen. Das heißt, Justinian wollte die gotische Herrschaft auf dem Boden des Reiches beenden, ihren Namen im Sinne des *regnum Gothorum* beseitigen. In der Tat ist nach der endgültigen Niederlage der Goten ihr Name getilgt worden, - in den Quellen hören wir bald nichts mehr über Goten in Italien - nichtsdestoweniger hat jedoch die von Ludwig Schmidt als "die letzten Goten" apostrophierte gotische Bevölkerung in Italien natürlich weitergelebt.[14] "Die einen überlebten als Untertanen des Kaisers; ihre Nachkommen bildeten eine Einheit des Langobardenheeres und bekannten noch im 11. Jahrhundert das gotische Recht"[15]. Außerdem hören wir von Goten, die in byzantinischen Provinzen, in Kleinasien und im Nahen Osten lebten oder in der oströmischen Armee kämpften. Ich erlaube mir demnach die Vermutung, daß die Rede vom "totalen Krieg" in der modernen deutschsprachlichen Literatur in der irrtümlichen Übersetzung von Otto Veh ihren Ursprung hat.

Seine Deutung der ablehnenden Haltung Justinians den Friedensvorschlägen der Goten gegenüber versucht Herwig Wolfram mit einer weiteren aber ebensowenig trefflichen Feststellung zu erhärten: "In Konstantinopel eingetroffen, - schreibt er - werden die gotischen Gesandten weder vorgelassen noch dürfen sie die Heimreise antreten"[16]. Er merkt dabei nicht, daß er damit zwei einander widersprechende Aussagen macht: Einmal dürfen die Gesandten ihr Angebot unterbreiten, dann aber werden sie überhaupt nicht zugelassen und in Haft gehalten. Der offensichtliche Widerspruch erklärt sich dadurch, daß Wolfram die Berichte Prokops über zwei verschiedene gotische Gesandtschaften in eine kontaminiert. Denn die Gesandtschaft, von der soeben die Rede war, ist - wie gesagt - im Jahre 551 unterwegs gewesen. Fast zwei Jahre zuvor war schon einmal eine andere Delegation nach Konstantinopel gekommen, die tatsächlich nicht vorgelassen wurde. Über sie berichtet Prokop folgendermaßen: "(Totila) schickte den Römer Stephanus als Gesandten zum Kaiser und ließ ihm die Bitte vortragen, er möge den gegenwärtigen Krieg beenden und mit den Goten ein Abkommen schließen, wonach sie ihm gegen seine sonstigen Feinde Hilfe leisten sollten. Kaiser Justinian - so

---

[13] CHR. SCHÄFER (wie Anm. 11), S. 263 ff.
[14] LUDWIG SCHMIDT, Die letzten Ostgoten, WdF 249, Darmstadt 1972, S. 92ff.
[15] H. WOLFRAM (wie Anm. 3), S. 360.
[16] H. WOLFRAM (wie Anm. 3), S. 357.

berichtet Prokop weiter - gewährte jedoch weder dem Gesandten eine Audienz, noch maß er den Angeboten irgendeine Bedeutung bei". (Proc. BG III 37, 6)

Auch dieser Vorgang bedarf einer eingehenderen Kommentierung. Der Zeitpunkt für Verhandlungen war diesmal denkbar günstig für die Goten. Totila hatte soeben zum zweiten Mal Rom eingenommen. Anders als bei der Einnahme drei Jahre zuvor, baute er diesmal die Ewige Stadt wieder auf und leitete die notwendigen Maßnahmen ein, damit die römische Bevölkerung zurückkehren konnte. Prokop schreibt hierüber: "Rom selbst wollte Totila im weiteren weder zerstören noch aufgeben, sondern Goten und römische Senatoren und wer sonst noch in Frage kam, gemeinsam dort wohnen lassen" (Proc. BG III 36, 29). Ebenso bedeutsam war, daß zu jenem Zeitpunkt die Goten militärisch ganz Italien kontrollierten und Vorbereitungen trafen, Sizilien in ihre Gewalt zu bringen. Auf dem psychologischen Sektor zog Totila Vorteile daraus, daß der byzantinische Feldherr Belisar, Italien unverrichteter Dinge verlassen hatte, ohne die Führung der Armee einem tüchtigen Nachfolger übergeben zu können. Insofern war es verständlich, daß der Gotenkönig aus einer Position der Stärke heraus mit Justinian verhandeln wollte. Sein Vorschlag, der Krieg sollte als beendet gelten und die Goten würden zu Verbündeten des Kaisers (νσπονδοι) werden, bedeutet praktisch, daß ganz Italien, allerdings ohne Sizilien, von Justinian durch einen Friedensvertrag als gotisches Königreich anerkannt werden sollte. Daß Justinian ein solches Angebot nicht einmal in Erwägung ziehen würde, war wohl vorauszusehen. Hinzu kommt jedoch, daß der Kaiser just zu dieser Zeit dabei war, einen neuen Feldherrn auszuwählen, der mit einer großen Armee im Krieg in Italien die Wende zu seinen Gunsten herbeiführen sollte.

Die zwei Männer, die der Kaiser in Erwägung zog und die er einen nach dem anderen mit der Kriegsführung beauftragte, sind sehr charakteristisch für die Pläne, die er mit Italien hatte. Der eine war Liberius, ein uralter Römer, der bereits in Odoakers Diensten gestanden hatte, dann im Jahre 493 von Theoderich mit dem Amt des italischen Prätorianerpräfekten betraut wurde und die Aufgabe übernahm, die Ansiedlung der Goten in Italien durchzuführen. Tatsächlich hat er damals in sehr besonnener Art Ländereien und Wohnsitze an die Goten verteilt. Während der ganzen langen Regierungszeit Theoderichs und dann noch unter seiner Tochter Amalasuntha behielt Liberius eine führende politische Position in Italien und diente eine Zeitlang auch im ostgotischen Gallien als *patricius praesentalis*. Erst 534 übersiedelte er nach Konstantinopel.[17] Wenn nun der Kaiser diesen achtzigjährigen Liberius mit dem Kommando in Italien beauftragte, tat er das nicht allein wegen der militärischen Erfahrung und der Fähigkeiten des pensionierten Liberius, sondern wohl auch und vor allem, weil er damit rechnete, daß dieser das Vertrauen der Goten genoß, die ihm ihre Besitzungen in Italien verdankten. Mit anderen Worten:

---

[17] CHR. SCHÄFER (wie Anm. 11), S. 79ff.

Den Kaiser muß zu seiner Wahl nicht nur das militärische Ziel, die Beendigung des Krieges, bewogen haben, sondern auch seine konkrete Vorstellung, wie die Goten in das wieder römisch zu werdende Italien einzugliedern wären.

Als Liberius abberufen wurde, weil er den erhofften Erfolg nicht erzielen konnte, war der zweite Mann, dem Justinian das Kommando in Italien übertrug, sein eigener Vetter Germanus. Bei ihm handelte es sich um einen profilierten General, der mit beachtlichem Erfolg eine Revolte niedergeschlagen hatte, die im befriedeten Afrika nach der Vernichtung des Vandalenreiches ausgebrochen war. Außerdem galten Germanus und seine erwachsenen Söhne als ernstzunehmende Thronprätendenten des alten und kinderlosen Kaisers. Neuerdings besaß Germanus aber darüberhinaus noch einen weiteren Vorzug, der ihn zum idealen römischen Feldherrn in Italien machte. Er hatte nämlich kurz zuvor und wohl im Hinblick auf sein neues Kommando Matasuntha, die Tochter Amalasunthas und somit Enkelin Theoderich des Großen geheiratet. Schon Witigis hatte, als er 536 die Herrschaft im Ostgotenreich übernommen hatte, Matasuntha, geheiratet, um durch seine Verbindung mit dem Königshaus der Amaler seine Position zu legitimieren. Und nun war Germanus durch seine Ehe mit der Witwe des Witigis, der als abgedankter gotischer König und byzantinischer Patricius in Konstantinopel in allen Ehren gestorben war, in der Lage, den legitimen Anspruch auf den gotischen Thron mit dem römischen Kaisertum in idealer Personalunion zu verbinden. Germanus ist an der Spitze einer großen Armee auf dem Weg nach Italien gestorben; somit ist das grandiose Projekt, das mit seiner Person verknüpft war, zunichte gemacht worden.

Die Frage, welche Hoffnungen seine Amtsübernahme geweckt haben dürfte bzw. welche politischen und militärischen Ziele dabei verfolgt wurden, ist viel diskutiert worden, zumal uns die Quellen zu unterschiedlichen Hypothesen Anlaß geben. Aus einer Bemerkung des zeitgenössischen gotischen Historikers Jordanes, die möglicherweise auf seine Vorlage, die Gotische Geschichte des Cassiodor zurückgeht, entnehmen wir, daß gewisse Kreise in Konstantinopel in dem posthum geborenen Sohn des Germanus und der Matasuntha, der ebenfalls den Namen Germanus erhalten hatte, die Hoffnung auf eine glückliche Verbindung der beiden Herrscherhäuser der Amaler und Anicier hegten. Die Anicier verkörperten in diesem Zusammenhang wohl symbolisch die kaiserlichen Familien des Westens und des Ostens. Nach Jordanes (Getica 314) war es Justinian selbst, der Germanus dem Älteren die gotische Prinzessin zur Frau gab, um damit und in Erwartung der Geburt eines Sohnes das weströmische Reich zusammen mit den Goten als staatstragender Bevölkerungsgruppe als *Imperium Hesperium* wiederaufzurichten.

Anders erklärt Prokop die Wahl des Germanus und dessen Ehe mit Matasuntha. Er läßt Justinian in den Hintergrund treten. Handelnde Person ist Germanus: "Jetzt, da sich in Italien ... die verhängnisvolle Entwicklung vollzogen hatte, wollte Germanus auch dieses Land dem Kaiser wiedergewinnen und sich dadurch großen Ruhm erwerben. Da seine Gattin Passara schon lange gestorben war, vermählte er sich zunächst mit Matasuntha, der Tochter Amalasunthas und Enkelin Theoderichs, deren Gatte Wittigis nicht mehr lebte. Germanus ging dabei von der Erwartung aus, die Goten würden, wenn Matasuntha als seine Gemahlin mit ihm im Lager weile, sich in Erinnerung an Theoderichs und Atalarichs Herrschaft gewiß scheuen, die Waffen gegen ihn zu erheben" (Proc. BG III 39, 13-15). Mit anderen Worten, die Ehe mit Matasuntha bezweckte nicht die Union von Römern und Goten - davon ist keine Rede - sondern lediglich die Schwächung der Moral der Goten und ihrer Treue zu Totila, damit der Krieg leichter gewonnen werden konnte. In diesem Sinne meint Averil Cameron, "the objective is not reconciliation but conquest, as ever".[18]

Welchem Bericht, dem des Jordanes oder dem des Prokop, und welcher Deutung man den Vorzug gibt, ist natürlich Ansichtssache. Der Historiker wird sich dabei nicht nur von rationalen Argumenten, sondern auch von Emotionen in diese oder in die andere Richtung führen lassen. Das Bild von der Geschichte funktioniert oft wie das Bild eines Spiegels, in dem wir uns selbst entdecken und uns - je nach Emotionslage - mit dem einen oder anderen identifizieren. Meine eigene Deutung versucht, beide Seiten zu verbinden. Das vordergründige Ziel der neuen Kriegsinitiative mit Germanus an der Spitze einer großen Armee war sicherlich die erfolgreiche Beendigung des Gotischen Krieges und die endgültige Beseitigung der gotischen Herrschaft in Italien. Zu diesem Zweck wäre die Präsenz der Enkelin Theoderichs des Großen an der Seite des römischen Feldherrn ohne Zweifel von großer psychologischer Bedeutung gewesen. Wie sollte aber die Situation in Italien werden, wenn eines Tages der Krieg vorüber wäre und die Zukunft Italiens gründlich neu gestaltet werden müßte, und zwar nicht mit dem Eunuchen Narses, sondern mit dem kaiserlichen Vetter Germanus und der Amalerin Matasuntha an der Spitze eines römischen Italien? Ich kann mir diese "virtuelle" Situation nur so vorstellen, daß die Goten eine gleichberechtigte Rolle als staatstragende Bevölkerung gespielt hätten. Und eine solche Aussicht, so will ich meinen, war für Justinian nicht so abwegig, wie mancher Historiker oft behauptet hat. Ziel des Gotenkrieges war die Wiederherstellung der römischen Herrschaft, nicht die Vernichtung der Goten in Italien.

Die Abmachungen, die der Feldherr Narses mit den überlebenden Goten nach der letzten Schlacht am Mons Lactarius im Jahre 552 traf, in der auch ihr letzter König Teja gefallen war, scheinen m. E. diese Sichtweise zu bestätigen. Laut Prokop "schickten … die Goten schließlich einige ihrer Vornehmen zu Narses und ließen ihm sagen, sie hätten einsehen müssen, daß sie gegen Gott stritten - sie fühlten nämlich, was für eine Macht ihnen gegenüber stehe -, und indem der Gang der Ereignisse sie über den tatsächlichen Sachverhalt belehre, wollten sie ihre bisherige Ansicht ändern und dem Kampf ein Ende setzen. Sie wollten aber nicht

---

[18] AVERIL CAMERON, Procopius and the Sixth Century, Berkley 1985, S. 196.

Untertanen des Kaisers werden, sondern mit einigen anderen Barbaren zusammen autonom leben. Sie baten daher die Römer, ihnen einen friedlichen Abzug zu gestatten, indem sie ihnen eine vernünftige Entscheidung nicht versagten und dazu auch noch als Reisegeld ihre eigenen Wertsachen schenkten, die ein jeder von ihnen zuvor in den Festungen Italiens niedergelegt habe...Man einigte sich, daß die Barbaren, die übrig geblieben waren, ihr persönliches Eigentum mitnehmen durften, sich aber sogleich aus ganz Italien entfernen und auf keinen Fall mehr Krieg mit den Römern führen sollten" (Proc. BG IV 35, 33-36). Anders sieht die Abmachung in dem Bericht des Agathias aus: "Danach sollten die Goten künftighin ihren Grund und Boden ungestört bewohnen dürfen, jedoch dem römischen Kaiser untertan sein" (Agath. I 1, 1) ... "So geschah es auch damals. Als die Goten nach Abschluß des Vertrages sich zerstreut hatten, begab sich der eine Teil, der zuvor südlich des Po gesessen hatte, nach Tuskien und Ligurien und dorthin, wo es einem jeden gerade paßte und er zu Hause war; die anderen aber überschritten den Fluß und verteilten sich wie auch schon früher auf Venetien und die dortigen Befestigungen und Städte" (Agath. I 1, 6).

Einige eigensinnige Goten konnten sich allerdings mit dem so geschlossenen Frieden nicht anfreunden und haben sich wieder erhoben. Einige Tausende beteiligten sich an diesem Aufstand und gewannen die Franken als Verbündete, so daß der Krieg noch drei Jahre andauerte, bis die Waffen vollkommen schwiegen. Einer dieser Aufständischen war Aligern, der Bruder des letzten gotischen Königs Teja, der sich mit dem königlichen Schatz ins schwer befestigte Cumae zurückzog. Nach einer längeren Belagerung gab auch er schließlich auf. Ich zitiere zum Schluß den hochinteressanten Bericht, den Agathias über Aligerns Übergabe bringt: "Aligern hielt es für ratsamer, die Stadt (Cumae) samt den Schätzen an Narses zu übergeben, selber aber künftighin an römischer Staatsordnung teilzuhaben und so von Gefahren und barbarischer Lebensweise loszukommen" (Agath. I 20, 3). "Bei der Audienz übergab er die Schlüssel von Cumae und versprach, Narses in allem bereitwillig unterstützen zu wollen" (Agath. I 20, 6). Dieses Versprechen setzte er sofort in die Tat um, indem er an der Seite der Römer gegen die Franken kämpfte und sich dabei auszeichnete.

Die Tatsache, daß die zwei Historiker divergierende Aussagen über den Befriedungsvertrag machen, ist natürlich in der Forschung wiederholt diskutiert und unterschiedlich beurteilt worden. Für unseren Zweck mag jedoch genügen, daß in beiden Berichten den Goten nach ihrer Niederlage ihr Leben und ihr Besitz gegönnt wurde und es ihnen frei blieb, im Reichsterritorium als Untertanen des Kaisers (so Agathias) oder außerhalb des Reiches in Unabhängigkeit (so Prokop) zu leben. Die Entscheidung für die Annahme dieser Bedingungen lag zwar in der Kompetenz des Narses, muß aber selbstverständlich im Einklang mit den Wünschen des Kaisers erfolgt sein. Im übrigen soll Narses der Empfehlung eines Ratgebers gefolgt sein, der meinte: "Für den Mann der weisen Mäßigung genügt der Sieg; übermäßiges

Streben hingegen dürfte vielleicht einem sogar zum Verderben ausschlagen" (Proc. BG IV 35, 35). Ich glaube, diese Maxime könnte durchaus als das Kennzeichen der Gotenpolitik Justinians schlechthin gelten: Maßvolle Befriedungsbedingungen nach dem Sieg, welche die Existenzgrundlage der Besiegten nicht in Frage stellen! Also doch kein Vernichtungskrieg.

In seiner Abhandlung über "Senat und Volk von Konstantinopel" ist Hans-Georg Beck unter anderem zu folgendem Schluß gekommen: "Im Grunde bleibt das byzantinische Reich im Verlauf seiner Geschichte - so überraschend es klingen mag - ein kriegsunwilliges Reich. In den entscheidenden kritischen Phasen seiner Geschichte ist es fast nie genügend gerüstet und muß sich meist erst in letzter Minute zu äußerster Kraftanstrengung aufraffen. Es versucht in sehr vielen Fällen, eine drohende kriegerische Auseinandersetzung mit sämtlichen nicht unerheblichen Mittel seiner Diplomatie auszuschalten und sieht im Krieg selbst im wesentlichen nur die *ultima ratio*."[19]

Wenn die Kriegswilligkeit eines Staates - um bei der Terminologie Becks zu bleiben - erstens an der Militarisierung seiner gesellschaftlichen Strukturen, zweitens an der Aufrüstung seiner Armee und drittens an der expansiven Außenpolitik zu messen ist, dann kann man ohne Zweifel sagen, daß Byzanz ein kriegsunwilliges Reich war. Denn man kann eine Gesellschaft nur als kriegsunwillig bezeichnen, die ihre Armee nicht durch Rekrutierung stellt, sondern durch Ankauf von Kriegsdiensten, in der man also den Militärdienst nicht zu leisten, sondern höchstens zu erkaufen bereit ist. Was die Rüstung angeht, ist es sehr charakteristisch, daß die Byzantiner im langen Verlauf der Geschichte ihres Reiches die Waffentechnologie und die Kriegswissenschaft kaum vorangetrieben haben. Viele der Waffengattungen und der Strategeme, die die byzantinische Armee benutzte, trugen fremde Bezeichnungen - skythisch, hunnisch, awarisch usw. Offensichtlich haben sich die Byzantiner die Kriegskunst ihrer Gegner angeeignet.[20] Zum Krieg als Mittel der Außenpolitik ist schließlich in diesem Zusammenhang nur soviel zu sagen, daß Byzanz die meisten seiner Kriege auf dem eigenen Boden führte, mit anderen Worten, Kriegsziel war es, den territorialen Bestand zu verteidigen. Insofern hat Dimitri Obolensky recht, wenn er von einem "defensive imperialism" spricht. Sehr oft haben die Kaiser es vermieden, sogar die defensiven Kriege auf dem Felde zu führen, und stattdessen, wenn es irgendwie möglich war, die Sicherheit und den

---

[19] HANS-GEORG BECK, Senat und Volk von Konstantinopel. Probleme der byzantinischen Verfassungsgeschichte, in: Ideen und Realitäten, London 1972, Nr. XII. Vgl. JOHN HALDON, 'Blood and ink': some observations on Byzantine attitudes towards warfare and diplomacy, in: JONATHAN SHEPARD/SIMON FRANKLIN (Hg.), Byzantine Diplomacy, London 1992, S. 281-294.

[20] TAXIARCHIS KOLIAS, Byzantinische Waffen. Ein Beitrag zur byzantinischen Waffenkunde von den Anfängen bis zur lateinischen Eroberung, Wien 1988.

Frieden mit Geldzahlungen und vielen anderen diplomatischen Mitteln zu erkauft.[21] Die systematische Anwendung dieser Politik hat so weit geführt, daß das Wort πακτον - pactum seit der Zeit Justinians nicht mehr Frieden oder (Friedens-) Vertrag, sondern Befriedungstribut bedeutet hat.[22]

Es läßt sich nun jedoch fragen - und mit dieser Frage möchte ich schließen - trifft das Bild vom "kriegsunwilligen Reich" auch für das 6. Jahrhundert zu? So überraschend es klingen mag, Justinian wurde von seinen Zeitgenossen und seinen Nachfolgern heftig kritisiert, er habe seine Feinde nicht durch Krieg zu beseitigen, sondern durch Friedensinitiativen zu beschwichtigen versucht. Prokop, Agathias und Menander Protektor, die Historiker des 6. Jahrhunderts, alle glaubten, daß Justinians friedenswillige und 'menschenfreundliche' Politik für das Reich unwürdig und katastrophal war und nur der Schwäche des alternden Kaisers zuzuschreiben sei. Es läßt sich nachweisen, daß diese Kritik nicht die private Meinung der genannten Historiker gewesen ist, sondern die dominierende Einstellung der Öffentlichkeit zur Zeit der Regierung und nach dem Tod des Justinian widerspiegelt.[23] Die unmittelbaren Nachfolger Justinians haben deshalb bewußt und demonstrativ die Pfade seiner Politik verlassen und die Sicherheit des Reiches in der Konfrontation mit den Feinden gesucht. Nicht Befriedung statt totaler Krieg, sondern Sicherheit durch offensives Bekriegen hieß nun die neue Devise. Es war eine Politik, als deren Folge sich die Langobarden in Italien bis Benevent ausbreiten konnten, die den Awaren und Slawen den Balkan zur ungebändigten Plünderung offenließ und den Persern den Weg bis zum Bosporus öffnete. Es war eine Politik, die letztendlich Kaiser Justin II. buchstäblich in die Irre trieb und Kaiser Maurikios Thron und Leben kostete. Aber damit sind wir bereits über das 6. Jahrhundert hinausgegangen.

Summary

The essay deals with the war of the Byzantine emperor Justinian against the Ostrogoths in Italy. It discusses the question whether this war can be classified as a war of 'annihilation', or 'total war'. But

---

[21] JAN ILUK, The export of gold from the Roman Empire to barbarian countries from the 4th to the 6th centuries, in: Münstersche Beiträge zur antiken Handelsgeschichte IV 1985, S. 79-103; NIKOS OIKONOMIDES, Το πλο του χρς ματος, in: Byzantium at war (9th-12th c.), Athen 1997, S. 261-268.

[22] KATERINA SYNELLI, Die Entwicklung der Bedeutung des Terminus 'pakton' im Rahmen der Entwicklung der internationalen Beziehungen von Byzanz vom 4. bis zum 10. Jahrhundert, in: EVANGELOS CHRYSOS (Hg.), Studien zur Geschichte der römischen Spätantike. Festgabe Johannes Straub, Athen 1989, S. 234-250.

[23] JOHANNES IRMSCHER, Justinianbild und Justiniankritik im frühen Byzanz, in: HELGA KÖPSTEIN/ FRIEDHELM WINKELMANN (Hg.), Studien zum 7. Jahrhundert in Byzanz, Berlin 1976, S. 131-142. Vgl. GÜNTER PRINZING, Das Bild Justinians I. in der Überlieferung der Byzantiner vom 7. bis 15. Jahrhundert, in: Fontes Minores VII, Frankfurt 1986, S. 1-99.

what does 'annihilation' imply? Is war an end in itself or is it a means to an end, i. e. a war to end the war? Most scholars are of the opinion that the Byzantine emperor aimed at nothing less than the physical extermination of the Gothic people. By a detailed analysis of the sources, Chrysos shows that Justinian did not have such an intention. On the contrary, by considering the measures taken by the emperor in order to prepare the reconquest of Italy, the author demonstrates that the emperor sought to re-establish Byzantine control over Italy in the first place. He seems to have had quite a concrete idea of how the Goths were to be integrated into the Empire after their defeat. He probably even saw them as equal partners of the Romans in the future government of Italy. This fits neatly into the overall picture of what has been termed the 'defensive imperialism' of Byzantine foreign policy which was directed at preserving the territorial integrity of the Empire. War was regarded as the *ultima ratio*. Justinian was even critized by his contemporaries because he did not wage war on his enemies but rather sought to pacify them by the payment of tributes.

Compte rendu

Cette contribution analyse la guerre menée par l'empereur Justinien en Italie contre les Ostrogoths. Elle se demande si cette guerre peut être qualifiée de 'guerre d'extinction' ou de 'guerre totale'. Mais qu'est-ce que la notion d''extinction' implique ? Est-ce que la guerre comprend son objectif en elle-même, ou est-elle seulement un moyen pour atteindre un but différent, c'est-à-dire: la guerre sert-elle à mettre fin à la guerre ? La plupart des chercheurs sont d'avis que l'empereur byzantin avait pour but de guerre rien d'autre que l'extermination physique du peuple des Goths. Au contraire, par une analyse détaillée des sources, Chrysos montre que Justinien n'avait pas une telle intention. En considérant les mesures préparatoires à la reconquête de l'Italie prises par l'empereur, l'auteur souligne que ce dernier cherchait tout d'abord à rétablir le contrôle byzantin sur l'Italie. Justinien semble avoir eu une idée assez concrète de l'intégration future des Goths vaincus dans l'Empire. Il les considérait probablement même comme des partenaires égaux aux Romains quant à la domination de l'Italie. Ces observations s'intègrent bien dans l'image générale d'un 'impérialisme défensif' dans la politique extérieure des Byzantins dont l'intérêt principal était de préserver l'intégrité territoriale de l'Empire. La guerre était considérée comme *ultima ratio*. Justinien fut même critiqué par ses contemporains parce qu'il préférait de pacifier ses ennemis en les faisant payer des tributs au lieu de se risquer à mener la guerre contre eux.

# Bassam Tibi

# Krieg und Ethnizität im Islam

Daß der vorliegende, aus einer Ringvorlesung an einer deutschen Universität hervorgegangene geschichtswissenschaftliche Band über "Krieg im Mittelalter" einen Beitrag über den Islam[1] enthält, wird manch traditionellen Historiker überraschen. Der Grund für diese Vermutung ist, daß die Beschäftigung mit dem Islam bekannterweise nicht zur deutschen Geschichtswissenschaft gehört. Islamkunde gilt an der deutschen Universität als klassische Philologie.[2] Der aufgeklärte, einst in Berlin lehrende Islamkundler Baber Johansen hat in einem Forschungsbeitrag zu einem internationalen Projekt unverblümt und kritisch den Tatbestand angeführt, daß die deutsche Islamkunde nicht zur Geschichtswissenschaft gehört. Hierbei kritisiert Johansen, daß in Deutschland "dieser Ansatz noch immer überwiegt. Studenten der Geschichte studieren alleine die germanischen und romanischen Völker einschließlich der Vereinigten Staaten (...). Die Geschichte des Orients wird zu einer Antiquität herabgestuft, die in den Fachbereich der Orientalistik verbannt wird."[3]

Dieser deutsche Gelehrte mußte von der FU-Berlin nach Paris übersiedeln, um dort dem Studium der islamischen Geschichte nachgehen zu können und Berliner Intrigen gegen seine historische Ausrichtung zu entgehen. An keiner deutschen Universität existiert ein Lehrstuhl für islamische Geschichte, obwohl Politiker mit

---

1 Diese Arbeit ist in Harvard am Weatherhead Center for International Affairs im Herbst 1999 im Rahmen meiner dort von der Bosch-Stiftung geförderten Forschungsprofessur angefertigt worden. Dank gilt gleichermaßen dem Harvard WCFIA und der Bosch-Stiftung.
2 Der Göttinger Arabist Tilman Nagel hat in einem Festvortrag anläßlich der 250-Jahrfeier der Göttinger Orientalistik-Studien kämpferisch die Islamkunde gegen die historischen Sozialwissenschaften als Festung verteidigt. Vgl. FRIEDRICH NIEWÖHNER, Das verfehlte Fremde. Protest gegen die soziologische Verformung der Orientalistik, in: FAZ-Geisteswissenschaften vom 10. Juni 1998, S. N 6. Dazu den Abschnitt "Von der rassenpsychologischen zur philologischen Bestimmung des Fremden" in: BASSAM TIBI, Europa ohne Identität? Die Krise der multikulturellen Gesellschaft, München 1998, S. 341ff.
3 BABER JOHANSEN, Politics and Scholarship. The Development of Islamic Studies in Germany, in: TAREQ ISMAEL (Hg.), Middle East Studies. International Perspectives on the State of the Art, New York 1990, S. 71-130, hier S. 83.

Ignoranz, aber nicht weniger lauthals fordern, daß der längst überfällige Islam-Unterricht an deutschen Schulen nur von Lehrern erteilt werden dürfe, die an der deutschen Universität ausgebildet worden sind.[4] Aber wo sollen diese ihr Handwerk lernen, wenn man doch nirgendwo in Deutschland islamische Geschichte studieren kann? Als Kontrast: allein an der Harvard University, wo dieser Beitrag entstanden ist, existieren am Department of History nicht weniger als drei Lehrstühle für islamische Geschichte. Der Veranstalter der diesem Beitrag zugrunde liegenden Ringvorlesung und Herausgeber dieses Bandes, Prof. Kortüm, unternimmt mit der Berücksichtigung des Islam dankenswerterweise eine längst überfällige Öffnung und Innovation.

# Ein universelles Studium der Geschichte des Mittelalters? Die Fragestellung und Methode

Wenn man die großen arabischen Historiker, etwa al-Tabari[5] für den Frühislam, Ibn al-Athir[6] für das frühe Mittelalter und al-Djabarti (al-Gabarti)[7] für die neuere Geschichte liest, wird man erkennen, daß diese Gelehrten eine andere Sichtweise, ja andere Weltbilder als europäische Historiker haben. Daraus ergibt sich die Frage, ob es ein universell gültiges Studium der Geschichte geben kann. Die These, daß wir zu Beginn des neuen Millenniums auf dem Höhepunkt der Entwestlichung einer zuvor angeblich verwestlichten Welt Zeugen des Zeitalters der Zivilisationskonflikte sind,[8] sollte uns veranlassen, die soeben gestellte Frage sehr ernst zu nehmen. Geschichte ist eine solche der Zivilisationen, und in diesem Sinne ist die Welt viel größer als Europa, geschweige denn Deutschland.[9]

Schon bei der Erörterung der diesem Beitrag zugrunde liegenden Begriffe von Krieg und Ethnizität wird der dringliche Charakter dieser Frage erhellt. Die Erklärung hierfür läßt sich durch die Anführung folgender Tatsache liefern: nach islami-

---

4   Zu dieser inkompetenten Diskussion über den Islam-Unterricht vgl. die Artikel in der FAZ-Sonntagszeitung vom 12. September 1999, S. 3-4 und FOCUS, Heft 22/1999 vom 31. Mai 1999, S. 80.
5   Die authentische Chronik der frühislamischen Geschichte ist *Tarikh al-rusul wa al-muluk* (Geschichte der Propheten und Könige) von al-Tabari. Der arabische Tabari-Text ist in der Leidener Edition von MICHAEL J. GOEJE als 'Annales', Leiden 1879-1901 zugänglich. Es gibt auch eine partielle englische Übersetzung.
6   IZZULDIN ABU AL-HASSAN IBN AL-ATHIR, *Kamil al-tawarikh* (Die vollständige Geschichte) I-XII, Leiden 1867-76 (photomechanischer Nachdruck, Beirut 1965).
7   ABDARRAHMAN IBN-HASAN AL-DJABARTI, Bonaparte in Ägypten. Aus der Chronik des Abdarrahman al-Gabarti, übersetzt von ARNOLD HOTTINGER, Zürich u.a. 1983.
8   BASSAM TIBI, Krieg der Zivilisationen. Politik und Religion zwischen Vernunft und Fundamentalismus, revidierte und erweiterte Neuausgabe, München 1998 (zuerst Hamburg 1995).
9   Vgl. FERNAND BRAUDEL, History of Civilizations, London 1994.

schem Verständnis betreiben Muslime *Djihad*, keinen Krieg.[10] Im Islam bedeutet *Djihad* nicht Krieg, schon gar nicht Heiliger Krieg.[11] Nur die anderen, also Nicht-Muslime, führen Krieg, weshalb die außerislamische Territorialität *Dar al-harb*/ Haus des Krieges genannt wird. Diese Einstellung ist bis heute noch nicht revidiert worden; sie besteht fort.[12] Muslime beanspruchen für ihre Welt den Begriff *Dar al-islam*/Haus des Islam, das mit dem Haus des Friedens/*Salam* gleichgesetzt wird. Im Koran heißt es, "Religion ist für Gott nur der Islam" (Sure 3, Vers 19). Und die Aufforderung, dieser Religion beizutreten, lautet, "Allah lädt Euch ein, dem Haus des Friedens anzugehören" (Sure 10, Vers 25). Die westliche Übersetzung von *Djihad* mit "Heiliger Krieg" ist also falsch, und sie entspricht nicht dem islamischen Selbstverständnis.

Der Begriff "Heiliger Krieg" entstammt der christlichen Unterscheidung von gerechtem bzw. ungerechtem Krieg.[13] Aus diesen Ausführungen geht deutlich hervor, Muslime verstehen etwas anderes unter Krieg als Menschen anderer Zivilisationen. Unter Berücksichtigung dieser Tatsachen stellt sich die Frage nach der angemessenen Methode für das Studium islamischer Geschichte und danach, ob es möglich ist, eine Zivilisation historisch mit Begriffen zu studieren, die einer anderen Zivilisation entstammen. Im Zeitalter der Zivilisationskonflikte und der daraus hervorgehenden Bestrebung nach einer Entwestlichung der Welt müssen wir uns diese entscheidende Frage stellen!

In meiner sämtliche der vierzehn Jahrhunderte umfassenden islamisch-christlichen Geschichte[14] argumentiere ich bei dem Versuch, die soeben gestellte Frage zu beantworten, daß Muslime und Christen in dem angegebenen Zeitraum sowohl reale als auch perzeptuelle Kriege in Form von *Djihad* und Kreuzzug gegeneinander geführt haben. Mit anderen Worten: auch Muslime haben Krieg gegen andere geführt,[15] wenngleich dieser nicht als "heilig" legitimiert wird. Zu Zeiten von *Djihad* und Kreuzzug haben Muslime und Christen sich gegenseitig bedroht. Und doch gibt es in der Beziehung zwischen beiden parallel zu dieser Bedrohung Momente,

---

10 Vgl. hierzu das Kapitel über *Djihad* in BASSAM TIBI, Der wahre Imam. Der Islam von Mohammed bis zur Gegenwart, München ²1997 (Serie Piper, 1998), S. 83-99.

11 In der westlichen Literatur dominiert leider die falsche Übersetzung. Vgl. MALCOLM C. LYONS/ DAVID E. P. JACKSON, Saladin. The Politics of the Holy War, Cambridge/MA ²1984.

12 Dies wird deutlich bei NADJIB ARMANAZI, *Al-Schar'al-duwali fi al-Islam* (Völkerrecht im Islam), London 1990 (zuerst 1930).

13 Hierzu JOSEPH BOYLE, Just War Thinking in Catholic Natural Law, in: TERRY NARDIN (Hg.), The Ehtics of War and Peace. Religious and Secular Perspectives, Princeton/N. J. 1996, S. 40-53.

14 BASSAM TIBI, Kreuzzug und *Djihad*. Der Islam und die christliche Welt, München 1999. Darin unterteile ich diese Geschichte in acht Epochen und widme jeder davon ein eigenes Kapitel.

15 Vgl. die Quellenbände von BERNARD LEWIS (Hg.), Islam I: Politics and War, Oxford 1987.

ja ganze historische Epochen der Faszination, zu denen vorrangig die Renaissance[16] gehört.

Ein Höhepunkt der islamischen Zivilisation war die Hellenisierung des Islam. Muslimische Philosophen haben den Geist des Hellenismus morgenländisch neu durchdacht. Sie taten dies "in anderer Zeit und Lage, (das Neudurchdachte) war nicht mehr dasselbe (...) (Die) großen morgenländischen Denker (...) haben das griechische Licht zugleich gerettet und verwandelt."[17]

Über das islamische Spanien wurde am Vorabend der Renaissance der Hellenismus in einer islamischen Prägung an Europa weitergegeben. Aus der Hellenisierung des Islam (9. bis 12. Jahrhundert) ging eine leider abgebrochene islamische Aufklärung hervor,[18] von der eine Befruchtung des Europas der Renaissance ausging. Dies sind historische Erscheinungen, die uns einen Beweis dafür liefern, daß Einwirkungen der Zivilisationen aufeinander mit der Implikation, daß es universelles Wissen[19] geben kann, möglich sind.

Von diesem Geist gehe ich im vorliegenden Beitrag über Krieg und Ethnizität im Islam aus. Mein methodischer Ausgangspunkt bei der Bestimmung meines Gegenstandes bezieht sich nicht auf den Text der Offenbarung, auch nicht auf die islamisch-zivilisatorische Perzeption der Geschichte (*Turath*); vielmehr verfahre ich wie die islamischen Philosophen des hellenisierten Mittelalters, indem ich - wie Ibn Ruschd - zwischen religiöser und vernunft-orientierter Wahrheit unterscheide und der Vernunft den Vorrang einräume.[20] Der letzte große islamische Philosoph und Historiker, der im 14. Jahrhundert lebende Ibn Khaldun,[21] unterscheidet bei seiner Geschichtsdeutung zwischen der religiösen und rationalen Sichtweise. In seiner *Muqaddimah* (Prolegomena), für die der Historiker Arnold Toynbee das höchste Lob fand, entwirft er ein geschichtsphilosophisches Muster für das Studium der Geschichte. Ibn Khaldun schreibt: "Wisse, daß die Wissenschaften (...) von zweierlei Art sind (...). Die erste Art umfaßt die weisheitlich-philosophischen Wissenschaften (...). Die zweite Art umfaßt die auf Überlieferung und Konvention beruhenden Wissenschaften (...). Der Intellekt hat in den letzteren keinen Platz (...). Die Grundlage all dieser auf Überlieferung beruhenden Wissenschaften sind die gesetzlichen Grundsätze aus dem Koran und der Sunna, die uns von Allah und sei-

---

16 Vgl. das 5. Kapitel über "Die Renaissance" in B. TIBI, Kreuzzug und Djihad (wie Anm. 14), S. 168-187.
17 ERNST BLOCH, Avicenna und die Aristotelische Linke, Frankfurt/M. 1963, S. 9.
18 Hierüber ausführlich B. TIBI, Der wahre Imam (wie Anm. 10), Teil 2.
19 Zu dieser Diskussion BASSAM TIBI, Culture and Knowledge, in: DERS., Theory, Culture and Society XII/1 1995, S. 1-24. Vgl. auch das Kapitel über "Wissen" in: Krieg der Zivilisationen (wie Anm. 8)
20 Vgl. Anm. 18 sowie HERBERT DAVIDSON, Al-Farabi, Avicenna and Averroës on Intellect, New York 1992.
21 Vgl. mit umfangreichen Belegen das Ibn Khaldun-Kapitel in: B. TIBI, Der wahre Imam (wie Anm. 10), Kapitel 6.

nem Gesandten offenbart worden sind (...). Sie betreffen speziell die muslimische Umma und ihre Angehörigen (...). Die rationalen Wissenschaften (dagegen) (...) werden Wissenschaften der Philosophie und Weisheit genannt (...). Ihr Nutzen liegt darin, daß der Mensch (mit ihrer Hilfe) Falsches von Richtigem unterscheiden kann, so daß er dank der Denkfähigkeit in der Lage ist, die Wahrheit (...) zu erkennen (...). Ihr Schaden für die Religion ist groß (...). Sie behaupten, daß die Erkenntnis dem Menschen auch ohne religiöses Gesetz (...) möglich sei, da der Mensch Vernunft besitze."[22]

Ibn Khalduns Geist prägt das methodische Verfahren bei den folgenden historischen Erläuterungen über Krieg und Ethnizität im Islam. Gleichermaßen ein Rationalist und ein Vertreter der *cultural analysis*[23] in Geschichte und Sozialwissenschaft übersehe ich jedoch nicht die Differenzen zwischen verschiedenen Zivilisationen; diese beziehen sich auf kulturelle Implikationen und die mit ihnen verbundenen Perzeptionen der Geschichte, etwa durch Muslime. Ich trete für Universalität des Wissens gegen den Kulturrelativismus der Postmoderne ein (vgl. Anm. 19). Ebenso wie dies nicht zu einer Ideologie des Universalismus verkommen muß, ist Vernunft nicht mit Vernunftglauben identisch. Dementsprechend gehe ich kartesianisch von der Annahme aus, daß Wissen universell gelten kann, wenn es auf rationaler, kulturübergreifender Basis begründet wird. Die Skepsis erlaubt es jedoch, die Grenzen, die sich aus den bestehenden kulturellen Differenzen ergeben, nicht zu übersehen, wenngleich sie niemals und an keiner Stelle zu Huntingtons Bruchlinien[24] werden!

# Krieg, *Djihad* und *Futuhat* im Islam: Gewalt gegen Nicht-Muslime zur Verbreitung des Islam

Von einem universell an Vernunft orientierten Wissen ausgehend ist der Begriff Krieg rational mit organisierter Gewaltanwendung gleichzusetzen. In diesem Sinne haben Muslime bei ihrer Verbreitung des Islam doch Kriege geführt, auch wenn sie ihren *Djihad* nicht als *Harb*/Krieg, wie er von Nicht-Muslimen geführt wird,

---

22 ABDULRAHMAN IBN KHALDUN, al-Mugaddima, Kairo, al-Tidjariyya-Edition, ohne Datum, S. 429ff. Deutsche Übersetzung von MATTHIAS PÄTZOLD, Buch der Beispiele, Leipzig 1992, S. 242-252.
23 Zu dieser Ausrichtung ROBERT WUTHNOW, Meaning and Moral Order. Explorations in Cultural Analysis, Berkeley 1987. Vgl. auch den Reader mit Beiträgen von ROBERT WUTHNOW, JÜRGEN HABERMAS u.a., Cultural Analysis, London 1984.
24 Zu dieser Huntington-Diskussion mit weiteren Belegen vgl. Kapitel 7 in der Neuausgabe von B. TIBI, Krieg der Zivilisationen (wie Anm. 8); auch DERS., International Morality and Cross-Cultural Bridging, in: ROMAN HERZOG, Preventing the Clash of Civilizations, New York 1999, S. 107-126.

verstehen. Lange vor Clausewitz läßt sich im Islam ein funktionales, an Regeln gebundenes Verständnis von Krieg vorfinden, auch wenn die Muslime - wie eben gesagt - für ihre gewaltbezogenen Handlungen nicht diesen Begriff verwenden.[25] Und noch eine Differenzierung: Von Muslimen ausgeübte kriegerische Gewalt heißt im Koran *Qital*, nicht *Djihad*. Im Islam dient Gewaltanwendung nur dem Ziel, die Welt zu islamisieren; Töten und Vernichtung sind kein Selbstzweck, geschweige denn ein Ziel des Krieges. Muslime glauben, die göttliche Mission zu haben, den Islam in alle Welt zu tragen; sie rufen die anderen im Sinne des zitierten Koran-Verses dazu auf, dem Islam beizutreten. Dies tun sie zunächst friedlich. Wird aber dem Aufruf/*Da'wa* nicht Folge geleistet, dann greifen Muslime zur Gewaltanwendung und sehen darin einen defensiven Akt, sozusagen eine Notwehrsituation. Mit anderen Worten: *Qital* betreiben die Muslime nur in einer Situation, in der sie sich gezwungen sehen, nicht-friedliche Mittel für die Verwirklichung ihrer "Friedensmission" anwenden zu müssen. Eigenartig erscheint für einen Westler die Tatsache, daß Muslime diese Gewalt als defensiv, nicht als Aggression gegen andere begreifen. Die Defensive besteht nach diesem Verständnis darin, daß sie sich an der Verbreitung des Islam gehindert fühlen, sie sich also bei der Erfüllung ihrer Mission nur verteidigen.

Die beiden im folgenden zu zitierenden Koran-Verse scheinen einander zu widersprechen, verhalten sich aber im Islam komplementär zueinander. Dies läßt sich nur unter der Voraussetzung verstehen, daß die bisherigen Erklärungen über diese fremde Zivilisation verstanden wurden. Im Koran steht über *Qital*/Kampf zu lesen, es sei eine religiöse Verpflichtung: "um Gottes willen gegen diejenigen (zu kämpfen), die gegen Euch (die Muslime; B. T.) kämpfen" (Sure 2, Vers 190). An derselben Stelle verkündet Gott aber auch: "Greift nicht an, denn Allah liebt diejenigen nicht, die Aggression betreiben" (Sure 2, Vers 190).

Wie bereits angeführt lautet der arabisch-koranische Begriff für kriegerische Gewalt *Qital*, und dieser ist eine Unterkategorie des *Djihad*. Apologetische Muslime - sowie islamische Autoren im Westen - streuen Sand in die Augen ihrer Gesprächspartner, wenn sie den Islam von der Gewaltanwendung freisprechen; sie tun dies, indem sie *Djihad* richtig, aber einseitig mit "Anstrengung" übersetzen. Historisch, aber auch im Geist des Koran, schließt *Djihad* als "Anstrengung" jedoch auch die *Qital*-Kampfhandlungen ein. Er ist jedoch nicht darauf beschränkt; man kann *Djihad* auch in Frieden betreiben.

Die *Djihad*-Kriege gegen Nicht-Muslime beginnen nach dem Tod des Propheten Mohammed 632 n. Chr. Zu Lebzeiten des Propheten, vor allem während der Gründung des islamischen *Umma*-Gemeinwesens in Medina (622-632) richteten sich die Anstrengungen des Islam nach innen, also gegen die arabischen Stämme, um sie

---

25 BASSAM TIBI, War and Peace in Islam, in: TERRY NARDIN (Hg.), The Ethics of War and Peace (wie Anm. 13), S. 128-145, darin einzelne Belege.

der islamischen Ordnung unterzuordnen und einzugliedern. Der britische Islam-Historiker W. Montgomery Watt sieht in der Gründung der islamischen *Umma* als "super-tribe" die Hauptleistung des Propheten; das Ergebnis sei "die Föderation der arabischen Stämme" gewesen.[26] Die Frage, ob ein Stamm eine Ethnie ist, sowie die Problematik der Ethnizität werden uns in einem späteren Abschnitt beschäftigen. Es genügt hier vorläufig festzuhalten, daß der Krieg in den Jahren des Propheten noch immer die Islamisierung der arabischen Stämme zum Ziel hatte. Die Araber ähneln einander sprachlich und kulturell, waren aber in zahlreiche ethnisch verfeindete Stämme fragmentiert, die gegeneinander *Ghazu*-Krieg führten, d. h. einander auf Raubzügen überfielen. Der Islam hat dies beendet.

Der Islam ist ein Universalismus, d. h. als Religion beansprucht er, für die gesamte Menschheit zu gelten. Auf dieser Doktrin baut das Projekt der islamischen Expansion auf, das seit dem Tod des Propheten und der Vereinigung der arabischen Stämme zu einer stammesübergreifenden *Umma* verfolgt wurde. Das Mittel der islamischen *Futuhat*-Expansion[27] (s. u.) war der Krieg. Das erste islamische Imperium, das Kalifat der Omaiyyaden von Damaskus (661-750), war daher - wie der zum Islam übergetretene Historiker Khalid Yahya Blankinship es nennt - ein "*Djihad*-Staat".[28] Die islamischen Expansions-Kriege erfolgten zwischen 661 und 750 an drei Fronten: im Norden gegen Byzanz, im Osten gegen das Sassaniden-Reich der Perser und im Westen gegen die Berberstämme in Nordafrika sowie später und im Jahre 711 erfolgreich gegen die Westgoten in Spanien. Der Sammelbegriff für diese Kriege lautete *Futuhat* (wörtlich: Öffnungen). Ein Land zu erobern kommt nach islamischem Verständnis einem "dem Islam zu öffnen/*Fataha*" gleich (vgl. Anm. 27). Daher waren die muslimischen Feldherren als *Fatah*/Eroberer zugleich "Öffner" der eroberten Gebiete für den Islam. Es ist kein Abschweifen anzuführen, daß ein Muslim eine Jungfrau nach der Vermählung "öffnet/*Fataha*", d. h. defloriert. Dieser Akt ist nach islamischem Recht *Halal*/erlaubt im Gegensatz zu *Haram*/verboten. Plünderung und Aggression sind *Haram*, die *Futuhat*-Kriege/Öffnungen dienten dagegen der Doktrin nach nur der Verbreitung des Islam und waren deshalb *Halal*.

Es gab vier Wellen der islamischen *Futuhat*-Kriege, die in der Omaiyyaden-Zeit bzw. zuvor während der Periode zwischen dem Tod des Propheten 632 und der Gründung des Reichs von Damaskus 661 geführt wurden. Diese letztgenannte Periode gilt für orthodoxe Muslime als das goldene Zeitalter der rechtgeleiteten bzw. wahren Imame des Islam. Die vier Raschidun-Kalifen, Abu Bakr, Omar, Othman und Ali, gelten sämtlich als wahre Imame. Die Tatsache, daß drei von ihnen ihr Leben durch Mord verloren, steht im Widerspruch zu dieser glorifizierenden Dar-

---

26 MONTGOMERY WATT gehört mit seinen beiden Werken Muhammad at Mekka, Oxford 1953 und Muhammad at Medina, Oxford [6]1977 zu den besten westlichen Kennern des Früh-Islam.
27 Zur islamischen *Futuhat*-Expansion vgl. B. TIBI, Kreuzzug und Djihad (wie Anm. 14), Kapitel 1.
28 KHALID YAHYA BLANKINSHIP, The End of the Jihad State, Albany (N.Y.) 1994.

stellung. Innerislamische Gewalt, die eine andere Kategorie des Krieges im Islam darstellt, in islamischer Terminologie allerdings wiederum nicht als solcher bezeichnet wird, gehört in diesen Kontext; sie wird uns im folgenden Abschnitt beschäftigen. Zuvor jedoch möchte ich die vier Wellen der islamischen *Futuhat*-Kriege anführen: Die erst Welle 632-661 fand unter den Raschidun-Kalifen statt; die darauffolgenden drei Wellen 683-692 und 692-718 sowie schließlich 720-740 erfolgten unter der Herrschaft der Omaiyyaden-Kalifen von Damaskus.

## *Riddah*- und *Fitna*-Kriege unter den Muslimen selbst

Direkt nach dem Tod des Propheten hatten einige Beduinenstämme ihren Beitritt zum Islam gekündigt und somit die islamische *Umma*-Gemeinde verlassen. Hierfür wurde im Islam der Begriff *Riddah*/Apostasie geprägt. Der erste Kalif im Islam, Abu Bakr (632-634), war mit diesem Zustand konfrontiert und entschied sich für die Gewaltanwendung gegen die von der Religionsgemeinschaft, der *Umma*, Abgefallenen. Der erste *Riddah*-Krieg dauerte zwei Jahre von 632 bis 634, währte also die gesamte Kalifenzeit Abu Bakrs. Konversion vom Islam zu einer anderen Religion oder schlicht das Verlassen der Glaubensgemeinschaft sind nicht erlaubt. Nach der *Schari'a*/islamisches Gesetz wird der individuelle Apostat/*Murtad* hingerichtet, bei einem kollektiven Austritt aus dem Islam besteht Grund zur Kriegshandlung gegen die vom Glauben abgefallene Gruppe, die dann als *Riddah*-Krieg bezeichnet wird.[29]

Nach dem Mord am dritten Kalifen, Othman (644-656), entstand ein weiterer Kriegstyp. Diesem Krieg vorausgegangen war ein Aufstand von Muslimen gegen den herrschenden Imam, also gegen Othman. Die *Umma* ist nach islamisch-religiöser Doktrin einheitlich und durch inneren Frieden gekennzeichnet. Mit *Fitna* (wörtlich: Verführung, innere Unruhe) ist ein Begriff im Islam entstanden, der einen Zustand umschreibt, durch den der innerislamische Frieden gefährdet ist; es kommt zur Gewaltanwendung unter Muslimen, die *Fitna*-Krieg genannt wird. Der erste *Fitna*-Krieg erfolgt 656 innerhalb der Familie des Propheten selbst. Nach dem Mord am Kalifen Othman forderte die Lieblingsfrau des Propheten, A'ischa,[30] die die Tochter Abu Bakrs war, daß die Mörder von Othman der islamischen *Qasas*-Strafe (*lex talionis*) unterzogen werden, der vierte Kalif, Ali (656-661), kam dieser Aufforderung nicht nach, woraufhin ihm A'ischa den Krieg erklärte. Die berühmte

---

29 Zu den *Riddah*-Kriegen im Früh-Islam MARSHALL G. S. HODGSON, The Venture of Islam. Conscience and History in a World Civilization I-III, Chicago 1974, hier Bd. I: The Classical Age of Islam, S. 198, 211, 241, 251, 265.

30 DENISE A. SPELLBERG, Politics, Gender and the Islamic Past. The Legacy of A'isha bint Abi Bakr, New York 1994.

Kamelschlacht[31] 656 endete mit dem Sieg Alis. Ali wurde jedoch 661 selbst ermordet, was zugleich das Ende der Raschidun-Kalifen-Periode im Frühislam (632-661) und den Beginn des innerislamischen Schismas in Sunna und Schi'a markierte.[32]

Im Jahre 661 bildete ein Clan des Stammes von Quraisch, dem Stamm des Propheten Mohammed, aus dem auch die Raschidun-Kalifen hervorgegangen waren, nämlich die Omaiyyaden, ihre eigene Dynastie in Damaskus. Das Kalifat der Omaiyyaden dauerte ein Jahrhundert und fand mit dem Abbasiden-Aufstand von 749-750 sein Ende. Die Abbasiden, deren Reich von 750 bis 1258 in Bagdad bestand, waren ebenso wie die Omaiyyaden Quraischiten. Während dieser beiden Kalifate gab es drei weitere große *Fitna*-Kriege, die sämtlich sehr blutig verliefen, obwohl der Koran jedes Blutvergießen unter den Muslimen streng verbietet (Sure 4, Vers 92).

Zusammenfassend läßt sich festhalten, es existierten folgende Kriegsmuster im Islam: der *Djihad*-Krieg ist von vorislamischen *Ghazu*/Raubüberfällen der Beduinen zu unterscheiden. Im Gegensatz zum *Harb*-Krieg der Ungläubigen verfolgt der *Djihad*-Krieg nach der islamischen Doktrin das Ziel, die Menschheit unter dem Islam zu vereinigen, um so den Weltfrieden herzustellen. Um in ihren *Futuhat*/Öffnungen erfolgreich sein zu können, müssen die Muslime unter sich einheitlich und geschlossen sein. Die *Umma* darf keine inneren Spaltungen zulassen und keinen Abfall vom Glauben dulden. Pluralität wird mit Sektenbildung gleichgesetzt und entsprechend inkriminiert. *Hizb* ist im Früh-Arabischen zugleich die Bezeichnung für Partei und Sekte, wofür auch der Begriff *Schi'a* steht. *Schi'at* Ali bedeutet nicht anderes als "Partei Alis" und *Schi'it* dementsprechend Partisan Alis.

Die Realgeschichte verlief nicht nach dem von der Doktrin vorgesehenen Muster. Die *Djihad*-Kriege haben nicht nur der Verbreitung des Islam gedient; der Islam hat den Beduinen die *Ghazu*-Überfälle auf Handelskarawanen in Arabien verboten, wodurch der Ausfall einer zentralen Ressource für die Reproduktion ihrer Lebensbedingungen verursacht wurde. Die Gewalt der Beduinen mußte nach außen kanalisiert werden, um einerseits innerislamischen Frieden zu ermöglichen, andererseits um die durch das Verbot von Überfällen auf Handelskarawanen verlorene Beute durch den *Djihad* zu kompensieren. Kurz, die Beute war realhistorisch ebenso wichtig wie die *Da'wa* zum Islam. In Friedenszeiten ersetzte die Kopfsteuer, die Juden und Christen zahlen mußten, die Kriegsbeute.

Auch die doktrinäre Vorstellung eines innerislamischen Friedens entsprach nicht den historischen Realitäten! Der *Riddah*-Krieg von 632-634 und die vier großen *Fitna*-Kriege im 7. und 8. Jahrhundert dokumentieren Muster innerislamischen Krieges. Insgesamt wird im Islam also zwischen folgenden Typen des Kriegs unterschieden: *Ghazu* in der vorislamischen Zeit; dieser wird vom *Djihad* (in Form des

---

31 Dazu mit Belegen B. TIBI, Der wahre Imam (wie Anm. 10), S. 73ff.
32 MOOJAN MOMEN, An Introduction to Shi'a Islam, New Haven 1985.

*Qital*) abgelöst. *Harb* ist die Gewalt der Nicht-Muslime, um die Verbreitung des Islam zu verhindern. Auf innerislamischer Ebene gab es zwei Formen des Krieges: gegen kollektive *Riddah*/Apostasie und *Fitna* als Ausdruck der gewaltförmigen Spaltung unter den Muslimen selbst.

## Der arabische Islam, die arabischen Stämme/*Qabail* und die nicht-arabischen muslimischen Völker/*Schu'ub*

In der Kriegsgeschichte des Islam spielen zwei Spaltungen eine entscheidende Rolle: die Unterteilung der Araber in Stämme/*Qabail* und der Stämme in Clans/*Aschira*. Der frühe *Djihad* unter dem Propheten diente der Vereinigung aller arabischen Stämme unter dem Banner des Islam zu einer *Umma*, wie ich soeben gezeigt habe. Nach dem Tod des Propheten wurde der *Djihad* weltweit über die Grenzen Arabiens hinaus ausgedehnt, was zur Folge hatte, daß nicht-arabische Völker dem Islam beitraten. Geschichtlich sind die wichtigsten unter ihnen die Perser,[33] die bereits nach der Eroberung des Sassaniden-Reichs im 7. Jahrhundert zum Islam konvertierten, und die aus Zentralasien stammenden Türken,[34] die erst im 9. Jahrhundert zum Islam hinzukommen.

Im islamischen Weltbild erfolgt nach Koran und *Hadith*/Überlieferung der normsetzenden Tradition des Propheten die Unterteilung der Menschheit auf der Basis folgender Linien: Die Araber unterteilen sich in Stämme/*Qabail* und die Nicht-Araber, die dem Islam beitreten, in Völker/*Schu'ub*. Der Prophet und die Araber des Früh-Islam kannten als Völker nur die *Adjam*/Perser, *Rum*/Römer und *Infrandj*/Franken. Die Afrikaner/*Zung* betrachteten sie als Sklaven/*Abid*, nicht als Volk. Die Perser wurden - wie gesagt - bereits im 7. Jahrhundert zu Muslimen, und der Prophet predigte: *La farqa bain Arabi wa Adjami illa bi al-tagwa*/"Es darf keinen Unterschied zwischen Arabern und Persern außer im Bereich der Frömmigkeit geben" (*Hadith*). Die wichtigste Stelle im Koran zur Beschreibung der Menschheit ist in der Sure *al-Hudjrat* enthalten: *Wa djalnakum schu'uban wa qabailan li ta'arufa*/"Und wir haben Euch als Stämme und Völker erschaffen, damit Ihr Euch untereinander kennenlernt" (Sure 49, Vers 13). Beide zitierten, auf höchster autoritativer Ebene, also in Koran und *Hadith*, vorgeschriebenen Gebote haben in der Realgeschichte des Kriegs keine Beachtung gefunden. Einmal wurde die verordnete Einheit der arabischen Stämme als einheitliche *Umma* mißachtet. Selbst innerhalb des Stamms des Propheten, Quraisch, galt die Unterteilung in Clans mehr als die Eingliederung in die *Umma*. Der Tübinger Islamkundler Josef van Ess

---

33  SANDRA MACKEY, The Iranian Persia, Islam and the Soul of a Nation, New York 1998.
34  Über Türken und Osmanen im Islam vgl. B. TIBI, Kreuzzug und Djihad (wie Anm. 14), Kapitel 4.

berichtet in seinem mehrbändigen Werk über den Früh-Islam: "Man handelte und dachte im Kollektiv. Dabei verstand man dieses Kollektiv vorwiegend als die soziale Gruppe, der man gerade angehörte; der *Umma*-Begriff, der heute hochgeschätzt wird, spielte kaum eine Rolle (...). Die Stämme hatten ihre eigene Moschee (...). Man wollte nicht hinter jemandem das Gebet verrichten, mit dem man (...) nicht übereinstimmte."[35]

Der erste inner-quraischitische *Fitna*-Krieg sowie die ihm nachfolgenden, besonders aber das Blutbad der quraischitischen Abbasiden an den ebenso quraischitischen Omaiyyaden 749-750 sind bedenkliche Zeugnisse innerislamischen Blutvergießens. Gegen die verbindliche *Hadith*-Vorschrift, daß nicht-arabische Muslime nicht diskriminiert werden dürfen, wurden diese als *Mawali* und damit Muslime zweiter Klasse eingeordnet und besonders unter den Omaiyyaden massiv ausgegrenzt. Es gab sogar Jahre, in denen sie - obwohl Muslime - Kopfsteuer zahlen mußten. Das ist der Hintergrund der Abbasiden-Revolution,[36] die zwar von Quraischiten gegen Quraischiten ausgetragen wurde, deren Fußvolk aber die *Schu'ub*-Völker der *Mawali*, vorwiegend *Adjam*/Perser waren.

Die Omaiyyaden hatten ihre *Djihad*-Armee ethnisch ausschließlich auf dem arabischen Element aufgebaut. Solange der *Djihad* genug Beute erbrachte, war die Einheit der im Kern arabischen *Umma* gewährleistet. Die geschichtliche Phase, die der Historiker Blankinship "Krise des *Djihad*-Staates" nennt, umfaßte eine Stagnation der islamischen Expansion durch nur noch geringe Erfolge des *Djihad*-Krieges, andererseits - und damit zusammenhängend - das dramatische Zurückgehen der Kriegsbeute. Die Omaiyyaden-Armee bestand aus den Stämmen Arabiens, Jemeniten und Syrern; ihre Einheit zerbrach in der Krise, wodurch sich ihre Kampffähigkeit verringerte.[37]

Die Abbasiden änderten die Politik der Rekrutierung und nahmen nicht-arabische Elemente in Staat und Armee auf. Vom Anfang dieses neuen Imperiums an, also seit Mitte des 8. Jahrhunderts, stießen die Perser in die Administration des Reiches vor. Den persischen Buyiden gelang es später, die wichtigsten Ministerämter für sich zu monopolisieren.[38] Ab Ende des 9. Jahrhunderts wurden die aus Zentralasien in das Reich strömenden Turkstämme in die Armee aufgenommen. Es hat nicht sehr lange gedauert, bis die türkischen Heeresoffiziere mächtiger als der arabische Kalif selbst geworden waren, ja sogar ihn bevormundeten. Die türkischen Seldjuken wurden zur Soldateska des Reiches von Bagdad. Diese Unterteilung der

---

35 JOSEF VAN ESS, Theologie und Gesellschaft im 2. und 3. Jahrhundert Hidschra. Eine Geschichte des religiösen Denkens im frühen Islam I, Berlin 1991, S. 17.
36 Hierzu vgl. Kapitel 4 in STEPHEN HUMPHREYS, Islamic History, Neuausgabe, Princeton/N.Y. 1991, S. 104ff.
37 Einzelheiten hierzu bei BLANKINSHIP, The End of the Jihad State (wie Anm. 28).
38 Einzelheiten hierzu bei GERHARD ENDRESS, Der Islam. Eine Einführung in seine Geschichte, Neuausgabe, München 1991, besonders S. 145ff.

islamischen *Umma* in Araber, Perser, Türken u. a. führt uns zur Problematik der Ethnizität.

## Ethnizität im Islam

Ethnizität und Tribalismus sind in der islamischen Geschichte nicht identisch. Die aufgeführten innerarabischen und innerislamischen, zunächst als ethnisch zu bezeichnenden Unterteilungen im Islam sind entscheidend für das Verständnis des Krieges in der islamischen Historie sowohl innerhalb der *Umma* als auch für die Handlungen der Muslime gegen Nicht-Muslime.[39] Aber wir können - auch angesichts der Debatte über Wissen und Universalität (vgl. Anm. 19) - der Frage nicht entkommen, ob es korrekt ist, von Ethnizität im Islam zu reden. Der Grund: Der Begriff ist neu und in keine der orientalischen Sprachen übersetzbar. Im modernen Arabisch wurde der Begriff einfach arabisiert. Wie Demokratie in *Demokratiyya* verwandelt wird, ist für Ethnizität *Ehtniqiyya* geprägt worden.

Doch bleiben wir auf der inhaltlichen Ebene: Es ist wahr, Ethnizität ist ein moderner Begriff, aber in der islamischen Kriegsgeschichte ist sein Inhalt altbekannt. Im Ursprung bedeutet der Begriff *Ethnos* Volk. Im Arabischen ist das Wort hierfür *Scha'b* (Sg. des bereits oben eingeführten Wortes *Schu'ub*). Wie wir gesehen haben unterteilt der Koran die Menschheit in Stämme (Araber) und Völker/*Schu'ub* (Nicht-Araber). Im Einklang mit der arabozentrischen Deutung des Islam haben Araber ihre Abneigung gegenüber nicht-arabischen Muslimen mit dem Begriff *Schu'ubiyya* ("Ausländerei", feindliche Einstellung der nicht-arabischen Muslime gegenüber den Arabern) artikuliert. *Schu'ubiyya* kommt von *Scha'b*/Ethnos und ist nicht-arabische Ethnizität im Islam; sie richtet sich gegen die Infragestellung der arabischen Zentralität in der islamischen Zivilisation, wie sie vorwiegend von Persern (Buyiden) und Türken (Seldjuken und später die Osmanen) zum Ausdruck gebracht wurde.

Auch unter den Abbasiden wurde die islamische Expansion fortgesetzt; vor allem richtete sie sich gegen Byzanz,[40] und der große Kalif von Bagdad, Harun al-Raschid,[41] hatte es nie aufgegeben, Konstantinopel für den Islam einzunehmen. Der Kontakt zu Karl dem Großen wurde von einem Historiker als islamisch-christliches Bündnis gegen Byzanz gedeutet. Doch hat Blankinship recht, wenn er den Unter-

---

39 Zur Begrifflichkeit Stämme, Sippen, Völker, Nation vgl. BASSAM TIBI, The Simultaneity of the Unsimultaneous. Old Tribes and imposed Nation-States, in: PHILIP KHOURY/JOSEPH KOSTINER (Hg.), Tribes and State Formation in the Middle East, Berkeley 1990, S. 127-152.
40 Zum früh-islamischen *Djihad* gegen Byzanz vgl. WALTER KAEGI, Byzantium and the Early Islamic Conquests, Cambridge 1995 (zuerst 1992). Zur späteren islamisch-byzantinischen Geschichte vgl. MICHAEL ANGOLD, The Byzantine Empire, 1025-1204, London, New York u.a. 1997.
41 ANDRÉ CLOT, Harun al-Raschid, Kalif von Bagdad, München 1991, S. 104ff.

gang des Omaiyyaden-Kalifats als "Ende des *Djihad*-Staats" deutet. Denn *Djihad*-Kriege besaßen niemals einen zentralen Stellenwert im Abbasiden-Reich. Mit dem Bruch des arabischen Herrschaftsmonopols durch das Eindringen der Ethnizität in die Politik, besonders in der späten Abbasiden-Zeit, wird die islamische Zivilisation ethnisch und politisch fragmentiert. Die Provinzen des Reichs verselbständigen sich, und die Kämpfe werden nach innen gewandt. In diese Zeit fallen auch die sieben christlichen Kreuzzüge.[42] Bis zum Aufstieg der Osmanen und der Wiederaufnahme des islamischen *Djihad*-Kriegs als Instrument islamischer Expansion - diesmal aus dem Südosten Europas (im Gegensatz zur vorangegangenen Expansion aus dem Südwesten) - wurde der im frühen Mittelalter expansive Islam unter den späten Abbasiden defensiv. Die Tatenlosigkeit des Kalifen gegen die Kreuzzüge[43] belegt das. Die osmanische Expansion währte zwar mehrere Jahrhunderte, war aber nicht auf Dauer aufrechtzuerhalten. Der Aufstieg des Westens durch die sich dort vollzogene militärische Revolution[44] und die Industrialisierung des Krieges ließen die Waagschale zugunsten Europas ausschlagen.[45]

# Vom *Djihad*-Krieg zur Defensive und die Umdeutung des *Djihad* als gewaltlose Verbreitung des Islam. Historische Bilanz

Die islamischen *Djihad*-Kriege lassen sich in zwei Epochen der muslimischen Geschichte einordnen und ethnisch unterteilen: einmal in die Zeit der Raschidun-Kalifen und Omaiyyaden-Dynastie, also 632-750. Diese Zeit war die Epoche des ethnisch exklusiven, arabischen Islam. Die Türken waren nach den Persern das zweite große nicht-arabische Volk, das zum Bestandteil der islamischen Zivilisation wurde. Arabische Muslime haben beide Völker mit dem *Schu'ubiyya*/Ethnizitäts-Vorwurf im Sinne anti-arabischer Einstellung belegt. Schon unter den späten Abbasiden reißen die Türken praktisch die Macht an sich und degradieren die arabischen Kalifen zu Nominalherrschern. Die Osmanen stellen die dritte türkische Einwanderungswelle von Zentral- nach Westasien und damit das Eindringen in den Kernbereich des Islam dar. Eben diese Osmanen tragen die zweite Epoche islamischer *Djihad*-Kriege nach Europa hinein. Der türkische Historiker Inalcik beschreibt dies so: "Die Osmanen bekannten sich zu der Führung der isla-

---
42  Dazu Kapitel 3 in B. TIBI, Kreuzzug und Djihad (wie Anm. 14).
43  Hierzu AMIN MAALOUF, Der heilige Krieg der Barbaren. Die Kreuzzüge aus der Sicht der Araber, München 1996, S. 9ff.
44  GEOFFREY PARKER, The Military Revolution. Military Innovation and the Rise of the West - 1500-1800, Cambridge 1988.
45  Hierzu B. TIBI, Kreuzzug und Djihad (wie Anm. 14), Kapitel 6.

mischen Welt, indem sie Militanz gegenüber dem kreuzzüglerischen Christentum zur Schau stellten (...). Die osmanischen Sultane haben ihren Herrschaftsbereich auf das Kerngebiet Europas ausgedehnt, als sie Ungarn einnahmen (1526-1699), die Slowakei (1596-1699) annektierten und Südpolen besetzten."[46]

Wie sein Vorgänger-Kalifat gerät auch das Osmanische Reich in seiner Spätphase in die Defensive. 1924 wird das letzte islamische Kalifat abgeschafft. Die heutige Welt des Islam ist in 55 Nationalstaaten unterteilt, die alle der UNO angehören, deren Charta den Expansionskrieg - also praktisch auch den *Djihad* - verbietet. Gehört der *Djihad* also der Vergangenheit an, und ist er somit allein Gegenstand der geschichtswissenschaftlichen Forschung, ohne Aktualität für unsere Gegenwart?[47]

In einem autoritativen, zweibändigen Handbuch zur Anleitung der Muslime, das der bisherige Scheich von al-Azhar veröffentlicht hat, wird zwischen dem bewaffneten *Djihad* und *Djihad* als Selbstanstrengung unterschieden; beide dienen der Verbreitung des Islam. Nach Auffassung von Scheich Djadul-Haq Ali Djadul-Haq gehört der bewaffnete *Djihad* der Vergangenheit an. Er führt zur Begründung an: "In früheren Zeiten war das Schwert notwendig, um den Weg der *Da'wa* zu sichern. In unserer Zeit jedoch hat das Schwert seine Bedeutung verloren, obwohl der Rückgriff darauf immer noch wichtig ist: für den Verteidigungsfall gegen diejenigen, die wünschen, dem Islam und seinen Menschen Böses anzutun. Für die Verbreitung der *Da'wa* gibt es heute jedoch eine Vielzahl von Möglichkeiten (...), diejenigen die sich in unserer Zeit auf Waffen konzentrieren, sind von schwachen Werkzeugen in Besitz genommen."[48]

Schon bevor dieser - obgleich konservative - Reform-Rektor der Azhar seinen zitierten Versuch einer Neudeutung des *Djihad* unternommen hatte, schrieb der Begründer der ersten fundamentalistischen Bewegung im Islam, also der Muslim-Bruderschaft, Hassan al-Banna, einen *Djihad*-Essay. Darin beschreibt er jede Leugnung des *Djihad*-Krieges als Schaden für den Islam, die es zurückzuweisen gilt.[49] Al-Banna unterscheidet in dieser Abhandlung zwischen dem großen und dem kleinen *Djihad*. Der bewaffnete *Djihad* behält seine Priorität als *Djihad akbar/ Großer Djihad*. Für al-Banna ist jeder Muslim, der dies beanstandet, abtrünnig.

Armeen sind in der heutigen Welt des Islam nationale Armeen von Nationalstaaten. Obwohl ein jordanischer Offizier einen Entwurf für eine *Djihad*-Organisa-

---

46 HALIL INALCIK, The Meaning of Legacy, in: LEON CARL BROWN, Imperial Legacy. The Ottoman Imprint on the Balkans and the Middle East, New York 1996, hier S. 21-23.
47 PAUL FREGOSI, Jihad in the West. Muslim Conquests from the 7th to the 21st Centuries, Amherst (N.Y.) 1998, S. 399ff.
48 DJADULHAQ ALI DJADULHAQ, Bayan ila al-nas I-II, Kairo 1984-1988, hier Bd. I, S. 278f.
49 Hierzu der *Djihad*-Essay von HASSAN AL-BANNA in: Madjmu'at rasa'il al-imam al-schahid Hassan al-Banna (Gesammelte Essays des Märtyrer-Imam Hassan al-Banna), Kairo 1990, S. 271ff.

tion islamischer Armeen entwickelt hat,[50] hat der traditionelle *Djihad* für diese Armeen keine Bedeutung mehr. Aber der zwischenstaatliche Krieg von Clausewitz scheint zu Beginn des neuen Millenniums obsolet. Hierdurch wird der *Djihad* als irregulärer Krieg neu belebt.[51] Kriegsforscher - z. B. Kalevi Holsti und Martin van Creveld - sprechen von der Unwahrscheinlichkeit des klassischen Krieges nach dem Ende der Bipolarität.[52] Gewalt wird heute nicht von Armeen, sondern von irregulären Kriegern ausgeübt; die Islamisten rangieren hierbei an höchster Stelle.[53] Islamische Fundamentalisten nennen ihren Terrorismus *Djihad*.[54]

In diesem Rahmen erfährt der *Djihad* eine Neubelebung als irregulärer Krieg gegen bestehende Nationalstaaten und führt zu einer neuen Weltunordnung.[55] Der israelische Islam-Historiker Emanuel Sivan spricht in diesem Zusammenhang von einer Kombination von "moderner Politik und mittelalterlicher Theologie".[56] Lange vor ihm, allerdings ohne Bezug auf den Islam, sprach der bisher größte Professor für Internationale Beziehungen (Oxford), der 1985 verstorbene Hedley Bull, vom New Medievalism[57] als Begleiterscheinung der Krise des Nationalstaats und der Suche nach alternativen Ordnungsvorstellungen in unserer gegenwärtigen *anarchical society*.

Die Neubelegung des *Djihad* läßt sich als eine aktuelle Erscheinungsform dieses New Medievalism deuten. Die islamischen Fundamentalisten sprechen offen davon, daß der *Djihad* die Substanz ihrer Strategie ausmacht (vgl. Anm. 54). Als der neue König Jordaniens, Abdullah II., Hamas verboten hatte, reagierte der Chef der jordanischen Muslimbrüder Abdulmadjid Dhanbiyyat mit einem Angriff auf den König mit der Parole: "Das Ziel ist doch nicht die Entfernung der Hamas-Führung, sondern die Behinderung der Muslim-Brüder daran, zum Djihad aufzurufen/Da'wat li al-djihad".[58]

Bisher konnten die Islamisten als irreguläre *Djihad*-Krieger nirgends etwas Positives, z. B. neue politische Gebilde hervorbringen. Eine Ausnahme bilden vielleicht

---

50 AHMAD H. AHMAD, Nahwa ganun muwahhad lil-djiyusch al-Islamiyya (Plädoyer für ein einheitliches Gesetz für die islamischen Armeen), Riyad 1988, S. 298.
51 JOHN KELSAY, Islam and War, Louisville 1993, S. 77ff.
52 KALEVI HOLSTI, Peace and War. Armed Conflicts and International Order 1648-1989, Cambridge 1991; MARTIN VAN CREVELD, Technology and War. From 2000 B. C. to the present, New York 1989.
53 EDGAR O'BALLANCE, Islamic Fundamentalist Terrorism, 1979-1995. The Iranian Connection, New York 1997.
54 Vgl. mit Belegen das Kapitel 8 über Neo-*Djihad* in: B. TIBI, Kreuzzug und Djihad (wie Anm. 14), S. 236-258.
55 BASSAM TIBI, Die neue Weltunordnung. Westliche Dominanz und islamischer Fundamentalismus, Berlin 1999.
56 EMMANUEL SIVAN, Radical Islam. Medieval Theology and Modern Politics, New Haven 1985.
57 HEDLEY BULL, The Anarchical Society. A Study of Order in World Politics, New York 1977, S. 254ff.
58 Bericht in al-Hayat vom 27. Nov. 1999, S. 3.

die afghanischen Taliban, die - was hier natürlich nicht als positive Errungenschaft beurteilt werden soll - es mit ihrem *Djihad* geschafft haben, große Teile des Landes zu erobern, ohne damit jedoch ein Ende der Fragmentation zu erreichen.[59] Im afghanischen Fall stellen wir eine zeitgenössische Verbindung von *Djihad* und Ethnizität fest, diesmal jedoch ohne die Dichotomie arabischer Islam/nicht-arabische Muslime. Afghanistan wurde im Rahmen der *Futuhat*-Kriege von den Arabern islamisiert, aber alle afghanischen Stämme (ca. 60) behielten ihre tribalen Strukturen und wurden ethnisch nicht arabisiert. Die tribale Verfassung des Landes prägt den Aufstieg des modernen Afghanistan.[60] Wie im Frühislam Quraisch die anderen arabischen Stämme durch *Djihad* zur Schaffung einer *Umma* befrieden wollte, versuchen die Taliban, die alle aus dem Stamm der Paschtunen kommen, ihr tribales Gesetz, *Pashtunwali*, als *Schari'a*-Ordnung den anderen Stämmen aufzuzwingen - jedoch ohne Erfolg. Als sie nach ihrer *Djihad*-Eroberung von Kabul ihren eigenen Imam Mohammed Omar zum *Amir al-Mu'minin*/Oberhaupt aller Gläubigen erklärten, war klar, daß seine Autorität noch nicht einmal für den gesamten Territorialstaat Afghanistan gelten würde. Wie dann für die gesamte *Umma*? Doch von Afghanistan aus wird der islamische *Djihad* - etwa durch Ibn Laden[61] - weltweit ausgetragen.

Kurz, *Djihad* und Ethnizität behalten ihre Aktualität auch im 21. Jahrhundert (das Jahr 2000 entspricht im Islam dem Jahr 1421; nach islamischer Zeitrechnung also 15. Jahrhundert); aber ohne die historischen Ursprünge dieses Gegenstandes im islamischen Mittelalter zu kennen, bleibt er unverständlich.

Angesichts der Tatsache, daß der Islam nicht nur durch die Nachbarschaft im Mittelmeer, sondern auch durch Migrationsschübe (z. Zt. leben 15 Millionen Muslime in Westeuropa, bis 2025 wird sich diese Zahl verdoppelt haben) eine zunehmende Relevanz für Europa gewinnt, wird die deutsche Geschichtswissenschaft nicht länger an der islamischen Geschichte vorbeigehen können. In meiner Geschichte der islamisch-christlichen Beziehungen habe ich gezeigt, daß die Muslime durch *Djihad*-Krieg im 7. und 8. Jahrhundert vom Südwesten und im 14. bis 17. Jahrhundert vom Südosten nach Europa eindrangen.[62] In unserer Zeit kommen die Muslime als *Muhadjirun* (was sich von *Hidjra*, der Migration des Propheten 622 von Mekka nach Medina, ableitet) und manche unter ihnen

---

59 Zu den Taliban-Kriegern WILLIAM MALEY (Hg.), Fundamentalism Reborn? Afghanistan and the Taliban, New York 1998, zur Lage in Afghanistan im Dauer-*Djihad*-Krieg BARNETT R. RUBIN, The Fragmentation of Afghanistan, New Haven 1995.
60 Hierzu VARTAN GREGORIAN, The Emergence of Modern Afghanistan, Stanford 1969.
61 JOHN K. COOLEY, Unholy Wars. Afghanistan, America and International Terrorism, London 1999, S. 29-45.
62 Vgl. Anm. 14, dort Kapitel 1 und 4.

begreifen ihre *Hidjra* als eine Form des *Djihad*.[63] Im Interesse des Friedens muß der Dialog zwischen den Zivilisationen den *Djihad* ersetzen und hierfür ist die geschichtswissenschaftliche Aufarbeitung von Krieg und Ethnizität im Islam eine unerläßliche Vorarbeit.

## Summary

In order to arrive at a more complete understanding of what the history of war involves, it is worth while to compare different concepts of war and their implications in different cultures. This essay explores the concept of *Djihad* and related concepts of war in the course of the expansion of Islam. This is of particular relevance for medieval warfare, as the Crusades played a central role in European history. The theory of Islamic warfare is rather complex and knows a great variety of different types of war which are analysed in relation to the concrete historical situation from which they originated. It emerges that the nature of the enemy as well as his ethnic origin are important aspects of Islamic warfare. War against Non-Muslims is either *Djihad* or *Futuhat* and it serves only one purpose: the expansion of Islam, whereas war among Muslims is known as *Riddah* and *Fitna*, depending on whether the opponent is regarded as an apostate, or a sectarian. Thus, the complexity of both the theory and practice of Islamic warfare cannot be reduced to the one concept of *Djihad*. Attention is also drawn to current interpretations of *Djihad* in the Islamic world. *Djihad* has as its goal the expansion of Islam but it can take two forms, termed the greater or lesser *Djihad* (i. e. armed fight/war or non-violent, spiritual or intellectual struggle). According to Fundamentalist interpretations, *Djihad* can take the form of an ‚irregular' war against existing national states as well as terrorism. This is seen by the author as a symptom of crisis and interpreted as a return to medieval forms of warfare in contrast to modern warfare among national states with its rules and conventions.

## Compte rendu

Pour arriver à une compréhension plus complète de ce qui est l'objet de l'histoire de la guerre, une comparaison des différentes conceptions de guerre et de leurs implications dans des cultures distinctes est un procédé profitable. Cette contribution explore la notion de *djihad* et d'autres conceptions de guerre relatives utilisées au cours de l'expansion musulmane. Comme les croisades jouaient un rôle central dans l'histoire de l'Europe, cet aspect est d'un intérêt particulier pour une analyse de la belligérance médiévale. La théorie de la guerre islamique est plutôt complexe, et elle connaît une large variété de différents types de guerre, lesquels sont analysés par l'auteur par une mise en relation aux situations historiques concrètes dont ils sont issus. L'auteur montre que la nature de l'ennemi et l'origine ethnique de celui-ci constituent des aspects importants pour la guerre islamique. Le conflit armé avec les non-musulmans est qualifié de *djihad* et de *futuhad*, dont le seul objectif est l'expansion de l'Islam; tandis que la guerre entre des Islamiques, qu'il s'agisse de l'adversaire soit d'un apostat soit d'un hérétique, est nommée *riddah* ou *fitna*. Il s'en suit donc que la complexité des théories et des pratiques de l'art de la guerre musulmane ne peut pas être réduite à la seule conception de *djihad*. L'auteur attire aussi l'attention sur les interprétations actuelles de *djihad* dans le monde islamique. C'est le but de l'expansion de l'Islam que poursuit le *djihad*, mais il faut *repartir* ce dernier dans les deux modes de *djihad* majeur (c'est-à-dire: combat armé) et de *djihad* mineur (conflit non-violent, combat spirituel ou intellectuel). D'après les interprétations fondamentalistes, le *djihad* peut prendre la

---

63 Vgl. die Kapitel des 3. Teils "Muhadjirun oder Citoyens?", in B. TIBI, Europa ohne Identität? (wie Anm. 2).

forme d'une lutte 'irrégulière' contre des États-nations ou des terroristes. Cette vue de *djihad* est considérée par l'auteur comme un symptôme de crise et tenue pour un retour aux manières médiévaux de mener la guerre qui s'oppose à la belligérance moderne entre les États-nations ainsi qu'aux règles et aux conventions correspondantes.

# Rémi Brague

# Der Dschihad der Philosophen

## I. Zur Einführung

Das Thema des Dschihad ist Mode geworden. Das Wort erweckt dunkle Assoziationen. Durch seine Anwesenheit im Titel soll ein Buch zu einem Knüller werden. Solche Erscheinungen gehören dem Bereich der Psychopathologie an. Folglich will ich darüber kein Wort verlieren. Dagegen will ich mich auf die geschichtlich belegbare Wirklichkeit beschränken. Ebensowenig will ich auch auf den realen Verlauf der islamischen Geschichte eingehen, sondern lediglich seine Widerspiegelung im Werk der islamischen Philosophen behandeln.

Nun sind die Philosophen nicht die einzigen im Islam, für die der Dschihad zum Gegenstand der Reflexion wurde. Eine sachgerechte Behandlung des Themas würde zu einem Vergleich zwischen den Philosophen und den anderen denkerischen Richtungen im Islam führen, was hier dahingestellt bleiben muß. Das kann ich mir um so leichter ersparen, da wir jetzt über die Vielfalt der Fragen, die mit dem Dschihad zusammenhängen, eine maßgebende Synthese besitzen. Sie ist meinem zu früh verstorbenen Mitbürger Alfred Morabia zu verdanken.[1] Sein umfangreiches Buch behandelt aber vorwiegend das islamische Recht und läßt die Philosophen außer acht. Das geschieht nicht von ungefähr, da die Philosophen im Rahmen der islamischen Kultur nie mehr als eine Stelle am Rand eingenommen haben.

Auch das Thema des Verhältnisses der Philosophen zum Dschihad ist schon behandelt worden, und zwar von Joel Kraemer, einem Gelehrten aus Amerika, der lange in Israel doziert hat.[2] Kraemers ausgezeichnetem Aufsatz verdanke ich viele Texte und Ideen. Es scheint mir dennoch legitim, das Thema noch einmal in den Blick zu nehmen. Kraemers Titel zum Trotz rückt bei ihm das Thema des Dschihad kaum ins Zentrum. Er zeigt, daß die Philosophen, anstatt im Sog der islamischen Theologie zu bleiben, ihren eigenen Weg gehen, eine These, die mich überzeugt. Dabei wird das Beispiel des Kriegs nur nebenbei gestreift. Dazu kommt, daß nur Farabi systematisch behandelt wird. Das rechtfertigt eine erneute Annäherung an das Thema.

---

1   ALFRED MORABIA, Le Ǧihād dans l'Islam médiéval. Le "combat sacré" des origines au XII$^e$ siècle, Paris 1993; über die Philosophen vgl. S. 106, 321 (Farabi), 312 ("Lauteren Brüder").

2   JOEL L. KRAEMER, The Jihæd of the Falæsifa, in: Jerusalem Studies in Arabic and Islam X 1987, 288-324.

## II. Eine Antinomie: Milde oder Strenge der Philosophen

### 1. Milde des idealtypischen Philosophen?

Als Ausgangspunkt habe ich eine Antinomie gewählt. Im 11. Jahrhundert inszeniert der jüdische Dichter und Apologet Jehuda Halevi ein Gespräch zwischen dem König der Khazaren und Vertretern verschiedener Denkschulen: es kommen Anhänger der drei monotheistischen Religionen und auch ein Philosoph zu Wort. Diesem bloß ideal-typischen Charakter legt Halevi eine Zusammenfassung der damaligen *falsafa* in den Mund. Die *falsafa* deckt sich mit unserer "Philosophie" nicht völlig. Unter "Philosophie" verstehen wir v. a. ein Programm, ein Streben nach der Wahrheit, die nur durch ungehindertes Suchen ermöglicht wird. Dagegen bezeichnet *falsafa* eher ein System vorhandener Wahrheiten. Diese befinden sich vorwiegend im Werk des Aristoteles und dessen Kommentatoren und Fortführern in der griechischen Kultur, wie Alexander von Aphrodisias oder Themistius, und auch bei den Arabern, wie al-Farabi, Avicenna oder Ibn Bāǧǧa, einem Zeit- und Landesgenossen des Halevi.

Im Laufe des Gesprächs mit dem "Philosophen" erwähnt der König die Tatsache, daß die wichtigsten zwei Religionen, d. h. Christentum und Islam, gegeneinander kämpfen. Da bemerkt der Philosoph: "In der Religion der Philosophen gibt es die Tötung eines jeglichen aus diesen <Leuten> nicht. Sie (die Philosophen) richten sich nämlich nach dem Intellekt (ya'ummūna 'l-'aqla)".[3] Man darf fragen, wo Halevi diese sonderbare Lehre her hat, die er seinem erdichteten Philosophen in den Mund legt.

### 2. Strenge der wirklichen Philosophen

Das war aber nur das eine. Das zweite ist, daß wirkliche Philosophen den Andersdenkenden gegenüber nicht gerade zimperlich sind. Lesen wir z. B. einen Passus aus Averroes Widerlegung des Ghazâli: nur die Ketzer (zanādiqa) im Islam verneinen die Wunder Abrahams. Die Weisen unter den Philosophen erlauben sich nicht, über die Prinzipien der religiösen Gesetze (šarā'i') zu sprechen. Wer das tut, verdient eine strenge Züchtigung. Averroes gibt den Grund an: man darf die Prinzipien der Künste nicht bestreiten, sondern muß sie akzeptieren. Das ist gut aristotelisch. Erst recht nicht, fährt er fort, diejenigen der praktischen Kunst der

---

3   Judah Ha-Levi, The Book of Refutation and Proof of the Despised Faith [Arabisch], I, ed. DAVID H. BANETH/HAGGAI BEN SHAMMAI, Jerusalem 1977; I, 3, S. 6, 9-10; klassische Kommentare z. St. (Moscato, Zamoscz) in hebr., Sefer ha-Kuzari, ed. I. GOLDMANN, Warschau, Bd. 1, S. 43. Eine ausgezeichnete frz. Übers. liegt jetzt vor: Juda Hallevi, Le Kuzari. Apologie de la religion méprisée, hg. von CHARLES TOUATI, Löwen/Paris 1994, S. 5.

religiösen Gesetzgebung (sinā'a 'amaliyya šar'iyya). Sich nach den vom Gesetz vorgeschriebenen Tugenden zu richten ist notwendig, nicht für das Dasein des Menschen als solchen, sondern insofern der Mensch weise ist. Deswegen ist jeder Mensch dazu verpflichtet, die Prinzipien des Gesetzes anzunehmen und sich ihnen zu unterwerfen, ferner den Gesetzgeber zu achten. Den Anordnungen des Gesetzes trotzen oder sich gegen sie auflehnen heißt, das Dasein des Menschen vernichten. Folglich soll man die Ketzer töten.[4]

Averroes bejaht rückhaltlos die Tötung der Dissidenten. Vor einigen Jahrhunderten galt Averroes als ein Zerrbild des Unglaubens, als der Verfasser des berüchtigten, aber damals wahrscheinlich eher erdichteten *Buchs der Drei Betrüger*. Heutzutage wird er als der Vorläufer der einzigen Tugend, die uns "Aufgeklärten" übrigbleibt, d. h. der "Toleranz", gepriesen. Beides ist falsch. Mein Mitbürger Dominique Urvoy drückt das Paradox sehr pointiert aus. In seiner im letzten Jahre veröffentlichten Biographie des Averroes schreibt er, Ibn Ruschd hätte seinen Fast-Namensgenossen Salman Rushdie verurteilt, ja verurteilen müssen.[5] Es ist aber sehr die Frage, ob er das als Richter oder als Philosoph tun würde. Als pflichtbewußter Richter muß er sowieso das Gesetz anwenden. Nun schreibt Averroes diesen Satz über die Tötung der Ketzer in einem Werk, in dem er sich gar nicht mit Rechtsfragen befaßt, sondern das durchaus philosophischer Natur ist.

Die Frage, die dabei gestellt wird, ist diejenige, die Karl Popper schon vor einigen Jahren im Falle Platons und Hegels stellte: Warum gibt es zwischen Philosophie - oder wenigstens gewissen Philosophien - und Tyrannei ein zwielichtiges Verhältnis? Warum sind wichtige Philosophen der "offenen Gesellschaft" gegenüber feindlich gesinnt?[6]

Hier will ich diese Frage im Hintergrund lassen. Ich will nur drei Philosophen nach ihrem Verhältnis zum Krieg befragen. Die drei Philosophen, die sich hier zu Wort melden werden, sind al-Farabi, Avicenna und Averroes. Außer ihrem Bekenntnis zum Islam und zur aristotelischen Philosophie haben sie wenigstens einen gemeinsamen Punkt. Für die drei ist der Dschihad nicht nur ein gedankliches Konstrukt, sondern alltägliche Wirklichkeit. Für Farabi und Averroes war der Krieg gegen die Christen gerichtet. Farabi lebte im 9. Jahrhundert im Irak und später in Syrien. Dort war der Feind das byzantinische Reich. Der oberste militärische Befehlshaber der Frontgegend, Sayf ad-Dawla, war auch Farabis Gönner. Averroes lebte in Spanien, d. h. im fernen Westen des islamischen Reiches, am Ende des 12. Jahrhunderts. Das islamische Spanien - das sogenannte al-Andalus - stand unter dem Druck der christlichen Königtümer des Nordens, die am islamisierten Gebiet "nagten". Erst einige Jahre nach Averroes Tode, im Jahre 1212, fand die entschei-

---

4   Averroes, Tahafut at-Tahafut, XVII, 17, ed. MAURICE BOUYGES, Beirut ²1987, 527, 11; engl. Übers. von SIMON VAN DEN BERGH, London 1954, 322.
5   DOMINIQUE URVOY, Averroès. Les ambitions d'un intellectuel musulman, Paris 1998, 146.
6   KARL POPPER, Die offene Gesellschaft und ihre Feinde, dt. Übers., Tübingen 1992.

dende Schlacht zu Las Navas de Tolosa statt. Der Sieg der Christen war eine Wasserscheide. Der frühere Avicenna lebte in einem Zeitalter, dem Anfang des 11. Jahrhunderts, und in einer Gegend, Persien, in der ein gegen die "Heiden" gerichteter Dschihad wieder zu einer Wirklichkeit geworden war. Mahmud von Ghazna hatte 1020 den indischen Pandschab im Namen des sunnitischen Islam angegriffen und verwüstet.

Nachdem ich den Rahmen hergestellt habe, will ich jetzt die drei Zeugen befragen, und zwar in chronologischer Ordnung.

## III. Al-Farabi

### 1. Der ideale Staatsmann als Krieger

Farabi[7] erwähnt das Militärische in vielen Zusammenhängen. Das tut er vor allem, und das ist nicht verwunderlich, in den politisch-philosophischen Werken, in denen er versucht, einen vortrefflichen Staat zu entwerfen. Die Fähigkeit zum Kampf gehört zu den notwendigen Qualitäten, die zur Leitung dieses Staats befähigen, egal ob diese Qualitäten bei einem einzelnen zu finden sind, oder unter vielen verstreut sind - man denke etwa an ein Komitee, unter dessen Mitgliedern sich auch ein Verteidigungsminister befindet. Er charakterisiert den tapferen Kämpfer.[8] Es mag sein, daß der erste Leiter seine Gesetzgebung nicht hat vollenden können, aus Zeitmangel. Unter den Ursachen dieser Eile nennt Farabi nur ein Beispiel, die Kriege.[9] Die Kriegsführung erscheint also einerseits als ein Hindernis, aber zugleich auch als eine notwendige Tätigkeit des ersten Leiters. Zwei Texte verdienen eine ausführlichere Behandlung.

### 2. Der gerechte Krieg

In einer Sammlung von Aphorismen, die er aus den Werken der Alten exzerpiert haben will, stellt Farabi eine Liste derjenigen Gründe auf, die einen Krieg rechtfertigen können.[10] Er führt sieben Gründe an:
1) Am Anfang steht die Verteidigung gegen einen Feind, der den Staat von außen

---

7   Über Farabis Auffassung vom Krieg, vgl. CHARLES BUTTERWORTH, Al-Fârâbî's Statecraft: War and the Well-Ordered Regime, in: JAMES T. JOHNSON u. JOHN KELSAY (Hg.), Cross, Crescent and Sword: The Justification and Limitation of War in Western and Islamic Tradition, New York et al. 1991, 79-100.
8   Al-Farabi, Fusūl muntaza'a, ed. FAUZI MITRI NAJJAR, Beirut 1971, § 59, S. 66; ebd., § 79, S. 85.
9   Al-Farabi, Kitāb al-Milla, ed. MUHSIN MAHDI, Beirut 1968, § 7, S. 48, 10.
10  Al-Farabi, Fusūl, § 67, S. 76-77.

her angreift (76, 12). Bisher kann man nichts aussetzen.
2) Gleich danach kommt aber Zweifelhafteres: man darf einen Krieg führen, um ein Gutes zu erwerben, das der Staat verdient zu bekommen, das aber im Besitz von anderen liegt (76, 13). Das heißt auf gut Deutsch: Raubkrieg und Plünderung.
3) Der dritte Fall ist: um Leute zu zwingen, das anzunehmen, was für sie besser und heilsamer ist, wenn sie es nicht spontan anerkennen und wenn sie sich nicht von jemandem leiten lassen, der dieses Gute kennt und es ihnen vermittelt hat (76, 13-16). Das entspricht mehr oder weniger dem französischen Begriff der "mission civilisatrice". Farabi betont nämlich ausdrücklich: der Zweck ist das Gute der Besiegten, nicht der Sieger.
4) Der vierte Fall ist die Bekämpfung derjenigen Leute, für die es besser ist zu dienen, obwohl sie das Joch des Sklaventums ablehnen (77, 1-2).
Die weiteren Fälle sind Kombinationen der ersten vier.
5) Der fünfte Fall ist die Bekämpfung einer Gruppe, die sich weigert, ein Gutes zurückzugeben, das die Bürger des Staats rechtweise bekommen sollten (77, 2-5). Er unterscheidet sich vom zweiten durch die Dimension der Gerechtigkeit.
6) Im sechsten Fall dient der Krieg dazu, Missetäter so zu bestrafen, daß sie ihre Missetaten nicht wiederholen können, und damit andere, die den Staat hätten angreifen wollen, eingeschüchtert werden (77, 5-7). Er besteht aus den ersten vier Fällen zugleich.
7) Der siebte Fall ist die völlige Vernichtung und Ausrottung derjenigen Leute, deren Fortexistenz dem Staat schaden könnte (77, 7-9). Auch diese gereicht dem tugendhaften Staat zum Guten, gehört somit der ersten Klasse an.
In seinem *Musterstaat* verwirft Farabi aber eine Ansicht, nach der das oberste Ziel des Staats das Besiegen und die Ausbeutung der übrigen Staaten sei.[11] Die Quelle des Passus, falls es eine gibt, ist schwer zu finden. Man denkt etwa an die Kritik des militärischen Ideals von Sparta, die am Anfang der Platonschen *Gesetze* zu lesen ist, eines Werks, von dem Farabi eine Zusammenfassung verfaßt hat.[12] Kein Wunder, daß er die praktischen Folgen einer so grausamen Haltung ebenso entschieden verwirft. Ein Krieg, der nur dazu dienen würde, die Machtgier oder die Ehrsucht eines tyrannischen Herrschers zu befriedigen, ist auf keinen Fall erlaubt.

## 3. Krieg als Pädagogik

Der längste Text über den Krieg befindet sich in einem Werk, das Farabi *Die Er-*

---

11 Al-Farabi, Kitāb mabādi' Ārā' ahl- al-madīna al-fādila, ed. RICHARD WALZER, Oxford 1985, Kap. 18, 286-290.
12 THÉRÈSE-ANNE DRUART, Le sommaire du livre des "Lois" de Platon [...] par Abū Nasr al- Fārābī. Édition critique et introduction, in: BEO L 1998, 109-155; vgl. insbes. S. 126.

*langung der Seligkeit* betitelt hat.[13] Die praktischen Tugenden, die zur Seligkeit führen, werden durch Übung erworben, indem man die entsprechenden Handlungen wiederholt. Das geschieht durch zwei Mittel. Das erste ist die Überredung: man benutzt u. a. Reden, die die Leidenschaften erregen. Sie bewirken eine willkürliche Unterwerfung (taw'an; S. 168, 3). Das zweite Mittel ist der Zwang (ikrāh).[14] Der Zwang ist für jeden angemessen, der sich weder spontan noch durch Belehrung anspornen läßt, das Richtige (sawāb) anzunehmen. Und ebenso für jeden, der sich weigert, sein Wissen in den spekulativen Wissenschaften mitzuteilen.[15]

Es muß zwei Gruppen von Leuten geben: die eine benutzt die zuständigen Fachleute zur Belehrung derjenigen, die freiwillig lernen; die zweite, zur Belehrung derjenigen, die nur wider Willen erzogen werden. Genauso verfahren die Familienväter und die Schulmeister. Der König ist der Erzieher der Völker. Unter den Mitteln der Erziehung ragt die militärische Kunst (mihna harbiyya) hervor.[16] Sie dient dazu, die Nationen und die Staaten zu besiegen, die sich nicht unterwerfen, um das zu tun, womit man die Seligkeit erreicht, die das Endziel ist, um dessentwillen der Mensch entstand.[17]

Die idealen Leiter des Staats sollten über beide Fähigkeiten verfügen, damit sie ihre Mitbürger sowohl durch Überredung als auch durch Zwang erziehen können. Falls sich dieser Weg als unmöglich erweist, heißt es, sich ein System auszudenken, durch das jede Gruppe von Bürgern von einer entsprechenden Gruppe von Beamten belehrt würde.[18] Man kann nicht umhin, von der Ähnlichkeit frappiert zu sein, die zwischen Farabis Skizze und unseren Erfahrungen mit dem totalitären Staat bestehen, in dem jeder jeden überwacht, und jeder jedem die offizielle Ideologie eintrichtert.

Farabi benutzt genau das Wort, das im Qur'an zu lesen ist, in einem jetzt vielzitierten - und mißdeuteten - Passus, in dem es heißt: "In der Religion gibt es keinen Zwang".[19] Nach Farabi äußert sich dieser Zwang als Krieg. Im idealen Staat soll es auch Krieger geben, genauso wie im Platonschen. Es besteht aber ein wesentlicher Unterschied zwischen der Kallipolis und dem vortrefflichen Staat nach Farabi: die Platonschen Krieger sind eine Herrscherkaste, sie verteidigen aber

---

13 Al-Fārābī, Kitæb Tahsīl as-Sa'āda, in: Al-A'māl al-Falsafiyya, 1. Bd. [einzig erschienen], Hg. Ğ. AL-YĀ SIN, Beirut 1992, 119-197; engl. Übers.: The Attainment of Happiness, in: MUHSIN MAHDI (Hg.), Alfarabi's Philosophy of Plato and Aristotle, Ithaca ²1969, 13-50.
14 Al-Farabi, Tahsīl, § 47, S. 168, 5; M. MAHDI, 36.
15 Al-Farabi, Tahsīl, § 47, S. 168, 7f. - Übers. nach M. MAHDI, 36. Die Idee erinnert an Platons Staat, weist aber auch auf Condorcets Begriff des "Priesters" in seiner Equisse d'un tableau historique des progrès de l'esprit humain (1794) voraus.
16 Al-Farabi, Tahsīl, § 48, S. 170, 2. - Lesart von M. MAHDI, vgl. 154.
17 Al-Farabi, Tahsīl, § 48, S. 170, 4f.; M. MAHDI, 37.
18 Al-Farabi, Tahsīl, § 52, S. 176f.; M. MAHDI, 40-41. J. L. KRAEMER benutzt das Adjektiv "totalitarian", a. a. O., 304.
19 Qur'an, II, 256; zur Deutung vgl. RUDI PARET, Islam XLV 1969, 299-300.

nur den Staat gegen mögliche Angriffe von außen. Nach Farabi ist die Pädagogik ebensosehr nach außen wie nach innen gerichtet. Von einem eigentlichen Religionskrieg ist nicht die Rede. Was auch durch Zwang erreicht werden soll, ist nicht Unterwerfung (arabisch: Islam) von Menschen, sondern Vermittlung von Wissen.

# IV. Avicenna

## 1. "Unrecht Gut gedeihet nicht"

In seiner großangelegten "Enzyklopädie der philosophischen Wissenschaften", dem *Buch der Genesung*, arabisch *schifa*, widmet Avicenna einige Seiten der politischen Theorie. Das tut er im Rahmen seiner Metaphysik, und zwar am Ende. Dort lesen wir einen Passus über den Krieg.[20] Der Leiter der idealen Gesellschaft wendet sich gegen die Feinde und diejenigen, die sich gegen die *sunna* auflehnen. Die *sunna*, der gegenüber der Leiter sich verpflichtet fühlt, fordert die Bekämpfung, ja Vernichtung (ifnā') ihrer Feinde; diese darf aber erst dann geschehen, nachdem die Feinde zur Wahrheit berufen worden sind. Ihr Vermögen und ihre Frauen (wörtlich: ihre Schöße) sind dabei zur freien Beute erklärt. Avicenna gibt den Grund an: diese Güter sind nicht regiert, wie der vortreffliche Staat es bestimmt; folglich gereichen sie ihren Besitzern nicht zum Guten, ja sie führen zum Verderb und zum Bösen. "Unrecht Gut gedeihet nicht" heißt: wer nicht dem vortrefflichen Staat (madīna fādila) angehört, der ist nicht der legitime Besitzer seiner eigenen Güter (453, 2-5). Dadurch wird der Raub legitimiert.

Die Menschen brauchen Diener. Mögliche Diener müssen dazu gezwungen werden, den Leuten des gerechten Staates (madīna 'ādila) zu dienen. Das gilt auch von denjenigen unter den Menschen, die die Tugend kaum erwerben können. Als Beispiel führt Avicenna die damals ganz im Norden als Nomaden lebenden Türken sowie die Neger an, und ganz allgemein die Bewohner der ungünstigen Klimazonen. Nur die edlen Klimata bringen Völker hervor, deren Temperament ausgeglichen ist und deren Gemüter gesund sind (453, 6-9). Das erlaubt, die Sklaverei zu legitimieren.

## 2. Absolutheitsanspruch

Ein langer Absatz nimmt kompliziertere Verhältnisse in den Blick. Wenn ein anderer Staat lobenswerte Bräuche (sunna) hat, darf der Leiter des vortrefflichen Staats diesen anderen Staat nicht sofort angreifen. Das darf er erst, wenn es an der Zeit ist

---

20 Avicenna, Šifā', Metaphysik, X, 5, ed. GEORGES C. ANAWATI, Kairo 1960, 453, 2-454, 1; engl. Übers. RALPH LERNER/MUHSIN MAHDI, Medieval Political Philosophy. A Sourcebook, Ithaca ²1972, 108-109; die frz. Übers. von G. C. ANAWATI, Paris 1985, ist kaum verständlich.

zu verkünden, daß nur das geoffenbarte Gesetz (sunna nāzila) gilt. Wenn aber die Völker, denen dieses Gesetz angeboten wird, sich in ihrem Irrtum verstricken (d. h. es ablehnen), dann ist es nötig, ihnen dieses Gesetz aufzuzwingen. Die völlige Inkraftsetzung dieses Gesetzes kann folglich die Inanspruchname der ganzen Welt voraussetzen (453, 10-14). Warum?

Stellen wir uns vor, daß die Bürger eines Staats, der einen einwandfreien Lebenswandel (ahlu madīnatin hasanati 's-sīra) führt, dieses neue Gesetz als gut und lobenswert anerkennen, ja zugestehen, daß die Annahme dieses Gesetzes verdorbenen Staaten zur Besserung ihres Zustands verhilft. Nehmen wir ferner an, daß sie erklären, sie seien nicht dazu verpflichtet, dieses Gesetz anzuwenden, unter dem Vorwand, daß dessen Stifter unrecht hatte, es als allgemeingültig zu betrachten. Dieser Fall wäre für das Gesetz eine Gefahr - Avicenna sagt: eine Schwachheit (wahn), eine Blöße. Die Gegner des Gesetzes, die innerhalb des Staates leben, könnten geltend machen, daß andere sich schon geweigert haben, sich diesem Gesetz zu unterwerfen.

Das erklärt, warum das Gesetz einen Drang zur Ausbreitung hat, der tendenziell nur von der Eroberung der ganzen Erde gestillt werden kann. Die Frage ist nicht, ob der andere Staat gut regiert ist. Avicenna geht nämlich von der Annahme aus, daß dessen Bewohner moralisch tadellos leben. Die bloße Tatsache, daß es Andersgläubige - oder, besser gesagt, anderen Staaten Angehörende - gibt, ist aber unerträglich.

Trotzdem soll der Kampf gegen diesen anderen Staat nicht so geführt werden wie derjenige gegen die Irrenden schlechthin. Der Kampf ist pädagogischer Natur, er stellt eine Züchtigung dar ('addaba; S. 453, 17). Der andere Staat darf auch wählen, ein Lösegeld zu zahlen, als Kompensation für seine Hartnäckigkeit. Denn es steht fest, daß er unter die Verneiner zu zählen ist: Wie könnte es anders sein, da er sich doch weigert, der gottgegebenen Wegweisung (šarī'a) zu gehorchen? (453, 19).

## 3. Doppeldeutigkeit

Es ist ziemlich schwierig, sich gegen den Eindruck zu wehren, daß Avicenna in der Tat die islamische Praxis des heiligen Kriegs beschreibt. Tut er nur so, als deduziere er diese Praxis aus höheren Prinzipien, wobei die Philosophie nur dazu dienen würde, dem tatsächlichen Islam einen Anstrich von philosophischer Respektabilität zu verleihen? Dieselbe Frage taucht beim Lesen des ganzen Kapitels über die Politik auf. Ab und zu gewinnt man den Eindruck, daß Avicenna sich damit begnügt, den real existierenden Islam verblümt zu umschreiben, wobei er den technischen Wortschatz vermeidet oder mit Periphrasen ersetzt; die Anordnungen des Gesetzes sind aber alle vorhanden, wie z. B. der Schleier für die Frauen (Kap. 4, S. 450). Auf der anderen Seite gibt es auch Passagen, in denen Avicenna Bestimmungen voraussetzt, die mit dem Islam kaum zu tun haben, sehr wohl dagegen mit Platons Staat, wie z. B. dort, wo er, gleich am Anfang, den Staat in drei Schichten einteilt: Leiter, Handwerker, Hüter (Kap. 4, S. 447, 5). Avicennas ganzes Unternehmen ist zweideutig: z. B. kann man seine Beschreibung des vortrefflichen Menschen als ein Porträt des Propheten deuten, aber ebensosehr als Avicennas Selbstbildnis. So hat es wenigstens sein unmittelbarer Jünger Bahmanyar verstanden.[21]

Haben wir es hier mit einer bombastischen Beschreibung des Dschihad zu tun, mit einer langen Besprechung des Sonderfalls der Gemeinden des Buchs (ahl al-kitāb)? Wie dem auch sei, Elemente des Avicennischen Berichts entsprechen Theorien, die auch bei den islamischen Theoretikern des Dschihads zu lesen sind. Nur ein Beispiel: Die Idee, nach der die Güter der anderen Gemeinden im Grunde einen unrechtmäßigen Besitz darstellen, kann man auch bei anderen Theoretikern finden, wie u. a. - *strange bed-fellows* - bei Ibn Taymiyya, der doch Avicenna unerbittlich angreift.[22]

## V. Averroes

### 1. Dschihad und Billigkeit

Als Rechtsgelehrter behandelt Averroes den heiligen Krieg ausdrücklich in seinem juristischen Handbuch.[23] Als pflichtbewußter Muslim und angesehener Gemeindeleiter hat er ihn auch bejaht. Sein Biograph Al-Ansārī al-Marrākušī, der sich auf das Zeugnis eines unmittelbaren Schülers, Abū l-Qāsim b. at-Taylisān (1179-1244), beruft, berichtet darüber, daß Averroes in einer in der Großen Moschee zu Cordoba gehaltenen Predigt zum heiligen Krieg gegen die christlichen Königtümer des Nordens aufgerufen hat.[24]

Auch als Philosoph behandelt Averroes den heiligen Krieg. Er widmet ihm einen kurzen Passus seines Kommentars zum fünften Buch der *Nikomachischen Ethik* des Aristoteles.[25] Es handelt sich um eine Digression in Kapitel X (14) über die Billig-

---

21 Vgl. Bahmanyār al-Mirzabān, al-Taḥṣīl, III, ii, 4, § 12, ed. MURTADA MUTAHHARI, Tehran 1975, 817, zitiert in JAMES W. MORRIS, The Philosopher-Prophet in Avicenna's Political Philosophy, in: CHARLES E. BUTTERWORTH (Hg.), The Political Aspects of Islamic Philosophy. Essays in Honor of Muhsin S. MAHDI, Cambridge (Mass.) 1992, 185-186.
22 Vgl. A. MORABIA, Ǧihæd, 237f., 246 (Ibn Taymiyya); über eine ähnliche Problemstellung vgl. etwa Thomas von Aquin, Summa Theologica, IIa IIae, q. 10.
23 Jihad in Medieval and Modern Islam. The Chapter on Jihad from Averroes' Bidāyat al-Mudjtahid [...], ed. RUDOLPH PETER, Leiden 1977, 9-25.
24 Vgl. J. PUIG, Materials on Averroes's Circle, in: JNES LI 1992, 257.
25 Averroes, Kommentar zur Nikomachischen Ethik, V [10, 1137b], lat.: Juntas, Venedig 1552, Bd. 3, fol. 39b$^v$; hebräisch jetzt in: Averroes' Middle Commentary On Aristotele's Nicomachean

keit (επιεικεια). Nach Aristoteles ist die Billigkeit eine Verbesserung des Gesetzes. Das Gesetz muß verbessert werden, wenn es sich als zu allgemein erweist; dessen Verbesserung soll aber dadurch geschehen, daß man sich fragt, worauf der Gesetzgeber eigentlich hinauswollte, folglich, was er in diesem oder jenem konkreten Fall gesagt hätte. Der Grund, warum nicht alles von einem Gesetz geregelt wird, ist einfach: in gewissen Fällen ist es unmöglich, ein Gesetz zu erlassen, und daher muß man einen Sonderbeschluß fassen.[26] Daran knüpft Averroes an. Die Gesetze über den Dschihad, sagt er, seien ein glänzendes Beispiel davon. Im Gesetz ist der Befehl allgemein, die Gegner (mī še-hōleq 'immam; *qui diversi sunt ab eis*) völlig auszurotten. Es gibt aber doch Zeiten, in denen der Frieden wünschenswerter ist als der Krieg. Nun bildet sich die breite Masse unter den Moslems ein, dieses Prinzip sei allgemein pflichtmäßig, auch wenn die Ausrottung der Gegner unmöglich ist. Das führt zu großem Schaden. Das tun sie, weil sie die Intention des Gesetzgebers verkennen.

Dabei bezweifelt Averroes keineswegs die Gültigkeit des Prinzips. Nur seine Anwendung muß einem anderen Prinzip weichen, und zwar dem langfristigen Wohl der islamischen Gemeinde. Sollte dieses wegen der strikten Anwendung des Gesetzes gefährdet werden, dann ist dessen Anwendung einzustellen oder zu beschränken. Das letzte Ziel ist das Wohl des Islam; an und für sich ist der Vernichtungskrieg ein vollkommen legitimes Mittel dazu.

Der Krieg im allgemeinen kommt vor allem zur Sprache in Averroes' *Paraphrase der Republik Platons*.[27] Seine Hauptabsicht ist aber immer, Platon zu verstehen und für seine Anliegen fruchtbar zu machen. Hier will ich zwei Passagen unter die Lupe nehmen.

## 2. Der Krieg als Weg zu Gott

Ein langer Passus bespricht ausführlich die Tugend der Tapferkeit.[28] Averroes knüpft an Farabis Lehre an, und zwar an die Fassung, die sie in einem schon untersuchten Passus hat. Genauso wie sein Vorgänger unterscheidet Averroes zwei

---

Ethics in the Hebrew version of Samuel ben Judah. Critical edition with an introduction, notes and a glossary by LAWRENCE V. BERMAN, Jerusalem 1999, Buch V, Z. 527-532, S. 199-200. Die Arabische Vorlage der zwei Übersetzungen ist verschollen.

26  Aristoteles, Nikomachische Ethik, V, x (14), 1137b27-29; Arab. in: Aristū, al-Ahlāq, ed. A. R. BĀDĀWI, Kuwait 1979, 203, 16-18. Das griechische Wort ψηφισμα wird durch das arabische isdār marsūmin hāssin, "Erlaß einer besonderen Regelung", ganz treffend wiedergegeben.

27  Averroes' Commentary of Plato's Republic, ed. ERWIN I. J. ROSENTHAL, Cambridge 1969; engl. Übers.: Averroes On Plato's Republic, Hg. RALPH LERNER, Ithaca/London 1974; dt. Übers. und Komm.: Kommentar des Averroes zu Platons Politeia, Hg. SIMON LAUER/ERWIN ROSENTHAL, Zürich 1996 [non vidi].

28  Averroes, Republic, I, vii-viii, S. 25-27/118.

Methoden der Unterweisung. Die zweite Methode ist Zwang. Der Krieg ist eine Gattung dieser Art. In diesem Zusammenhang schreibt Averroes: "Die Nationen von außen müssen bezwungen werden. Im Fall der schwierigen Nationen kann das nur durch den Krieg geschehen. So ist es bei den Gesetzen, die gemäß den menschlichen Gesetzen vorgehen, wie bei unserem Gesetz, dem göttlichen. Die Wege, die in diesem Gesetz zu Gott [...] führen, sind nämlich zwei: der erstere ist durch die Rede, der zweite durch den Krieg".[29]

Wir lesen mit Staunen: der Krieg ist ein Weg zu Gott. Der Ausdruck bedarf einer Erläuterung. Er erinnert zunächst an die Sprache des Qur'ans. Dieser kennt einen "Weg Gottes", der militärisch zu deuten ist: Muhammads Anhänger kämpfen, setzen ihr Leben und ihre Habe aufs Spiel, ja werden getötet "auf dem Weg Gottes" (fī sabīli 'Llah)".[30] Die Wendung mag einfach "um Gottes willen" bedeuten.

Dieser Weg führt aber auch zum Menschen. Averroes spricht von "Gesetzen, die gemäß den menschlichen Gesetzen vorgehen". Mit "menschlichem Gesetz" meint er wahrscheinlich diejenigen, die sich nach der menschlichen Natur richten, insofern diese Natur von der Philosophie erkannt wird. "Menschlich" bedeutet in diesem Zusammenhang "gut", und zwar nicht im heutigen Sinne von einer menschlichen Behandlung etwa der Tiere, sondern im Sinne von "wesensgemäß". Dabei wird das Menschliche zur Richtschnur der Gesetze.[31] Das islamische Gesetz, das als göttlich gilt, wird deshalb als menschlich zu betrachten, weil es gewissermaßen den Forderungen der Philosophie nachkommt. Das Gesetz, das den Krieg fordert, ist dadurch menschlich, daß es dem eigentlich Menschlichen im Menschen zum Durchbruch verhilft. Wie bei Farabi ist der Endzweck die Weisheit, nicht Islam.[32]

## 3. Religiöse Überbietung des Krieges

Ein zweiter Passus aus demselben Werk ist zu beachten. In einer berühmten Äußerung erklärt Platon, daß die Kriege zwischen Griechen eigentlich Bürgerkriege seien. Folglich schlägt er gewisse Regeln der Kriegsführung vor: es sollte nicht erlaubt sein, die Häuser des Feindes in Brand zu setzen, seine Obstbäume zu fällen, usw. Averroes vergleicht solche Kriege mit Zerwürfnissen innerhalb derselben Familie.[33] Nachdem er die Platonschen Regelungen erwähnt hat, unterstreicht Averroes, daß Platon sich von manchen Gesetzgebern unterscheidet. Was den Inhalt der Gesetze betrifft, so darf man vermuten, daß er an eine wohlbekannte

---

29 Averroes, Republic, I, vii, 11, S. 26, 14-18.
30 Qur'an, II, 154; III, 146. 167. 169 usw.
31 Vgl. Averroes, Republic, I, vii, 9, S. 26, 9; ferner II, iii, 1, S. 63, 1; darüber vgl. SHLOMO PINÈS, Über Averroes' politische Lehre, in: Studies in the History of Jewish Philosophy. The Transmission of Texts and Ideas [hebräisch], Jerusalem 1977, 91-92.
32 Averroes, Republic, I, vii, 10, S. 26, 14-15.
33 Averroes, Republic, I, xxviii, 3-xxix, 3, S. 60/173-175.

Episode aus dem Leben des Propheten dachte. Muhammad hatte nämlich einmal befohlen, die Palmenbäume seiner jüdischen Feinde, der Banū Nadīr, auszurotten, eine Handlung, die Averroes anderswo erwähnt.[34] Vor ihm galt das als ein schweres Verbrechen.[35] Nun ist nach dem Islam das Tun und Lassen des Propheten das Muster des Erlaubten und des Verbotenen. Über den Sinn dieses Unterschieds zwischen dem griechischen Philosophen und dem Propheten aus Arabien sagt Averroes so gut wie nichts. Eine Antwort steht doch zwischen den Zeilen, wo er bemerkt, daß die Feinde, nach Platon, als Irrende gelten sollten, nicht dagegen als Ungläubige. Er gebraucht dabei die Wörter 'tō'eh' und 'kōfer'. Auf Arabisch standen wahrscheinlich die Wörter 'dāll$^{un}$' und 'kāfir', d. h. Fachausdrücke des islamischen Rechts. Was damit suggeriert wird, ist die Vergiftung der Auseinandersetzungen durch eine hinzukommende religiöse Dimension - eine Idee, die nicht ohne Parallele bleibt bei den Philosophen oder philosophisch Gesinnten.[36]

# VI. Schluß

Zum Schluß will ich meine Ergebnisse zusammenfassen und einige Thesen aufstellen.
1) Die Lehre der Falâsifa entspricht mehr oder weniger derjenigen ihrer griechischen Quellen. Das gilt von den gemäßigten Fassungen dieser Lehre, aber auch von den für uns skandalösesten Fällen. Schon Aristoteles hatte drei Fälle unterschieden, in denen es gerecht ist, einen Krieg zu führen: erstens, um seine eigene Freiheit zu bewahren, zweitens um eine Führung (ἡγεμονια) zu erlangen, die zum Nutzen der Geführten gereicht, drittens um Leute zu beherrschen (δεσποζειν), die es verdienen, Sklaven zu sein (αξιος δουλευειν).[37] Das entspricht dem ersten, dritten und vierten Fall in Farabis Liste. Aristoteles führt diese Unterscheidung im 7. Buch der *Politik* durch, eines Werks, das aller Wahrscheinlichkeit nach nie ins Arabische übersetzt wurde.[38] Es ist aber nicht ausgeschlossen, daß Fragmente und/ oder Gedanken daraus in die arabische Welt gelangt sind. Wie dem auch sei, so muß man bemerken, daß die letzten zwei Fälle uns als höchst fragwürdig erscheinen. Ob

---

34  Vgl. a. a. O. (Anm. 22), 18-19.
35  Vgl. MAXIME RODINSON, Mahomet, Paris 1994, 226.
36  Vgl. Maimonides, Führer der Unschlüssigen, I, 31, ed. ISSAKAR JOËL, Jerusalem 1929, 44, 29-45, 16. Darüber VERF., Eorum praeclara ingenia. Conscience de la nouveauté et prétention à la continuité chez Farabi et Maïmonide, in: BEO XLVIII 1996, 97-98.
37  Aristoteles, Politik, VII 14, 1333b38-1334a2; in seinem Komm. z. St. erhebt Thomas von Aquin keinen Einwand, vgl. In octo libros Politicorum Aristotelis expositio, VII 11, § 1214, ed. RAIMONDO M. SPIAZZI, Turin 1966, 393a.
38  Vgl. VERF., Note sur la traduction arabe de la Politique d'Aristote. Derechef, qu'elle n'existe pas, in: PIERRE AUBENQUE (Hg.), Aristote politique. Études sur la Politique d'Aristote, Paris 1993, 423-433.

es uns gefällt oder nicht, weder die griechischen noch die arabischen Philosophen waren Pazifisten.
2) Im Islam als geschichtlicher, ja zeitgenössischer Wirklichkeit fanden die Philosophen die Tatsache des Eroberungskriegs mit einer religiösen Dimension vor. Ebenso fanden sie eine schon in der Entwicklung begriffene Lehre vor, die diesen Krieg durch Normen beschränken und zugleich rechtfertigen sollte. In manchen Punkten stimmen sie mit dieser Theorie überein.
3) Doch muß man Kraemer beipflichten: Die Philosophen haben keine Theorie des islamischen Krieges als solchen entwickelt. Bei ihnen bedeutet das Wort Dschihad, wenn es überhaupt vorkommt, "Krieg" im allgemeinen. Des öfteren vermeiden sie das Fachwort zugunsten eines neutraleren Worts, das jegliche Art von Krieg bezeichnet, und zwar *harb*.[39] Das ist um so mehr von Gewicht, als der klassischen Lehre zufolge nach dem Auftreten des Propheten kein "profaner" Krieg mehr stattfinden kann.[40] Avicenna kokettiert ein wenig mit den Fachausdrücken der Theologie. Das tut er übrigens in seinem ganzen Lebenswerk. Averroes hat ihm bekanntlich vorgeworfen, das rein philosophische Anliegen zu verraten, um sich den Theologen des Kalâms anzubiedern.[41]
4) Dem Dschihad - im eigentlichen Sinne - gegenüber haben die Philosophen eine besondere Taktik gewählt. Man kann sie mittels eines Vergleichs mit anderen Lösungen beschreiben, wie etwa derjenigen der Sufis. Die islamische Mystik transponiert den Kampf in ein *combattimento spirituale* des Beters gegen sich selbst, gegen die Neigungen usw. Das hat sie zu Fälschungen geführt, wie z. B. die vielzitierte Äußerung des Propheten über den kleineren und den größeren Dschihad. Diese fromme Erfindung ist in keinem der sechs klassischen Sammlungen zu lesen.[42]

Die Philosophen verändern das Ziel; die Mittel bleiben aber entschieden militärisch. Wegen des Blutvergießens haben sie überhaupt keine Gewissensbisse. Gegen die Tötung der "tierischen" Menschen hat Farabi nichts auszusetzen.[43] Avicenna suggeriert, man sollte den Skeptiker foltern, bis er gesteht, daß der Unterschied zwischen wahr und unwahr doch relevant ist.[44] Averroes preist die Ausmerzung der geistig Behinderten. Er referiert Platons Vorschlag, den idealen Staat dadurch zu

---

39 C. BUTTERWORTH, Statecraft, 84, 92f., 100 Anm. 47.
40 A. MORABIA, Ǧihād, 175.
41 Averroes, Großer Kommentar zur Metaphysik, III, C 3, e; ed. MAURICE BOUYGES, Beirut ²1973, 313.
42 A. MORABIA, Ǧihād, 297.
43 Vgl. z. B. al-Farabi, As-Siyāsa al-Madaniyya, ed. FAUZI MITRI NAJJAR, Beirut 1964, 87.
44 Avicenna, Metaphysik, I, 8, S. 53, 13-15. Vgl. z. St. R. E. HOUSER, Let Them Suffer into the Truth: Avicenna's Remedy for Those Denying the Axioms of Thought, in: Journal of the American Catholic Philosophical Association LXXIII 1999, 107-133. Der Passus ist zitiert bei Duns Scotus, Lectura I, d. 39, q. 1-5, n. 40; in: Opera, XVII 49; vgl. Ordinatio, Appendix A, 1; in: Opera, VI 415 [den Hinweis auf Scotus verdanke ich Prof. Dr. R. Schönberger].

begründen, daß man die Erwachsenen austreibt, ohne auch nur mit der Wimper zu zucken.[45] Dabei sind diese mittelalterlichen Denker übrigens weder grausamer noch milder als ihre antiken Meister, ja als manche ihrer Kollegen unter den neueren. Über die Spähne, die beim Hobeln fallen, oder die unschuldigen Blümchen, die der Wagen der Weltgeschichte beim Vorüberfahren zerdrückt, verliert auch die moderne Philosophie kaum eine Träne.

In ihrer Bejahung des Krieges ist die Falsafa noch radikaler als die gewöhnliche, unphilosophische islamische Praxis. Diese bezweckt die Eroberung und die Kontrolle des Staats, nicht der Geister. Es gilt, die Macht an sich zu reißen. Nach der gewöhnlichen islamischen Lehre ist die Bekehrung der eroberten Völker zwar langfristig höchst wünschenswert, bildet aber nicht das erste Ziel. In der Praxis findet sie sowieso erst in einer zweiten Etappe statt. Hauptziel ist der Friede (salām), sprich: die islamische Herrschaft über ein "pazifiziertes" Gebiet (dār as-salām). Die Philosophen entwickeln eine Lehre, nach der der heilige Krieg zur Philosophie führen kann, wobei sie auch die Seele erobern wollen.

So können wir zu unserer Antinomie zurückkehren. Halevis Philosoph verbietet nur die Tötung der Christen oder Muslime als solcher, d. h. den religiösen Krieg, nicht dagegen die Tötung der Menschen überhaupt.[46] Der Philosoph verwirft den *heiligen* Krieg, nicht den Krieg im allgemeinen. Oder, noch schärfer ausgedrückt: nicht die Religion, sondern nur die Philosophie kann den Krieg heiligen.

## Summary

The concept of *dschihad* is crucial to the theory and practice of war in the Islamic world from its origin to the present day. The development of philosophical thought on war is closely linked with the names of Al-Farabi (9th century), Avicenna (11th century) and Averroes (12th century). Islam and Greek philosophy alike inspired their thought. From Plato and Aristotle, they took over the notions of a just war, an ideal state and the common good. Islam as a historic force confronted them with the existence of a war of conquest with a religious dimension. On an intellectual level, they encountered an already well-developed doctrine designed to regulate but also to justify this type of war. None of the philosophers discussed developed a specific theory of 'Islamic' war. If they used the term *dschihad* at all, they used it in the general sense. They even tended to avoid the term altogether and substitute it with the more neutral one of *harb*. Given the fact that it was not possible according to orthodox teaching that after the Prophet's time a war could be other than 'holy', this seems even more significant. The three philosophers were no pacifists, however. On the contrary, they approved of war as a means to achieve a certain end. Moreover, their ends are even more radical than those of traditional Islamic warfare. Whereas Islamic warfare is mainly directed at the conquest and control of a state or people in the first place, with conversion to Islam as a desirable concomitant, the philosophers aim at a direct control over the minds of the defeated in order to convert them.

---

45 Vgl. Averroes, Republic, I, xvii, 8, S. 38, 16-17 u. II, xvii, 3, S. 78, 26.
46 Vgl. Leo Strauss, The Law of Reason in the Kuzari [1943], in: Persecution and the Art of Writing, Glencoe 1952, 117.

Compte rendu

Quand on veut comprendre la théorie et la pratique de guerre dans le monde islamique des origines à nos jours, il est indispensable d'analyser la notion de *djihad*. Le développement de la réflexion philosophique sur le phénomène de la guerre dans la civilisation musulmane est étroitement lié aux noms d'Al-Farabi (IX$^e$ siècle), Avicenna (XI$^e$ siècle) et Averroes (XII$^e$ siècle), dont la pensée fut largement influencée par les philosophies grecque et islamique. À Platon et à Aristote, ces philosophes musulmans empruntèrent les notions de la guerre juste, de l'État idéal et du bien commun. L'Islam comme force historique les confrontait à l'existence d'une guerre de conquête doublée d'une dimension religieuse. Au plan intellectuel, ils trouvent une doctrine déjà largement élaborée dont la fonction était de régler - mais non pas de justifier - ce type de guerre. Aucun des philosophes mentionnés a développé une théorie spécifique de la guerre 'islamique'. S'ils faisaient l'usage du concept de *djihad*, ils l'utilisaient dans un sens général. Ils tendaient même à éviter entièrement ce terme et à le substituer par la notion plus neutre de *harb*. Compte tenu du fait que, selon les doctrines orthodoxes, une guerre autre que 'sainte' n'était plus possible après le temps du Prophète, cette observation est d'autant plus remarquable. Pourtant, il n'est pas possible de qualifier ces trois philosophes de pacifistes. Au contraire, ceux-ci approuvaient la guerre comme un instrument légitime pour atteindre un certain but. De plus, les buts de guerre des philosophes étaient encore plus radicaux que les objectifs de la belligérance traditionnelle islamique. Alors que cette dernière vise, en principe, d'abord à la conquête et au contrôle d'un État ou d'un peuple dont la conversion à l'Islam est considérée comme un épiphénomène souhaitable, les philosophes cherchent à obtenir le contrôle direct des consciences des vaincus afin d'effectuer la conversion de ceux-ci.

Matthew J. Strickland

# Killing or Clemency?
# Ransom, Chivalry and Changing Attitudes to Defeated Opponents in Britain and Northern France, 7-12th centuries.

On 25 September, 1066, the forces of King Harold II of England fell upon the unsuspecting Norwegian army of Harald Hardraada at Stamford Bridge in Yorkshire. In the fierce battle which ensued, the English lost many of their best warriors, but both Hardraada and his ally Tosti Godwineson, Harold's own brother, were slain and the Norwegians virtually annihilated. According to the *Anglo-Saxon Chronicle*, the English king gave quarter to the Norwegian reserve force under Olaf, Hardraada's son, and the earl of Orkney, who had not been present at the main battle, but of 300 ships which had sailed into the Humber earlier that month, only 24 were needed to carry away the survivors.[1] We hear of no prisoners, no ransom.

Less than sixty years later, in 1119, another king of England, Henry I, but now also duke of Normandy, met an invading French army under Louis VI at Brémule in the Norman Vexin. The battle was a resounding victory for the Anglo-Normans,

---

This paper is intended as an overview, developing the arguments first set out in my paper, Slaughter, Slavery or Ransom: the Impact of the Conquest on Conduct in Warfare, in: CAROLA HICKS (Hg.), England in the Eleventh Century (= Harlaxton Medieval Studies II), Stamford 1992, 41-60. I would like to thank Professor Kortüm for his generous invitation to contribute to the seminar series Krieg im Mittelalter, and to this volume.

[1] The Chronicle of John of Worcester I-III, ed. REGINALD R. DARLINGTON/PATRICK MCGURK, Oxford 1995-1998, 1066; The Anglo-Saxon Chronicle (ASC) I-II, ed. BANJAMIN THORPE, London 1861, and translated up to 1042 in English Historical Documents, I, c. 500-1042, ed. DOROTHY WHITELOCK, London ²1979, and from 1042-1154 in English Historical Documents, II, 1042-1189, ed. DAVID C. DOUGLAS/GEORGE W. GREENAWAY, London ²1981, 1066. All subsequent references to the ASC are to these translations. For a recent study of the battle of Stamford Bridge see KELLY DEVRIES, The Norwegian Invasion of England in 1066, Woodbridge 1999.

yet of the 900 or so knights engaged, only three were killed.² The Anglo-Norman chronicler Orderic Vitalis, writing at the monastery of St Evroult in southern Normandy and one of our finest sources for the nature of contemporary warfare, offered his own explanation for this striking lack of casualties: "They were all clad in mail and spared each other on both sides, out of fear of God and / fellowship in arms *(notitia contubernii)*; they were more concerned to capture than kill the / fugitives. As Christian soldiers, they did not thirst for the blood of their brothers, but rejoiced / in a just victory given by God for the good of Holy Church and the peace of the faithful."³

We must treat Orderic's interpretation with caution, for it was influenced not only by his monastic vocation, but also his desire to portray Henry I's wars as fully in accordance with Augustinian concepts of the just war; Henry's soldiers fight not only a war of defence but fight with right intent, devoid of hatred. In this context, mention of ransom is studiously avoided, though we know from many other references by Orderic himself that the ransoming of knightly captives was in practice widespread.⁴ Moreover, while killing tended to be remarkably constrained in several major battles fought within the Anglo-Norman *regnum* in a context of civil war, the very low casualties at Brémule were more exceptional compared to other Franco-Norman engagements, where considerably higher casualties might occur in far smaller skirmishes.⁵ Nevertheless, the contrast with the battle of Stamford Bridge highlights one of the fundamental distinctions between Anglo-Scandinavian and Franco-Norman conduct in warfare that is the subject of my discussion here, namely the treatment of enemy warriors and developing concepts of ransom.

The Norman conquest of Anglo-Saxon England from 1066 and the subsequent penetration into the Celtic lands of Wales, Scotland and Ireland has been characterised by Robert Bartlett in his "The Making of Europe" as part of a wider aristocratic diaspora from the Frankish heartlands to the peripheries of Europe, achieved in large part by the superior military technology of castles and cavalry.⁶ While this model is largely valid for the Celtic lands,⁷ I have argued elsewhere that it is more problematic for late Anglo-Saxon England, which possessed sophisticated military

---

2 The Ecclesiastical History of Orderic Vitalis (Orderic) I-VI, ed. MAJORIE CHIBNALL, Oxford 1968-80, VI, 240-241; ASC, 1119, 'there the king of France was routed and all his best men captured'.
3 Orderic, ed. M. CHIBNALL, VI, 240-241.
4 See MATTHEW STRICKLAND, War and Chivalry. The Conduct and Perception of War in England and Normandy, 1066-1217, Cambridge, 1996, 12-16; and for Orderic's life and background, MARJORIE CHIBNALL, The World of Orderic Vitalis, London 1984.
5 M. STRICKLAND, War and Chivalry, 159-82.
6 ROBERT BARLETT, The Making of Europe: Conquest, Colonization and Cultural Change, 950-1350, London 1993, repr. 1994, ch. 3: "Military Technology and Political Power", 60-84.
7 For qualifications of Bartlett's thesis in relation to Wales see FREDERICK C. SUPPE, Military Institutions on the Welsh Marches: Shropshire, A.D. 1066-1300, Woodbridge 1994, 1-33, 143-149.

institutions, including a well-organized army, a network of fortifications or burghs and a powerful fleet.[8] Indeed, though the Anglo-Saxons fought predominantly on foot and not as cavalry, there were many similarities between the warrior aristocracies of Normandy and late Anglo-Saxon England. As the Bayeux Tapestry makes clear, their arms and equipment were virtually identical, while the military households of Anglo-Scandinavian lords had much in common with their Norman and Frankish counterparts. Both aristocracies, moreover, shared many of the essential martial values; while not identical, the ethos of the *Song of Roland* is close indeed to that of the great Anglo-Saxon poem *The Battle of Maldon*, which commemorates the heroic last-stand of Ealdorman Byrhtnoth of Essex and his men against the Vikings in 991.[9] This is unsurprising, for core virtues - courage, loyalty to one's lord and comrades, generosity, and a jealously guarded sense of honour and reputation - have had an almost universal validity among warrior elites.[10] Yet although such virtues operated <u>within</u> the war-band (*comitatus, familia, mesnie*), between a lord and his military following or between comrades in arms, they were not necessarily extended to their opponents. Indeed, where notions of conduct might fundamentally differ between warrior aristocracies was in the treatment of the enemy and attitudes towards prisoners. In the British Isles before 1066, the general fate of those defeated in battle or taken in war was either death or enslavement. The Norman Conquest, however, was to mark the importation into England of a differing military ethos, which placed an increasing stress on ransom and the sparing of knightly captives, and which eschewed the enslavement of prisoners of war as a token of barbarism. Nevertheless, Anglo-Norman advances first into Wales then Ireland and intermittent warfare with Scotland brought them into direct and sustained conflict with peoples whose methods of warfare still involved the killing or enslavement of captives until well into the twelfth century. As a result, a combination of military factors and cultural preconceptions which cast the Celtic peoples as uncivilised barbarians, ensured that Anglo-Norman conduct towards the Welsh and Irish was marked by a ruthlessness and cruelty rarely exhibited in theatres of war within England or France. Given the scope of the subject, what follows can only be a broad overview, but one which, however impressionistic, attempts to map a fundamental shift in the nature of behaviour in war.

\*\*\*

---

8   MATTHEW STRICKLAND, Military Technology and Conquest: The Anomaly of Anglo-Saxon England, in: Anglo-Norman Studies XIX 1996, 353-382.
9   M. STRICKLAND, War and Chivalry, 23-24.
10  JOHANN HUIZINGA, The Waning of the Middle Ages, London 1927, reprinted 1985, 77; MALCOM VALE, War and Chivalry. Warfare and Aristocratic Culture in England, France and Burgundy at the End of the Middle Ages, London 1981, 1.

Attitudes to captives in early Anglo-Saxon warfare are nowhere better encapsulated than in an incident related by Bede in his *Ecclesiastical History*, completed in 731, concerning a Northumbrian thegn called Imma, who had been left for dead following a great battle on the river Trent between King Ecgfrith of Northumbria and Aethelred of Mercia in 679. Taken prisoner by the Mercians, Imma initially tried to pass himself off as a *ceorl* or simple peasant, who had only been bringing food to the army, the implication being that, as a warrior, his life was at far greater risk. Given away by his noble demeanour, however, he was told by his captor, a Mercian *gesith* (nobleman), that he ought to die in revenge for several of the *gesith's* kinsmen who had been slain in the battle. Nevertheless, before he had discovered Imma's noble identity, the *gesith* had promised him his life and he now kept his word; but while his life was spared, the Mercian did not ransom him back to the Northumbrians, but sold him as a slave to a Frisian merchant.[11] The fact that Imma was a noble, an Angle - rather than a Celt - and a fellow Christian made no difference to his treatment.

Here we see the essence of war in the Anglo-Saxon heptarchy - the killing of noble opponents precisely because of their nobility and value as warriors, and the enslavement, not ransom, of those prisoners who were taken alive. There is great emphasis on vengeance for slain kin, powerfully echoed in Anglo-Saxon epic literature such as *Beowulf,* which is replete with bitterly pursued blood feuds. Beowulf himself comforts King Hrothgar, grieving over the death of his beloved thegn Aeschere, with the words, 'Do not be sorrowful, wise man. It is better for anyone that he avenge his friend than mourn greatly'.[12] Crucially, the value of a man of rank was assessed less at the price of his freedom, but at the sum paid in compensation for his slaying,[13] and the payment of such a 'man-price' or *wergild* could buy off further feud. In the same battle in which Imma was involved, the death of King Ecgfrith's brother, Aelfwine, 'gave every indication of causing fiercer strife and more lasting hatred between the two warlike kings and peoples', until with the aid of Archbishop Theobald, peace was established and the Mercians paid Aelfwine's *wergild* to the Northumbrian king.[14] Other mechanisms existed to regulate and limit the extent of war such as truces, the exchange or extraction of hostages, or the purchasing of peace by payment of tribute. Yet as in the Merovingian Gaul of Gregory

---

11  Bede's Ecclesiastical History of the English People, ed. BERTRANM COLGRAVE/ROGER A. B. MYNORS, Oxford 1969, 400-405; JOHN M. WALLACE-HADRILL, Bede's Ecclesiastical History of the English People: A Commentary, Oxford 1988, xxv-xxvi, 161-162.
12  Beowulf, ed. MICHAEL SWANTON, Manchester 1978, 100-101. See also JOHN M. WALLACE-HADRILL, The Bloodfeud of the Franks, in: IDEM., The Long Haired Kings and other Studies in Frankish History, London 1962; and for a valuable survey and bibliography, GUY HALSALL, Violence and Society in the Early Medieval West: An Introductory Survey, in: GUY HALSALL (Hg.), Violence and Society in the Early Medieval West, Woodbridge 1998, 1-45.
13  On *wergild*, see DOROTHY WHITELOCK, The Beginnings of English Society, London 1959, 38ff.
14  Bede's Ecclesiastical History, ed. B. COLGRAVE/R. MYNORS, 40-41.

of Tours[15], wars of territorial expansion and dynastic consolidation were still marked by the ruthless extirpation of defeated kings and royal kindred. At the great battle of Winwaed in 655, fought between Penda of Mercia and Oswiu, king of Northumbria, nearly all of the thirty *duces* fighting for Penda were slain,[16] while in seventh-century England a confessional dimension may have added to the bitterness of warfare between pagan and Christian opponents. Thus, for example, after his defeat at the hands of the pagan king Penda in 641, the body of Oswald of Northumbria was dismembered and his head and arms placed on stakes, while following his invasion of the Isle of Wight in 686, King Cadwalla of Wessex executed the captured brothers of its heathen king, Arwald, pausing only to allow them to be first baptized.[17] The same emphasis on slaying and enslavement is found in warfare between the Anglo-Saxons and the Celts, and between Celtic enemies. King Ecgfrith of Northumbria was slain with the greater part of his army at the hands of the Picts at Nechtansmere in 685,[18] while the Pictish stone at Aberlemno, which probably commemorates this event, depicts the fallen king, with a raven pecking at his eyes.[19] The later tenth-century carved stone at Forres in north east Scotland, known as the Sueno Stone, provides a still more graphic illustration of the fate of captured warriors; beneath a battle scene are depicted rows of decapitated prisoners, their hands tied behind their backs.[20] The collection of enemy heads was still a common-

---

15  PAUL FOURACRE, Attitudes towards Violence in Seventh- and Eight-Century Francia, in: GUY HALSALL (Hg) , Violence and Society in the Early Medieval West, Woodbridge 1998, 60-75; and cf. GUY HALSALL, Violence and Society in the Early Medieval West: An Introductory Survey, ibid, 1-45.

16  Bede's Ecclesiastical History, ed. B. COLGRAVE/R. MYNORS, 290-291. According to Bede, Oswiu had tried to buy off the attack of the Mercian king with 'an incaculable quantity of regalia and presents as the price of peace', but that Penda had refused (ibid., 288-291).

17  Bede's Ecclesiastical History, ed. B. COLGRAVE/R. MYNORS, 240-243, 250-253, 382-383.

18  Bede's Ecclesiastical History, ed. B. COLGRAVE/R. MYNORS, 428-429, where Bede also notes that during the ensuing collapse of Anglian power in the region, many English were either slain or enslaved by the Picts. Ecgfrith had treated the Picts with equal ruthlessness following a major victory over them 671 x 673 (The Life of Bishop Eddius Stephanus, ed. BERTRAM COLGRAVE, Cambridge 1927, 42-43). After Nectansmere, Adomnan, abbot of Iona, visited Ecgfrith's successor Aldfrith to obtain the release of sixty prisoners taken during the Northumbrians' raid on Ireland in 684, who had probably been held as hostages to prevent Irish support for Ecgfrith's rival Aldfrith, who had been in exile at Iona (ALAN ORR ANDERSON, Scottish Annals from English Chroniclers, London 1908, reprinted 1991), 45 n. 4, 42 n.6.

19  The Aberlemo Stone is reproduced in ANNA RITCHIE, Picts, Edinburgh 1989, 22-25; and discussed by CHARLES THOMAS, The Pictish Class 1 Symbol Stones, in: JOHN G. P. FRIEL/W. G. WATSON (Hg.), Pictish Studies: Settlement, Burial and Art in Dark Age Northern Britain, Oxford 1984, 169-187. For depictions of the slain in Anglo-Saxon art see JENNIE HOOPER, The "Rows of the Battle-Swan": The Aftermath of Battle in Anglo-Saxon Art, in: MATTHEW STRICKLAND (Hg.), Armies, Chivalry and Warfare in Medieval Britain and France (= Harlaxton Medieval Studies VII), Stamford 1998, 82-99.

20  The Sueno stone is illustrated in A. RITCHIE, The Picts, 63; M. STRICKLAND, War and Chivalry, 308; and its historical context discussed by ARCHIBALD A. M. DUNCAN, The Kingdom of the

place in Anglo-Scottish warfare at the turn of the year 1000. Thus in c. 1003, following the rout of a Scots army outside Durham, Earl Uhtred had the severed heads of the enemy washed and groomed by local women, paid for their gory task by the gift of a cow each, then placed around the city on stakes, while the city's market place was similarly decorated with Scottish heads following the defeat of King Duncan's force in 1039.[21] In Celtic warfare, raiding too was habitually marked by the massacre of able-bodied men and the enslavement of women and children. When, for example, the viking town of Limerick was sacked by Mathgamain, king of Munster, in 967, the captives were rounded up and 'every one of them that was fit for war was killed, and every one that was fit for a slave was enslaved'.[22] The profits of war came not from ransom, but from slaves, livestock and booty. In Wales, Ireland and Scotland, such a pattern of warfare was to continue until well into the twelfth century.

It was the Vikings who made both slave-raiding and the levying of tribute the hallmark of their operations in Britain and Frankia from the early ninth century, with powerful armies extorting huge sums from kingdoms or localities to buy off devastation. While some campaigns, such as those of the 'the great army' from 865, or the invasions of Svein Forkbeard, were waged for conquest, for most aggression was primarily the means for amassing of wealth. As the Norse messenger tells Byrhtnoth in *The Battle of Maldon;* "... it is for you to send treasure quickly in return for peace, and it will be better for you all that you buy off an attack with tribute, rather than that men so fierce in battle as we should give you battle. There is no need that we destroy each other, if you are rich enough for this".[23] From the 990s, the England of Aethelred the Unready was bled white by vast and almost annual payments to viking fleets; rune stones throughout Scandinavia boasted of the

---

    Scots, in: The Making of Britain: The Dark Ages, London 1984, 139-40. Compare Annala Uladh: Annals of Ulster, otherwise Annala Senait, Annals of Senait, a Chronicle of Irish Affairs from A. D. 431-1540 (Annals of Ulster) I-IV, ed. WILLIAM M. HENNESSEY/BARTHOLOMEW MACCARTHY, Dublin, 1887-1900, I, 418, which records how during an attack on Kells by Fland, son of Maelsechlaind, against his own son Duncan, 'many others were beheaded around the oratory'.

21  Simeon of Durham: Symeonis monachi opera omnia I-II, ed. THOMAS ARNOLD, (=Rolls Series), London 1882-1885, I, 215-216, 90-91.

22  Annals of Ulster, ed. W. HENNESSY/B. MACCARTHY, I, 482-3, where it was noted that those enslaved were principally 'soft, youthful, bright, matchless girls' and 'blooming, silk-clad young women'. The same harsh pragmatism of 'measuring captives by the sword' was visible in the campaigns of the Ottonians against their pagan neighbours; 'All those who had reached a certain age were condemned to death; those who had reached puberty were kept as booty' (Widukindi monachi Corbeiensis Rerum Gestarum Saxonicarum libri III, ed. PAUL HIRSCH, Hannover 1935, 190. For the Celtic slave trade see E. I. BROMBERG, Wales and the Medieval Slave Trade, Speculum XVII 1942, 263-269; POUL HOLM, The Slave Trade of Dublin: Ninth-Twelfth Centuries, Peritia V 1986, 317-345.

23  The Battle of Maldon, ed. DONALD SCRAGG, Manchester 1981, ll. 31-34; English Historical Documents I, ed. D. WHITELOCK, 320.

geld the drengrs had received from Svein or Cnut, and reality of such vaunts has been revealed by the finds of great hoards of English pennies.[24] The nature and impact of what we may perhaps term this form of 'corporate ransom' in England and Frankia is well known, but the Vikings' search for profit also led to a ransoming of individuals on a scale greater than can be seen in earlier warfare.

Leading ecclesiastical and secular figures were targeted for the great sums that might be paid for their release. In 914, the Welsh bishop Cyfeliog of Archenfield was redeemed from the Vikings by Edward the Elder, king of Wessex, while in 939, the Norse leader Olafr Gothfrithsson seized Wulfrun, mother of the great Mercian nobleman Wufric Spott, for ransom.[25] In the same period, the Vikings of Limerick and Dublin captured and ransomed several Irish kings.[26] It was the refusal of Archbishop Aelfheah of Canterbury to allow himself to be ransomed that led to his death in 1012 at the hands of the men of Thorkell the Tall.[27] The more extensive Frankish sources reveal a similar picture. In 858, Abbot Louis of St Denis and his brother, Gauzlin, were ransomed for a sum so enormous that it required not only a general levy of the churches of Neustria but also additional donations from Charles the Bald and his nobility.[28] On the secular side, the *Chronicle of Fontanelle* records that in 841, the Vikings ransomed sixty-eight prisoners for twenty-six pounds of silver, while according to Regino of Prum, in 881 Evesa, wife of Count Megenhard, ransomed her son Abehard the Saxon for a large sum.[29] The practice was widespread enough for Charles the Bald's Edict of Pitres of 864 to forbid anyone to ransom themselves by giving the Vikings arms, armour, or horses.[30] Clearly the Vikings were trading captives for high quality Frankish swords, hauberks and mounts, and the Emperor was keen to prohibit such superior weaponry from leaving the kingdom or being turned against the Franks. Even slaves could be ransomed; in the treaty of 866 made between Charles and the Northmen, they stipulated that any slaves captured by them who had escaped were either to be returned or ransomed for a price set by the Northmen themselves.[31]

---

24 MARK A. S. BLACKBURN, Aethelred's Coinage and the Payment of Tribute, in: DONALD SCRAGG (Hg), The Battle of Maldon AD 991, Oxford 1991, 156-69; cf. DAVID METCALF, Large Danegelds in Relation to War and Kingship. Their Implications for Monetary History, and Some Numismatic Evidence, in: SONYA C. HAWKES (Hg), Weapons and Warfare in Anglo-Saxon England, Oxford 1989, 179-189.
25 ASC, 914; ALFRED P. SMYTH, Scandinavian York and Dublin I-II, Dublin 1975-1979, II, 91.
26 A. SMYTH, Scandinavian York and Dublin, II, 21, 22, 90.
27 ASC, 1012.
28 Annales de St Bertin, ed. FELIX GRAT/JEANNE VIELLARD/SUZANNE CLÉMENCET, Paris 1964, 77.
29 Fragmentum chronici Fontanellensis, ed. GEORG PERTZ, MGH SS, II, Hanover 1829, 301; Reginonis abbatis Prumensis chronicon, ed. FRIEDRICH KURZE, MGH SRG (in us.schol.), Hanover 1890, 117.
30 MGH Cap. I, 494.
31 Annales de St Bertin, ed. F. GRAT/J. VIELLARDS/S. CLÉMENCET, 126.

It is possible that interaction with Vikings, as with Muslim raiders in the Mediterranean,[32] may have stimulated and disseminated the practice of ransom within Frankia, or, as in the case of the treaty of 866, broadened the social basis of its operation to include the unfree; but it did not create such conventions.[33] By the ninth century, the enslavement of captives, widely practiced in the Merovingian period, had become largely restricted to pagan opponents beyond the Frankish lands, while in 866 Pope Nicholas I could explicitly tell the newly converted Bulgars that the slaughter of captives and of women and children was a grave offence.[34] Certainly battles fought in the civil wars between the grandsons of Charlemagne and their successors could be bloody. The *Annals of Fulda* noted ruefully of the battle of Fontenoy that 'there was such great slaughter on both sides that no one can recall a greater loss among the Frankish people in the present age', while the Frankish bishops were moved to issue a penitential edict for those involved and a three-day fast.[35] The grave unease felt about such internecine killing among the Franks themselves,[36] and the desire of the victors to portray the battle as

---

32  Though the ransoming of Abbot Maieul of Cluny in 972 was a notorious incident, Saracen brigands had long been involved in the seizure of captives from the Mediterranean litoral for ransom. Thus, for example, as early as 807, Charlemagne succeeded in liberating some of a group of sixty monks from the island of Pantelleria who had been seized by Moorish raiders and sold in Spain. Annales regni Francorum 741-829, ed. FIEDRICH KURZE, MGH SRG (in us. schol.), Hanover 1895, 124.

33  The operation of ransom within the Carolingian lands before the Viking incursions is a subject beyond the scope of this paper, though we may note that the paganism of many of the Franks' external opponents, such as Slavs, Avars and Saxons may well have increased the severity with which such enemies were treated in defeat; it is hard to believe, for example, Charlemagne would have executed 4,500 Saxons at Verden in 788 had they not been heathen. For examples of both enslavement and ransom from the early Frankish period see PHILIPPE CONTAMINE, La Guerre au moyen Age, Paris 1980, tr. MICHAEL JONES, War in the Middle Ages, Oxford 1984, 261-262, including the interesting case of the Franks under Childepert in 590, who allowed the inhabitants of Verruca in Italy to ransom themselves for varying sums. This instance, however, appears to have been far from typical among the early Franks, and it is significant that the ransoming took place at the intercession of two local bishops, who may well have been influenced by later Roman laws of war. The incident is cited by Paul the Deacon, Historia Langobadorum, ed. LUDWIG BETHMANN/ GEORG WAITZ, MGH SRL, Hanover 1878, III: 31, and discussed by THOMAS HODGKIN, Italy and Her Invaders I-VIII, Oxford 1880-1899, VI, 32 n.4.

34  PIERRE BONNASSIE, The Survival and Extinction of the Slave System in the Early Medieval West (Fourth to Eleventh Centuries), in: PIERRE BONNASSIE, From Slavery to Feudalism in South Western Europe, Cambridge 1991, 1-59; Patrologia Latina, CXIX, 978-1016; P. CONTAMINE, War in the Middle Ages, 266.

35  Annales Fuldenses, ed. FRIEDRICH KURZE, MGH SRG (in us. schol.) VII, Hanover 1891, 32; Annales de St Bertin, ed. F. GRAT/J. VIELLARDS/S. CLÉMENCET, 126; Nithard: Histoire des fils de Louis le Pieux, ed. PHILIPPE LAUER (= Les Classiques de l'histoire de France au moyen age), Paris 1926, III:1. On the battle see FERDINAND LOT/LOUIS HALPHEN, Le règne de Charles le Chauve, Paris 1909, 31-36.

36  JANET NELSON, Violence in the Carolingian World and the Ritualization of Ninth-Century Warfare, in: G. HALSALL (Hg), Violence and Society in the Early Medieval West, 98-102; JANET

the just judgement of God goes far to explain why mention of ransom is studiously avoided in the sources for Fontenoy and other battles fought within the context of civil war, just as Orderic's stress on the right intent of combatants at Brémule in 1119 led him to suppress any reference to the capture of prisoners for financial gain. The same motives led chroniclers to emphasize the restraint and clemency shown by the victors. Hence Nithard, who was present at the battle of Fontenoy in 841, was at pains to stress that the victorious army of Charles the Bald and Louis the German did not press home their pursuit of Lothair's forces, while at the hard-fought battle of Andernach in 876, the victorious Louis the Younger 'took alive many of Charles' leading men, whom in his humanity he ordered to be spared unharmed'.[37] It would seem likely that these men had to pay for their ultimate release, as did those captured in more localised conflicts as, for example, in 850, when Lambert, count of Nantes and Nominoe of Brittany ravaged Maine and took noble Franks prisoner.[38] In their dealing with the Northmen, moreover, the Franks seem to have had an expectation of ransom. Thus Abbo of St Germain records how when during the siege of Paris in 886-887, a group of twelve Franks were surrounded and called upon to lay down their arms, they did so, expecting subsequently to be able to buy their freedom. Instead, however, they were treacherously slain.[39] Similarly, in 890 the Frankish garrison of St Lo surrendered to the Norsemen who promised that they would spare their lives and take only the booty, but on leaving the fortification they were all killed, with the bishop of Coutances among them.[40]

That the Franks could be rudely disabused in their expectation to be spared for a price serves, by contrast, to illustrate the serious limitations on the Vikings' own operation of ransom. First, the majority of those captured by Vikings were not ransomed back to their own people, but sold abroad as slaves, one of the most staple commodities of Viking trade from Dublin to the lands of the Rus.[41] So adept did the Vikings become at this that attacks on certain monasteries and religious centres were co-ordinated with major feast days in order to capture the maximum number of pilgrims, and the churches themselves spared in order to regularly milk their congregations for slaves.[42] Second, the enslaving of captives was far from habitual.

---

NELSON, The Quest for Peace in a Time of War: the Carolingian Bruderkrieg, 840-843, in: JOHANNES FRIED (Hg), Träger und Instrumentarien des Friedens im Hohen und Späten Mittelalter (= Vorträge und Forschungen 43), Sigmaringen 1996, 87-114.

37 Annales Fuldensis, ed. F. KURZE, 88; Annales de St Bertin, ed. F. GRAT/J. VIELLARDS/S. CLÉMENCET, 208-209.
38 Fragmentum chronici Fontanellensis, ed. G. PERTZ, 303.
39 Abbon: Le siège de Paris par les Normands, ed. HENRI WAQUET, Paris 1942, 56-57.
40 Reginonis abbatis Prumensis chronicon, ed. F. KURZE, 135.
41 ALFRED P. SMYTH, Scandinavian Kings in the British Isles, 850-880, Oxford 1977, 154-68; IDEM, Scandinavian York and Dublin, II, 24, 26, 30-33, 64, 72, 130-34, 240-242.
42 JOHN M. WALLACE-HADRILL, The Vikings in Francia, in: IDEM, Early Medieval History, Oxford 1975, 232.

The inhabitants of numerous Frankish towns were put to the sword, or, as at Noyon in 859, were carried off only to be subsequently slain.[43] Similarly, the *Translation of Saint-Germain* recorded how the Vikings retired with their captives after a raid, but then hanged 111 of them, while according to Annals of St Vaast, captives taken in the Tournai region in 880 were executed.[44] During the great siege of Paris in 886-887, the Vikings deliberately put to death Frankish captives before the eyes of the defenders, while c. 935 a Norse force operating in the region of Thérouanne, confronted by the approaching army of King Ralph, strangled all its prisoners and withdrew.[45] Even the most noble might be killed in cold blood; King Edmund of East Anglia, martyred by the Danes in 869, was but the most famous of many such royal and noble victims.[46] Churchmen were equally vulnerable. Between 858-9, the bishops of Bayeux, Beauvais and Noyon perished at the hands of Vikings operating on the Seine, while in 870 the abbot and monks of Peterbrough were slain,[47] with these being far from isolated examples.

Thirdly, within battle itself, viking forces showed little propensity to spare the lives of warrior opponents, whether out of respect for their prowess in arms or for their financial worth. The *Anglo-Saxon Chronicle* records a striking number of high-ranking men slain in battle between Anglo-Saxon and viking forces. At Maldon in 991, not only did Byrhtnoth and his household retainers perish at the hands of a viking force under Olaf Tryggvason, but the ealdorman's severed head was carried away as a trophy.[48] In 1001, the Viking army fought with the men of Hampshire near Dean, 'and there Aethelweard, the king's high reeve, was killed, and Leofric of Whitchurch and Leofwine, the king's high reeve, and Wulfhere, the bishop's thane, and Godwine of Worthy, Bishop Aelfsighe's son, and eighty-one men killed in all'.[49] At Thetford in 1004 'the flower of the East Anglian people was killed' while at Ringmere in 1010 'the king's son-in-law, Aethelstan, was killed there, and Oswig, and his son, and Wulfric, Leofwine's son, and Eadwig, Aelfric's brother, and many other good thanes and a countless number of people'.[50] At the

---

43  J. M. WALLACE-HADRILL, The Vikings in Francia, 229; Annales de St Bertin, ed. F. GRAT/J. VIELLARDS/S. CLÉMENCET, 81.
44  Miraculi sancti Germani, MGH, SS, XV, part I, 12; Annales Xantenses et Annales Vedastini, ed. BERNHARD VON SIMSON, MGH SRG (in us. schol.), Hanover 1909, 46.
45  Abbon: Le siège de Paris, ed. H. WAQUET, 38-40, 55-57; Cartulaire de l'Abbaye de St Bertin, ed. BENJAMIN E. C. GUÉRARD, Paris 1840, 138.
46  ASC, 870; in 929, the Northmen captured Ingelger, son of Count Fulk the Red of Anjou in a fierce battle at Fleury, then slew him beneath the walls of the abbey of St Benedict.
47  Annals of St Bertin, ed. F. GRAT/J. VIELLARDS/S. CLÉMENCET, 81; J. M. WALLACE-HADRILL, The Vikings in Francia, 224; ASC, 870.
48  The Battle of Maldon, ed. D. SCRAGG, 20-21.
49  ASC, 1001.
50  ASC, 1004, 1010.

great battle of Ashingdon in 1016 between Edmund Ironside and Cnut, several ealdormen were killed and 'all the nobility of England were there destroyed'.[51]

The Vikings, however, did not have a monopoly on such slaying, and in defeat themselves faced death. One Viking king and five jarls fell against the West Saxons at Ashdown in 871, and the lives of seven more jarls were claimed in further engagements that year.[52] In 878, Ubba, the brother of Ivar the Boneless, was killed in Devon, along with 840 of his men. while in 893, the Anglo-Saxon forces besieging Chester slew all those Vikings emerging from the beleagured town.[53] A similar slaughter of enemy nobles occurred in engagements such as the battle of Tettenhall, fought during the 'Reconquest' of the Danelaw by the kings of Wessex,[54] while following Aethelstan's great victory at Brunanburgh in 937 over a coalition of Celtic kings and the Hiberno-Norse, 'five young kings lay on that field of battle, slain by the swords, and also seven of Olaf's earls, and a countless host of seamen and Scots', while the son of King Constantine of Scotland also lost his life there.[55] The emphasis here is again on extirpating the enemy's elite, not on attempting to capture them for ransom.[56]

How does one account for such intensity of warfare, and a general absence of clemency? For the Anglo-Saxons and Franks, two important factors exacerbated the bitterness of hostilities against viking opponents. The first was a powerful religious dimension to warfare against an enemy who, until the eleventh century, was usually pagan. There is a strong flavour of holy war in Alfred the Great's struggle from the 860s against 'the great heathen army' and its successors, while a similar stress has been noted in the Old High German *Ludwigslied*, celebrating the victory of Louis III over the Vikings at Saucourt.[57] The Anglo-Saxon nobleman Aethelweard, producing a Latin version of the *Anglo-Saxon Chronicle*, noted that at the great victory of Edward the Elder at Tettenhall in 910, the viking leader Ivar 'lost his sovereignty and hastened to the court of hell', while at Maldon in 991 Ealdorman Brythnoth

---

51 ASC, 1016.
52 ASC, 871.
53 ASC, 878, 893.
54 ASC, 910, records how at Tettenhall, Edward the Elder's army slew two Danish kings, Eowils and Healfdane, two jarls and at least five holds.
55 ASC, 937.
56 The Irish source Duald Mac Fibris believed that following a victory of the Mercians over the forces of Sigtrygg and Ottar, Aethelflaed, lady of the Mercians pursued the Viking fugitives into the woods in which they had hidden, ordering her men to clear the trees, then slew all she found (ALAN O. ANDERSON, Early Sources of Scottish History, A.D. 500 to 1286, 2 vols, Edinburgh, 1922, I, 401-402.
57 JOHN M. WALLACE-HADRILL, War and Peace in the Early Middle Ages, in: JOHN M. WALLACE-HADRILL, Early Medieval History, Oxford 1975, 30; JANET NELSON, Ninth-century Knighthood: the Evidence of Nithard, in: CHRISTOPHER HARPER-BILL/ CHRISTOPHER J. HOLDSWORTH/JANET NELSON (Hg.) Studies in Medieval History Presented to R. Allen Brown, Woodbridge 1989, 255-266; PAUL FOURACRE, The context of the OHG Ludwigslied, Medium Aevum LIV 1985, 87-103.

proclaims, 'Heathen shall fall in battle!'[58] Penitentials recognized the legitimacy of killing in such a context. Whereas homicide in a public war, even at the command of a legitimate ruler, might require penance for forty days and abstention from church, 'if an invasion of pagans overruns the country, lays churches waste, ravages the land, and arouses Christian people to war, whoever slays someone shall be without grave fault, but let him nearly keep away from entering the church for seven, or fourteen, or forty days, and when purified in this way, let him come to church'.[59] Not only that, but killing the heathen might win religious merit,[60] and it seems little coincidence that from the late ninth century comes the first surviving benedictional for the blessing of weapons, the Oratio super militantes.[61]

Secondly, wars against the Vikings were not merely waged against pagans, but were defensive wars to safeguard the *patria* or homeland from an invader, and as such were unequivocally just wars, a *rihtlic gefeoht*. Aelfric, the great Anglo-Saxon homilist and scholar of the early eleventh century, commented on Isidore's definition of a just war; '*justum bellum* is just war against the cruel seamen or against other nations who wish to destroy our homeland'.[62] The doctrines of Augustine and other Church fathers here blended easily with an equally powerful secular tradition, perfectly expressed by the poem preserved in the *Anglo-Saxon Chronicle* on Aethelstan's great victory at Brunaburgh in 937 : 'Edward's sons clove the shield wall, hewed the linden-wood shields with hammered swords, for it was natural for men of their lineage to defend their land, their treasure and their homes, in frequent battle against every foe'.[63]

How far the Vikings were motivated by religious sentiments in war is far less clear. Acceptance that the gruesome rite of the 'blood-eagle' is the stuff of legend and not history still leaves open the wider question of the existence of militant paganism.[64] There is evidence that the sacrifice of prisoners of war, visible among

---

58 The Chronicle of Aethelweard, ed. ALISTAIR CAMPBELL, London 1962, 52-3; The Battle of Maldon, ed. D. SCRAGG, ll. 54-55.
59 JAMES E. CROSS, The Ethic of War in Old English, in: PETER CLEMOES/KATHLEEN HUGHES (Hg.), England Before the Conquest, Cambridge 1971, 281.
60 SIMON COUPLAND, The Rod of God's Wrath or the People of God's Wrath? The Carolingians' Theology of the Viking Invasions, Journal of Ecclesiastical History XLII 1991, 535-554.
61 J. NELSON, Ninth-Century Knighthood, 259 and n. 26. Similarly, powerful notions of holy war were being cultivated at the court of Louis the German against pagan enemies beyond the frontier; ERIC J. GOLDBERG, "More Devoted to the Equipment of Battle than to the Splendour of Banquets": Frontier Kingship, Ritual and Early Knighthood at the Court of Louis the German, in: Viator XXX 1999, 41-78.
62 J. CROSS, The Ethic of War in Old English, 272.
63 ASC, 937.
64 ROBERTA FRANK, Viking atrocity and Skaldic Verse: The Rite of the Blood Eagle, in: EHR XCIX 1984, 332-43; IDEM, The Blood-Eagle Again, Saga-Book of the Viking Society for Northern Research, XX 1988, 287-289. For more general discussions of Viking conduct see, SARAH FOOT, Violence Against Christians? The Vikings and the Church in Ninth-Century England, Medieval

some of the early Germanic peoples, continued among the pagan Saxons till as late as the seventh century,[65] and it is possible that some of the killing of captives and execution of leaders by the Vikings may have occurred in this context. What is more certain, however, is that the deliberate execution of captives was itself an act of psychological warfare, designed to instil terror and to break further opposition. Moreover, the killing in or after battle of as many members of an opponent's warrior elite as possible struck directly at the military potential of a kingdom or of an invading force, just as the killing of political, military and even spiritual leaders could further weaken an enemy's ability to co-ordinate resistance or aggression. As the *Anglo-Saxon Chronicle* noted, describing Ealdorman Aelfric's treachery in 1003, 'As the saying goes, "When the leader gives way, the whole army will be much hindered"'.[66] It was this rationale that must in large part have lain behind the Vikings' predilection for executing kings and great nobles, just as it doubtless informed the decision of Otto I to hang captured Magyar princes at Regensburg after his victory on the Lech in 955, thereby striking a major blow at the command structure of the invaders.[67]

As in earlier insular warfare, concepts of feud and vengeance may also have been powerful factors exacerbating the extent of killing. Reprisals were rarely on the scale of Charlemagne's execution of 4,500 Saxons at Verden in 788, in vengeance for the deaths of two *missi*, Adalgis and Gailo, four counts and over twenty nobles, slain in battle by the forces of Widukind.[68] Nevertheless, when Alfred the Great had two shipwrecked Vikings hanged at Winchester in 898, following a naval engagement on the south coast, it was probably in vengeance for men of his own household and others slain in this battle.[69] The desire to avenge a fallen leader or comrades appears as a powerful motif both in *The Battle of Maldon* and its literary

---

History, I 1991, 3-16; GUY HALSALL, Playing By Whose Rules? A Further Look at Viking Atrocity in the Ninth Century, Medieval History, II 1992, 2-12.

65 HILDA ELLIS DAVIDSON, Gods and Myths of Northern Europe, London 1964, reprinted 1990, 54-56; IDEM, The Lost Beliefs of Northern Europe, London 1993, 96-97; cf. IDEM, Human Sacrifice in the Late Pagan Period in North-Western Europe, in MALCOLM O. H. CARVER (Hg), The Age of Sutton Hoo. The Seventh Century in North-Western Europe, Woodbridge 1992, 331-340.
66 ASC, 1003.
67 Widukind, Rerum gestarum Saxonicarum, ed. P. HIRSCH, III, c. 48, 128; KARL LEYSER, The Battle at the Lech, 955. A Study in Tenth-Century Warfare, in: KARL LEYSER, Medieval Germany and its Neighbours, London 1982, 63-65, where he also stresses the great psychological impact this execution (by the shameful death of hanging) must have had on a people who took great pains to recover the bodies of their fallen leaders.
68 Annales regni Francorum, ed. F. KURZE, 62-63; further bibliography on this incident is given in ROGER COLLINS, Charlemagne, Cambridge 1998, 54 n. 50.
69 ASC, 898, which identifies among the slain his reeve Lucuman and his *geneat* (household retainer) Aethelfrith.

analogues such as the Old Norse *Bjarkamal*,[70] and, although the *Jomsvikinga Saga* is in itself unreliable, the duty enjoined on members of this legendary military brotherhood to avenge fallen comrades may well have reflected similar sentiments among the close-knit military households of housecarls serving Anglo-Scandinavian kings and great lords.[71] In the early 2$^{nd}$ century, Tacitus had famously noted the custom among the early Germanic tribes that if their lord fell in battle, his warriors were obliged to fight on to the death, for flight brought a lasting ignominy, although scholars have been divided as to the continuing impact of such an ideology in Anglo-Saxon England, particularly in relation to its influence on the poem *The Battle of Maldon*.[72] It is, of course, seldom if ever possible to gauge the reasons and personal influences that lay behind individual acts of courage, yet is certain that some men did in reality choose to fight to the death rather than flee and were honoured for so doing.[73] Moreover, whilst the shame and disgrace of flight were clearly powerful factors, discussions of the Anglo-Saxon heroic ethos have rarely considered the enemy's treatment of the defeated. Here we may suggest that the desire to fight on was intimately linked to the customary fate of prisoners and the absence of honourable surrender, for, as Philippe Contamine has noted, 'the history of courage is bound up with that of risks'.[74] While by the eleventh or twelfth century, a knight could surrender to a fellow knight with a reasonable expectation that his life would be spared for ransom, the choice in earlier centuries for vanquished warriors was a stark one between flight or almost certain death. The absence of ransom, and its subsequent development and dissemination, must thus play an integral role in the history of courage.

\*\*\*

By the eleventh century, warfare in Normandy and France presents a markedly different picture to the ruthless conduct we have examined above. In pitched battles

---

70 ROSEMARY WOOLF, The Ideal of Men Dying with their Lord in the 'Germania' and 'The Battle of Maldon', in: Anglo-Saxon England V 1976, 63-81.

71 LAURENCE M. LARSON, The King's Household in England before the Norman Conquest, Madison 1904, 154-156; CHARLES WARREN HOLLISTER, Anglo-Saxon Military Institutions on the Eve of the Conquest, Oxford 1962, 13-15; NICHOLAS HOOPER, The Housecarls in Enland in the Eleventh Century, in: Anglo-Norman Studies VII 1985, 161-176.

72 R. WOOLF, The Ideal of Men Dying with their Lord, 63-81; ROBERTA FRANK, The Ideal of Men Dying with their Lord in 'The Battle of Maldon'. Anachronism or 'Nouvelle Vague', in: IAN WOOD (Hg), People and Places in Northern Europe, 500-1600, Woodbridge 1991, 95-106.

73 In Cnut's law code, the heirs of a man 'who falls before his lord in a campaign' were exempt from paying his heriot, or death duties, and could accede to his estate, whereas one who deserts his lord or comrades was to suffer death and total forfeiture (II Cnut, 77-8, English Historical Documents I, ed. D. WHITELOCK, 466).

74 P. CONTAMINE, War in the Middle Ages, ch. 9, 'Towards a History of Courage', 255-256.

within or between the territorial principalities, casualties among nobles and knights could still be high. Thus, for example, in Normandy, the engagements of Val-es-Dunes, 1047, Mortemer, 1054, and Varaville, 1057 were all hard-fought, while smaller scale skirmishing and castle-based warfare among warring nobles in the duchy claimed a steady toll in lives. But while warriors might be killed in open combat, there was now a marked emphasis on the ransoming of knightly opponents, and the deliberate execution or mutilation of prisoners was rare. When in the early years of the eleventh century, Geoffrey of Thouars cut the hands off the knights *(caballarios)* of Hugh de Lusignan defending the castle of Mouzeil, the act was clearly regarded as an outrage; significantly, Hugh's retaliation had only been to refuse to ransom those of Geoffrey's men he himself held captive.[75] The mutilation of knights rarely occurred outside the punishment of rebellion,[76] and even here the political community resisted the corporal or capital punishment of its members by king or duke, holding this to be unchivalric.[77] As Orderic has the count of Flanders inform Henry I in 1124, when the king had ordered the blinding of Geoffrey de Tourville, Odard of Le Pin and Luke of La Barre for supporting the rebellion of his nephew William Clito; 'My lord king, you are doing something contrary to our custom in punishing by mutilation knights captured in war in the service of their lord'.[78] Lords guilty of habitual cruelty such as the notorious Robert of Belleme, who tortured, mutilated or starved his prisoners instead of ransoming them, were the exception and were criticised by contemporaries for their excesses.[79]

By contrast, texts such as William of Poitiers' *Gesta Guillelmi* (written c. 1077) show an emphasis on taking opponents for ransom, on the release of prisoners and

---

75 JANE MARTINDALE, Conventum inter Guillelmum Aquitanorum comes et Hugonem Chiliarchum, in: EHR LXXXIV 1969, 542-543.
76 In 1075, William the Conqueror's generals ordered the mutilation of all rebels, irrespective of rank, defeated at the battle of 'Fagunduna' in East Anglia, during the 'revolt of the earls', while others implicated in the revolt were blinded (Orderic, II, 316-17; ASC, 1075). By contrast, when in 1051 Duke William had the garrison of Alençon mutilated, it was less for their refusal to surrender than because they had mocked the lowly origins of his mother's family, an act William regarded as lese majesty (The Gesta Normannorum Ducum of William of Jumieges, Orderic Vitalis, and Robert of Torigni I-II, ed. ELISABETH M. C. VAN HOUTS, Oxford 1992-1995, II, 124-5).
77 M. STRICKLAND, War and Chivalry, 240-255; JOHN GILLINGHAM, 1066 and the Introduction of Chivalry into England, in: GEORGE GARNETT/JOHN HUDSON (Hg), Law and Government in Medieval England and Normandy. Essays in Honour of Sir James Holt, Cambridge 1994, 31-55.
78 Orderic, ed. M. CHIBNALL, VI, 352-3. Henry justified his actions on the grounds that these men had earlier been captured but released by the king on condition they would not continue to fight against him. They had broken their word, however, while Luke of La Barre had compounded this offence by singing mocking songs about the king.
79 Orderic, ed. M. CHIBNALL, IV, 159-61; V, 234-5; VI, 30-1; William of Malmsbury, Gesta Regum Anglorum I-II, ed. ROGER B. MYNORS/RODNEY M. THOMSON/MICHAEL WINTERBOTTOM, Oxford 1998-1999, I, 724-725 . See also KATHLEEN THOMPSON, Robert of Belleme Reconsidered, in: Anglo-Norman Studies XIII 1990, 263-86, at 281-2.

on mercy as a noble virtue. Hence although the battle of Mortemer in 1054 had been bitterly fought, Duke William released French knights taken prisoner there, while Poitiers even praises Guy of Ponthieu, who had seized Earl Harold Godwineson en route to see Duke William in 1064, because he had treated him with honour and chose not to exercise his right to torture, mistreat or ransom his prisoner.[80] The good treatment of prisoners, moreover, was already considered an integral princely virtue by the early eleventh century. William the Great of Aquitaine was praised by his encomiast Ademar of Chabannes for refusing to execute or mutilate his political opponents,[81] and likewise Norman chroniclers were keen to stress the clemency of their early dukes. Thus according to Dudo of St Quentin, following a bloody rout of Theobald of Chartres men outside Rouen, c. 962, Duke Richard I (942-996) supposedly 'felt much pity at the death of so many. He ordered them to be buried. Those who were still alive he had carried gently to Rouen on litters, and healed. Besides that, he had the thickets and bogs searched, and found many dead and wounded, and he attended to them with the same dutifulness'.[82] William of Jumièges following this account closely, added that once the wounded men had recovered, Richard sent them back to Theobald, with the implication that no ransom was demanded.[83]

The reality of conduct in later tenth-century Normandy, however, was probably more complex than this idealised image suggests. For although the Scandinavians who took control of Normandy from c. 911 came to assimilate Frankish codes of conduct as well as their methods of warfare, the process was complicated by Normandy's sustained contact with Norse fleets until the early eleventh century.[84] In 1013, during his attacks on Aethelred's England, Svein Forkbeard of Denmark concluded a treaty with Duke Richard II whereby in return for assistance and medical aid, the Danes would sell their booty in Normandy;[85] such booty may well have included slaves, auctioned in the markets of Rouen.[86] Not for nothing did Richer

---

80  The Gesta Guillelmi of William of Poitiers, ed. RALPH H. C. DAVIS/MAJORIE CHIBNALL, Oxford 1998, 50-1, 68-71.
81  JANE MARTINDALE, Peace and War in Early Eleventh Century Aquitaine, in: CHRISTOPHER HARPER-BILL/RUTH HARVEY (Hg), Medieval Knighthood IV. Papers from the Fifth Strawberry Hill Conference 1990, Woodbridge 1992, 170-171.
82  Dudo of St Quentin, History of the Normans, translated by ERIC CHRISTIANSEN, Woodbridge 1998, 150.
83  Gesta Normannorum Ducum, ed. E. VAN HOUTS, I, 124-127.
84  DAVID BATES, Normandy Before 1066, London 1982, 6-7.
85  Gesta Normannorum Ducum, ed. E. VAN HOUTS, II, 16-19.
86  D. BATES, Normandy Before 1066, 23; DAVID PELTERET, Slave Raiding and Slave Trading in Early England, in: Anglo-Saxon England IX 1981, 108-9; ELISABETH M. C. VAN HOUTS, Scandinavian Influence in Norman Literature of the 11th Century, in: Anglo-Norman Studies VI 1983, 108.

regard the previous duke of Normandy as merely a 'pyratorum dux'.[87] Norse forces, some of which were still pagan, were also operating as mercenaries within France itself, and their conduct in war appears just as ruthless as that of their forbears. Ademar of Chabannes, for example, describes how c. 1010-13 the knights of William the Great of Aquitaine were defeated by a mixed force of pagans and Christian Norse led by Olaf Haraldsson (later St Olaf), when they charged into concealed ditches and many were captured. William was forced to withdraw from the battle 'for fear of those men who had fallen first and were now held captive (thirty were among the noblest), lest they might be slaughtered by the Norsemen'.[88] The duke later succeeded in ransoming these men for a great sum of money. Little wonder that Ademar couched Duke William's struggle against Olaf's army in terms of a holy war.[89] Put within the context of Bartlett's 'centre-periphery' model, here we see the forms of behaviour in war associated with peoples of the periphery, namely slaving and the slaying of prisoners, still operating within the 'core' of the Frankish heartlands at the opening of the eleventh century. Ironically, though the Normans were to introduce chivalry into Britain, the duchy of Normandy itself may have been among the last parts of Frankia to fully assimilate such chivalric conduct.

Nevertheless, the activities of the Norse only serves to highlight the contrast with the increasing stress on ransom and clemency visible in warfare within and between the territorial principalities of France by the year 1000. Two crucial factors go far towards explaining this shift of emphasis, namely the changing nature of warfare and the changing nature of the enemy. Let us first look at the nature of warfare. For much of the tenth and eleventh centuries, warfare in northern France was confined to comparatively restricted conflicts between the rival dynasties of Normandy, Anjou, Blois-Chartres, Flanders and the rulers of the Ile de France, or to the small-scale local skirmishing between rival noble kindreds within these principalities themselves. For the Franks in what had formerly been Neustria, the great annual hostings of Carolingian armies beyond the *regnum* had ceased, and with them the opportunities of booty and tribute on a grand scale,[90] while the enslaving of Christian prisoners of war had all but ceased. It has been disputed how far the 'feudal transformation' of c. 1000 witnessed the replacement of existing forms of violence within a framework of public order by a newer, coercive 'private violence' of

---

87 Richer, Histoire de France I-II, ed. ROBERT LATOUCHE, (=Les Classiques de l'Histoire de France au Moyen Age), Paris 1930-1937, II, 328.
88 Ademar de Chabannes, Chronique, ed. JULES CHAVANON, Paris 1897, 176; J. MARTINDALE, Peace and War in Early Eleventh Century Aquitaine, 172.
89 Ademar de Chabannes, Chronique, ed. JULES CHAVANON, 208; J. MARTINDALE, Peace and War in Early Eleventh Century Aquitaine, 171-174.
90 TIMOTHY REUTER, Plunder and Tribute in the Carolingian Empire, Transactions of the Royal Historical Society XXXV 1985, 75-94; IDEM, The End of Carolingian Military Expansion, in: PETER GODMAN/ROGER COLLINS (Hg), Charlemagne's Heir: New Perspectives on the Reign of Louis the Pious, Oxford 1990, 391-405.

lords and castellans.[91] Like violence towards local peasantry, purveyance and the depredations of royal and seigneurial households, the ransoming of warriors within Frankia, as we have suggested, was not in itself new. Nevertheless, the fragmentation of centralized authority and the rise of banal lordship created a political environment in which rival castellans needed to finance both castle-building and growing numbers of *milites* required to garrison them. This could be done by the levying of arbitrary taxes and labour services upon the local populace and churches, such as the *tenserie* or *angaria* so bewailed in many ecclesiastical sources; or by the kind of brigandage, spoliation and extortion of ransom from the peasantry witnessed so graphically by the peace oaths, such as that of Beauvais (1023),[92] enjoined upon castellans and their knights by the peace councils of the late tenth and early eleventh centuries. But if the operation of such predatory lordship witnessed an intensification of violence towards the *laboratores* and *oratores*, the small-scale castle-based warfare between castellans may well have stimulated the operation and dissemination of ransom among the *bellatores* themselves. For captured *milites* were a better financial prospect than captured peasants. Among a list, drawn up c. 1000 of the many grievances he had suffered at the hands of his lord, Duke William of Aquitaine, Hugh of Lusignan noted that he could have made 4000 *solidi* from the knights he had captured from Geoffrey of Thouars, but that Duke William had taken them from him - an early reference to a lord's prerogative right to a vassal's captives.[93] The ransoming of captured knights helped war pay for itself.

The process is well illustrated by Orderic Vitalis' account of William the Conqueror's prolonged siege of Sainte Suzanne, held against him by Hubert, vicomte of Maine, from 1083-5, where despite establishing a siege castle in the valley of the Beugy, the Normans could make no headway. The constant skirmishing, however, attracted experienced knights from Aquitaine, Burgundy and other parts of France to Hubert's service in search of booty and ransoms, thereby further strengthening his position and prolonging hostilities.[94] As Orderic noted wealthy Norman and English lords were frequently captured 'and Hubert the vicomte, Robert the Bur-

---

91 THOMAS BISSON, The 'Feudal Revolution', Past and Present CXLII 1994, 6-42, with a useful survey of the extensive literature; DOMINIQUE BARTHELMY/STEPHEN WHITE, Debate: The 'Feudal Revolution', Past and Present CLII 1996, 196-205, 205-223; TIMOTHY REUTER/CHRISTOPHER WICKHAM/THOMAS BISSON, The 'Feudal Revolution', Past and Present CLV 1997, 177-225.
92 THOMAS BISSON, The 'Feudal Revolution', 14-21. For the peace oath of Beauvais see CHRISTIAN PFISTER, Études sur le regne de Robert le Pieux, 996-1031, Paris 1885, lx-lxi; THOMAS HEAD/RICHARD LANDES, The Peace of God. Social Violence and Religious Response in France around the Year 1000, Ithaca/London 1992, 332-334
93 JANE MARTINDALE, Conventum inter Guillelmum Aquitanorum comes et Hugonem Chiliarchu', 543; M. STRICKLAND, War and Chivalry, 188-91.
94 Orderic, ed. M. CHIBNALL, IV, 48-9; 'in this way Hubert kept the Normans at bay for three years, growing rich at the expense of his enemies and remaining unvanquished'.

gundian, whose niece he had married, and their other supporters made an honourable fortune out of the ransoms of these men'.[95] Ransom could thus serve to mitigate the extent of killing, yet paradoxically it could equally act as a powerful dynamic in the escalation of warfare.

The Normans' failure at Sainte Suzanne highlights another important consideration. While siege warfare had long been an integral aspect of early medieval warfare, the proliferation of castles around the year 1000, coupled with the growing superiority of the art of defence over that of attack, made wars of rapid conquest increasingly difficult, as seen, for example by hostilities in the Touraine under Fulk Nerra, or the campaigns of William the Conquer and William Rufus in the Vexin or in Maine. In terms of conduct, this had important effects. The impregnability of major fortresses added further incentive to sparing noble opponents, whose ransom might include the surrender of key castles or cities. In 1044, for example, Geoffrey Martel, count of Anjou, captured Theobald III of Blois-Chartres and many of his nobles at the battle of Nouy, and exacted in return for their release not only the great castles of Chinon and Langeais, but the strategically vital city of Tours.[96] When Geoffrey of Mayenne was captured by William Talvas, probably in the 1040s, he was only released on the condition that Geoffrey's vassal William son of Giroie destroy his own castle of Montaigu 'which was a threat to his power'.[97] With the multiplying of 'private', seigneurial castles in the decades around 1000, such bargains became far easier and more widespread than had been possible with earlier 'public' fortifications. Conversely, however, the desire to speed the capitulation of castles or ransom might lead to the maltreatment of captives. Hence, for example, it was probably no coincidence that Count William VI of Aquitaine, captured by Geoffrey at the battle of Mont Couer in 1033, died shortly after his release, having surrendered several key fortresses,[98] while the troubled reign of King Stephen (1135-1154) furnishes several instances of lords being maltreated or threatened with hanging in order to gain possession of key castles.[99]

Nevertheless, the protracted nature of many sieges gave opportunities for parley and negotiation, and the spread of castles helped to disseminate and develop the 'customs of war' regulating respite, truce and surrender which formed an important aspect of chivalric conduct. Thus besiegers might grant a beleaguered garrison permission to seek aid from their lord, with the condition that if such aid was not

---

95 Orderic, ed. M. CHIBNALL, IV, 48-9.
96 Chroniques des comtes d'Anjou et des seigneurs d'Ambroise, ed. LOUIS HALPHEN/RENÉ POUPARDIN, Paris 1913, 57-8, 235. The chronicle of Fulk le Rechin claimed, doubtless with some exaggeration, that over 1000 prisoners were taken in the battle (ibid., 235).
97 Orderic, ed. M. CHIBNALL, II, 26-29.
98 Gesta Guillelmi, ed. R. DAVIS/M. CHIBNALL, 20-21 and n.4
99 M. STRICKLAND, War and Chivalry, 198-199.

forthcoming, they could surrender with their lives and their honour safe.[100] A remarkable picture of the kind of conduct that might occur in such circumstances is furnished by Orderic's account of the siege of Le Mans, whose near-impregnable citadel was held by a picked Norman garrison against Count Helias of Maine in 1100. William Rufus' campaigns of conquest in Maine in the 1090s had seen bitter fighting and much devastation of the countryside, while the garrison itself had earlier set fire to the city of Le Mans. Nevertheless, daily the two sides held parleys and threatened each other, but jokes were often mixed with the threats. They gave Count Helias the privilege whenever he wished of putting on a white tunic and in this way having safe passage to the defenders of the citadel. Since he trusted the good faith of the men he knew to be both valiant and honourable, he often visited the enemy wearing the distinctive white garment and never feared to remain alone for long conferences with them. Besieged and besiegers alike passed their time in jocular abuse and played many tricks on each other in a far from malevolent spirit, so that the men of those parts will speak of them in days to come with wonder and delight.[101]

On the death of Rufus, the garrison sent messengers to his brothers Robert Curthose, duke of Normandy and Henry, king of England, but since both were unable to send aid, they gave the garrison permission to surrender. They obtained not only honourable, but even lucrative terms, and when the garrison finally yielded the citadel to Helias, the count escorted them out of the city with their horses, arms and possessions 'not as vanquished foes but as faithful friends'.[102]

This brings us to our second major consideration, the change in the nature of the enemy. For warfare within France itself in the later tenth and eleventh centuries now generally lacked the religious dimension which lent so much bitterness to wars against the heathen, be they Vikings, Magyars or Saracens. The raids of Olaf Haraldsson against Brittany and Aquitaine in the early decades of the eleventh century were among the last launched by pagan Scandinavians, and Olaf himself was baptised in Rouen between 1013 and 1014.[103] The decision of Count Helias of Maine in 1096 to regard his war of defence against William Rufus as a crusade, and to bear the sign of the cross on his armour and equipment, was very much an exception, and it was only with the thirteenth century that political crusades within Europe became widespread.[104] Opponents in warfare in northern France of the

---

100 M. STRICKLAND, War and Chivalry, 204-229.
101 Orderic, ed. M. CHIBNALL, V, 302-303.
102 Orderic, ed. M. CHIBNALL, V, 306-307.
103 Gesta Normannorum Ducum, ed. E. VAN HOUTS, I, 24-29.
104 Orderic, ed. M. CHIBNALL, V, 228-233. For political crusades within Europe see NORMAN HOUSLY, Crusades against Christians: Their Origins and Early Development, c. 1000-1216, in: PETER EDBURY (Hg), Crusade and Settlement: Papers Read at the First Conference of the Society for the Study of the Crusades and the Latin East and presented to R. C. Smail, Cardiff 1985, 17-36;

eleventh and twelfth century were thus not foreign, pagan invaders, but warriors sharing the same faith, culture, language and perceptions of conduct. The question of the origins of knighthood is controversial. Some, such as Karl Leyser and Janet Nelson, have argued for the existence of a shared brotherhood in arms between *conmilitiones* as early as the ninth century,[105] while others such as Jean Flori would see the process largely the as creation of the twelfth century.[106] Certainly, however, the evidence of writers such as William of Poitiers and Orderic Vitalis suggests that by the mid-eleventh century at the latest, the heavily armed and well-mounted warriors operating within the territorial principalities were conscious of common membership of a military elite, which encompassed the lowliest *milites gregarii* to the greatest of lords in a shared profession of arms. Poitiers' *Gesta Guillelmi* seeks to portray Duke William himself as the flower of the *militia* of France, and a revealing episode relates how when aiding the king of France at the siege of Mouliherne against Geoffrey Martel of Anjou, c. 1049, the duke with only four companions attacked a larger group of enemy knights. He unhorsed one but took care not to run him through, then succeeded in taking seven others captive. Here Poitiers, who himself had been a knight, is keen to celebrate not the killing of the enemy but the duke's youthful feat of arms against opposing *milites* 'glorying in their horses and arms'.[107] The emphasis on a brotherhood of arms becomes still more explicit in the pages of Orderic, whose striking account of the good-humoured relations between besieged and besiegers at Le Mans in 1100 we have already noted. Similarly, Orderic recounts how when in 1098, during his attempted conquest of Maine, William Rufus entered the castle of Ballon, held by the hated and feared Robert of Belleme, the Angevin and Manceaux prisoners there called out to the king for him to free them. The king immediately ordered them to be released on parole, and when his councillors objected that they might escape, he replied, 'Far be it from me to believe that a knight would break his sworn word. If he did so, he would be despised forever as an outlaw'.[108] Here the emphasis is on Rufus' clemency and *franchise* not so much as a king, but as a fellow knight.

---

JOSEPH STRAYER, The Political Crusades of the Thirteenth Century, in: K. M. SETTON (Hg), A History of the Crusades I-VI, Madison 1969-90, II, 343-375; NORMAN HOUSLY, The Later Crusades, 1274-1580, Oxford 1992, 234-266.
105 KARL LEYSER, Early Medieval Canon Law and the Beginnings of Knighthood, in: LUTZ FENSKE/ WERNER ROSNER/THOMAS ZOTZ (Hg), Institutionen, Kultur und Gesellschaft im Mittelalter. Festschrift für Josef Fleckenstein zu seinem 65. Geburtstag, Sigmaringen 1984, 549-566, reprinted in: KARL LEYSER, Communications and Power in Medieval Europe. The Ottonian and Carolingian Centuries, hg. TIMOTHY REUTER, London 1994, 51-71.
106 JEAN FLORI, L'essor de la Chevalerie, XI$^e$-XII$^e$ siecles, Geneva 1986, who provides an invaluable survey and discussion of the extensive secondary literature in the first part of his work.
107 Gesta Guillelmi, ed. R. DAVIS/M. CHIBNALL, 16-17. He later recounts how William personally took a prisoner during his rout of the garrison of Domfront, c. 1051-2 (ibid., 24-25).
108 Orderic, ed. M. CHIBNALL, V, 244-245.

But what of conduct in the localised but bitter conflicts which occurred in Normandy during periods of ducal weakness in the 1030s and 1090s between rival families such as Tosny, Grandmesnil, Clere and Beaumont? Was the general trend towards clemency and ransom, and developing notions of chivalry retarded by the nature of war between opposing aristocrats exploiting, or reacting to, a vacuum in centralised power? There is debate as to whether such hostilities were actual bloodfeuds, or merely the kind of expansionist warfare practised by the territorial princes but in miniature.[109] Certainly, murders, mutilations and revenge killings formed a prominent feature of such aristocratic conflicts. Yet significantly, these rarely occurred within the context of open warfare, but instead were assassinations, poisonings, night attacks or ambushes on men all unprepared for combat; thus in the turbulent minority of Duke William, William Giroie was mutilated at a wedding feast by William de Belleme; Count Gilbert of Brionne was assassinated during a parley whilst among his retinue; William of Montgomery cut the throat of Osbern, steward to the young duke William, in the ducal bechamber, and in turn was slain by Osbern's steward, Barnon de Glos, again by stealth at night; and so on.[110] By contrast, though localised conflicts could be bloody, open warfare could be announced by formal challenges many days in advance,[111] and often was less about killing than the seizure of arms, horses and prisoners for ransom. This is made clear by a clause in the Norman *Consuetudines et Justicie*, drawn up in 1091 but purporting to record key ducal rights in the time of the Conqueror: 'No one was allowed to capture a man in war, to ransom him, nor take money from a war or a fight, nor take away arms nor a horse'.[112] Here the duke was aiming to prohibit the fundamental mechanisms of localized warfare. Though opponents could be killed in these encounters,[113] there was an underlying expectation that vanquished knights who were captured or who surrendered would be ransomed and not slain out of hand. Thus when in the war of the Breteuil succession, Reginald de Grancy personally slew all the members of a defeated garrison on surrender, Orderic could remark, 'This was the chief act that made him an object of universal hatred'.[114]

---

109 MATTHEW BENNETT, Violence in Eleventh-Century Normandy: Feud, Warfare and Politics, in: GUY HALSALL (Hg), Violence and Society in the Early Medieval West, Woodbridge 1998, 126-140.
110 Gesta Normannorum Ducum, ed. E. VAN HOUTS, II, 108-111, 94-95 and cf. 50-51.
111 Vita domni Herluni abbatis Beccensis, in JOSEPH A. ROBINSON, Gilbert Crispin, Abbot of Westminster. A Study of the Abbey under Norman Rule, Cambridge 1911, 88; CHARLES HOMER HASKINS, Norman Institutions, Harvard 1918, 283; MATTHEW STRICKLAND, Provoking or Avoiding Battle? Challenge, Duel and Single Combat in Warfare of the High Middle Ages, in: MATTHEW STRICKLAND (Hg), Armies, Chivalry and Warfare in Medieval Britain and France (= Harlaxton Medieval Studies VII), Stamford 1998, 317-343, at 318-319.
112 C. HASKINS, Norman Institutions, 284.
113 See, for example, Gesta Normannorum Ducum, ed. E. VAN HOUTS, II, 96-7; Orderic, ed. M. CHIBNALL, II, 40-41.
114 Orderic, ed. M. CHIBNALL, VI, 44-5.

Moreover, even in the context of such 'private war' killing could be a source of regret. Orderic, for example, records how Gilbert de Laigle was surprised without his armour at Moulins la Marche and pursued by a group of enemy knights 'wishing to take him alive', but was accidentally killed by a lance thrown by one of his pursuers during the chase 'to the great grief even of those who had done the deed'. Geoffrey, count of Mortagne, 'considering that his men had committed a serious crime and had sown the seeds of terrible troubles for his land by murdering such a warlike baron, made peace with his nephew, Gilbert de Laigle, and gave him his daughter Juliana in marriage'.[115]

Indeed, it was such ties of kinship and marriage which existed between many of the Anglo-Norman aristocracy that accounted for much of the restraint from killing seen in battles waged within the context of civil war. At Tinchebrai, fought in 1106 between Henry I and his brother Robert, there were very few noble casualties,[116] while at Bourgthéroulde in 1124, the archers of Henry I's *familia regis* were ordered only to shoot the horses of their rebel opponents, who were all swiftly unhorsed and captured without any fatalities.[117] A similar ploy of shooting the horses, but not the riders of the enemy cavalry may well have occurred at Brémule,[118] where Henry I's army faced a mixed force of Norman rebels and Louis VI's French, and where, as we have seen, casualties were negligible. The second battle of Lincoln in 1217 certainly witnessed a deliberate limitation on the lethal potential of the crossbow, for here the royalist commander Fawkes de Bréauté ordered his crossbowmen only slay the warhorses of their French and baronial opponents, while the royalist forces hung back from pursuit to give friends and relatives a chance to escape. Once again, the battle was virtually bloodless, and the death of one of the leading French nobles, the count of Perche, was a cause of consternation and regret on both sides.[119] The stress on magnanimity towards a defeated knightly opponent, moreover, was beginning to be reflected in courtly vernacular literature, and is nowhere better expressed that in Chretien de Troyes' *Conte du Graal*. When Perceval's tutor in arms, Gornemant of Gohort, girds him with the sword-belt of knighthood, he then instructs him; 'Young man, remember that if you are ever compelled to go into combat with any knight, I want to beg one thing of you; if you

---

115 Orderic, ed. M. CHIBNALL, IV, 200-203.
116 CHARLES W. DAVID, Robert Curthose, Cambridge (Mass.) 1920, 247, for a contemporary letter stating that King Henry lost only two knights in the battle, with one wounded.
117 Orderic, ed. M. CHIBNALL, VI, 350-351.
118 Orderic, ed. M. CHIBNALL, VI, 238-239.
119 L'Histoire de Guillaume le Maréchal I-III, ed. PAUL MEYER, (= Société de l'histoire de France), Paris 1891-1901, ll. 7804-41, 'When the Marshal saw him fall, he though he had simply lost consciousness and ordered William de Montigny to take off his helmet. When this was done, they saw he was dead. It was grievous that he should die in this way'.

gain the upper hand and he is no longer able to defend himself or hold out against you, you must grant him mercy rather than killing him outright'.[120]

It would, of course, be misleading to suggest that all warfare fought either within the Anglo-Norman *regnum*, or in external conflicts against its neighbours was so restrained as battles such as Tinchebrai, Brémule and Lincoln; some conflicts were waged in a spirit of bitter hostility, not that of a brotherhood in arms, and knights might still be bent on slaying individual opponents.[121] Nevertheless, the battle of Bouvines in 1214, which claimed the lives of over 160 knights, must be regarded as exceptional in its ferocity. Indeed, it had been precisely to avoid this sort of bloodshed that Angevin and Capetian armies had on several occasions drawn back from the verge of pitched battle, as occurred, for example, at Chateauroux in 1187 and at Issoudun in 1195. Even at Bouvines, we are still at a considerable remove from the Anglo-French warfare of the fourteenth and early fifteenth centuries. Not only did the mass use of archers in English armies contribute to enormous casualties amongst the French nobility at battles such as Crecy, 1346, Poitiers, 1356, and Agincourt, 1415, but these were conflicts in which a conscious decision could be taken not to take prisoners for ransom (as did the English before Crecy) or to execute prisoners at a moment of crisis (as did Henry V at Agincourt). Equally, the battles of the Anglo-Norman civil wars contrast strikingly with those of the 'Wars of the Roses' in fifteenth-century England, where rivals for the throne attempted to spare the lives of the common man, but ruthlessly executed noble opponents following capture.

\*\*\*

Already substantially developed in France by 1066, a chivalric ethos marked by a sense of professional solidarity between members of the warrior elite, an emphasis on clemency and on the taking of noble opponents prisoner for ransom, was imported into England with the Norman invasion and became established with the ascendancy of a new Franco-Norman aristocracy. The impact of the Norman Conquest on behaviour in war within the British isles is a subject which cannot be explored in detail here, though we may note that the clash and partial fusion of Anglo-Norman and Celtic military cultures created a complex pattern of conduct. With most warriors lacking the expensive defensive armour enjoyed by their Anglo-Norman opponents, the Welsh, Irish and native Scots waged war preponderantly by fasting moving guerrilla tactics from mountains and woods, generally avoiding open battle and protracted siege, with raids marked by the massacre or

---

120 Chretien de Troyes, Le conte du Graal (Perceval) I-II, ed. FÉLIX LECOY, Paris 1972, I, ll. 1637-45; Arthurian Romances, tr. WILLIAM W. KIBLER, Harmondsworth 1991, 403.
121 M. STRICKLAND, War and Chivalry, 159-182.

enslavement of the local populace and the slaying of captives. Writing in the late 1180s, the great *litterateur* Gerald of Wales, who was of mixed Anglo-Norman and Welsh blood, summed up the disparity between such conduct and that of the Normans. Speaking here as a Welshman, he noted; "In their own countries, the Flemings, Normans, French *routiers* and Brabancon mercenaries / are bonny fighters and make well-disciplined soldiers, but the tactics of French troops are no / good at all in Ireland or Wales. They are used to fighting on the level, whereas here the / terrain is rough; their battles take place in open fields, but here the country is heavily / wooded; with them, the army is an honourable profession but with us it is a matter of dire / necessity; their victories are won by stubborn resistance, ours by constant movement; they / take prisoners, we cut off their heads; they ransom their captives, we massacre them."[122]

As a result, the Normans quickly came to view their new neighbours as poorly armed savages, barbarians with an alien language and customs, against whom there could be no honourable combat between equals, no sense of a brotherhood in arms. Moreover, a comparative absence of castles and of a developed monetary economy hindered the effective operation of ransom.[123] Thus while significant chivalric constraints operated in warfare among the Anglo-Normans themselves, they might often behave towards their Celtic opponents with utter ruthlessness, which might include the mutilation, execution or even enslaving of prisoners.[124] Gradually, Welsh princes and their retinues became influenced by the chivalric culture of the Anglo-Normans, and as castle-based warfare increased, so too the conventions of siege, such as allowing an enemy freedom to leave with horses and arms, become visible in warfare between Welsh leaders themselves by the end of the twelfth century. Nevertheless, such assimilation was slow; perceived linguistic and cultural

---

[122] Giraldi Cambrensis Opera I-VIII, ed. JOHN S. BREWER/JAMES F. DIMOCK/GEORGE F. WARNER, London 1861-1891, IV, 220; trans. LEWIS THORPE, Gerald of Wales: The Journey through Wales/The Description of Wales, Harmondsworth 1978, 269.

[123] JOHN GILLINGHAM, Conquering the Barbarians: War and Chivalry in Twelfth Century Britain, Haskins Society Journal, IV 1993, 99-118; JOHN GILLINGHAM, The Beginnings of English Imperialism, Journal of Historical Sociology V 1992, 392-407.

[124] Thus, for example, Orderic, ed. M. CHIBNALL, VI, 138-139, recounted with great disapproval the methods of the marcher lord Robert of Rhuddlan, during his advances into North Wales in the 1080s: "For fifteen years he harried the Welsh mercilessly, invaded the lands of men who when they still enjoyed their liberty owed nothing to the Normans, pursued them through woods and marshes and over steep mountains and found different ways of securing their submission. Some he slaughtered mercilessly like cattle; others he kept for years in fetters, or forced into a harsh and unlawful slavery. It is not right that Christians should so oppress their brothers, who have been reborn in the faith of Christ by holy baptism." Orderic's censure is particularly striking, as elsewhere he is at pains to praise this benefactor of St Evroul, and even composed his epitaph (ibid., IV, 138-9, VI, 144-7). His remarks should be compared to the lament of the Welsh cleric Rhigyfarch, who bemoaned the fate of his countrymen in the 1090s (MICHAEL LAPIDGE, The Welsh-Latin Poetry of Sulien's Family, Studia Celtica VIII-IX 1973-4, 68-106, at 91).

differences, combined with the Anglo-Normans' tactical inability either to prevent Welsh raiding or successfully to bring the enemy to battle ensured that Anglo-Welsh warfare was fought with a particular bitterness and savagery. As late as the mid thirteenth century, both sides were still indulging in the mutilation of living or dead captives and the taking of enemy heads, until the final conquest of north Wales by Edward I in the closing decades of the thirteenth century.[125] Nevertheless, Anglo-Norman commanders, quickly recognizing the great value of Welsh archers and spearmen as light infantry, did not scruple to employ these troops in Ireland, Scotland or on their continental campaigns, where contemporaries commented on their wild appearance and reputation for not taking prisoners.

In Scotland, the settlement of Franco-Norman knights and the adoption of chivalric *mores* by the Scottish kings of the twelfth century led to a still more striking divergence of conduct within Scottish armies themselves. In war against their southern neighbour, the native Scots and Galwegian troops indulged in the time honoured methods of Celtic warfare, slaying indiscriminately and enslaving, and giving rise to allegations of 'atrocities' by anguished English chroniclers.[126] By contrast, Scottish kings like David I (1124-1153) and William the Lion (1165-1214) with their retinues of knights, ostentatiously adhered to the chivalric conventions of Anglo-Norman warfare in their attempt to cut the pose of a *roi-chevalier*. Significantly, however, their success in so doing was often severely compromised in the eyes of southern observers by their real or supposed complicity in and responsibility for the excesses of their native troops.[127] Such a disparity in conduct was to survive well into the sixteenth century. In 1513, as the Scottish king James IV, renowned as a great renaissance patron and flower of chivalry, led his army into battle against the English at Flodden, a Gaelic poet could utter the following chilling exhortation to Archibald, earl of Argyll, and his highlanders: "Let us make harsh and mighty warfare against the English ... The roots from which they / grow, destroy them, their increase is too great, and leave no Englishman alive after you nor / Englishwoman there to tell the tale. Burn their bad coarse women, burn their uncouth / offspring, and burn their sooty houses, and rid us of the reproach of them. Let their ashes / float down-stream after burning their remains, show no mercy to a living Englishmen, / O chief, deadly slayer of the wounded."[128]

---

125 FREDERICK C. SUPPE, The Cultural Significance of Decapitation in High Medieval Wales and the Marches, Bulletin of the Board of Celtic Studies XXXVII 1989, 147-160; FREDERICK C. SUPPE, Military institutions on the Welsh Marches: Shropshire, A.D. 1066-1300 (= Studies in Celtic History XIV), 7-33.
126 M. STRICKLAND, War and Chivalry, 291-296, 304-309, 313-320.
127 Ibid., 210-211, 219-220, 320-329.
128 A Celtic Miscellany, ed. KENNETH H. JACKSON, Harmonsworth 1971, 239-241. In turn, as late as the eighteenth century, the perception of highlanders as barbarous savages by lowland Scots and the English led to the butchery of the wounded and the bloody suppression of the defeated Jaco-

Let us conclude this overview of the changing nature of conduct towards opponents in war where we began, in 1066, and with a final question. Would Anglo-Saxon England have assimilated concepts of ransom and chivalric clemency without the enforced catalyst of the Norman Conquest? Certainly there is evidence before 1066 of what we may term 'chivalric' interchange at the highest political levels between England and northern France. The Godwine family had close ties to Flanders, and sought refuge there in exile.[129] Edward the Confessor, who took the throne in 1042, was half Norman and in his youth had been brought up in the ducal household where he may well have received knightly training.[130] In turn, Orderic believed that after 1052, Edward had knighted the future marcher lord Robert of Rhuddlan, who was then serving as his squire.[131] Had it not been for the political crisis of 1051-2, which resulted in the Godwines *revanche* and the expulsion of several of Edward's Norman followers, it is possible that the court would have been more heavily influenced by the martial milieu of the continent, just as the court of David I of Scotland was to adopt Anglo-Norman chivalric mores following that king's accession in 1124 after an upbringing in the English court. As it was, Harold himself received arms from Duke William during his visit in 1064, and after Hastings was buried by his half-English, half-Norman *compater,* William Malet.[132]

Yet though important, such contacts with the 'heartlands' of Europe were still far outweighed by the legacy of repeated Scandinavian incursions. How far a continuation of the power and political stability achieved under Edgar (954-975) would have affected assimilation of European influences on conduct in war is uncertain, for instead influences from the 'periphery' were powerfully re-enforced by repeated raids and invasion, which from the 990s brought the kingdom of Aethelred the Unready to its knees. Some of the attackers were still pagan, and we have already noted the ruthless nature of the conduct to which these wars gave rise. Hence at the very time when the Norman duchy was turning away from its Scandinavian links and assimilating the methods of Frankish warfare, England became an Anglo-Scandinavian realm under the sway of Cnut (1016-1035) and his successors, while the possibility of renewed invasion from Denmark or Norway was to remain a serious threat well beyond 1066. Moreover, whereas in France, chivalric conventions could develop in warfare within and between the aristocratic military elites of the territorial principalities, with extremes of conduct reserved for external and

---

bite clansmen following the battle of Culloden in 1746 (JOHN PREBBLE, Culloden, London 1961, 122ff).

129 PHILIP GRIERSON, A visit of Earl Harold to Flanders in 1056, in: EHR LI 1936, 90-7; PHILIP GRIERSON, Relations between England and Flanders Before the Norman Conquest, Transactions of the Royal Historical Society, 4th series, XXIII 1941, 71-112.

130 FRANK BARLOW, Edward the Confessor, London 1970, 39-42.

131 Orderic, ed. M. CHIBNALL, IV, 136-137.

132 DAVID WILSON (Hg), The Bayeux Tapestry, London 1985, plate 24; The Carmen de Hastingae Proelio of Guy, Bishop of Amiens, ed. CATHERINE MORTON/HOPE MUNTZ, Oxford 1972, 38-39.

often pagan opponents (as witnessed, for example, by the First Crusade), there was for the Anglo-Saxons no such catalyst, no shift in the nature of the enemy. They had continued to fight either Scandinavians or Celtic neighbours, whose conduct in war had changed little since the days of Bede, with raids continuing to be marked by massacre and enslavement. It was small wonder then that on the eve of the Conquest, there was little to distinguish the behaviour of the Northumbrians from their Scottish neighbours, and on the Welsh marches the picture appears similar.[133]

Unlike its Celtic neighbours, however, the late Anglo-Saxon kingdom had a sophisticated monetary economy which could have facilitated the development of ransom in warfare between the Anglo-Saxon nobility, just as it had made possible the massive payments of geld to viking raiders. Yet how Anglo-Saxon earls and thegns would have treated each other in open battle and as prisoners in the eleventh century is uncertain; the known instances of open warfare between rival aristocratic families are few, and generally restricted to the turbulent north of England. Equally, in 1051, when the English nobility had come to the brink of civil war, they had shown a marked reluctance to engage in battle with their fellows, and bloodshed was avoided.[134] For while in France the development of ransom and of chivalric conventions may well have been accelerated by political fragmentation and the rise of castle-based warfare, Anglo-Saxon England had remained a powerful centralised monarchy, whose rulers appear to have largely succeeded in suppressing localised 'private' warfare between nobles. The fortresses or burghs were communal, not seigneurial defences, and while there is evidence for the existence of fortified dwellings of Anglo-Saxon nobles, it is clear they played little or no role in either warfare or in aristocratic rebellion.[135] The military institutions of late Anglo-Saxon England were designed for defence against external invaders, not for near continual localised warfare. The factors were equally reflected in the uncompromising treatment afforded the enemy, as the fate of Harald Hardraada's army at Stamford Bridge so graphically revealed. The Normans were probably justified in their belief that little mercy would have been shown to them at Hastings if Harold had been victorious. William of Poitiers has Duke William say to his men before the battle

---

133 Hence in 1065, the Northumbrians rebelling against the rule of Earl Tostig, ravaged Northamptonshire, 'killed people and burned houses ... and captured many hundreds of people and took them north with them, so that that shire and other neighbouring shires were the worse for it for many years' (ASC 'D', 1065). In 1055, Earl Aelfgar of Mercia had joined the Welsh prince Gruffydd to sack Hereford, killing many including priests in the minster (ASC, 1055).

134 'Some of them thought it would be a great piece of folly if they joined battle because in the two hosts there was most of what was most noblest in England, and they considered that they would be opening a way for our enemies to enter the country and cause great ruin among ourselves' (ASC, 'D', 1051).

135 ANNE WILLIAMS, A Bell-house and Burgh-geat: Lordly Residences in England before the Norman Conquest, in: CHRISTOPHER HARPER-BILL/RUTH HARVEY (Hg.), Medieval Knighthood IV. Papers from the Fifth Strawberry Hill Conference, Woodbridge 1992, 221-240.

that 'if they fought like men they would have victory, honour and wealth. If not, they would let themselves either be slaughtered, or captured to be mocked by the most cruel enemies'.[136]

Nevertheless, essential similarities between the warrior aristocracies of late Anglo-Saxon England and Normandy meant that those of the ruling elite who survived the Conquest seem to have been integrated into the chivalric world of France without undue difficulty. While some chose exile to fight in the varangian guard of the byzantine Emperors, others fought for William the Conqueror in France, and it was with great pride that the Anglo-Saxon Chronicle recorded the death of Toki, son of Wigod of Wallingford, a major Anglo-Saxon landowner, slain at William the Conqueror's side at Gerberoi in 1079.[137] But nowhere is this fusion - and of the radical transformation in the conduct of war - more marked than in the career of Edgar Aetheling, last of the royal line of Wessex. Edgar distinguished himself on the First Crusade and, as a close companion of Duke Robert Curthose, fought along side him at Tinchebrai in 1106.[138] He survived to tell of this defeat and to fight another day. Had he been fighting such a battle in the Anglo-Scandinavian world into which he was born, he may well not have lived to do so.

### Zusammenfassung

Die Frage nach dem Umgang mit dem besiegten Gegner und der Entstehung verschiedener "Kriegsstile", ist ein zentraler Aspekt mittelalterlicher Kriegführung. Am Beispiel der angelsächsischen Welt wird untersucht, wie sich das Verhalten gegenüber dem besiegten Feind verändert, je nachdem wie dieser wahrgenommen wird. Dabei spielen auch die kriegerischen Praktiken der Gegner eine Rolle. Die inselkeltischen Völker sowie die Vikinger töteten ihre Feinde und verkauften die Überlebenden in die Sklaverei, weshalb sie als "Barbaren" betrachtet wurden, denen gegenüber keine Schonung angebracht war. Im Falle der Vikinger kam hinzu, daß es sich um einen (noch) "heidnischen" Gegner handelte, was dem Konflikt eine religiöse Dimension und damit zusätzliche Schärfe verlieh. Die Praxis, Gefangene gegen Lösegeld freizukaufen, war daher nur unter bestimmten Bedingungen möglich. Sie konnte sich erst entwickeln, als aus dem Eroberungs- und Raubkrieg ein lokal begrenzter Konflikt und aus dem feindlichen Eindringling ein Angehöriger derselben gesellschaftlichen Schicht geworden war. Diese Veränderung vollzieht sich im Zusammenhang mit dem Prozess der Territorialisierung, aufgrund dessen sich auch die Art der Kriegführung ändert: sie konzentriert sich auf die Belagerung und Eroberung von Burgen. Der Belagerungskrieg führt zu einer "Zähmung" der Gewalt, es entwickeln sich "Spielregeln" des Krieges, zu denen auch die Zahlung von Lösegeld zu zählen ist. Mit der normannischen Eroberung gelangten diese auch nach England, wo sie jedoch nur eine begrenzte Wirksamkeit entfalteten. Was die schottischen, walisischen und irischen Gegner der (Anglo-) Normannen anging, so wurde der Konflikt auf beiden Seiten mit voller Härte ausgetragen.

---

136 Gesta Guillelmi, ed. R. H. C. DAVIS/M. CHIBNALL, 126-7.
137 ASC, 'D', 1079.
138 NICHOLAS HOOPER, Edgar Aetheling, Anglo-Saxon Prince, Rebel and Crusader, Anglo-Saxon England XIV 1985, 197-214.

Compte rendu

La question de savoir comment on traitait l'ennemi vaincu et comment se formaient différents "styles de guerre" constitue un aspect central de la belligérance médiévale. Par l'exemple du monde anglo-saxon, l'auteur analyse les changements dans le traitement de l'ennemi soumis qui dépendent de la perception de l'adversaire. De même, les pratiques guerrières des ennemis jouent un rôle à cet égard. Les peuples celtes insulaires et les Vikings tuaient leurs ennemis et vendaient les survivants en esclavage; pratiques pour lesquelles on les qualifiait de "barbares" qu'il ne fallait pas épargner. Au cas des Vikings, il accédait aussi le fait que ceux-ci étaient des ennemis (toujours) païens, ce qui donnait au conflit une dimension religieuse et, par cela, une acuité additionnelle. Donc, la pratique de rançonner des prisonniers n'était praticable que sous des conditions spécifiques. La rançon pouvait s'établir seulement lorsque le caractère du conflit armé avait changé d'une guerre de conquête et de pillage en un combat localement confiné et après que l'envahisseur ennemi eut été devenu membre de la même couche sociale que l'agressé. Ces mutations s'effectuèrent dans le contexte général du processus de territorialisation, dont un résultat furent aussi les modifications dans l'art de guerre; celui-ci se concentre désormais sur le siège et sur la prise de châteaux. La guerre menée par des sièges a pour conséquence une 'domestication' de la violence; des 'règles de jeu', parmi lesquelles compte aussi la rançon, se développèrent à l'égard de la belligérance. Ce système de règles parvint aussi en Angleterre, transmis par les conquérants normands; pourtant, il n'y atteignit qu'une validité réduite. Quant aux adversaires écossais, irlandais et du pays de Galles, on se combattait des deux côtés sans merci.

# Hannelore Zug Tucci

# Kriegsgefangenschaft im Mittelalter. Probleme und erste Forschungsergebnisse

Zwei Vorbemerkungen: Wie ich im Titel auszudrücken versucht habe, sind meine Forschungen noch im Gange. Darüber hinaus möchte ich gleich klären, daß ich hier über ein Institut sprechen werde, das bedeutenden zeitlichen und räumlichen Variationen ausgesetzt ist.

Die Ausgangssituation ist zwar immer die gleiche: in feindlichen Auseinandersetzungen bemächtigt sich die eine Seite Angehöriger der Gegenseite. Was dann aber mit diesen geschieht, ist nicht immer gleich, so daß der Historiker sich bemühen muß, diese Variationen ausgesetzten Folgen zu registrieren und zu klären, von welchen Faktoren sie abhängig sein könnten.

Wenn wir bei einer ersten Annäherung an das Problem zunächst einmal ermitteln wollen, welches die über die mittelalterliche Kriegsgefangenschaft herrschenden Kenntnisse sind, und davon ausgehen, daß die rechtsgeschichtlichen Nachschlagewerke uns darüber Auskunft geben könnten, werden wir enttäuscht, da wir feststellen müssen, daß sich ihrer selbst die modernsten Repertorien nur unzureichend angenommen haben. In dem, zugegeben, konzisen Handwörterbuch zur deutschen Rechtsgeschichte z. B. fehlt das Stichwort Kriegsgefangenschaft gänzlich.[1] Der mehrbändige *Nuovissimo Digesto*, eine der besten und in seinen zahlreichen Editionen jeweils auf den neuesten Stand gebrachten juristischen Enzyklopädien, behandelt hingegen das Institut ziemlich ausführlich, konzentriert die Aufmerksamkeit aber - gleichsam wie von zwei magnetischen Polen angezogen - auf der einen Seite auf den römischen *captivus*, auf der anderen Seite auf die jüngsten Genfer Abkommen zur Behandlung der Kriegsgefangenen und deren Vorläufer. Der mehr als tausendjährige Zeitraum zwischen dem Untergang des römischen Imperiums und den ersten modernen völkerrechtlichen Staatsverträgen zur internationalen Regelung der Materie wird praktisch übersprungen. Man beschränkt sich auf die in ihrer Verallgemeinerung ungenaue Feststellung, im christlichen Mittelalter wären die Kriegsgefangenen nicht mehr versklavt und durchweg nach Zahlung von Lösegeldern befreit worden.

Wie sieht es im historischen Schrifttum aus? Auch hier bleiben wir unbefriedigt, denn die neuere Literatur behandelt entweder nur partielle Aspekte, nicht selten auf

---

[1] Siehe aber ADALBERT ERLER, HRG III, Berlin 1984, s. v. Loskauf Gefangener, Sp. 49.

ziemlich oberflächliche Art und Weise, oder aber lange Zeiträume, wie z. B. das Buch von Rüdiger Overmans, *In der Hand des Feindes*, das bereits in seinem Untertitel *Kriegsgefangenschaft von der Antike bis zum 2. Weltkrieg*[2] zu erkennen gibt, daß, wie schon in den Nachschlagewerken, die langfristige Betrachtungsweise zu Lasten des Mittelalters geht. In modernen und guten Darstellungen, die unsere Zeitspanne hingegen explizit behandeln und sich mit den seinerzeit geltenden Kriegsnormen befassen, wie dem ausgezeichneten Werk von Keen über *The Laws of War in the late Middle Ages*, werden natürlich auch die die Kriegsgefangenschaft betreffenden Normen miteinbezogen, aber eben nur als eines unter anderen Themen.[3] Das jüngste Buch von Norbert Ohler über *Krieg und Frieden im Mittelalter* [4] vereinfacht dahin, daß die vermögenden Gefangenen zu Lösegeld ausgesetzt, die anderen aber getötet wurden. Und in Schriften zu den eigens zur Gefangenenbefreiung gegründeten Orden - ich denke an das Buch von Brodman, *Ransoming Captives in Crusader Spain. The Order of Merced on the Christian-Islamic Frontier* [5] - in diesen Schriften geht es nur um einen, wenn auch wichtigen Aspekt des vielseitigen Problems. In der Tat sind die meisten der bisher erschienenen Darstellungen diesem Aspekt, der Entlassung aus der Kriegsgefangenschaft, gewidmet,[6] vor allem, wenn es sich wie hier um die Rückgewinnung von Christen aus nichtchristlichen Händen oder um komplizierte Fälle von Lösegeldzahlungen handelt, vielfach aus der Zeit des Hundertjährigen Krieges.

Weniger Aufmerksamkeit ist hingegen den vorangehenden Stadien entgegengebracht worden, nicht der Auslösung, sondern der Gefangennahme und der Internierung. Besonders der Internierung als zentralem Problem, einer durchweg traumatischen Erfahrung, die mit ihrer meist jahrelangen Dauer und der Ungewißheit ihres Endes die Individuen für immer zeichnete. Alles in allem haben also - und allein das aufzuzeigen beabsichtigt unsere knappe *rassegna* - in der bisherigen Forschung Einzelprobleme Beachtung gefunden oder aber das Los in Gefangenschaft geratener herausragender Persönlichkeiten, von Richard Löwenherz, Ludwig dem Heiligen, Friedrichs II. Sohn König Enzo, die als interessante Sonderfälle anzusehen sind, aber im Grunde wenig über die Normalität aussagen.

Was bisher fehlt, ist eine der mittelalterlichen Kriegsgefangenschaft in ihrer Ganzheit gewidmete Monographie oder doch wenigstens eine Monographie, die sich gründlich einer bestimmten historischen Realität annimmt, einem geogra-

---

2 RÜDIGER OVERMANS, In der Hand des Feindes. Kriegsgefangenschaft von der Antike bis zum 2. Weltkrieg, Köln/Weimar 1999.
3 MAURICE H. KEEN, The Laws of War in the Late Middle-Ages, London/Toronto 1965, besonders das Kapitel über "The laws of ransom".
4 NORBERT OHLER, Krieg und Frieden im Mittelalter, München 1997.
5 JAMES WILLIAM BRODMAN, Ransoming Captives in Crusader Spain. The Order of Merced on the Christian-Islamic Frontier, Philadelphia 1986. - Am 800. Jahrestag der Approbation der Regel des Trinitarierordens durch Innozenz III. war im September 1998 in Rom ein interdisziplinärer Kongreß über "La liberazione dei 'captivi' tra Christianità e Islam" veranstaltet worden.
6 Für Deutschland z. B. ADALBERT ERLER, Der Loskauf Gefangener. Ein Rechtsproblem seit drei Jahrtausenden, Berlin 1978.

phisch-politisch determinierten Raum zu einer gegebenen Zeit, beispielsweise während der zentralen und späteren Jahrhunderte unserer Epoche, in denen es zu wichtigen militärisch-technischen und sozialen Entwicklungen kommt, die eine Dynamik auch im Hinblick auf die Kriegsopfer erwarten lassen und für die es darüber hinaus nicht an Quellen mangelt.

Das bisher so geringe Interesse an der mittelalterlichen Kriegsgefangenschaft scheint um so unverständlicher, wenn man sich die Häufigkeit der militärischen Auseinandersetzungen während dieses Zeitraumes vor Augen hält, mit ihrer gleichsam saisonbedingten unausweichlichen Wiederkehr. In dieser Hinsicht lassen die zeitgenössischen italienischen Quellen, auf die sich meine Studien hauptsächlich stützen, wenige Zweifel. Mit dem Frühling kommt der Krieg. *Tempus quo sol est in ariete*, schreibt ein Florentiner Chronist im 13. Jahrhundert, wenn die Sonne im Zeichen des Widders steht, beginnt wie üblich, *ut moris est*, die Kriegsglocke zu läuten.[7]

Wesentlicher Bestandteil also des staatlichen Lebens, welche Erwartungen wurden an den Krieg geknüpft? Was erhoffte man sich von einer Militärkampagne? In einer Phase des Vorherrschens von Bürgerheeren trugen die Erfahrungen gemeinsamen Agierens im Augenblick der Gefahr zweifellos in starkem Maße dazu bei, eine für die innenpolitische Eintracht erforderliche soziale Kohäsion zu fördern. Von den Vorteilen mehr materieller Art, die man sich von einem erfolgreich geführten bewaffneten Konflikt versprach, pflegten in dieser Zeit, der Epoche der italienischen Stadtkommunen, unmittelbar durch Waffengewalt erlangte Annexionen nur eine relative Rolle zu spielen. Hervorgehoben werden vielmehr bei den Friedensschlüssen ausgehandelte Gebietserweiterungen, Erlangung von Vorrechten, der Gewinn von Kriegsbeute, besonders wenn es sich darum handelt, den Gegner durch Abnahme von Waffen, Pferden und Personen in seinem Potential zu schwächen.

Die Schwächung des Gegners in seinem Kriegspotential war natürlich von immediatem Nutzen, aber nicht die einzige Finalität, die es ratsam erscheinen ließ, sich der Gegenseite angehöriger Personen zu bemächtigen. Die Möglichkeit, über Kriegsgefangene zu verfügen, trug in der Tat entscheidend dazu bei, eine vorteilhafte Position im Hinblick auf künftige Friedensverhandlungen einzunehmen. Deshalb war es nicht üblich, die Gefangenen vor Abschluß des Friedensvertrages freizulassen, selbst dann nicht, wenn die Feindseligkeiten eingestellt und es zu einem Waffenstillstand gekommen war.

*Petitio ut captivi restituantur derisoria est* läßt die Kommune Siena deshalb 1235 ihre Gegnerin Orvieto wissen. Das Ersuchen, die Kriegsgefangenen vor Abschluß des Friedensvertrages zu entlassen, ist einfach lächerlich: welchen Nutzen

---

[7] Sanzanome Iudex, Gesta Florentinorum ab anno 1125 ad annum 1231, ed. GAETANO MILANESI, in: Documenti di storia italiana pubbl. della R. Deputazione di Storia Patria per la Toscana, l'Umbria e le Marche VI, Firenze 1876, S. 150.

hätte Siena sonst von ihrem Sieg? *Quia non debet civitas captivis privari, nisi facta pace, ne sit sibi inutilis sua victoria.*[8]

Vorteilhaft war der Besitz zahlreicher Gefangener, besonders wenn sich darunter Persönlichkeiten befanden, die in ihrer Heimat einflußreich waren, und der Gegner nicht über Gleiches verfügen konnte, also seine Verhandlungsbasis relativ schwach war, und er sich, um diese seine Bürger zurückzugewinnen, zu Zugeständnissen bereit finden mußte. Und nicht nur das. Ein symptomatischer, wenn auch extremer Fall, die Situation zwischen Genua und Pisa nach der Meloria-Schlacht von 1284. Hatte die ligurische Stadt kaum eigene Verluste zu beklagen, so waren die von ihr gefangenen Pisaner so zahlreich und viele von ihnen aus so hervorragender Familie, daß Pisa praktisch verwaist war und sich der Spruch verbreitete: "willst du Pisa sehen, so gehe nach Genua", und dermaßen verarmt an Führungsschichten, daß die Friedensverhandlungen von den in Genueser Gewahrsam befindlichen Pisanern im Namen ihrer Stadt geführt wurden. Und nach fünfjährigem Aufenthalt in Genueser Internierung wundert es nicht, daß die mit den Pisanern Gefangenen erarbeiteten Klauseln des Friedensvertrages eindeutig zugunsten Genuas ausfielen.

Kein Krieg ist denkbar ohne Gefangennahme von Angehörigen der gegnerischen Seite, ob sie nun im Heer gestanden hatten oder nicht. Da nämlich - wie übrigens noch weit in die Neuzeit hinein - kaum zwischen ziviler Bevölkerung und Militär differenziert wurde, war die Wahrscheinlichkeit, in Kriegsgefangenschaft zu geraten, für jeden Einzelnen unvergleichlich größer als in moderner Zeit. Jeder, unabhängig von Alter, Geschlecht, Position oder Funktion, war ein potentieller Kriegsgefangener, trotz aller Versuche, Rechtsnormen durchzusetzen, die, ohne explizit auf die Gründe einzugehen, darauf abzielten, bestimmten Personenkreisen, wie Geistlichen, Botschaftern und Gesandten Immunität zu verleihen. Für den deutschen Raum erinnere ich hier nur an die diesbezüglichen in die Gottes- und Landfrieden aufgenommenen Klauseln zugunsten vor allem von Geistlichen, Bauern, Kaufleuten und Frauen, von Juden, Fischern und denjenigen, die ein reguläres Jagdhandwerk ausübten.[9] Sie alle sollten nicht gefangengenommen werden.

Die Notwendigkeit, nicht durch bloßes Aufzählen derjenigen, die nicht dazugehören sollten, sondern durch positive Umschreibungen der sie kennzeichnenden Charakteristika zu einer eindeutigen Definition der Figur des Kriegsgefangenen zu gelangen, wie sie das internationale Recht seit dem 19. Jahrhundert mit immer größerer Insistenz und Präzision versucht, ist dem Mittelalter fremd; denn die einfache Zugehörigkeit zu einem kriegführenden politischen Organismus ist ein hinlängliches Motiv, vom Gegner gefangengenommen zu werden, ohne selbst jemals gegen diesen die Waffen ergriffen zu haben oder überhaupt waffenfähig zu sein. Nicht die Sinne Wehrlosigkeit im wörtlichen bestimmter Kategorien ist ausschlaggebend für Gefangennahme oder Nicht-Gefangennahme, sondern die Erwägung, daß auch

---

[8] FEDOR SCHNEIDER, Regestum senese. Regesten der Urkunden von Siena I: Bis zum Frieden von Poggibonsi, 713 - 30 iunii 1235 (= Regesta chartarum Italiae VIII), Roma 1911, S. 437, Nr. 989.

[9] Z. B. MGH Const. I, ed. LUDWIG WEILAND, Hannover 1895, S. 583, Nr. 407; ibid. II, ed. LUDWIG WEILAND, Hannover 1896, S. 398ff.

Personen, die *inermes* sind und an und für sich kriegsfremden Tätigkeiten nachgehen, wie Verrichtungen ökonomischer Art, sei es in der Landwirtschaft, in Handel oder Gewerbe, mit den Früchten ihres Schaffens auf jeden Fall dazu beitrugen, den Gegner zu stärken. So darf es nicht überraschen, daß Angehörige von politischen Organismen, die nicht in den Krieg verwickelt waren, die aber mit ihrer händlerischen Aktivität den Feind unterstützten, im Falle einer Gefangennahme härteren Bedingungen unterlagen als diejenigen, die als Söldner für den Feind gekämpft hatten.[10] Um sie nicht der Gefahr einer Gefangennahme auszusetzen, rief Venedig regelmäßig die eigenen Kaufleute aus den Gebieten zurück, in denen der Ausbruch von Feindseligkeiten drohte.

Bei dieser Gelegenheit ist noch hinzuzufügen, daß es nicht nur an Definitionen, sondern auch an unzweideutigen, die Kriegsgefangenen als solche kennzeichnenden Ausdrücken fehlte. In den lateinischen Texten finden sich dafür Termini wie *captivi, carcerati, incarcerati, detenti*, aber auch *obsides*, ohne erkennbaren Bedeutungswandel. D. h. abgesehen von den Geiseln, *obsides*, worauf noch zurückzukommen sein wird, werden die gleichen Worte verwendet wie für diejenigen, die wegen Gesetzesverstößen eine Haftstrafe verbüßen oder wegen Schuldenlasten festgehalten werden, obwohl man sich sehr wohl dessen bewußt war, daß die Kriegsgefangenschaft keinesfalls dazu diente, den *captivus* zu strafen, sondern eine Sicherheitsvorkehrung darstellte sowohl zum Schutze des Entwaffneten selbst, als auch im Interesse der Gewalt, die sich seiner bemächtigt hatte und sein Entrinnen so verhinderte. Doch wenn Präzisierungen, wie etwa *carcerati in guerra seu occasione guerre*, fehlen, ist oft nur dem Zusammenhang zu entnehmen, um welche Art von Gefangenschaft es sich handelt. Deshalb sei mir die banale Bemerkung gestattet, daß als das den Kriegsgefangenen charakterisierende Merkmal weniger die heute gültigen Prärogativen seiner Person gegenüber angesehen werden, die ihm eine ehrenvolle Behandlung garantieren sollen, als vielmehr, nicht unähnlich dem gemeinen Häftling, sein Eingeschlossensein in einem festen Ort. Allerdings herrschte auch in dieser Zeit bereits das Prinzip, daß Kriegsgefangene separat von gemeinen Häftlingen zu halten waren.[11] Adlige und Offiziere mit Adligen und Offizieren, einfache Soldaten mit einfachen Soldaten, immer ihrem Stand gemäß.[12] Auch wenn in Italien, anders als im deutschen Spätmittelalter, der Terminus "ritterliches Gefängnis" unbekannt war, worunter im allgemeinen eine Halbfreiheit,

---

10 HANNELORE ZUG TUCCI, Venezia e i prigionieri di guerra nel Medioevo, in: Studi veneziani, n. s. XIV 1987, S. 23.

11 S. z. B. die Klage eines Kriegsgefangenen, zusammen mit *falsarii, homicide, latrones et similes* eingekerkert worden zu sein und den daraus entstehenden Anspruch auf Schadenersatz (Famagosta 1448): SILVANA FOSSATI RAITERI, Genova e Cipro. L'inchiesta su Pietro de Marco Capitano di Genova in Famagosta (1448-49), Genova 1984, S. 80ff., Nr. 123.

12 Einer der schwersten Vorwürfe, die dem Ghibellinen Ezzelino da Romano von seinen politischen Gegnern gemacht wird, ist, die Kriegsgefangenen in Promiskuität zu halten, *compellendo nobiles cum plebe ... putridis carceribus mortem durissimam sustinere*: Guillelmi de Cortusiis Chronica de novitatibus Padue et Lombardie, lib. I, cap. XVI, ed. BENIAMINO PAGNIN, Rerum Italicarum Scriptores XII, 5, Bologna 1941, S. 16.

eine Art Hausarrest zu verstehen ist - wie diejenige, die Götz von Berlichingen vier Jahre an ein Heilbronner Gasthaus band[13] -, so ist eine derartige Haft, in der das einmal gegebene Ehrenwort nicht zu entweichen die materiellen Fesseln zu ersetzen hatte, *de facto* nicht unbekannt.[14]

Wenn also trotz der allgegenwärtigen Gefahr, in Kriegsgefangenschaft zu geraten, bisher kaum in wünschenswerter Weise versucht worden ist, dieser ihrer effektiven Bedeutsamkeit für das tägliche Leben in der mittelalterlichen Gesellschaft gerecht zu werden, so hat das meines Erachtens zwei fundamentale Gründe. Erstens: Anders als das antike Rom oder die jüngste Neuzeit hat das Mittelalter auf dem Gebiet des positiven Rechts nichts hervorgebracht, das man als ein artikuliertes, in sich geschlossenes, allgemeinverbindliches System des Kriegsgefangenenrechts bezeichnen könnte, obwohl es in der Praxis Bräuche und Prinzipien einführte, ohne die das heute geltende internationale Recht undenkbar wäre. Zweitens: Das Mittelalter ist ein zu uneinheitlicher, zu diskontinuierlicher Zeitraum mit zu unterschiedlichen politisch-institutionellen Gegebenheiten, als daß sich im Hinblick auf die Kriegsopfer ein stetiger wie zielstrebig auf einen Endpunkt gerichteter Prozeß nachvollziehen ließe.

So wäre es z. B. vollkommen verfehlt, eine Entwicklung zu erwarten, die von einer barbarischen und grausamen progressiv zu einer christlich-humanitären Behandlungsweise der Kriegsgefangenen führt, je mehr wir uns unserer eigenen Zeit nähern. In der Tat waren an der Schwelle zur Neuzeit die Schweizer Kriege und auch die Operationen der Landsknechte, bei denen die Unterlegenen nicht verschont und zu Gefangenen gemacht, sondern getötet - oder, wie man sagte, der Landsknechtsstrafe ausgesetzt - wurden, kaum an Grausamkeit zu überbieten,[15] während man sich in einer bestimmten Phase des italienischen Spätmittelalters, im 13. und 14. Jahrhundert, bereits Prinzipien hinsichtlich des rechtlichen Status und der Behandlung der Kriegsgefangenen zueigen gemacht hatte, die, soweit ich sehe,

---

13 Götz von Berlechingen, Mein Fehd und Handlungen, ed. HELGARD ULMSCHNEIDER, Sigmaringen 1981, I, 6, S. 24f., 79.

14 Den nach der Kapitulation von Bari gemachten Gefangenen gewährte Robert Guiskard Freiheit unter Schutzaufsicht (*custodia libera*), *con grande stupore dei Greci*, denen offenbar ein solches Verhalten unbekannt war: Guglielmo di Puglia, La geste de Robert Guiscard, lib. III, vv. 158-162, ed. MARGUERITE MATHIEU, Palermo 1961, S. 172; Haft in einem Kloster (1237): Chronicon Marchiae Travisinae et Lombardiae (a. 1207-1270), ed. LUIGI ALFREDO BOTTEGHI, Rerum Italicarum Scriptores VIII, 3, Città di Castello 1914-1916, S. 12; Haft innerhalb einer Burg: CAMILLO MINIERI RICCIO, Il regno di Carlo d'Angiò dal 2 gennaio 1237 al 31 dicembre 1283, in: ASI, ser. III, XXII, 1875, S. 15; Haft *in aliqua domo libera* (1247/48): Salimbene de Adam, Cronica I, ed. GIUSEPPE SCALIA, Bari 1966, S. 284f. Hausarrest adliger Gefangener, die am Hochaltar von Kirchen schwören nicht zu entweichen, in: RICCARDO PREDELLI, I Libri Commemoriali della Repubblica di Venezia, Regesti III, Venezia 1876, S. 141, Nr. 66.

15 "Am Ostersonntag 1525 war an dem Schwiegersohn Kaiser Maximilians I. ... und zahlreichen anderen Adligen ... vom Bauernheer die Landsknechtstrafe vollzogen worden: Sie wurden durch die Spieße gejagt und ermordet", H. ULMSCHNEIDER, Götz von Berlechingen, S. 122; H. ZUG TUCCI, Venezia e i prigionieri di guerra, S. 89.

in Deutschland zu den Errungenschaften des 17. Jahrhunderts zählen, beispielsweise den Grundsatz, daß die Gefangenen dem kriegführenden Staat gehören und nicht dem Einzelnen, der sie gefangengenommen hat.[16] Und das aus der Erwägung heraus, daß dem Staat als Unternehmer des Krieges sowohl dessen Risiken als auch dessen Gewinne zuzufallen hatten. Gewinne, die der Staat zwar unter diejenige, die für ihn gekämpft hatten, verteilen konnte, von denen aber grundsätzlich Immobilien und Kriegsmaschinen ausgenommen wurden und auch die Gefangenen, die er für sich beanspruchte. Folge dieses Grundsatzes war das Verbot privater Gefängnisse, das so oft in die kommunalen Statuten aufgenommen wurde:[17] Zeugnis dafür, das sei noch bemerkt, daß private Gefängnisse existierten, obwohl sie als Relikt des Fehdewesens verpönt waren.

Tatsache ist, daß selbst die bedeutenderen Stadtkommunen vielfach durch große Massen von Kriegsgefangenen überfordert und nicht in der Lage waren, diese in den zur Verfügung stehenden öffentlichen festen Gebäuden unterzubringen, sei es in eigentlichen oder in improvisierten Gefängnissen, wie unterirdischen Kellern und Gewölben, Getreidespeichern, Kirchen und Werften oder sogar in vor der Küste verankerten Schiffen. Diese Überforderung brachte es mit sich, daß sie für sie weniger interessante Gefangene, wie Söldner, dem Einzelnen, der sie gefangengenommen hatte, zur Auferlegung von Lösegeldern überließen oder sich eine Praxis aneigneten, die im 13./14. Jahrhundert dank der deutschen Söldner in Italien unter der Bezeichnung *mos teutonicus* Verbreitung fand: gemäß dieser deutschen Sitte ließ man die Gefangenen frei, nachdem sie Urfehde geschworen hatten, allerdings nicht ohne sie vorher um ihre für die Kriegführung unentbehrlichen Utensilien erleichtert zu haben: Pferd, Rüstung, Waffen. Man entließ sie, wie die Quellen es ausdrückten, im Hemd, *in camicia*,[18] so daß der Schwur zusammen mit der fehlenden Ausrüstung eine gewisse Garantie dafür bot, daß sie für einige Zeit wohl nicht mehr zu den Waffen greifen würden.

---

16  A. ERLER, Loskauf Gefangener, S. 37; s. auch JOHANN SAMUEL ERSCH/JOHANN GOTTFRIED GRUBER, Allgemeine Encyklopädie der Wissenschaften und Künste, Leipzig 1887, s. v. Kriegsgefangene.

17  Z. B. im 14. Jahrhundert in Forlì: EVELINA RINALDI, Statuto di Forlì dell'anno MCCCLIX, con le modificazioni del MCCCLXXII, in: Corpus statutorum italicorum V, Roma 1913, S. 240, Nr. XXXV *De privatis carceribus et pena aliquem in privato carcere tenentium* und noch Anfang des 15. Jahrhunderts in Genua: Volumen magnum capitulorum civitatis Ianue, in: Historiae Patriae Monumenta XVIII, Torino 1901, Sp. 523f. *De facientibus privatos carceres.*

18  Guillelmi de Cortusiis Chronica, S. 77 und passim. Auf die lange Tradition dieser Praxis verweist ein apulischer Notar: Dominici de Gravina notarii Chronicon de rebus in Apulia gestis (aa. 1333-1350), ed. ALBANO SORBELLI, Rerum Italicarum Scriptores XII, 3, 1903, S. 130f.: *Erat autem consuetudo ex antiquo servata inter armigeros, quod si contingeret aliquem theotonicum capi in campo sub armis, sublatis sibi equo et armis, dimittebatur abire sub fide.* - Zur Freilassung von Kriegsgefangenen auf Ehrenwort als altgermanischem Brauch WILHELM KNORR, Das Ehrenwort Kriegsgefangener in seiner rechtsgeschichtlichen Entwicklung (= Untersuchungen zur deutschen Staats- und Rechtsgeschichte CXXVII), Breslau 1916, S. 9, sich bezeichnenderweise auf einen Passus bei Albericus Gentili berufend, der diesen Brauch *usque a temporibus Gothicis* zurückdatiert, da nämlich *Totila fecit iurare dimissos a se non militaturos contra se postea.*

Falls die kriegführenden Mächte aber beabsichtigten, alle Gefangenen zu internieren, sahen sie sich oft gezwungen, den nicht anders unterzubringenden Überschuß privaten Bürgern anzuvertrauen, allerdings immer unter Berufung auf das Prinzip, daß die Gefangenen dem Staat gehörten, nicht aber den betreffenden Bürgern, welche unter Eid und gegen Hinterlegung von Kautionen für die Bewahrung der ihnen in Obhut Überlassenen hafteten. Die Pflicht des Bürgers, im Notfall im Namen des Gemeinwohls auch - wie der Dokumentation zu entnehmen - derartige beschwerliche, wenn nicht lästige Obliegenheiten zu übernehmen,[19] unterscheidet sich unter diesem Gesichtspunkt in der Praxis nicht wesentlich von den feudalen Auflagen Friedrichs II. den süditalienischen Baronen gegenüber. So wurden die 1237 in der Schlacht von Cortenuova gefangengenommenen Mitglieder der antikaiserlichen Lega Lombarda von dem Staufer zur Internierung unter seine Vasallen des Königreiches Sizilien verteilt, nicht ohne daß er förmlich betonte, diese ihnen Anvertrauten seien gemäß der Reichssitte, des *mos imperii*, rechtmäßiges Besitztum der kaiserlichen Majestät und des Reiches.[20] Das bedeutete, daß die Kriegsgefangenen an sicherem Ort ohne Bedrängnis an Leib und Gut, vor allem ohne ihnen Lösegelder abzupressen, zu erhalten und nur auf ausdrücklichen Befehl des Kaisers freizulassen waren.

Bezeichnend ist die Berufung auf ein *mos imperii*, auf einen innerhalb des Reiches gültigen Brauch, auf ein Gewohnheitsrecht also und nicht etwa auf eine *lex imperii*, auf ein Reichsgesetz. Ein um so beachtenswerterer Umstand, wenn man bedenkt, wie gerade dieser Kaiser dem römischen Recht verbunden war, das sich in Reichsitalien als *diritto comune*, als allgemeingültiges, öffentliches, die partikuläre Gesetzgebung ergänzendes Recht konsolidierte. Aber in einer Materie wie der der Kriegsgefangenschaft bot das römische Recht kaum gültige Anhaltspunkte. Zu unterschiedlich war in der Tat die Stellung des mittelalterlichen christlichen Kriegsgefangenen gegenüber dem im antiken Rom.

Während der in römischer Zeit überwundene und nicht getötete Kriegsgegner dafür, daß ihm der Feind das Leben geschenkt hatte, *vitam servare*, zum *servus*, Sklaven, seines Überwinders wurde, sieht das christliche Mittelalter die Versklavung des Kriegsgefangenen nicht als logische und unvermeidbare Konsequenz des Sieges an. Vielmehr wird die Versklavung des unterlegenen - christlichen - Gegners nicht nur vom III. Laterankonzil (1179) untersagt, sondern im allgemeinen - im Unterschied zu Auseinandersetzungen militärischer Art zwischen Christen und Mohammedanern - zwischen christlichen Mächten nicht mehr praktiziert. Das bestätigen uns nicht nur die erzählenden und urkundlichen Quellen, sondern auch die Kommentare der meisten mittelalterlichen Rechtsgelehrten, die sich bemühen, das römische Recht im Lichte der mittelalterlichen Realität zu interpretieren und auf diese Weise ihrer Zeit anzupassen, was unter grundsätzlich veränderten Gegeben-

---

19 S. z. B. Statuti di Spoleto del 1296, ed. GIOVANNI ANTONELLI, Firenze 1961, S. 88, Nr. LXXVI: *Quod nullus de arte et societate cogatur ad custodiam captivorum faciendam ..., nisi tempore guerre quando capentur inimici dicti comunis.*

20 JEAN-LOUIS ALPHONSE HUILLARD-BRÉHOLLES, Historia diplomatica Friderici secundi, 6 Bde., Paris 1852-1861, V, 1, S. 223.

heiten nicht immer ohne Schwierigkeiten und Verzerrungen möglich ist. Was die Kriegsgefangenschaft betrifft, sind sie sich in der Tat darin einig, daß auf diesem Gebiet nicht das römische Recht ausschlaggebend sein konnte, sondern vielmehr - wie Bartolo da Sassoferrato sagt - die *mores moderni temporis ... et consuetudines*,[21] daß die Sitten und Gebräuche ihrer eigenen Epoche als Richtlinien dienen sollten; so daß die in der zweiten Hälfte des 14. Jahrhunderts vom Bartoloschüler Baldo degli Ubaldi gemachte Behauptung, die Kriegsgefangenen seien dem Vieh gleichzusetzen oder sonstigen beweglichen Sachen - *ad instar pecudis vel alterius rei mobilis*[22] - als Anachronismus angesehen werden muß, der dem Sachverhalt der römischen Antike, aber keinesfalls der zur Zeit des Peruginer Rechtsprofessors herrschenden Wirklichkeit entsprach und deshalb unter den Juristen kaum Verfechter gefunden hat.

Das römische Recht und die römischen Juristen hatten lange über die Folgen der Kriegsgefangenschaft der eigenen *cives* reflektiert: bewahrte der gefangene *miles* die Fülle seiner Rechte? Das Ergebnis ist bekannt. Gegenüber dem in Feindeshand geratenen *civis romanus*, der im Augenblick seiner Gefangennahme im Kriege *eo ipso* die grundlegenden Bürgerrechte verlor, nämlich *libertas* und mit dieser *civitas* und *familia*, und so nicht nur *de facto*, sondern auch rechtlich aus der Gemeinschaft römischer Bürger ausgeschlossen wurde, büßte der mittelalterliche Kriegsgefangene in der Hand feindlicher christlicher Mächte in der Tat im allgemeinen nur seine Freiheit, *libertas* ein und meist auch nur vorübergehend. Seine politischen und familiären Bindungen bleiben ihm hingegen erhalten und ebenso die Güter, die er besaß. Anders als der *civis romanus*, der in Übereinstimmung mit der von Baldo gegebenen Definition nach römischem Recht zur *res*, Sache, in anderen Worten zum Rechtsobjekt geworden war, blieb der mittelalterliche Kriegsgefangene nach wie vor Subjekt des Rechtes. Die Kriegsgefangenschaft bedeutete für ihn keineswegs eine Aberkennung seiner Rechtsfähigkeit, sondern eine Einschränkung seiner Handlungsfähigkeit auf Zeit.

Inwieweit diese seine Handlungsfähigkeit effektiv eingeschränkt war, ist eines der wichtigsten und umstrittensten Probleme, mit denen sich die juristischen und politischen Autoritäten im Mittelalter auseinanderzusetzen hatten und für die es keine festen Regeln gab, also keine allgemeingültigen Antworten möglich sind. Hier müssen gezielte Untersuchungen des jeweiligen Quellenmaterials die subjektive Situation ans Licht bringen, in der sich die Gefangenen von Mal zu Mal befanden und ihre davon abhängige Fähigkeit, wenn nicht freie, so doch weitgehend unabhängig von äußeren Beeinflussungen gefaßten Entscheidungen zu treffen und diese in dementsprechende Aktionen umzusetzen. Entscheidungen, die natürlich hauptsächlich die von dem Gefangenen besessenen Güter zum Inhalt hatten in Anbetracht dessen, daß er durch die Gefangenschaft verhindert war, seinen Geschäften

---

21  Bartolus a Saxoferrato, Commentaria in secundam Digesti novi partem. De captivis et postliminio reversis et redemptis ab hostibus, Augusta Taurinorum 1574. Auf die weite Verbreitung dieses Passus im Mittelalter verweist ERNEST NYS, Le droit de guerre et les précurseurs de Grotius, Bruxelles/Leipzig 1882, S. 135f.
22  Vgl. H. ZUG TUCCI, Venezia e i prigionieri di guerra, S. 28.

persönlich nachzugehen (und durchaus nicht sicher sein konnte, ob das jemals wieder möglich sein würde).

Das Problem, das sich stellte, war: Konnte der Kriegsgefangene aus dem Ort seiner Internierung heraus frei über sein Eigentum verfügen, Dispositionen treffen, die eine Änderung der bisherigen Rechtssituation mit sich brachten? Kurz, waren im Gefängnis stipulierte Prokuren, Verkäufe, Schenkungen, Testamente aus freiem Willen heraus abgefaßt worden und damit als rechtsgültig anzusehen? Oder waren sie nicht vielmehr unter Druck und Zwang, wenn nicht unter Tortur, angefertigt worden, also entfernt davon, dem freien Willen des Disponierenden Ausdruck zu verleihen und deshalb anfechtbar oder als null und nichtig zu bewerten? Ein Dilemma, das einer umsichtigen Bewertung aller Umstände bedurfte und das gerade durch die Aufrechterhaltung der Rechtsfähigkeit des mittelalterlichen Kriegsgefangenen hervorgerufen wurde, während ein derartiges Problem infolge der Aberkennung der Rechtsfähigkeit des *captivus* durch das römische Recht dem antiken Imperium ganz und gar unbekannt war.

Es ist zu bemerken, daß die kompetenten Organe, die im italienischen Mittelalter über die Gültigkeit der von Kriegsgefangenen im Kerker getroffenen Dispositionen zu entscheiden hatten, im großen und ganzen zu einem positiven Urteil gelangten. In der Tat besitzen wir nicht nur dokumentarische Zeugnisse von in Kriegsgefangenschaft stipulierten Rechtsgeschäften aus dem 13., 14. und 15. Jahrhundert, besonders zahlreich aus den Kriegen zwischen Genua und Pisa, zwischen Genua, Padua, Ungarn und Venedig mit ihren großen Massen von Gefangenen, sondern auch offizielle Stellungnahmen der Regierungsorgane, die sich zur Gültigkeit dieser Dokumente äußern mußten. Wurden sie im Prinzip als rechtsgültig anerkannt, gab ein bloßer Verdacht auf suspekte Begleitumstände bei ihrer Ausfertigung jedoch Anlaß, diese Fall für Fall zu examinieren.

So wird die von einem Venezianer im Gefängnis von Padua in Gegenwart von zwei Zeugen eigenhändig niedergeschriebene Prokur vom Senat der Republik als rechtsgültig anerkannt, "als ob sie - so lautet die Begründung - von einem öffentlichen Notar in Venedig abgefaßt worden wäre".[23] Also Anerkennung der Rechtskraft, obwohl in Unfreiheit konzipiert und darüber hinaus noch ohne die für derartige Akte erforderliche Aufsetzung von seiten eines das öffentliche Vertrauen, die *publica fides*, genießenden Notars.

Eine Derogation von den geltenden Normen kannte übrigens bereits das römische Recht, das bekanntlich mit der Institution des *testamentum militis* auf alle normalerweise vorgeschriebenen Förmlichkeiten verzichtete und eigenhändige oder sogar nur mündlich geäußerte letztwillige Verfügungen derjenigen Soldaten als rechtsgültig anerkannte, die *in expeditionibus occupati* waren, d. h. derjenigen, die im Feld standen und keine Möglichkeit hatten, ein förmliches Testament aufzusetzen. Eine Konzession, möchten wir noch einmal betonen, die natürlich nur den freien Soldaten zugute kam und nicht denjenigen, die sich in Feindeshand befanden und dadurch rechtsunfähig geworden waren.

---

23 Hierzu und zum folgenden ibid., S. 74, 19.

Als in jeder Hinsicht rechtskräftig haben nach dem Urteil des venezianischen Großen Rates auch in der Genueser Internierung, diesmal nicht eigenhändig zu Papier gebrachte, sondern unter Berücksichtigung der erforderlichen Formalitäten von einem Genueser Notar aufgezeichnete Testamente einiger venezianischer Patrizier zu gelten. Eine delikate und um so schwerwiegendere Entscheidung, da mit diesen letztwilligen Verfügungen in früheren Testamenten gemachte Bestimmungen widerrufen werden, also gegenüber den zuvor und noch in Freiheit geäußerten Absichten im Laufe der Kriegsgefangenschaft Faktoren eingetreten sein müssen, die die Erblasser zu einem Sinneswandel veranlaßt haben.

Welche Faktoren konnten das sein? Und war dieser Sinneswandel auf freiwilliger Basis in den Testatoren gereift oder vielmehr irgendwelchem ihnen gegenüber ausgeübten Zwang zuzuschreiben? In Anbetracht der von ihnen gefällten Entscheidung, für die sicherlich auch eine gründliche Abwägung des Inhaltes der Testamente und der in ihnen bedachten Personen ausschlaggebend war, scheinen die kompetenten venezianischen Organe in den hier von ihnen examinierten Fällen einen solchen Zwang auszuschließen.

Daß Kriegsgefangene vor allem Testamente aufsetzten, ist naheliegend. Müssen sie doch ihren Tod im Kerker miteinkalkulieren, ein alles andere als unwahrscheinliches Los. In der Tat war die Todesgefahr im Gefängnis groß: ein im Krieg geschwächter Organismus, die Folgen von Verwundungen, von Entbehrungen, das Auftreten von Seuchen, all das erschöpfte die Lebenskraft. Es wurde notwendig, für die in Genua verstorbenen Pisaner Kriegsgefangenen von 1284 einen eigenen Friedhof einzurichten. Und nach einem venezianischen Chronisten starben Ende des 14. Jahrhunderts in den Gefängnissen der eigenen Stadt in rund zwei Jahren 3.500 von 5.000 Genuesern, also ca. 70%.[24]

Doch nicht nur Testamente gaben Anlaß für den Verdacht, der Wille des Gefangenen sei nicht frei und unabhängig zum Ausdruck gekommen, und das nicht nur bei den kompetenten Organen. Es sind in der Tat Nachrichten überliefert, die davon zeugen, daß die Individuen selbst, die in Kriegsgefangenschaft gerieten, den Argwohn hegten, Druck und Zwängen ausgesetzt zu werden und diesen nicht gewachsen zu sein. Der beste Weg, dem entgegenzutreten, wäre gewesen, sich durch Erklärungen abzusichern, jedwede eventuell von ihnen während der Gefangenschaft gemachte Disposition müsse grundsätzlich als null und nichtig angesehen werden. Da ein solcher Weg nur äußerst selten gangbar war, befanden sich die Kriegsgefangenen im allgemeinen in einer schwierigen Situation, und der von einem Notar gewählte Ausweg, nach der Entlassung aus der Gefangenschaft förm-

---

24 Daniele di Chinazzo, Cronica de la guerre de Veneciani a Zenovesi, ed. VITTORIO LAZZARINI, Venezia 1958, S. 205. MARIA LUISA CECCARELLI LEMUT, I Pisani prigionieri a Genova dopo la battaglia della Meloria: la tradizione cronachistica e le fonti documentarie, in: 1284. L'anno della Meloria, Lama (Perugia) 1984, S. 82f. hält die Angaben in den Chroniken über die Anzahl der in Genueser Gefangenschaft verstorbenen Pisaner (nur der zehnte Teil sei 1299 in die Heimat zurückgekehrt) im Vergleich zur dokumentarischen Überlieferung, die allerdings nicht vollständig ist, für übertrieben. Von in einer Liste namentlich genannten gefangenen Pisanern starben nachweislich 36% in Gefangenschaft.

lich zu erklären, sämtliche während seines Aufenthaltes beim Feinde angefertigten Stipulationen seien zu annullieren, kann bereits vollzogene Rechtsgeschäfte oft nur schwerlich rückgängig machen.[25]

Da die von den in Genua nach der Seeschlacht bei der Meloria gefangengehaltenen Pisanern überlieferten Dokumente zum großen Teil von einem einzigen Notar, Nepitella, rogiert worden sind,[26] liegt die Vermutung nahe, daß bestimmte Notare von den Regierungsorganen direkt damit beauftragt waren, die Gefangenen in den Orten ihrer Haft aufzusuchen, um ihnen auf diese Weise eine ordnungsgemäße Abfassung von Testamenten und anderen Rechtsgeschäften zu ermöglichen. Offenbar wurde dabei nicht im mindesten in Erwägung gezogen, daß Zweifel an der Rechtsgültigkeit dieser Stipulationen aufkommen konnten.

Wie in diesem speziellen Falle - und wie übrigens bereits angedeutet - überwog, besonders bei den politischen Autoritäten, diese mehr optimistische Auslegung des Problems die von Skeptikern geäußerten Bedenken. Unter diesen Skeptikern, das sei noch bemerkt, ist - folgerichtig - Baldo degli Ubaldi die herausragende Figur. Hatte er schon den mittelalterlichen Kriegsgefangenen gemäß des römischen Rechts ihre Rechtsstatur aberkannt, so verneinte er auch konsequent die Rechtsgültigkeit der von ihnen gemachten Verfügungen am Beispiel des von König Enzo in Bologneser Haft verfaßten Testaments.[27] Allerdings stand Baldo damit nicht allein. Abgesehen von außeritalienischen, vom römischen Recht unbeeinflußten Gebieten, z. B. dem Geltungsbereich des Sachsenspiegels, ein Landrecht, in dem bekanntlich Versprechen Gefangener und von ihnen im Kerker übernommene Verpflichtungen grundsätzlich als ungültig betrachtet wurden[28] - und es sei gestattet,

---

25  Es handelt sich um den Genueser Notar Nicola di Torriglia, der 1476 erklärt, als Kriegsgefangener aus Caffa nach Pera gebracht und so schwierigen Bedingungen ausgesetzt worden zu sein, daß er keinen anderen Ausweg sah als *plurima pati et facere, que non faciet si esset in sua libertate*. Insbesondere gibt er öffentlich bekannt, daß *si aliquem contractum, cuiusvis generis sit, faciet vel fieri faciet vel sese obligavit vel confitebitur aut quasvis obligaciones ..., promissiones, quitaciones, liberaciones et compromissa faciet cum quibusvis personis, non sua sponte facta et facte erunt, sed metu et pro evitandis periculis et aliis*. Rechtsgeschäfte, die also, da *metu et cohacte factis, ... pro nullis haberi* sind. AUSILIA ROCCATAGLIATA, Notai genovesi in Oltremare. Atti rogati a Pera e Mitilene I: Pera 1408-1490, Genova 1982, S. 228f., Nr. 105. Zu ähnlichen Fällen s. auch RICCARDO PREDELLI, I Libri Commemoriali della Repubblica di Venezia, Regesti II, Venezia 1878, S. 46, Nr. 270 (1332) und ROBERTO CESSI/MARIO BRUNETTI, Le deliberazioni del Consiglio dei Rogati (Senato), serie "Mixtorum" II, Venezia 1961, S. 251f., Nr. 193 (1333).

26  G. DEL GUERRA, Con i Pisani a Genova, nel secolo XIII, sulle orme di Rustichello, in: COLODOMIRO MANCINI (Hg.), La tradizione della storia della medicina in Genova, Pisa 1961, S. 117.

27  E. NYS, Le droit de la guerre, S. 135.

28  Ausgenommen davon die vorübergehende Freilassung auf im Gefängnis gegebenes Ehrenwort und die definitive Freilassung nach Urfehdeschwur. Dazu und über die Ursachen und Konsequenzen im Gefängnis gemachter Schwüre und Versprechen: Der Sachsenspiegel, Quedlinburger Handschrift, ed. KARL AUGUST ECKHARDT, MGH Fontes iuris germanici, Hannoverae 1966, Landrecht III, 41, §§ 1-3, S. 68: *Iewelkes gevangenen dât unde gelobete ne sol durch recht nicht stête sîn, daz her binnen venknisse lobet; lêzit men in aber ledich upphe sîne trûwe riden zu tage,*

hier auf dieses Recht zu verweisen, um deutlich zu machen, wie allgemein dieses Problem war -, nahm in Italien noch im 15. Jahrhundert ein anderer Rechtsgelehrter von großem Einfluß, der Aretiner Francesco Accolti, einen ähnlichen Standpunkt ein.

Ausgehend von der Frage, ob die Konzessionen, die der Markgraf von Monferrato dem Herzog von Bayern gemacht hatte, während er sich in dessen Gewahrsam, *fortia*, befand, rechtsgültig seien, kam Accolti in einem seiner Consilia zu einem abschlägigen Urteil, wie grundsätzlich alle Aussagen und Zugeständnisse, die in Gefangenschaft geleistet werden, als rechtsungültig anzusehen seien, da sie ihr Entstehen einem Zustand gerechtfertigter Furcht verdanken, in dem sich jede *captiva persona* befinde, besonders *si caperetur ab hostibus. Intervenit iustus metus, per quem sine dubio istae concessiones aut sunt nullae aut annullandae.*[29] An dieser Sachlage ändere sich selbst dann nichts, wenn sich der Gefangene im Augenblick seiner Äußerungen vorübergehend - unter Bewachung - außerhalb des Gefängnisses aufhalte. Die temporäre Herausschaffung aus dem Kerker, um auf diese Weise den vom Gefangenen zu machenden Aussagen oder zu leistenden Konzessionen ein Flair von Rechtsgültigkeit zu verleihen, war eine Eskamotage, zu der offenbar besonders jenseits unseres Untersuchungsgebietes Zuflucht genommen wurde, im Herzogtum Bayern, aber auch in England, wie einer Anhörung vom Ende des 13. Jahrhunderts vor dem Erzbischof von York zu entnehmen ist.[30] *Illa verba* - lautet aber das unmißverständliche Urteil des Accolti - *nihil operantur, sive fuerint prolata ab existente in carcere, sive esset extractus de carceribus, dummodo esset custoditus.*[31]

Eine rigorose Sentenz, die des Aretiners wie schon des Rechtsgelehrten aus Perugia, die beide konkrete Fälle in ihren akademischen Kommentaren zum Anlaß nehmen, um mittels ihrer allgemeinverbindliche Richtlinien zu entwickeln. Daß diese ihre Ergebnisse aber nicht unbedingt mit den zu ihrer Zeit herrschenden Praktiken in Einklang stehen mußten, erhellt aus der Gesetzgebung gerade der Stadt, in der Baldo beheimatet war und an deren Universität er lehrte, Perugia.

---

*her sol durch recht weder comen unde sîne trûwe ledigen. Gilt her oder wirt her âne gelt ledich, swelk vrêde her lobit oder sweret, die sol her durch recht lêsten, unde anderes nichêne lobede, daz her binnen venknisse gelobit. - Swaz die man swerit unde entrûwen lobit, sînen lîph mede zu vristen oder sîn gesunt, al ne mach her iz nicht gelîsten, iz ne schadet yme zu sîme rechte nicht. - Swâr den man untrûweleke vêht, lêzit men ene rîten upphe sîne trûwe, der ene dâ gevangen hât, oder lâzit her ene sweren oder in trûwen ime ander ding geloben, her ne darf iz nicht lêsten, mach her iz volbringen ûph den heiligen daz her en untrûwelcke zu demelovede gedwungen habe.*

29  Francisci Accolti iureconsulti Aretini Consilia seu Responsa, Venetiis 1572, Cons. XIIII, 15: *Metus iustus facit omnem confessionem esse nullam.*

30  S. das vor dem Erzbischof von York gefällte Urteil, das sich auf Aussagen von fünf Zeugen stützt, die erklären, das fragliche Schriftstück sei ausgefertigt worden *de consensu* des Ausstellers und nicht im Gefängnis, sondern *dum esset extra carcerem*: The Registers of John Le Romeyn Lord Archbishop of York 1286-1296, part II, and of Henry of Newark Lord Archbishop of York 1296-1299, in: The Publications of the Surtees Society CXXVIII 1917, S. 309f., Nr. 316.

31  Francisci Accolti Consilia, Cons. XIIII, 15.

Alle Vereinbarungen und alle Übereinkommen und letztwilligen Verfügungen, die von für die Kommune Perugia in Kriegsgefangenschaft geratenen Personen gemacht worden sind und in Zukunft gemacht werden, haben für immer Rechtsgültigkeit - *omnes contractus et omnia pacta et ultime voluntates facta et facienda ab illis personis que in captivitate fuerint pro communi Perusii rata et firma perpetuo habeantur*. So der Wortlaut der Peruginer Statuten von 1279,[32] eine Norm, die bezeichnenderweise nicht zu den in ihrer Gültigkeit befristeten Kapiteln - der Mehrzahl - gehörte, die jährlich zu korroborieren oder zu reformieren waren, sondern zu den wenigen grundlegenden, zeitlich unbefristeten, wie durch das *perpetuo* und darüber hinaus durch den Zusatz *hoc capitulum trahatur ad preteritum et futurum* unterstrichen wird. In Anbetracht dessen scheint die von dem Peruginer Rechtsgelehrten ein Jahrhundert später eingenommene Haltung um so mehr zu befremden.

Doch würde man der Bedeutung der zitierten Norm auf keinen Fall gerecht, wollte man sie allein unter diesem begrenzten Gesichtspunkt betrachten. Vielmehr liegt ihr wesentlicher Wert darin, daß bisher und andernorts nur auf subjektive Einzelsituationen beschränkte Entscheidungen nunmehr durch die Aufnahme in ein Gesetzeswerk verallgemeinert und zum generellen Prinzip erhoben werden, vorausgesetzt, daß sie unter Berücksichtigung der notwendigen Formalitäten zustande gekommen sind, wie die Klausel *dummodo secundum iuris ordinem sint confecta* interpretiert werden muß. Das heißt, die gesetzgebenden Instanzen waren offensichtlich davon überzeugt, daß die von ihren wo auch immer und wann auch immer in Kriegsgefangenschaft geratenen Bürgern erduldete Lage *in concreto* keinesfalls als derart bedrückend zu beurteilen war, daß ihnen dadurch die Fähigkeit abhanden kam, ihrem eigenen Willen und Gutdünken konforme Entschlüsse zu fassen. Daraus spricht einerseits Vertrauen in die Willensstärke der Gefangenen, entfernt davon, widrigen Beeinflussungen zu erliegen,[33] andererseits Zuversicht in das korrekte Verhalten des sie gefangen haltenden politischen Organismus.

Im allgemeinen konnte von einem solchen korrekten Verhalten gesprochen werden, wenn die unvermeidbaren und als notwendiges Übel in Kauf genommenen Beschwernisse, die eine jegliche Internierung für die Gefangenen mit sich brachte - der durch die notorische Überbelegung der Räumlichkeiten und das Zusammengepferchtsein der Gefangenen entstehende Druck, extreme Temperaturen, schlechte Belüftung, Fehlen von Tageslicht und hygienischen Einrichtungen, Ungeziefer, Fesselung oder Eingeschlossensein in Holzblöcken -, wenn diese Beschwernisse nicht darüber hinaus künstlich intensiviert wurden durch fahrlässige oder schuld-

---

32 SEVERINO CAPRIOLI, Statuto del Comune di Perugia del 1279, Perugia 1996, I, cap. 492, S. 440: *Qualiter observentur instrumenta et ultime voluntates facta et facte ab illis qui fuerunt in captivitate pro communi*.

33 Ein konkretes Beispiel für diese Willensstärke ist das Verhalten eines Venezianers, der trotz Einkerkerung und Güterkonfiskation in Konstantinopel nicht zum Verräter an seiner Heimat werden wollte - *potius voluit carcerem et mortem*, erkennt der Maggior Consilio sein Verhalten an - als *recedere a nostra fidelitate*, FREDDY THIRIET, Deliberations des assemblées vénitiennes concernant la Romanie I, Paris/La Haye 1966, App. S. 298.

volle Versäumnisse z. B. in der Ernährung oder gar durch absichtlich ergriffene peinigende Maßnahmen, sprich Foltern, von seiten der sie in Gewahrsam haltenden Organe. Eine Gefahr, der die Kriegsgefangenen aller Zeiten ausgesetzt waren und der bezeichnenderweise noch heute entgegengetreten werden muß, wie die Normen der Genfer Konvention erhellen, wenn sie die Unterbringung der Kriegsgefangenen in temperierten und lüftbaren Räumlichkeiten, in die das Tageslicht dringt, postulieren und die Versorgung mit ausreichender Nahrung vorschreiben und rigoros untersagen, die Gefangenen physischen und psychischen Torturen auszusetzen, sie zu verstümmeln oder - eine dem Mittelalter noch fremde Subtilität - sie zum Objekt medizinischer oder wissenschaftlicher Experimente zu machen.

Fungieren heute neutrale Mächte oder Institutionen als Kontrollorgane, um die Befolgung dieser Normen zu überprüfen, dem italienischen Mittelalter war eine solche Methode der Überwachung von seiten Dritter während der Gefangenschaft nicht unbekannt. Neutrale Personen wurden nach dem Friedensschluß aktiv, um zu garantieren, daß sich der Gefangenenaustausch gleichzeitig und gemäß der in allen Einzelheiten ausgehandelten und schriftlich festgelegten Klauseln abwickelte.[34]

Während der Gefangenschaft funktionierten hingegen die Mechanismen der Reziprozität, die das gleiche Ziel verfolgten und einen nicht unähnlichen Effekt zeitigten. In der Tat wäre in den in ihrer räumlichen Ausdehnung begrenzten und dem Feind ohne weiteres zugänglichen staatlichen Entitäten eine absolute Segregation der Kriegsgefangenen so gut wie unmöglich gewesen, abgesehen davon, daß es im allgemeinen Beauftragten der interessierten Seite gestattet war, ihre Landsleute im Gefängnis aufzusuchen, wie diesen selbst, auch schriftlich mit der Außenwelt zu kommunizieren. Vor allem auch deshalb, weil sie die für ihren Unterhalt im Gefängnis notwendigen Mittel selbst aufzutreiben hatten. Also nicht nur ein nicht auszuschließender Tod während seiner Haft, sondern auch Imperative unmittelbarer Art zwangen den Kriegsgefangenen, Kontakte zur Außenwelt zu halten und bestimmte Maßnahmen zu ergreifen. Die während seiner Internierung entstehenden Lebenskosten lasteten in der Tat grundsätzlich auf dem Kriegsgefangenen selbst, wollte er nicht sein Leben kärglich von Almosen fristen. Lebenskosten, die außer Speise und Trank die für die Besoldung des Wachpersonals erforderlichen Spesen miteinbegriffen und eventuelle Dienstleistungen von seiten Dritter zugunsten wohlhabenderer Gefangener. Diese zusätzliche materielle Belastung, die sich den vielfältigen physischen Beschwernissen und der psychischen Bedrängnis zugesellte, pflegte in den Fällen akut zu werden, in denen die Befreiung durch Gefangenenaustausch vorgesehen war, der Mehrzahl der in den italienischen Stadtkommunen geltenden Fälle. Der Unterhalt der Gefangenen, deren Befreiung hingegen von der Zahlung eines Lösegeldes abhängig war, wurde nicht explizit berechnet, sondern in die als Lösegeld festgesetzte Summe miteinbezogen. Doch auch sie

---

34 Besonders Franziskaner und Dominikaner fungierten als Garanten für den ordnungsgemäßen Ablauf des Gefangenenaustauschs, doch auch neutrale Grenznachbarn der Kontrahenten, vgl. dazu und zum Folgenden H. ZUG TUCCI, Venezia e i prigionieri di guerra, S. 62, 79, 44.

waren gezwungen, aus dem Gefängnis heraus Maßnahmen zu treffen, die es ihnen ermöglichten, dieser Summe habhaft zu werden.

Unter diesen Umständen verwundert es nicht, daß Nachrichten oder auch nur Gerüchte über schlechte und unmenschliche Behandlung der Kriegsgefangenen leicht an die Öffentlichkeit drangen. So kam der venezianischen Regierung zu Ohren, daß sich die Lage ihrer in Genueser Gefangenschaft schmachtenden Bürger geringeren Standes unversehens und grundlos verschlechtert hatte. Deshalb ließ sie unverzüglich die Fenster der Gefängnisse, in denen sich Genueser der gleichen Kondition befanden, so lange verdunkeln und die Internierten in vollständiger Finsternis kümmern, bis sie die sichere Kunde erreichte, daß die repressiven Maßnahmen in Genua eingestellt worden waren und die venezianischen Gefangenen wieder ein menschenwürdigeres Dasein führten. Ein anderes Mal sah sie sich veranlaßt, den Genueser Gefangenen die Strohlager oder Matratzen zu konfiszieren und die Speisezubereitung in einer Gefängnisküche zu unterbinden, ebenfalls als Gegenmaßnahme gegen die schlechte Behandlung der venezianischen Kriegsgefangenen, die bei Wasser und Brot – und noch dazu in unzureichender Menge (weniger als ein Pfund täglich) – gehalten wurden und auf dem nackten Boden schlafen mußten. Als umgekehrt bekannt wurde, daß den in der genuesischen Schwarzmeerkolonie Caffa inhaftierten venezianischen Patriziern gestattet war, täglich einige Stunden das Gefängnis zu verlassen und sogar an der Sonntagsmesse teilzunehmen, zögerte der venezianische Senat keinen Augenblick, den Genueser Kriegsgefangenen aus dem Adel in der eigenen Stadt gleichartige Konzessionen zu machen.

Wie bereits in der Kriegführung im weiteren Sinne, so setzte sich auch speziell in der Behandlung der Kriegsgefangenen im italienischen Mittelalter mehr und mehr das Prinzip der Gegenseitigkeit und Wechselwirkung durch, gemäß dem bei Tobias 4,16 entlehnten doch allgemeingültigen Grundsatz *Quod ab alio oderis fieri tibi, vide ne tu aliquando alteri facias*, was du nicht willst, das man dir tu, das füg auch keinem andern zu. Aus dieser Perspektive betrachtet, wurden die Kriegsgefangenen in eigener Hand im Positiven wie im Negativen zum unübertrefflichen Druckmittel, die Landsleute in Feindeshand vor einem allzu unmenschlichen Dasein zu bewahren. Und wie die für die Kriegsgefangenen auch in den Chroniken so häufig verwendete Bezeichnung *obsides*, Geiseln,[35] eindeutig beweist, war diese

---

[35] Die Gewohnheit, Kriegsgefangene mit Geiseln gleichzusetzen, überlebt das Mittelalter und wird noch an der Wende zum 17. Jahrhundert von dem Bartolisten Alberico Gentili kritisiert: Alberici Gentilis De iure belli libri tres, ed. THOMAS ERSKINE HOLLAND, Oxonii 1877, lib. II, cap. XIX, De obsidibus, S. 230f.: *Videntur veluti captivi ... sed vere non sunt isti captivi ... Obsides sunt, qui fidei publicae servandae caussa ... dantur, ut sic recte Baldus et Hugo Donellus, qui et docent quod nos captivis male obsides comparare*. Wenn LOUIS CROS, Condition et traitement des prisonniers de guerre, Montpellier 1900, Kap. II, Teil V, S. 97 einen der wesentlichen Unterschiede zwischen Kriegsgefangenen und Geiseln darin sieht, daß letztere nicht für den Feind zu den Waffen gegriffen haben, sondern sich als persönliche Garanten in den Händen des Staates befinden, so erklärt sich leicht, wie in Zeiten, die kaum zwischen Militär und ziviler Bevölkerung unterschieden und die Kriegsgefangenen außerdem als Mittel für eventuelle Repressalien ansahen, eine scharfe Trennung zwischen beiden Figuren kaum möglich war.

Möglichkeit, mittels ihrer Repressalien auszuüben, ein äußerst wichtiger Aspekt, den nicht nur die kompetenten staatlichen Organe, sondern auch die Öffentlichkeit klar vor Augen hatte.

Der Besitz von Angehörigen der gegnerischen Seite gereichte in der Tat fast immer zum Vorteil. Konnten doch mit ihrer Hilfe anderweitig kaum zu lösende Fragen geklärt, nur schwer aus dem Wege zu räumende Hindernisse beseitigt werden. Ein einfaches Beispiel mit weitreichenden Konsequenzen: Ohne Unterstützung des einen oder anderen ortskundigen venezianischen Kriegsgefangenen, "der ihnen die Wahrheit sagte", wie Daniele di Chinazzo in seiner Chronik bitter vermerkt, wäre es den Genuesern im Chioggia-Krieg unmöglich gewesen, sich in den Mäandern der Lagune zurechtzufinden und so Venedig zu belagern.[36]

Inwieweit es sich hierbei um eine freiwillige Hilfe handelte und inwieweit die Bereitschaft der Gefangenen, zum Schaden der eigenen Seite mit dem Feind zu kooperieren mit Gewalt erzwungen war[37] oder durch Versprechen erlangt werden konnte oder inwieweit einfach ein Phänomen, das wir heute als Syndrom von Stockholm bezeichnen, wirksam wurde:[38] wir finden uns wieder mit dem Problem der Entscheidungsfreiheit respektive der äußeren Beeinflussung der Kriegsgefangenen konfrontiert. Ein Problem, das, wie gesagt, die römische Antike durch die juristische Fiktion der Transformation des Kriegsgefangenen in eine *res*, eine Sache, aus der Welt geschafft hatte und dem die Normen der Genfer Konventionen vorzubeugen suchen, indem sie vorschreiben, die Gefangenen allein über ihre Identität zu vernehmen und streng untersagen, von ihnen Auskünfte anderer Art oder gar Mitarbeit zu verlangen. Also ein spezifisch mittelalterliches Problem?

### Summary

This essay addresses one of the darkest and most neglected aspects of medieval warfare: the fate of the prisoners of war. It concentrates on Italy in the later Middle Ages and offers valuable insights into the legal aspect of what it means to be taken a prisoner of war. In view of the fact that the mass internment of prisoners of war was already common practice among the Italian city states at that time, it seems obvious that the question of the legal status of these prisoners became an important issue. Contrary to the general development in the field of law, Roman law did not offer an acceptable model for this problem. One reason for this seems to have been its rigorousness, because according to Roman law a prisoner of war lost his civil rights as well as his personal freedom. Italian legal practice was by far more lenient: the prisoner's right to make legal provisions concerning his private affairs was generally

---

36 Daniele di Chinazzo, Cronica, S. 64.
37 Die Furcht, das Leben zu verlieren, spielte dabei oft eine entscheidende Rolle, s. H. ZUG TUCCI, Venezia e i prigionieri di guerra, S. 33 und oben Anm. 28 (Sachsenspiegel, III, 41, § 2).
38 Ein Verhalten, das sich besonders dann zeigt, wenn der Gefangene sich von den Seinen verlassen fühlt, wofür schon von JOHANN G. KRÜNITZ, Oekonomisch-technologische Encyklopädie, Berlin 1790, 50. Teil, S. 413 ("Treue und Ergebenheit der vom Vaterland verlassenen Kriegsgefangenen ihren Bezwingern gegenüber") Beispiele angeführt werden, ohne jedoch den heute gebräuchlichen Ausdruck zu benutzen.

respected. It did not matter whether they were locked up in public buildings or under arrest in private houses, as the conditions of their internment rested exclusively on the decisions of the authorities of the city state by which they were taken captive. All of this points to the fact that war was primarily conceived of as an affair between states in late medieval Italy.

Compte rendu

Cette contribution étudie l'un des aspects les plus durs et les plus négligés par l'historiographie de la guerre médiévale: le sort des prisonniers de guerre. L'auteur qui se concentre sur l'Italie du Bas Moyen Âge trace des perspectives intéressantes au sujet du statut juridique de la captation et de la détention de prisonniers de guerre. Tenu compte du fait que, dans les cités italiennes de l'époque, l'internement en masse de prisonniers de guerre était déjà une pratique usuelle, il ne surprend pas que la question du statut légal des détenus soit devenue une matière importante. À ce sujet, contrairement au développement général juridique, le droit romain n'offrait pas un modèle acceptable, à cause - entre d'autres raisons - de sa rigueur, privant l'interné de tous ses droits civils et de sa liberté personnelle. En Italie, la pratique juridique était beaucoup moins rigoureuse; en général, on respectait le droit du prisonnier d'effectuer des provisions légales pour ses affaires privées. Le lieu de détention, soit-ce un bâtiment public ou une maison privée, n'importait pas, car les conditions d'internement étaient le domaine exclusif des autorités municipales responsables de la captation du prisonnier. En somme, tout cela confirme le fait que, dans l'Italie du Bas Moyen Âge, la guerre était considérée premièrement comme une affaire internationale.

# Jean-Marie Moeglin

# Von der richtigen Art zu kapitulieren: Die sechs Bürger von Calais (1347)[1]

Eine der wesentlichen Tendenzen der historischen Forschung in der mittelalterlichen Geschichte in den letzten Jahren besteht darin, zu zeigen, daß diese Epoche keineswegs eine Zeit der unkontrollierten Gewalt war, sondern daß man durchaus imstande war, die Entfesselung von Gewalt und die Wiederherstellung des Friedens auf vielerlei Weise zu regeln.[2]

Der Fall der Belagerung von Städten und vor allem ihrer heikelsten Phase, der Kapitulation der Belagerten, liefert ein gutes Beispiel, wie man vorgehen konnte, um den Frieden wiederherzustellen. Der Erreichung dieses Zieles diente eine ganze Reihe möglicher Regelungen, die ihrerseits von dem Kräfteverhältnis zwischen den kriegführenden Parteien, dem militärischen und politischen Interesse an der Eroberung der Stadt, aber auch davon abhingen, wie sehr die Ehre von Belagernden und Belagerten auf dem Spiel stand. Man kann sogar sagen, daß es ein klassisches Modell der Kapitulation gab, das dadurch charakterisiert war, daß es von vornherein den kapitulierenden Belagerten das Leben sicherte. Es gab aber mehrere Varianten dieses klassischen Modells, die von der einfachen Übergabe der Stadt an den Sieger reichte, wobei die Belagerten ihre Pflicht ihrem Herrn gegenüber dadurch erfüllt hatten, indem sie so lange Widerstand leisteten, bis klar wurde, daß ihr Herr nicht in der Lage war, ihnen zu Hilfe zu kommen, bis hin zu dem Fall, wo die Belagerten die Stadt mit der weißen Fahne in der Hand verließen, und alles, was sie nicht auf ihren Schultern tragen konnten, zurücklassen mußten.

Mein Thema ist aber nicht diese klassische Art der Kapitulation, die in den Quellen übrigens ziemlich leicht zu identifizieren und zu beschreiben ist, sondern ein

---

1 Leicht überarbeitete und durch Anmerkungen ergänzte Fassung des Vortrags, den ich am 28. Juli 1999 im Alten Rathaus in Regensburg gehalten habe. Der Charakter des gesprochenen Worts wurde bewußt beibehalten.
2 Dazu zuletzt GERD ALTHOFF, Spielregeln der Politik im Mittelalter - Kommunikation in Frieden und Fehde, Darmstadt 1997; JEAN-MARIE MOEGLIN, Poenitence publique et amende honorable au Moyen Age, in: RH CCXCVIII 1997, S. 225-269.

anderes, bis heute weitgehend mißverstandenes Modell der Kapitulation. Einige der berühmtesten Stadtbelagerungen scheinen nämlich diese Regulierungsmechanismen zu ignorieren und vielmehr die Entfesselung der Wut, der Leidenschaft und der blinden Rache des Siegers gegenüber den Besiegten zu zeigen. Das trifft auch auf eine der bekanntesten Episoden des Hundertjährigen Kriegs zwischen England und Frankreich, die Belagerung der Stadt Calais in Nordfrankreich durch den englischen König Eduard III. in den Jahren 1346-1347, zu. Diesen Fall möchte ich im einzelnen untersuchen, um zu zeigen, daß er einem anderen Modell von Kapitulation entspricht, demjenigen, das eine unmöglich scheinende Kapitulation zwischen Gegnern, von denen der eine den anderen zu schwer beleidigt hatte, als daß noch irgendein Friede zwischen ihnen möglich gewesen wäre, doch zustande bringt[3].

# I

Bevor ich aber auf das eigentliche Thema eingehe, muß ich an die Umstände des Ereignisses erinnern.[4] Am 12. Juli 1346 war Eduard III. an der Spitze mehrerer Tausend Ritter und Fußvolk in Saint-Vaast-la-Hougue in der Normandie gelandet. Er hatte einen weiten Streifzug durch den nordwestlichen Teil des französischen Königreichs unternommen; er war zuerst auf keinen großen Widerstand gestoßen und hatte alle Städte und Marktflecken erobert und geplündert, die sich auf seinem Weg befanden, unter ihnen Caen. Sein zuerst durch die Furcht vor Verrat gelähmter Gegner, Philipp VI. von Frankreich, hatte schließlich doch Gegenmaßnahmen getroffen und die schwere Kriegsmaschinerie in Gang gesetzt, die vor allem darin bestand, die Adligen des Königreichs einzeln zur Heeresfolge zu veranlassen. Daher mußte sich Eduard in nordwestliche Richtung zurückziehen. Der Abtransport der Beute verlangsamte aber den Marsch der Armee, wobei der Übergang der Flüsse immer ein besonders heikles Problem darstellte. Um den 26. August 1346 hatte Eduard, der sich auf dem Höhenzug zwischen den Dörfern Crécy und Wadicourt, unweit von der Stadt Abbéville in der Picardie, verschanzt hatte, beschlossen, das Gottesurteil in der Schlacht zu suchen. Er hatte den Sieg errungen. Zwar war Philipp, sein Gegner, nicht gefangengenommen oder getötet worden, wie es hätte

---

3  Als erste Annäherung an dieses Thema, vgl. JEAN-MARIE MOEGLIN, Edouard III et les six bourgeois de Calais, in: RH CCXCII 1994, S. 229-267.
4  JULES VIARD, Le siège de Calais (4 septembre 1346 - 4 août 1347), in: M-A XXX 1929, S. 129-189.

sein müssen, damit der Sieg vollständig und das Urteil eindeutig gewesen wäre; dennoch hatte Philipp schmählich fliehen müssen. Mehr denn je konnte sich Eduard als der rechtmäßige König von England und Frankreich betrachten, wie es seit 1340 sein mit Leoparden und Lilien geviertes Wappen demonstrierte. Er hatte nach seinem Sieg den Weg die Küste entlang nach Norden wiederaufgenommen. Am Montag, dem 4. September 1346, kam er vermutlich vor die Mauern von Calais. Die Belagerung dauerte elf Monate. Wenn man mehreren Chronisten Glauben schenkt, hatte Eduard sich durch einen feierlichen Ritus, der seine Ehre verpfändete, eidlich verpflichtet - von einem solchen Ritus sind andere frühere Belege bekannt[5] -, daß er die Belagerung nicht eher aufgeben werde, bevor er sich nicht der Stadt bemächtigt hätte. Die Einnahme von Calais war aus offensichtlichen und objektiven Gründen von größter Wichtigkeit. Calais, das sich gegenüber der englischen Küste befand, sollte zuerst ein idealer Stützpunkt werden, um im Norden des französischen Königreichs intervenieren zu können. Es lag unweit von Flandern, dessen Einwohner aus Haß auf den französischen König und ihren Grafen zu Verbündeten Eduards geworden waren. Schließlich hatte Calais in den vergangenen Jahrzehnten eine Art Piratennest gebildet, das der König verständlicherweise loswerden wollte. Eduards Hartnäckigkeit ist also nicht verwunderlich. Er bereitete sich auf eine lange Belagerung vor, indem er eine regelrechte Stadt, Villeneuve-la-Hardie, vor Calais errichtete, von der er aus die Kriegsoperationen führen konnte.

Wie sah Calais 1346 aus?[6] Es war damals eine mittlere Stadt von etwa sieben- bis zehntausend Einwohnern. Als Eduard III. am 4. September 1346 vor den Mauern von Calais ankam, fand er eine verteidigungsbereite Stadt vor. Die Gruppen, denen die Verteidigung oblag, waren die folgenden: zuerst die Ratsherren, von denen man leider mangels vorhandener Stadtrechnungen die Namen nicht kennt; später wurde behauptet, daß Eustache von Saint-Pierre, der berühmteste der sechs Bürger, der Bürgermeister von Calais gewesen wäre. Aber das Amt selbst ist nicht eindeutig belegt, und man kann nicht einmal sicher sein, daß Eustache zum Rat gehörte, auch wenn es wahrscheinlich ist. Man findet dann den gräflichen Vogt - Calais gehörte zur Grafschaft Artois - Peter von Ham. Seine Tätigkeit und besonders seine Bemühungen, um vor der drohenden Gefahr zu warnen und die Stadt verteidigungsbereit

---

5  So z. B. Friedrich I. 1162 vor Mailand, dies nach dem Bericht der *Gesta Imperatorum et Pontificum* von Thomas von Toskana, *fertur enim, quod iuraverat, nunquam inde se recessurum, donec caperet civitatem eamque per burgos divideret ac per eam salem faceret seminari*, MGH SS 22, S. 505.
6  Zu Calais im Jahr 1347 zuletzt ALAIN DERVILLE/ALBERT VION (Hg.), Histoire de Calais, Dunkerque 1985.

zu machen, sind durch seine Rechnungen, ganz besonders die von Allerheiligen 1346, gut bekannt - eine Rechnung, die er als mustergültiger Amtsinhaber bei seiner Rückkehr aus der Gefangenschaft niederlegte. Die dritte Macht, unter solchen Umständen wahrscheinlich die wichtigste, stellt der Hauptmann Johann von Vienne dar, der einer Familie aus der Grafschaft Burgund entstammte und vom König von Frankreich entsandt war.

Die Belagerung dauerte elf Monate mit vielen Zwischenereignissen, die hier nicht erzählt werden. Ende Juli kam es zum letzten Akt. Philipp VI. hatte lange Zeit nicht reagiert. Als aber der Sommer nahte, während der Belagerungsring um Calais immer enger gezogen wurde, traf er energischere Maßnahmen und errichtete seine Zelte auf den Anhöhen von Sangatte, die im Südwesten das sumpfige Gelände, auf dem die Stadt erbaut ist, überragen. Über diese letzten Episoden liefern die Chronisten voneinander abweichende Darstellungen, wobei es aber kaum möglich ist zu entscheiden, welche die richtige ist. Fest steht immerhin, daß Philipp VI. vor der Schwierigkeit und dem Risiko eines Angriffs zurückgewichen ist. Am Morgen des 2. August 1347, einem Donnerstag, befahl er den unrühmlichen Rückzug seines Heeres. Die Belagerten begriffen daraufhin, daß sie kapitulieren mußten, und diese Kapitulation erfolgte am Samstag, dem 4. August, wenn man der Mehrheit der Chronisten glaubt; am 3. August einigen anderen zufolge. Beide Fassungen sind aber nicht unvereinbar, denn man wird sehen, daß diese Kapitulation sich möglicherweise über mehrere Tage erstreckt hat. Die "wirklichen" Umstände dieser Kapitulation werden uns noch lange beschäftigen, und es ist daher noch nicht an der Zeit, sie schon jetzt zu erwähnen. Jedenfalls wurden nach der Kapitulation fast alle Einwohner von Calais aus der Stadt vertrieben und durch eine Bevölkerung englischer Herkunft ersetzt.

Weniger als ein Jahr nach dem glänzenden Sieg bei Crécy war die Übergabe von Calais immerhin ein neues aufsehenerregendes Ereignis, dessen Kunde sich bald durch ganz Europa verbreitet hat. Man wundert sich gewiß nicht, daß der Kaufmann und Chronist aus Florenz, Giovanni Villani, bevor er an der Schwarzen Pest starb, den Fall Calais' in seiner Chronik noch ausführlich erwähnte.[7] In der großen Handelsstadt Florenz verlangten es die Geschäfte, daß man schnell und gut informiert wurde. Am Bodensee lebte der als Historiker nicht besonders begabte Chronist Johann von Winterthur, ein Franziskaner, der sein ganzes Leben im südwestdeutschen, alemannischen Raum verbrachte. Er zog von einem Kloster zum anderen, um sein Leben schließlich im Kloster Lindau zu beenden; auch er wurde

---

7 Giovanni Villani, Nuova Cronica, edizione critica III, ed. GIOVANNI PORTA, Parma 1993, S. 505-507.

sehr wahrscheinlich durch die Schwarze Pest im Sommer 1348 hinweggerafft. Die Nachricht von der Kapitulation von Calais steht schon in seiner Chronik, und er muß sie also fast unmittelbar, nachdem sie in Lindau angekommen war, niedergeschrieben haben. Sie ist aber merkwürdig entstellt angekommen: "Im Jahre des Herrn 1347 zur Sommerzeit bemächtigte sich der König von England einer Stadt im Königreich Frankreich namens Calais, die ihm hart widerstanden hatte und die er fast ein Jahr lang belagert hatte. Er zerstörte sie und ließ alle erwachsenen Einwohner männlichen Geschlechts über die Klinge springen; die Knaben unter zwölf Jahren aber verschonte er nach gewissen Berichten und nahm sie mit nach England, wie einige berichten".[8] Eine seltsame Nachricht, dieses allgemeine Gemetzel, besonders, wenn man an Froissarts Erzählung denkt! Man könnte sicherlich eine Chronologie und eine Geographie der Verbreitung und der Entstellung der Kunde von Calais entwerfen.[9] Das soll uns aber hier nicht beschäftigen. Uns geht es

---

8   Die Chronik Johanns von Winterthur, ed. FRIEDRICH BAETHGEN, MGH SS rer. germ. NS 1, Berlin 1924, S. 273: *Anno domini MCCCXLVII. tempore estivali rex Anglie civitatem unam regni Francie nomine Kalbis sibi graviter adversantem et obsidentem et fere per anni spacium ab eo obsessam cepit et eam subvertit et habitatores eius sexus virilis adultos in ore gladii perdidit, masculos vero, ut a quibusdam fertur, infra XII annos constitutos a morte exemptos et preservatos secum in Angliam transtulit. Hec eo faciente rex Francie nec civitatem defendere nec regi Anglie resistere presumebat.*

9   Innerhalb des Reichs wird z. B. die Kapitulation von Calais in folgenden Chroniken erwähnt: Annales Laubienses: *Calisiani, desperato subsidio Philippi, Anglo se dedunt undecimo obsidionis mense* (MGH SS 4, S.28); Peter von Herentals, Compendium chronicarum: *dictus rex Anglie victor belli secessit apud villam de Kalais quam obsedit multis diebus nec eius obsidionem potuit rex Francie predictus impedire vel ipsam dissipare. Sed ipse rex Anglie cepit villam de Kalais et dominus ipsius permansit usque in hodiernum diem* (Paris, BnF lat. 4931 A, f.145v); Heinrich von Diessenhofen, Chronik: *Nam et tunc temporis Edwardus rex Anglie obsidens castrum seu opidum Calicz cum exercitu valido, dum Philippus rex Francie vellet ipsum castrum liberare, rex Anglie sibi obviat cum sua milicia, relictis Flandrensibus circa obsidionem oppidi dicti Calicz. Quod videns rex Francie ab eo declinavit. Rex vero ipsum secutus castra metatus in loco ubi rex Francie iacuerat. Quod videntes Calicenses se reddiderunt ad graciam Flandrensium cum victualia illis defecissent. Omnino Flandrenses vero opidum regi Anglie assignaverunt, venia personarum eis tantummodo ab eo impetrata. Et capitur opidum predictum portis (sic) maris et predis consuetum et hominibus rapacibus plenum* (JOHANN FRIEDRICH BÖHMER, Fontes rerum germanicarum IV, Stuttgart 1868, S. 57); Matthias von Neuenburg, Chronik: *De perseveracione regis Anglie in obsidione Kalis fere per annum. Perseverante autem Anglo in obsidione Kales fere per annum et nolente eam recipere ad graciam quoquo modo - strinxerat enim eam in tantum, quod nec introitus nec exitus patebat ad eam - tandem Francus, qui interdum per se, interdum per Iohannem filium suum pluries congregavit exercitus, set Angli exercitum non accessit, in principio Augusti apropinquavit exercitibus Angli et Flandrensium ad unam leucam. Quapropter nolente Anglo Flandrenses Kales ad graciam receperunt et forenses et intrinsecos Angli gracie commiserunt. Quod cernens Francus per tres leucas ilico retrocessit.*

um die "wahre" Darstellung und Deutung dessen, was bei der Übergabe von Calais geschehen ist. Dafür verfügt man über sehr viele Quellen, die die frühere Historiographie, geblendet wie sie war durch die verführerische Erzählung Froissarts, merkwürdigerweise vernachlässigt hat.

*Anglus autem eiectis incolis et occupatis thesauris civitatem rexit per Anglos ...* (ed. ADOLF HOFMEISTER, MGH SS rer. germ. NS, Berlin 1924, S. 233); Heinrich Taube von Selbach, Chronik: *Ipse vero rex Anglie cum potencia et strennuitate magna obsedit predictam civitatem novem mensibus vel circa et tandem optinuit* (ed. HARRY BRESSLAU, MGH SS rer. germ. NS, Berlin 1922, S. 66); Heinrich von Herford, Liber de rebus memorabilibus: *Edoardus per Franciam diffusus omnia proterit, et tandem versus Angliam proficiscens, Caletum urbem obsedit, et annis aliquot obpugnans, capit, pyratis multis, civibus civitatis illius, interfectis* (ed. AUGUST POTTHAST, Liber de rebus memorabilioribus sive chronicon Henrici de Hervordia, Göttingen 1859, S. 263); Die Kölner Weltchronik 1273/88 - 1376: *Igitur rex Anglie tam preclara animatus victoria fortunam non negligens sibi propiciam, sed ad ulteriora tendens, statim de bello supradicto proficiscens cum suo exercitu opidum dictum Kaleys supra mare in finibus regni Francie positum, meniis et apparatu bellico per regem Francie fortiter munitum, quod quidem presidium regno Anglie ultra mare ex adverso posito semper fuerat infestum, valida manu obsidens post XVIII vel circiter menses expugnatum in dedicionem accepit et, expulsis inde incolis, sua gente et satellicio, armis et escis forcius communivit statuens sibi ibidem portum in Franciam transeundi ex Anglia in futurum* (ed. ROLF SPRANDEL, MGH SS rer. germ. NS, München 1991, S. 88-89); Jakob Twinger von Königshofen, Chronik: *do betwang der koenig von Engenlant die stat Kalis, daz do ist eine porte des meres wider Engenlant, von der selben stat er hette vil schaden genomen* (Die Chroniken der deutschen Städte VIII: Die Chroniken der oberrheinischen Städte, Straßburg I, Leipzig 1870, S. 375); Chronicon Holtziatae: *Rex autem Anglie nauigio venit in regnum Francie et obsedit munitam civitatem et castrum Caloeys, apud quam civitatem fuerat et est portus maris, quod interiacet inter regnum Francie et Anglie, habens in latitudine quatuor miliaria. Nam navigare volentes de partibus Almanie ad Hispaniam ad sanctum Jacobum, Terram sanctam Iherusalem, Romam, Venecias, Barbaros et ad gentiles oportet per istud brachium maris, quod inter Franciam et Angliam interiacet, omnes navigare. Et apud hanc civitatem Caloyes est, ut dixi, optimus portus pro navium securitate hincinde transeuntium. Ante istam ciuitatem rex Anglie in campo et ad longa tempora, ad annos castra metatus erexit tentoria. Viceuersa rex Francie, nobilissimus et ditissimus princeps et rex mundi, habens eciam amplissimum regnum et multos reges et regulos, duces, marchiones, comites, nobiles et cives sub se et terram fructiferam, eciam collegit ultra hos subditos excercitum peregrinum et regem Bohemie, Johannem, virum bellicosum cum Bohemis, viris victoriosissimis, in adiutorium suum, volens ciuitatem suam predictam Caloyes ab obsidionne liberare, adducens excercitum suum ad ciuitatem supra dictam. Cives autem inhabitantes ciuitatem et castrenses in castro, cum ipsi circumdati fuerant a rege Anglie terra marique, sustinebant ciborum intollerabilem penuriam et ad tantam deuenerunt famem, quod mures et glires libenter comedissent, si uenales fuissent et pre fame amplius se continere non ualentes castrum cum ciuitate ad uoluntatem regis Anglie tradiderunt. Rex autem Anglie et rex Francie ex vtraque parte pro iusticia obtinenda conuenerunt ad bellum ...* (JOHANN MARTIN LAPPENBERG, Chronicon Holtzatiae auctore Presbytero Bremensi, Kiel 1862, S.75ff.).

## II

Die Kapitulation von Calais wurde der Gegenstand einer berühmten Schilderung des Chronisten Jean le Bel aus Lüttich,[10] die dann von Froissart[11] wieder aufgenommen wurde. Dieser Bericht wird bis heute als die beste und wahrheitsgetreueste Darstellung der Übergabe von Calais an Eduard III. betrachtet. Von ihm muß man ausgehen.

Diesem Bericht zufolge lassen die Einwohner von Calais durch ihren Kapitän Johann von Vienne Eduard III. um ihr nacktes Leben bitten. Dies entspricht dem oben erwähnten klassischen Modell der Kapitulation: Die Einwohner von Calais haben sich tapfer verteidigt; sie haben solange gewartet, bis deutlich geworden war, daß ihr Herr nicht in der Lage sein würde, ihnen zu helfen. Sie konnten ihre Tore öffnen in der Hoffnung, ihr Leben, vielleicht sogar ihren persönlichen Besitz, wenigstens das, was sie mit sich forttragen konnten, zu retten. So leicht geht es aber in Calais nicht. Die Einwohner erfahren eine schroffe Ablehnung des englischen Königs; er weigert sich, das normale Szenario der Kapitulation anzunehmen. Er will vielmehr über das Leben der Verteidiger der Stadt frei verfügen können, so als ob er die Stadt im Sturm genommen hätte. Seine Ritter versuchen jedoch, ihn umzustimmen, da seine Haltung nicht den normalen Regeln des Kriegs entspräche[12] und einen schlimmen Präzedenzfall liefern würde, der später für sie selbst gefährlich werden könnte. Die Verteidiger von Calais haben ihre Pflicht gegenüber ihrem Herrn, dem König Philipp VI., erfüllt und verdienten es daher nicht, ihr Leben zu verlieren. Daraufhin verzichtet Eduard III. darauf, alle Verteidiger der Stadt niedermetzeln zu lassen. Er geht aber nicht vollständig auf die Bitte der Einwohner ein. Jean le Bel und Froissart zufolge verlangt er, daß sechs der reichsten Bürger ihm die Schlüssel der Stadt übergeben sollten, und zwar im Hemd und mit dem Strick um den Hals. Zudem besteht er auf dem Recht, sie dann hinrichten zu lassen.

Über diese Forderung informiert, geben die Einwohner ihrer Verzweiflung freien Ausdruck. Dann aber - und hier muß ich Jean le Bel sprechen lassen - geschieht folgendes: "Kurz darauf stand der reichste Bürger der Stadt, Herr Eustache de Saint-Pierre, auf und erklärte: 'Ihr Herren, es wäre ein großes Leid und Unglück, so viele Leute an Hunger oder auf andere Weise sterben zu lassen, wo es doch möglich ist,

---

10  JULES VIARD - EUGENE DEPREZ, Chronique de Jean le Bel I-II, Paris 1904-1905.
11  Einzige Gesamtausgabe der *Chroniques* von Froissart bei KERVYN DE LETTENHOVE, Brüssel 1867-1877, 28 Bände.
12  S. MAURICE H. KEEN, The laws of war in the late middle ages, Londres/Toronto 1965, S. 119-133.

dies zu verhindern. Ich habe so große Hoffnung auf Gnade und Verzeihung unseres Herrn. Um dieses Volk zu retten, will ich der erste sein, wenn es ans Sterben geht. Ich will mich willig, im Hemd, barhäuptig und mit dem Strick um den Hals, dem König von England auf Gnade und Ungnade ergeben'." Eustaches Beispiel wird von fünf weiteren Bürgern befolgt, deren Namen von Froissart (aber nicht von Jean le Bel) angegeben werden. Jean le Bel und Froissart geben also zu verstehen, daß diese Bürger heldenmütig beschlossen haben, ihr Leben zu opfern, um die anderen Einwohner der Stadt zu retten. Bei Jean le Bel kommt dann die berühmte Erzählung, die man ebenfalls ausführlich zitieren muß, wie die Bürger beim König eintreffen: "Die sechs Bürger fielen vor dem König auf die Knie und sagten mit gefalteten Händen: 'Edler Herr und König, da sind wir, die wir seit langer Zeit Bürger von Calais und große Kaufleute waren; wir bringen Ihnen die Schlüssel der Stadt und der Burg Calais ... wir ergeben uns Ihnen so, wie Sie uns sehen, um den Rest des Volks von Calais zu retten, das sehr gelitten hat; mögen Sie sich unser erbarmen' ... Da war gewiß hier kein Herr, Ritter noch wackerer Mann, der nicht vor Mitleid geweint hätte, und es war in der Tat nicht verwunderlich, denn es war wirklich beklagenswert, angesichts des Zustandes der Menschen und der Gefahr, in der sich diese Bürger befanden. Der König warf ihnen aber nur einen zornigen Blick zu, denn sein Herz war so hart und so wutentbrannt, daß er nicht sprechen konnte. Als er endlich sprach, befahl er, sie zu köpfen. Alle Barone und Ritter, die anwesend waren, baten den König weinend, er möge sich der Bürger erbarmen; aber er wollte ihnen kein Gehör schenken." Noch andere versuchten, den König umzustimmen, aber Eduard blieb unerbittlich: "Herr Walter [der hennegauische Ritter Gautier von Manny] - es muß so bleiben! Man lasse den Scharfrichter kommen; die von Calais sind schuld am Tod so vieler meiner Leute, auch sie müssen sterben." Endlich greift die Königin ein: "Sie warf sich vor dem König, ihrem Herrn, auf die Knie und sprach folgendes: 'Ach, Edler Herr, seitdem ich unter großer Gefahr, so wie Sie wissen, das Meer überquert habe, habe ich Sie um nichts gebeten. Nun bitte ich Sie demütig im Namen des Sohnes der heiligen Maria und um meiner Liebe willen, sich dieser sechs Männer zu erbarmen.' Der König wartete eine Weile, bis er sprach. Er blickte auf seine edle Gemahlin, wie sie weinend vor ihm kniete; dann begann sein Herz milder zu werden, und er sprach: 'Edle Frau Gemahlin, es wäre mir lieber, Sie wären woanders; Sie bitten mich aber so zärtlich, daß ich Sie nicht abweisen kann, und so schwer es mir auch fällt: nehmen Sie sie; ich übergebe sie Ihnen.' Er ergriff die sechs Bürger an ihren Stricken und übergab sie der Königin. Er begnadigte alle Einwohner von Calais um ihretwillen, und die edle Frau ließ die sechs Bürger gut behandeln."

So endet, wie durch ein Wunder, diese ergreifende Szene der Kapitulation von Calais. Diese Erzählung hat nicht nur Generationen junger französischer Schüler tief gerührt und das berühmte Standbild Rodins in Calais veranlaßt, sondern sie wurde fast allgemein, wie schon gesagt, als die wahre Erzählung der Kapitulation von Calais betrachtet. Sie ist aber bewußt stilisiert und hat nur die Anwendung eines ganz gewöhnlichen Kapitulationsrituals in eine heldenhafte Szene umgedeutet. Dies möchte ich im folgenden beweisen.

## III

Ich komme damit zu den zahlreichen anderen, mehr oder weniger gleichzeitigen Erzählungen über die Kapitulation von Calais. Alle diese Chroniken sind aber nicht auf der gleichen Ebene zu betrachten. Für die einen, und zwar für die dem König von Frankreich nahestehenden Chronisten, ist die Kapitulation von Calais zwar ein Ereignis, dessen Kunde sich zu weit verbreitet hat, als daß man es ganz verschweigen könnte; es ist aber ein störendes, für die Ehre des Königs von Frankreich schmähliches Ereignis. Man erwähnt es also, weil man nicht anders kann, aber so knapp wie möglich und indem man ja vermeidet, gewisse, besonders unrühmliche Episoden zu erwähnen. Für andere, dem König von England nahestehende Chronisten hingegen bildete die Übergabe von Calais ein knappes Jahr nach dem glorreichen Sieg bei Crécy eine neue Steigerung des Ansehens Eduards III. und bestätigte auf augenfällige Weise seine Legitimität als König von Frankreich und England. Es empfahl sich also, sie ausführlich zu schildern. Für andere Chronisten schließlich, die außerhalb der unmittelbaren Einflußsphäre eines der beiden Könige schrieben und die man somit als "neutral" bezeichnen könnte, war die Übergabe von Calais ein sensationelles Ereignis, besonders wenn sie in einer nicht zu entfernten Gegend schrieben. Sie hatten also wirklich überhaupt keinen Grund, dieses nicht ausführlich zu erwähnen.

Versetzen wir uns zuerst in das Lager des Königs von Frankreich. Im Königreich Frankreich besteht um die Mitte des 14. Jahrhunderts eine starke historiographische Tradition, die, sei sie dem königlichen Hof sehr nahe oder nicht, jedenfalls einen sehr parisorientierten Blick auf das Schicksal des Königreichs in der ersten Hälfte des 14. Jahrhunderts wirft. Für diese Tradition ist die Kapitulation von Calais weitgehend ein Nicht-Ereignis, oder wenigstens ein zwar sehr bedauerliches, letztlich doch ein ziemlich banales Ereignis.

Ich kann diese Chroniken nicht alle zitieren und will mich deshalb nur mit zwei von ihnen befassen. Die erste ist gleichsam die offizielle Geschichte der Könige von Frankreich, die *Grandes Chroniques de France*.[13] Ihr Bericht über dieses Ereignis ist

---

13 *Les Grandes Chroniques de France IX*, ed. JULES VIARD, Paris 1937, S. 310.

nicht in allen Handschriften identisch. In einer Fassung werden einige Vorwürfe gegen die Untätigkeit des französischen Königs laut. Aber die verbreiteteste Fassung hebt vor allem die großen, aber leider vergeblichen Bemühungen des Königs hervor, der seinen tapferen Untertanen zu Hilfe kommen will. Doch alle Mühe war leider umsonst. Die unglücklichen Einwohner, die ihr Hunger dazu zwang, alles, was sie hatten, darunter sogar höchst Ekelhaftes, zu verschlingen, hatten keine andere Wahl gehabt, als sich zu ergeben. Das einzige Zugeständnis des grausamen Siegers bestand in der Rettung des nackten Lebens. Etwaige besondere Umstände der Kapitulation der Einwohner von Calais werden mit keinem Wort erwähnt.

Von Paris kommen wir jetzt nach Tournai im heutigen Belgien. Seine Einwohner gehörten zu den treuesten Anhängern des Königs von Frankreich. Darauf verweist die Tatsache, daß ein starkes Truppenkontingent aus Tournai zum Hilfsheer gehörte, das Philipp VI. bis vor Calais geführt hatte. Der aus Tournai stammende Chronist Gilles le Muisit war also offensichtlich sehr gut informiert über das, was sich vor Calais ereignet hatte. Die Schilderung der Umstände der Belagerung von Calais muß fast unmittelbar nach den Ereignissen in die Chronik übernommen worden sein und auf den Berichten der zurückgekehrten Soldaten von Tournai beruhen.[14] Auch er schildert, sogar mit zahlreichen Einzelheiten, die Leiden der hungernden Belagerten. Jeden Tag auf Hilfe wartend, hatten sie zuerst die Pferde und das Vieh aufgegessen, dann die im Öl gekochten Häute dieser Pferde und dieses Viehs und zuletzt in äußerster Not Hunde, Ratten und alle Tiere, die sie finden konnten, weshalb viele Menschen starben. Eduard hatte nach seinem Sieg, von Mitleid ergriffen, die Stadt mit Nahrung versorgt und hatte "den Armen, sowohl im Heer des französischen Königs, als unter den Einwohnern der Stadt" erlaubt, die Stadt zu verlassen, ohne irgendetwas mitzunehmen. Eduard hatte nur 22 Einwohner gefangengehalten, diejenigen, "die reich und adlig waren und zum König von Frankreich hielten", und – so fährt Gilles le Muisit fort – "die ganze Stadt und alles, was sich in ihr befand, nahm er in Besitz für sich und die Seinen". Gilles le Muisit kann nicht umhin, den Triumph des Siegers irgendwie zu bewundern. Abgesehen aber von den 22 reichen Bürgern, die Eduard gefangengehalten hat, entspricht sein Bericht ziemlich genau dem, was man in den in Paris verfaßten königlichen Chroniken nachlesen kann. Und auch er verliert kein Wort über ein etwaiges besonderes Kapitulationszeremoniell.

So verhält es sich auch in den aus dem Norden des Königreichs Frankreich stammenden Chroniken, die dieses Ereignis behandeln.[15] Von ihren Unterschieden

---

14 Chroniques et annales de Gilles Le Muisit, ed. H. LEMAITRE, Paris 1906, S. 181-187.
15 Andere Berichte in folgenden Chroniken: Fortsetzung der Chronik von Jean Lescot (ed. JEAN LEMOINE, Chronique de Richard Lescot ... suivie de la continuation de cette chronique, Paris 1896, S. 76); Chronik des Jean de Venette (Chronique latine de Guillaume de Nangis II, ed. HERCULE GERAUD Paris 1843, S. 207); sog. Chronik der vier ersten Valois (Chronique des quatre

untereinander einmal abgesehen, haben sie viel Gemeinsames: sie berichten von einem sehr traurigen, ja erbärmlichen Ereignis. Sie schildern die verzweifelte Verteidigung der Stadt und berichten darüber, wie die Einwohner aus bitterster Hungersnot gezwungen waren, sogar die ekelhaftesten Tiere zu verzehren. Sie berichten von dem Schicksal dieser Bürger, die von einem König nur schlecht unterstützt wurden, der entweder träge war bzw. von seiner Umgebung, insbesondere der Königin, "der bösen hinkenden Königin", wie ein Chronist sie nennt, und seinen Beratern manipuliert worden war. Die Chroniken beklagen das erbärmliche Schicksal der Bürger, die von einem unerbittlichen Sieger, der ihnen nur das nackte Leben gelassen hätte, gezwungen worden seien, alles zurückzulassen und auf den Straßen des Königreichs betteln zu gehen. Sie erwähnen mit keinem Wort irgendwelche Kapitulationszeremonien, bei der der Sieger seinen harten und unbarmherzigen Charakter offenbart, seinem Zorn und Groll freien Ausdruck verliehen und die Besiegten und über sie hinaus, ihren Herrn, "Philipp von Valois, der sich König von Frankreich nennt" schwer gedemütigt hätte, bevor er sich umstimmen lassen hatte. Für die Verfasser dieser Chroniken, von denen man annehmen darf, daß sie fast alle, bis auf Gilles le Muisit, unter König Karl V. im Zusammenhang mit der Revanche über den englischen Feind geschrieben wurden, war die Kapitulation von Calais das Beispiel dessen, was nie wieder vorkommen durfte: tapfere Einwohner, die aber ihr Herr, der König von Frankreich, der sich nicht mit guten Beratern zu umgeben gewußt hatte, im Stich gelassen hatte. Die Einwohner waren infolgedessen nach den bitteren, aber üblichen Gesetzen des Krieges aus ihrer Heimat elend vertrieben worden, und eine Stadt im Inneren seines eigenen Reiches war dem König von Frankreich verlorengegangen. Für die Chronisten aus dem nördlichen Teil des Königreichs war die Kapitulation von Calais 1347 das alles gewesen, aber eben nur das.

Sehr weit von Calais, sehr weit von Paris, gibt es auch diese Sicht der Dinge, die, mehrere Jahrzehnte später, die Erzählung einiger südfranzösischer Chronisten inspiriert hat, die sich mit den Ereignissen von Calais befaßt haben. So findet man in einer Chronik, der sogenannten Chronik von Guyenne, die um die Mitte des 15. Jahrhunderts wahrscheinlich in Bordeaux auf gasconisch geschrieben wurde, folgende Schilderung: Nach einem knappen Bericht über Crécy und einer militärischen

---

premiers Valois, ed. SIMEON LUCE, Paris 1872, S. 17-18); sog. Chronique normande (Chronique normande du XIVe siècle, edd. AUGUSTE und ÉMILE MOLINIER, Paris 1882, S. 89-90; zu diesem Bericht s. JEAN-MARIE MOEGLIN, Rapport de conférences, Ecole pratique des Hautes Etudes - section des sciences historiques et philologiques - Livret 11 (1995-1996), Paris 1997, S. 136); Aymeric v. Peyrac, Chronik (Paris, BN Lat. 4991A, f. 143$^{ra}$).

Episode in Aquitanien erwähnt der Verfasser Calais mit einem Satz: "Im Jahre 1346 belagerte König Eduard die Stadt Calais, und sie aßen Ratten."[16] Das ist es, was im Königreich Frankreich von der Belagerung und der Kapitulation der Bürger von Calais überliefert wurde. Die französische und königsnahe Geschichtsschreibung weigerte sich einmütig anzuerkennen, daß irgendetwas Besonderes mit dieser Kapitulation verbunden war.

Für eine andere Sicht dieser Ereignisse müssen wir uns deshalb in das Lager des Königs von England begeben. Eduard III. war ruhmbedeckt durch seine außerordentlichen Siege und namentlich durch die siegreiche Belagerung von Calais nach England zurückgekehrt. Er verstand es, diese Siege für sein Prestige und genauer noch für seine Legitimation als König von Frankreich und England auszunutzen. Ein Jahrhundert später rühmte man sich noch immer der Eroberung von Calais, ja ihr Andenken sollte in den Dienst eines letzten verzweifelten Rettungsversuchs des englischen Frankreich gestellt werden: Am 2. August 1449, fast genau am Jahrestag der Kapitulation von Calais, die vor 102 Jahren stattgefunden hatte, stiftete Heinrich VI., "König von England und Frankreich", in Calais Gottesdienste für sein eigenes Seelenheil und das seines Vaters, seines Ahnherrn Eduard III. und aller bei der Belagerung der Stadt gefallenen Edelleute,[17] während die Armeen des Königs von Frankreich schon ins Feld gezogen waren, um noch die letzten englischen Besitzungen in Frankreich zurückzuerobern. Man darf sich also nicht wundern, daß auch die englische Geschichtsschreibung an dieser Verherrlichung teilnimmt. Dieses Eindringen der Propaganda in die englischen Chroniken ist um so fühlbarer, als die Beschreibung der militärischen Ereignisse in diesen Chroniken im wesentlichen auf der Wiedergabe und gegebenenfalls auf der Übersetzung von Zeitungen (Newsletters) beruht, das heißt, von Texten, die von Klerikern geschrieben wurden, die im Dienst der Krone standen, und die die Armee begleiteten, mit der Aufgabe, den Truppen zu predigen, aber auch den offiziösen Bericht über die militärischen Ereignisse, denen sie beigewohnt hatten, zu verfassen und zu verbreiten.[18] Für die Kapitulation von Calais sind zwar keine Texte dieser Art erhalten, aber es ist wohl möglich, daß es sie gegeben hat. Hinter den zahlreichen englischen Schilderungen der Belagerung von Calais und über ihre Ähnlichkeiten und Unterschiede hinaus muß das mögliche Vorhandensein eines solchen Textes in Betracht gezogen werden.

---

16 Ausgabe in Bibliothèque de l'Ecole des Chartes XCVII, S. 61.
17 Dazu D. A. L. MORGAN, The Political After-Life of Edward III: The Apotheosis of a Warmonger, EHR CXII 1997, S. 868.
18 Dazu zuletzt JEAN-PHILIPPE GENET, Historiographie et documentation dans la tradition anglaise, in: PAOLO CAMMAROSANO (Hg.), Le Forme della Propaganda politica nel due e nel trecento, Roma 1994, S. 227-250.

Um 1350 und in der zweiten Hälfte des 14. Jahrhunderts entsteht in England eine umfangreiche Geschichtsschreibung, die sich an mehreren Orten und auf unterschiedliche Weise entwickelt.[19] Ich kann diese Geschichtsschreibung hier nur sehr knapp erwähnen. Für gewisse Chronisten handelt es sich bei der Kapitulation von Calais um eine ganz gewöhnliche, deren etwaige besondere Formen sie nicht kannten oder nicht für interessant hielten. In seinem Polychronicon begnügt sich Ranulph Higden, dessen Interesse für die zeitgenössischen Ereignisse nicht besonders groß war, damit, die Kapitulation kurz zu erwähnen.[20] Bei einer zweiten Gruppe von Chronisten lassen sich gewisse Besonderheiten dieser Kapitulation vermuten, ohne daß darauf weiter von ihnen eingegangen würde. Diesen Chroniken zufolge hätte Eduard III. eine bemerkenswerte Barmherzigkeit an den Tag gelegt bzw. diese Barmherzigkeit hätten die Einwohner von Calais nur ihrem besonders demütigen Verhalten zu verdanken gehabt. Das *Eulogium Historiarum*, ein anonymes Werk, das in den Jahren 1362-1366 im Kloster Malmesbury geschrieben wurde und zum großen Teil auf dem Polychronicon des Ranulph Higden fußt, nimmt den Satz seiner Quelle wieder auf, fügt aber etwas auf den ersten Blick ziemlich Geheimnisvolles hinzu: "Als sie das sahen (d. h. den Rückzug König Philipps), ergaben sich die Einwohner von Calais dem König mit größter Demut".[21] Weiteres erfahren wir aber nicht. Um zu wissen, was damit gemeint ist, muß man auf andere Chroniken zurückgreifen, die das Ereignis viel ausführlicher schildern.

Der Mönch aus Westminster, John von Reading, dessen Chronik aus den Jahren 1365-1369 stammt, benutzte teilweise eine ältere Chronik, die des Robert von Avesbury, in der zwar von der Barmherzigkeit Eduards III. die Rede war, aber ohne weitere Erklärungen. In seinem Bericht über die Schlacht bei Crécy hat er sich stark von dieser Chronik inspirieren lassen, und die wortwörtlich abgeschriebenen Sätze des Robert von Avesbury befinden sich auch in seiner Schilderung der Kapitulation von Calais. Dieser Bericht ist aber wesentlich interessanter, weil John von Reading die Erzählung von Robert von Avesbury beträchtlich ergänzt hat. Das, was er hinzufügt,

---

19 Vgl. ANTONIA GRANSDEN, Historical writing in England c. 1307 to the Early Sixteenth Century, London 1982; JOHN TAYLOR, English Historical Literature in the fourteenth Century, Oxford 1987; J.-P. GENET, Historiographie et documentation (wie Anm. 18), S. 229-238.

20 Chronicon Ranulphi Higden monachi Cestrensis VIII, ed. JOSEPH RAWSON LUMBY, London 1857, S. 342.

21 Eulogium (historiarum sive temporis) III, ed. FRANK S. HAYDON, London 1863, S. 212; s. auch den Bericht von Robert von Avesbury in seinen De gestis mirabilibus regis Edwardi Tertii: *Et idem dominus rex, semper misericors et benignus, captis et retentis paucis de majoribus, communitatem dictae villae cum bonis suis omnibus gratiose permisit abire, dictamque villam suo retinuit imperio subjugatam* (ed. EDWARD MAUNDE THOMPSON, London 1889, S. 395-396).

kommt nicht von ungefähr in seinem Bericht vor. Den Satz, mit dem Robert von Avesbury zuerst die Kapitulation von Calais erwähnte: "An diesem Tag (dem 3. August) ergab sich ihm die Stadt. Barmherzig ließ er das gemeine Volk unter seinem Schutz und mit ihrer beweglichen Habe aus der Stadt ziehen", wird von John von Reading auf folgende Weise ergänzt: "An diesem Tag (dem 3. August) ergab sich ihm die Stadt nolens volens, und während der Adel auf Gedeih und Verderb seiner Gewalt ausgeliefert war, erlaubte er es barmherzigerweise, daß das einfache Volk unter seinem Schutz mit seiner beweglichen Habe die Stadt verlassen durfte". Diese Zusätze versteht man in ihrer wirklichen Bedeutung erst dann, wenn man die Stelle in John von Readings Chronik heranzieht, die auf die Kapitulation von Calais Bezug nimmt. Er erzählt wieder in Anlehnung an Robert von Avesbury die schmähliche Furcht des Königs von Frankreich, die den Belagerten keinen anderen Ausweg läßt als den Hungertod oder die Kapitulation. Doch hier, bevor er erzählt, wie Eduard nur wenige der vornehmsten Bürger der Stadt als Gefangene zurückgehalten und allen anderen Einwohner erlaubt hat, unbehelligt fortzuziehen, schildert er eine erstaunliche Kapitulationszeremonie: "Nachdem sie die Banner des Königreich Frankreichs niedergelegt, die Knäufe ihrer Schwerter in die Hände genommen und sich den Strick um den Hals gebunden hatten, ergaben sie sich am dritten August dem Herrn König von England voller Furcht und Zittern, nackt bis auf Hemd und Hose, und sie übergaben ihm die Schlüssel der Stadt."[22] Man irrt sicher nicht, wenn

---

22 Chronica Johannis de Reading et Anonymi cantuariensis, ed. JAMES TAIT, Manchester 1914, S. 101-105: *Tertio quoque die post bellum, idem dominus rex Angliae versus Calais proficiscitur, totam patriam vastando; quo perveniens, quasi tertio die Septembris villam obsidere coepit* cum castro, *et continuavit ejus obsidionem usque ad tertium diem Augusti, anno revoluto. Quo die dictam villam* sponte et invite *sibi redditam obtinuit.* Et receptis nobilioribus ad gratiam et voluntatem suam, *populares cum suis portabilibus sub protectione sua misericorditer abire permisit.* Quanta et qualia, cum tormentis ac machinis jactando lapides, assultibusque, congressu lancearum acutarum, pugnis navalibus ex parte marina ac gestis militaribus, ibidem medio tempore acta fuerant ob prolixitatem omittuntur, ad ea quae aliis in locis gesta sunt redeundo [....] *His itaque peractis, dominus Philippus de Valesio, rex Franciae, obsidionem Calesiae in dolo proponens ammovere, xxvi die Julii hujus anni, grandi exercitu ibidem appropinquavit. Qui ultimo die mensis ejusdem, domino regi Edwardo campestre bellum otulit, sequenti tertia die circa horam vespertinam commitendum, si auderet extra locum obsidionis venire; et habita brevi deliberatione, dominus rex Angliae diem et locum assignatos hilariter acceptavit. Rex vero Francorum, hiis intellectis, sequenti nocte, crematis tentoriis suis, de nocte vecorditer evanuit. Desperantes obsessi a dicto rege se aliud refugium non habere, consumptis victualibus suis, equos, canes et mures edebant, ut suam fidelitatem non violarent. Tandem, compertum est inter eos nichil victui remanere, quos miserrima fames aut male mori aut villam reddere coegit, ipsosque domini sui omni succursu atque auxilio viduatos. Depositis vexillis regni Franciae, et acceptis mucronibus gladiorum suis in manibus atque funibus collo appensis, se nudos usque ad camisiam et femoralia cum clavibus praedictae villae ac castri, tertio die Augusti, domino regi*

man annimmt, daß der Vollzug solcher Gebärden der Demütigung und Selbsterniedrigung eigentlich das bedeuteten, worauf der Verfasser vorher angespielt hatte, als er der Erzählung des Robert von Avesbury den Umstand hinzugefügt hatte, daß der Adel von Calais auf Gedeih und Verderb dem König von England ausgeliefert war. John von Reading erweckt also den Eindruck, daß er die Elemente, die Robert von Avesbury aus rätselhaften Gründen ausgelassen hatte, wiederhergestellt hat. Dieser Bericht ist um so wichtiger, weil er der englischen Übersetzung und Fortsetzung der unter dem Titel "Brut" bekannten englischen Chronik, deren Verbreitung nahezu 200 Handschriften beträgt, als Quelle für die Kapitulation von Calais gedient hat.[23]

Die zweite Erzählung, die ich behandeln will, findet sich in einer Chronik, die am Ende des 14. Jahrhunderts von dem Mönch und zeitweiligen Abt des Klosters Melsa oder Meaux in Yorkshire, Thomas von Burton, verfaßt wurde. Der Chronist hat sein Werk in zwei Abschnitte geteilt; der eine ist der lokalen Klostergeschichte gewidmet, der andere der allgemeinen Geschichte. Er enthält deshalb auch die Schilderung der Kapitulation von Calais.[24] Wenn man diesen Teil der Chronik von Meaux liest, dann stellt man fest, daß der Verfasser einen sehr genauen Bericht über die französischen Feldzüge Eduards III. bis zur Belagerung von Calais 1347 gibt. Man findet auch Informationen, die nicht in den früheren Chroniken stehen. Da der Verfasser über die Zeit nach 1347 anscheinend viel schlechter informiert ist, darf man annehmen, daß er Zugang zu einer Quelle hatte, die um die Mitte des 14. Jahrhunderts vielleicht in demselben Kloster geschrieben wurde, heute aber verloren ist.

Die Erzählung beginnt mit dem Beschluß der Belagerten, sich zu ergeben, nachdem sie die schmähliche Flucht des Königs von Frankreich beobachtet haben. Sie werfen die Laternen und Fackeln, die sie nach der Ankunft Philipps VI. angezündet hatten, sowie die Banner des Königs von Frankreich von den Türmen hinunter; und tags darauf wenden sich "der königliche Befehlshaber und die Großen der Stadt" an einige Gefolgsleute König Eduards und sagen, sie wollten die Stadt dem Herrn König übergeben. Als Eduard das hört, bedankt er sich bei den Flamen

---

Angliae in ingenti timore ac tremore obtulerunt. *Ipse vero, ut semper misericors dominus, omnes recepit ad gratiam; paucis de majoribus* redemptioni in Angliam missis, *communitatem, cum omnibus portabilibus suis, ubicumque vellent in pace permisit abire, villam cum castro sibi reservans. Tunc mediantibus cardinalibus, treugae captae fuerunt ibidem per novem menses duraturae...* [kursiv: aus der Chronik von Robert von Avesbury (wie Anm. 21) S. 395-396].

23 The Brut or Chronicles of England I-II, ed. FRIEDRICH W. D. BRIE, London 1906-1908; ID., Geschichte und Quellen der Mittelenglischen Prosachronik the Brute of England oder the Chronicles of England, Diss. phil. Marburg 1905.
24 Chronica monasterii de Melsa III, ed. EDWARD A. BOND, London 1868, S. 66-67.

und schickt sie nach Hause, aus Furcht, sie möchten sich den Sieg zuschreiben. Am 4. August 1347 wird man mit Thomas von Burton Zeuge der Kapitulation der Einwohner von Calais: Eduard saß auf einem hohen Podest mit allen königlichen Herrschaftszeichen; vor ihm erschien "Johann von Vienne, der königliche Befehlshaber der Stadt; er hielt ein blankes Schwert bei der Spitze in der Hand, und er stellte die Stadt, die Burg, die Schlüssel derselben samt allen Einwohnern dem königlichen Willen anheim. Die Ritter folgten ihm und taten dasselbe in ihrem Namen und im Namen ihrer Waffengefährten, nachdem man die Söldner aus ihrem Dienst entlassen hatte. Die Bürger desgleichen, jeder barhäuptig, in gürtellosem Hemd, mit dem Strick um den Hals und mit gebeugten Knien; sie unterwarfen sich und die gesamte Stadtgemeinde dem königlichen Urteil; und ihnen schenkte die königliche Barmherzigkeit das Leben." Der Herrscher begnügte sich damit, alle Einwohner für immer aus der Stadt zu vertreiben, "bis auf die Ritter, die Söldner und einige vornehme Bürger, die er gefangenzuhalten befohlen hatte". Auch hier versucht der Chronist in keiner Weise die Tatsache zu verschleiern, daß es sich um eine sorgfältig vorbereitete Inszenierung handelt: die Inszenierung eines königlichen Gnadenaktes für reumütige Rebellen und Schuldige.[25]

Und gerade das muß ich besonders betonen. Ich hatte am Anfang meiner Ausführungen darauf hingewiesen, daß die englischen Chronisten sich sehr häufig auf Newsletters stützen, um über militärische Ereignisse zu berichten. Zwar ist uns keine solche Zeitung über die Kapitulation von Calais in ursprünglicher Form erhalten geblieben, und es wird sogar die Meinung vertreten, daß es nie eine solche gegeben habe. Aber wenn man die Berichte in den englischen Chroniken miteinander ver-

---

25 *Cum vero Francorum fugam dies crastina declararet, obsessi lucernas et faculas, quas in eorum adventu accensas in campanili excelsisque turribus exaltabant, ab alto cum vexillis erectis cadere permittebant. Et postera die capitaneus et majores villae allocuti sunt quosdam consiliarios regis Edwardi, dicentes se villam velle reddere domino regi. Quo audito, Edwardus rex, gratias agens Flandrensibus, illos permisit ad propria remeare, nolens illis praesentibus villam recipere praelibatam, ne forte sibi ascriberent illud factum. Igitur die dominica, 4. die Augusti, rege Edwardo in excelso loco constituto et apparatu regis praeparato, Johannes de Vienna miles, capitaneus villae supradictae, gerens in manu gladium per pugionem evaginatum, villam, castrum, claves eorundem et seipsum, reddidit regiae voluntati. Milites quidem ipsum sequentes pro seipsis et commilitonibus suis, solidariis infra villam dimissis, sic fecerunt. Burgenses similiter, quilibet nudus caput, in tunica non succinctus, habens in collo funem, plexis genibus seipsos et totam villae communitatem regio judicio tradiderunt. Quibus vitam et membra clementia regia contulit gratiose, adjecto quod omnes ejusdem villae utriusque sexus incolae exirent de eadem nunquam postea reversuri, omnia bona sua mobilia et immobilia in suis domibus relinquentes, exceptis militibus, solidariis et quibusdam villae majoribus, quos rex ipse jusserat observari* (ibidem).

gleicht,[26] sieht man, daß offensichtlich derselbe Text, ganz gewiß dieselbe Zeitung hinter allen, sehr zahlreichen Erzählungen steht, für die die Kapitulation ein erzählenswertes Ereignis darstellt. Die verschiedenen Chronisten, die eine solche Zeitung mittelbar oder unmittelbar benutzten, haben ihre Aussagen in diesem oder jenem Sinn umgearbeitet. Man findet jedoch hinter ihnen dasselbe Faktengerüst, das sich wie folgt rekonstruieren läßt: Vor dem König von England erschienen unter der Leitung des Befehlshabers Johann von Vienne einerseits die Soldaten der Garnison, andererseits die vornehmsten Bürger der Stadt; die einen trugen Schwerter, die anderen einen Strick um den Hals. Alle bekannten damit öffentlich, daß sie den Tod verdient hätten, weil sie sich König Eduard widersetzt hätten, und daß nur seine Gnade sie retten könne. Und der König hatte Gnade vor Recht ergehen lassen. Das Ganze war eine grandiose Inszenierung, deren Zweck unschwer zu erraten ist. Es handelte sich darum, die durch den langen Widerstand (Rebellion) seiner Untertanen beleidigte königliche Ehre wiederherzustellen, und zwar durch die Demütigung der Schuldigen, die bekannten, daß sie die höchste Strafe verdient hätten, aber um Gnade flehen. Die Begnadigung der Einwohner von Calais schien nie wirklich gefährdet gewesen zu sein, vorausgesetzt, sie vollzogen dieses Ritual. Daß aber die Bürger von Calais Helden hätten sein wollen, war von den englischen Chronisten nie in Betracht gezogen worden.

Es bleibt mir noch, die Berichte derjenigen Chronisten zu untersuchen, die man mangels Besserem als neutral bezeichnen kann. Sie sind nämlich nicht "neutral" im strengen Wortsinn; ihre Verfasser gehören aber immerhin weder zum einen noch zum anderen Lager. Drei liefern ein entscheidendes Zeugnis: das des Florentiners Giovanni Villani;[27] das des anonymen Verfassers der unter dem Titel "Erzählungen eines Bürgers von Valenciennes" bekannten Chronik[28] und schließlich die kleine Fortsetzung einer umfangreicheren Chronik, auf deren Analyse ich mich, da sie am interessantesten ist, beschränken werde.

---

26 Andere ausführliche Berichte über die Kapitulation in: Chronicon Galfridi Le Baker de Swynebroke (ed. EDWARD MAUNDE THOMPSON, Oxford 1889, S. 91-92); die sog. Anonimalle Chronicle 1333 to 1381 (ed. VIVIAN H. GALBRAITH, Manchester 1927, S.29); die Chronik von Henry Knighton (ed. GEOFFREY H. MARTIN, Oxford 1995, S. 84); Lawrence Minot, Historisches Lied (ed. THOMAS WRIGHT, Political Poems and Songs Relating to English History I, London 1859, S. 80-83).
27 S. Anm. 7.
28 Récits d'un bourgeois de Valenciennes (XIVe siècle), ed. JOSEPH M. KERVYN DE LETTENHOVE, Löwen 1877 (reprint Genf 1979), S. 257-261.

Es handelt sich um einen wenig verbreiteten historischen Text, der in zwei späteren Handschriften zu finden ist: in einer Handschrift der sogenannten "Alten Chroniken von Flandern", die die Geschichte Flanderns seit dem sagenhaften Fürsten Lideric bis 1342 erzählen,[29] sowie in einer Handschrift der "Grandes Chroniques de France", die aus der Abtei Saint-Bertin bei Saint-Omer stammt.[30] Wo wurde dieser Text verfaßt? Man merkt, daß der Verfasser sehr gut über alles informiert ist, was in Saint-Omer vorgeht. Er nennt bestimmte Orte und notiert ausführlich die Ankunft und den Abmarsch von Kriegsleuten. Jedenfalls erscheint er erstaunlich gut unterrichtet über alle militärischen Vorfälle während der Belagerung von Calais in der Umgebung von Saint-Omer und in Flandern, und er scheint sogar das Zusammenziehen und die Ankunft der Hilfsarmee Philipps VI. unweit von Calais aus nächster Nähe verfolgt zu haben. Offensichtlich hat man es also bei dieser anonymen Fortsetzung mit einer Erzählung aus erster Hand zu tun, die sehr ernst zu nehmen ist.

Das große Verdienst seines Berichtes von der Kapitulation von Calais ist, daß er es erlaubt, alle anderen bisher erwähnten Berichte zu erklären und miteinander in Übereinstimmung zu bringen. Er schildert eine Kapitulation in zwei Phasen. Die erste ist diejenige der Verhandlungen, während derer die Begnadigung der Einwohner von Calais nicht von vornherein gesichert erscheint. Die Abgesandten der Stadt werden zuerst vom König von England scharf abgewiesen: "Ihr Leute von Calais, wie habt ihr es wagen können, mir so lange zu widerstehen; wußtet ihr nicht, daß ich mächtig genug für euch bin und geschworen hatte, eure Stadt zu erobern? Ihr habt mir zu Unrecht widerstanden; deswegen werde ich kein Mitleid mit euch haben." Dann aber setzten sich die Königin, ihre Damen und Ritter für die Einwohner von Calais ein, bis der König sie begnadigte. Die hier erzählte Szene ist anscheinend gar nicht so fern von derjenigen, wie sie sich bei Jean le Bel und Froissart findet. Sie zeigt ebenfalls, daß die Begnadigung lange Zeit ungewiß war und erst im letzten Moment dank des Bittens der Bewohner gewährt wurde. Die tatsächliche Wirksamkeit dieses Bittens darf man übrigens nicht zu hoch einschätzen, denn es gehört bereits zu den Ritualen der Begnadigung. Immerhin ein Bericht, der der Erzählung von Jean le Bel und Froissart sehr nahe steht; nur etwas fehlt: das Zeremoniell des Stricks um den Hals sowie der Umstand, daß die Abgesandten von Calais nicht als Sündenböcke, sondern als einfache Unterhändler dargestellt sind. Das Ritual des Stricks um den Hals erscheint erst in der zweiten

---

29 Paris, BnF fr. 20363, ed. Joseph M. Kervyn de Lettenhove, Istore et chroniques de Flandres II, Brüssel 1880, S. 70.
30 Saint-Omer, Bibliothèque Municipale, Hs. 707, Bd. II, f. 230v-231r.

Phase der Kapitulation: Die Begnadigung der Belagerten steht jetzt fest, aber ein Ritual öffentlicher Demütigung soll dem König erlauben, Schuldigen, die eigentlich den Tod verdient hätten, Gnade zu gewähren. Die Chronik erzählt, wie vier Ritter mit dem Schwert in der Hand und vier Bürger mit dem Strick um den Hals vor dem König erschienen und auf die Knie fielen; und so begnadigte sie der König. Dieses Ritual zeigt uns also wiederum den parallelen Gestus des Stricks um den Hals für die Bürger und des Schwerts in der Hand für die Ritter.

## IV

Die Erzählungen dieser neutralen Chronisten erscheinen also wirklich erhellend; sie bestätigen natürlich das, was die französischen Chroniken über das große Elend und die Treue der Einwohner von Calais berichten. Sie bestätigen auch das, was die englischen Chronisten von der Existenz einer perfekt veranstalteten Inszenierung des königlichen Gnadenaktes erzählen. Sie bestätigen dagegen nicht die Erzählung von Jean le Bel und Froissart, erlauben es aber zu verstehen, wie von einem technischen Standpunkt aus Jean le Bel und dann Froissart die Kapitulation von Calais auf solche Art darstellen konnten: Als Philipp VI. sich ruhmlos davonmachte, war die Begnadigung der Verteidiger von Calais, die der Einwohner noch mehr als diejenige der Ritter, keineswegs sicher. Eduard III. wußte sich gnädig zu erweisen, aber seine nachhaltig gekränkte Ehre mußte feierlich wiederhergestellt werden. Zu der Gewährung der Gnade gehörte notwendigerweise ein Ritual der öffentlichen Demütigung der Schuldigen. Die Verteidiger von Calais mußten - die einen mit dem Strick um den Hals, die anderen mit dem Schwert in den Händen - vor den König treten. Ein, wie man sehen wird, ganz übliches Ritual, das es dem Herrscher erlaubte, Gnade zu gewähren, ohne das Gesicht zu verlieren. In der Erzählung von Jean le Bel und Froissart sind diese beiden Aspekte, der Beschluß, Gnade zu gewähren und die Inszenierung dieses Gnadenerweises, zu einer einzigen Szene verschmolzen worden, die voll fesselnder, dramatischer, gleichwohl aber fiktiver Intensität ist. Die Kraft ihrer Erzählung bestand darin, daß sie die Bedeutung des Rituals offenbarten, daß dies aber nicht verbalisiert wurde, denn damit wäre die Wirksamkeit dieses Rituals in Frage gestellt worden. Durch ein solches Ritual sollte nämlich die vom Sieger gewährte Gnade als etwas Unvorhersehbares, ja fast Wunderbares erscheinen. Während der König als oberster Gerichtsherr Anstalten dazu machte, Menschen, die sich schwerster Verbrechen schuldig gemacht hatten, mit vollem Recht zu bestrafen, wurde er plötzlich beim Anblick der Reue der

Schuldigen, die ihre Schuld eingestanden und um Barmherzigkeit gefleht hatten, von Rührung und Mitleid ergriffen. Ohne daß, wie es scheint, irgendetwas darauf hingedeutet hätte, beschloß er, wie es heißt, Barmherzigkeit vor Recht walten zu lassen und die Schuldigen zu begnadigen. Alle Teilnehmer an diesem Ritual spielten Rollen, und sie waren sich dessen völlig bewußt. Zu den Spielregeln des Rituals gehörte, daß man nie offen aussprach, es würde sich um den Vollzug vorher festgelegter Abläufe handeln. Auf dieser grundsätzlichen Zweideutigkeit des Rituals konnten Jean le Bel und Froissart aufbauen.

War der Fall von Calais einmalig, war er gewissermaßen ein Ritual, das man nur 1347 anläßlich der Kapitulation der Stadt ersonnen hatte? Dies ist nicht der Fall, und man muß sich wundern, daß man es nicht viel früher festgestellt hat. Daßelbe Ritual ist in früheren Zeiten mehrmals belegt; dafür nur ein paar Beispiele.

Die Vita des Bischofs Bernward von Hildesheim berichtet, wie die Einwohner von Tivoli 1001 Gnade erlangten, indem sie mit dem Schwert in der rechten Hand und mit Ruten in der linken vor Kaiser Otto III. traten. Diese *deditio* fand dank der Intervention des Papstes und des Bischofs statt, die die Belagerten dazu überredeten, sich zu unterwerfen.[31] Die Einwohner von Ravenna unterwarfen sich 1026 Kaiser Konrad II., der sie verschonte, weil sie vor ihm *nudibus pedibus* und mit Schwertern in der Hand traten.[32] Die Einwohner von Mailand mußten 1158[33] und 1162[34] mit dem Schwert im Nacken und vielleicht mit dem Strick um den Hals[35] vor Barbarossa

---

31 *Cives laeti adventantes servos Dei honorifice excipiunt, urbi intromittunt; nec prius desistunt, quam omnes pacatos imperatoris ditioni Dei gratia adiuti subdunt. Postera namque die, nobili triumpho subsequente, episcopi imperatorem adeunt. Nam cuncti primarii cives praescriptae civitatis assunt nudi, femoralibus tantum tecti, dextra gladios, laeva scopas ad palatium praetendentes; imperiali iuri se suaque subactos; nil pacisci, nec ipsam quidem vitam; quos dignos iudicaverit, ense feriat, vel pro misericordia ad palam scopis examinari iubeat. Si muros urbis solo complanari votis eius suppetat, promptos libenti animo cuncta exequi, nec iussis eius maiestatis dum vivant contradicturos. Imperator pacis conciliatores, papam et domnum Bernwardum episcopum, magnifice gratando extollit, atque ad illorum nutum reis veniam tribuit; placitoque habito, urbem non destrui in commune deliberant. Urbani gratia imperatoris donantur, et ut se pacifice agant, nec ab imperatore deficiant, commonentur* (MGH SS IV, S. 769-770).

32 Die Werke Wipos, ed. HARRY BRESSLAU, Hannover/Leipzig 1915, S. 35.

33 Ottonis episcopi Frisingensis et Rahewini Gesta Frederici seu rectius cronica, ed. FRANZ-JOSEPH SCHMALE, Darmstadt 1965, S. 500.

34 Vgl. MGH, Diplomata X/2: Die Urkunden Friedrichs I. 1158-1167, ed. HEINRICH APPELT et alii, Hannover 1979, Nr. 351, S. 191-192 und Nr. 352, S. 193, sowie die anderen in J.-M. MOEGLIN, Edouard III et les six bourgeois de Calais (wie Anm. 2), S. 257-258, angegebenen Quellen.

35 Gotifredi Viterbiensis gesta Friderici I. et Heinrici VI., ed. GEORG WAITZ, MGH SS rer. germ., Hannover 1870, S. 19.

treten. 1258 mußten sich die aufständischen sizilianischen Städte Manfred unterwerfen. In einem Fall konnte das Leben der Einwohner durch das Ritual des Stricks um den Hals gerettet werden.[36] 1269 begnadigte Karl von Anjou die Einwohner von Lucera, die mit dem Strick um den Hals vor ihn traten.[37] Kaiser Heinrich VII. soll die Einwohner der Städte Cremona und Brescia 1311 ähnlich behandelt haben.[38] 1318 belagerten die Berner die Burg Kerrenried. Als die Garnison begriff, daß ihre Lage hoffnungslos war, beschloß sie dem Chronisten Conrad Justinger zufolge, mit dem Strick um den Hals aus der Burg zu treten und die Berner um Barmherzigkeit zu bitten, dies natürlich nicht ohne Erfolg.[39] Es könnten noch weitere Beispiele angeführt werden.

# V

Aus dieser Darstellung des Falls der Kapitulation von Calais 1347 lassen sich zwei Schlüsse ziehen.

1) Der Vergleich verschiedener Erzählungen erlaubt es, das Vorhandensein eines Kapitulationsrituals festzustellen, das bei dieser Kapitulation wie früher bei vielen ähnlichen eingesetzt wurde. Die Besiegten mußten sich, um Gnade zu erlangen, einem Ritual öffentlicher Demütigung beugen, durch das sie öffentlich bekannten, daß sie sich zu Unrecht ihrem legitimen Herrn widersetzt hatten und daß sie es deshalb verdient hätten, hingerichtet zu werden, wenn dieser nicht nach seinem Sieg, angesichts ihrer Reue von Mitleid ergriffen, plötzlich beschlossen hätte, ihnen Gnade zu gewähren.

2) Die Nachwelt hat diese Tatsache vergessen und einer bestimmten Erzählung, derjenigen von Jean le Bel und Froissart, einen besonderen Wert verliehen. Eine historiographische Tradition hat sich dadurch für spätere Zeiten herausgebildet und

---

36 Nikolaus von Jamsilla, Chronik, ed. LODOVICO ANTONIO MURATORI, Rerum italicarum scriptores VIII, Milano 1723, Sp. 583.
37 Guillaume de Puylaurens, Chronique - Chronica magistri Guillelmi de Podio Laurentii, ed. JEAN DUVERNOY, Paris 1976, S. 194.
38 Dazu demnächst JEAN-MARIE MOEGLIN, Henri VII et l'honneur de la majesté impériale - les redditions de Crémone et Brescia (1311) in: JACQUES VERGER - DOMINIQUE BOUTET (Hgg.), Festschrift für Françoise Autrand (im Druck).
39 Die Berner-Chronik des Conrad Justinger, ed. GOTTLIEB L. STUDER, Bern 1871, S. 50.

zwar diejenige "der heldenhaften Bürger von Calais". Der Geniestreich von Jean le Bel, von Froissart wieder aufgenommen und noch gesteigert, hat also darin bestanden, diejenigen, die nur Teilnehmer an einem Ritual waren, das auf öffentliche Demütigung der Schuldigen setzte, in heldenhafte Bürger zu verwandeln, die beschlossen hatten, sich bewußt für ihre Mitbürger aufzuopfern.

Es bleibt die Frage zu behandeln, warum Jean le Bel und Froissart diese Darstellung der Dinge gewählt haben, da es doch außer Zweifel steht, daß beide sehr gut wußten, um was es sich eigentlich handelte. Auf den historischen Kern reduziert, stimmt schließlich die Erzählung von Jean le Bel und von Froissart mit den Berichten der englischen und "neutralen" Chronisten weitgehend überein. Jean le Bel muß sich auf Berichte des Ereignisses gestützt haben, über die die anderen Chronisten ebenfalls verfügten; und so erklärt es sich sicherlich, daß seine Erzählung bis zu einem gewissen Punkt mit den anderen übereinstimmen kann, aber nur bis zu einem gewissen Punkt. Denn keinem der übrigen Chronisten ist es eingefallen, aus den Bürgern von Calais Helden zu machen. Es war ein wirklicher Kraftakt, der in voller Kenntnis der Dinge vollbracht wurde. Man versteht sehr gut, wie er sozusagen "technisch" möglich wurde: Das Ritual selbst verlangte es, daß man die Tatsache verschwieg, daß es sich um ein Ritual handelte. Man muß sich aber fragen - und die Antwort fällt nicht leicht -, wie beide Chronisten es wagen konnten, dessen Bedeutung zu verschleiern.

Denn dieser Kraftakt verstand sich keineswegs von selbst. Etwa vierzig Jahre früher hatte es ein anderes Beispiel eines Rituals mit dem Strick um den Hals gegeben, unter Verhältnissen, die denen von Calais 1347 ziemlich ähnlich waren, auch wenn dieser Fall die Aufmerksamkeit der Nachwelt und der Historiographie nicht auf sich gezogen hat. Im Oktober 1310 hatte der gerade gewählte und gekrönte deutsche König, Heinrich von Luxemburg, beschlossen, sich in Rom zum Kaiser krönen zu lassen. Der Feldzug hatte gut begonnen, aber bald war Heinrich auf Widerstand gestoßen. Schon im Frühling 1311 mußte er insbesondere den Aufstand von zwei lombardischen Städten, Cremona und Brescia, niederschlagen. In Cremona hatten die Einwohner bald Angst bekommen, als das Heer des ergrimmten Königs nahte, und sie hatten beschlossen, sich kampflos zu unterwerfen. Noch war aber ein Mittel zu finden, die gekränkte Ehre Heinrichs VII. wiederherzustellen. Die vielen Berichte über dieses Ereignis zeigen ziemlich deutlich,[40] daß man sich über ein Ritual des Stricks um den Hals wie in Calais verständigt hatte. Aber die Sache verlief, was äußerst selten vorkam, relativ schlecht. Es scheint, daß Heinrich VII., der nur auf die Wahrung seiner kaiserlichen Majestät bedacht war, mehr oder

---

40 Dazu J.-M. MOEGLIN, Henri VII et l'honneur de la majesté impériale (wie Anm. 38).

weniger so tat, als ob es ohne sein Wissen zu dieser Verständigung gekommen war. Die armen Einwohner von Cremona, die in großer Zahl mit dem Strick um den Hals vor den Kaiser getreten waren, waren zwar nicht hingerichtet, aber doch ins Gefängnis geworfen worden, was sich mit den verhandelten Bedingungen noch vereinbaren ließ. Viele waren aber anscheinend an den Mißhandlungen, denen sie ausgesetzt waren, gestorben. Die Parteigänger des Kaisers wußten diesen wirklichen Verrat kaum zu entschuldigen, den seine Gegner voller Empörung brandmarkten. Im Frühling 1311 in Cremona konnte man wirklich sagen, daß die vornehmsten Bürger sich für ihre Stadt geopfert hatten. Waren sie keine echte Helden? Nie waren jedenfalls bei einer solchen Gelegenheit die Umstände so günstig erschienen, um die Rollen der Teilnehmer an einem derartigen Ritual in ein solches Licht zu rücken. Auffallenderweise stellt keiner der damaligen Chronisten, die uns von diesen Ereignissen berichten, das als eine Heldentat dar. Alle entrüsten sich über den scheußlichen Verrat, dem die Einwohner von Cremona zum Opfer fielen, und bedauern ihr Schicksal; keiner hält sie aber für Helden. Das ist um so bemerkenswerter, als man in diesem Fall über eine wirklich außerordentliche Quelle verfügt: Einer dieser armen Einwohner, die mit dem Strick um den Hals und um Gnade flehend vor Heinrich VII. getreten waren, hat selbst zur Feder gegriffen und, noch immer vor Wut und Entrüstung zitternd, über die skandalöse Behandlung berichtet, die ihm in den Kerkern der Parteigänger des Kaisers zuteil geworden war. Er stellt sich als das unglückliche, unschuldige Opfer eines Tyrannen dar, der ihn und seine Mitbürger mit vollem Bewußtsein in eine sorgfältig vorbereitete Falle gelockt hat. Nie fällt es ihm ein, sich für einen Helden, eine Art Märtyrer auszugeben.

Etwa 35 Jahre später und unter ungleich ungünstigeren Bedingungen - denn in Calais ist alles "normal" verlaufen - wagt Jean le Bel den Schritt. Absichtlich konstruiert er die Gestalten des Eustache de Saint-Pierre und seiner fünf bei ihm anonym gebliebenen Mitbürger als heldenhafte Bürger. Froissart folgt ihm darin, verschönert aber beträchtlich die Erzählung. Von einer Fassung seiner Chronik zur nächsten hat er allmählich alle sechs Bürger mit Namen genannt, und auf diese Weise seinen Lesern erlaubt, sich mit diesen wirklichen Helden des städtischen Patriotismus, die nur durch ein Wunder dem Märtyrertod entgangen waren, zu identifizieren.

Versucht man diesen erstaunlichen Kraftakt zu erklären, so kann man mehrere, teils konjunkturabhängige, teils grundsätzlichere Erklärungen vorbringen.

Man kann zuerst an eine gewisse Form von lokalem Patriotismus denken. Die positiven Helden in dieser Affäre sind eigentlich Mitbürger von Jean le Bel und

Froissart. Jean le Bel stammte aus Lüttich, das dem mächtigen Baron Johann von Beaumont aus Hennegau, seinem Schutzherrn, sehr nahe stand, der selbst der Onkel von Philippa, der guten, gnädigen englischen Königin, war.[41] Indem er die Königin diese Rolle spielen ließ, feierte also Jean le Bel nicht ohne Klugheit die Nichte seines Beschützers und Freunds Johann von Beaumont. Er folgte übrigens darin einer alten Tradition: Einer Königin vor allem fiel die Aufgabe zu, als Fürsprecher zu agieren. Die Königin als Nothelferin war zwar ein literarischer Topos, aber auch und vor allem eine nicht zu unterschätzende politische Realität. Die "gute" Königin war diejenige, die die königlichen Kinder gebar und sich bei ihrem Gemahl für diejenigen einsetzte, die sich an sie gewendet hatten. Ihr Erfolg in dieser zweifachen Funktion erlaubte es, ihr eine politische Bedeutung zuzusprechen.[42] Jean le Bel verherrlichte in ergreifender Weise Philippa von Hainaut in ihrer Rolle als Königin, indem er die Schwangerschaft der Königin und ihre Intervention für die Bürger von Calais miteinander verband. Wenn man dazu noch an die schmeichelhafte Rolle erinnert, die Jean le Bel Gautier von Manny, den großmütigen Baron aus dem Hennegau, spielen ließ, kann die Rolle eines lokalen Patriotismus nicht außer acht gelassen werden.

Was aber Froissart betrifft, so stammt er aus Valenciennes im Hennegau, und es war gerade Philippa, die seine erste Gönnerin war; die aus dem Hennegau stammenden Barone sind sozusagen Mitbürger Froissarts.

Der wichtigste Grund ist aber m. E. ein anderer: Man kann Jean le Bel und Froissart als die Erfinder einer Art bürgerlichen Heldentums betrachten. Ihre Chronik will den Lesern von guten und von schändlichen Taten erzählen und die Menschen nennen, die sie vollbracht haben. Es handelt sich dabei hauptsächlich um militärische Taten von Adligen. Aber wir sind auch in einer Zeit, in der die höheren Schichten der städtischen Gesellschaft sich kulturell und literarisch zu betätigen beginnen. Jean le Bel und Froissart schreiben auch für sie. Der Heroismus der Stadtleute mußte von einer anderen Art sein, denn sie können sich nicht der hohen Kriegstaten der edlen Ritter rühmen. Das Heldentum der Bürger war nicht das der Adligen: es konnte aber wohl darin bestehen, sich für die Mitbürger zu opfern.

---

41 Zu Johann von Beaumont, vgl. SYBRAND ALLARD WALLER ZEPER, *Jan van Henegouwen Heer van Beaumont, Bijdrage tot de Geschiedenis der Nederlander in de Ferste Helft der Veertiende Eeuw*, Gravenhage, 1914.

42 Vgl. JOHN CARMI PARSONS, The Intercessionary Patronage of Queens Margaret and Isabella of France, in: MICHAEL PRESTWICH/RICHARD H. BRITNELL/ROBIN FRAME (Hgg.), Thirteenth Century England VI, Proceedings of the Durham Conference 1995, Woodbridge 1997.

Das sind einige der Gründe, die diesen erstaunlichen Kraftakt erklären können. Man muß sich aber bewußt bleiben, daß er von solcher Art war, daß die Zeitgenossen ihn wahrscheinlich nicht verstanden und zumindest nicht gebilligt haben. Man wird bis zum 16. Jahrhundert warten müssen, bis Froissarts Erzählung sich als die kanonische von der Kapitulation Calais' durchsetzt, dann aber freilich für lange Zeit.

### Summary

Another aspect of war is its public commemoration and the fabrication of certain myths which is always closely connected with this process. Take the case of the Hundred Year's War between France and England which offers numerous examples for the creation of myths, the most striking of which up to the present is the story of the six citizens of Calais. This myth is still deeply rooted in the historical consciousness of many Frenchmen, as it is still cultivated through schoolbooks and monuments. The essay aims at nothing less than to deconstruct that myth by minutely reconstructing the course of events surrounding the fall of Calais in 1347 from contemporary sources. As a result of this detailed survey of the sources, it is possible to show that the siege and subsequent conquest of Calais by the English king was not an isolated case - quite the contrary - it can be explained in terms of contemporary conventions regulating capitulation. It emerges that Calais is a classic example of 'deditio', which means that the willingsness of the six citizens to sacrifice their lives for the lives and liberty of their fellow citizens is nothing more than part of an elaborate ritual of capitulation acted out by the two parties involved: the victorious English king and the conquered French city. The 'sacrifice' was an essential part of this public demonstration whose happy ending, i. e. the pardon and release of the six citizens had been arranged beforehand between the parties.

### Compte rendu

La commémoration de la guerre et, en même temps, la fabrication de mythes spécifiques constituent un autre aspect de la guerre qui est étroitement lié à ce processus. Prenez le cas de la Guerre de Cent Ans entre la France et l'Angleterre qui donne un grand nombre d'exemples à l'égard de la création de mythes, dont le plus impressionnant est jusqu'à présent le récit des six citadins de Calais. Ce mythe, cultivé par les livres scolaires ainsi que par des monuments, est toujours profondément ancré dans la conscience historique de beaucoup de Français. L'analyse présentée ici essaie de déconstruire ce mythe par une minutieuse reconstruction du cours des événements relatifs à la prise de Calais en 1347 en partant des sources contemporaines. L'analyse détaillée des sources rend possible de montrer que le siège et la prise succédante de Calais par le roi d'Angleterre ne constituaient pas un cas particulier. Au contraire, on peut expliquer ces événements par les conventions contemporaines réglant la capitulation d'une ville; donc, la reddition de Calais est un exemple classique d'une *deditio*. Cela veut dire que le fait que les six citadins étaient prêts à sacrifier leur propres vies pour sauver les vies et la liberté de leur concitoyens faisait part d'un rituel de capitulation élaboré lequel fut négocié parmi les deux partis confrontés: Le roi d'Angleterre vainqueur et la ville française conquise. De cette manifestation publique, dont la fin heureuse, c'est-à-dire: le pardon et la délivrance des six citadins, avait été arrangée d'avance entre les deux camps, le 'sacrifice' constituait une partie essentielle.

# Christopher Allmand

# Some Writers and the Theme of War in the Fourteenth and Fifteenth Centuries

In the past forty years, research and writing on war in the late middle ages has taken on a new life. Nowhere is this more true than in France and England whose long rivalry, the Hundred Years War, played a central role in the history of late medieval Europe. As the programme for this series of lectures clearly shows, there has been a move in new directions towards a different and, dare one say it, more complete understanding of what the history of war involves. The subject is no longer be studied principally in the narrow terms of the conduct of hostilities centred on the action of armies, on battles and on diplomacy, what I would call military history. The history of war is increasingly viewed in terms of contemporary culture, and, consequently, if the historian is to understand what war was about, how it affected societies, and how people regarded it and expressed themselves about it, he must be ready to accept evidence drawn from a wide horizon. The subject which we should try to write should be broadly defined and inclusive, taking in (of course) military and diplomatic history, while placing them in a wider social, economic and cultural context. The more inclusive a subject is, the broader the context into which it is placed, the more interesting it becomes. It is also the case that objective truth will be better served by studying war in its breadth and depth rather than as a subject concerned principally with armies and those who fought in them.

There is a further factor which has significance for what I want to say. The historian has constantly to keep in mind that he is a person of his own time, so that the world he studies, the questions he asks, the techniques which he uses tend to reflect the preoccupations and capabilities of his own time. We cannot escape the fact that the present influences our view of the past. Today, war is not always seen solely, even largely, in terms of military activity, important as that is. Thanks to the modern media, society questions itself about war. Is a war 'just'? Is peace on terms dictated by the victor acceptable? Are the weapons used proportional to the aims being sought? What can be done for those who suffer from the violence of war? In my own case, an interest in the medieval awareness of the place of the civilian in war arose directly out of a consideration of the fate of such people in the

Vietnam war of thirty years ago.¹ That interest has led further, to the realisation that it is possible to enter the minds of people who lived centuries ago, to appreciate something of their thinking about war, about what it was doing to them both as individuals and to the societies in which they lived and would live in in the future. The evidence is often available to us. It is a question of first looking for it and then interpreting it.

Where do we find that evidence? What sort of writers am I talking about? Let us consider, first, the traditional *raconteurs* of the military events of war, the writers of chronicles who, in both England and France, were often heavily influenced by the traditions of chivalry. Those traditions placed the knight and his activities at the centre of the picture, giving prominence to the exercise of certain virtues, honour, courage, skill in the use of arms, each associated with the nobleman's way of waging war. It reflected war viewed from the saddle. Traditionally, too, many such chronicles were written for patrons at court whose liking for the romances reflecting chivalric values would influence the way real-life war would be described. The most notable of these writers must have been Jean Froissart, who spent part of his early career as a poet at the royal court of England before embarking on the writing of the *Chroniques* which have made his name synonymous with chivalric history ever since.² It was at the court of king Edward III, founder of the Order of the Garter, responsible for the 'discovery' of King Arthur's Round Table, that Froissart learned what sort of history was acceptable; it had to conform to the interests of the military class, who would appreciate it more if it were written in the vernacular, in his case in French.

What sort of history did this produce? As a writer, Froissart placed emphasis on the acts *(gesta* in Latin, or *gestes* in French) of individuals or small groups whose names would often be recorded in the text. By doing this, he gave prominence to personal reputations which were enhanced by being referred to in his work. Those mentioned by name, whose actions constituted a microcosm of the wider action going on all around, were often members of the higher social groups. Much less often did Froissart draw attention to others, nameless and unable, because of the nature of the weapons which they wielded, to fight man to man and thus demonstrate personal valour and skill. It is difficult to generalise fairly about the attitudes to war and the reporting of war of a man who wrote so much. Let it be sufficient to stress two factors: one is Froissart's desire to pass on to posterity examples of skill and courage to teach and encourage those who would come later;³ the second, the

---

1 CHRISTOPHER ALLMAND, The War and the Non-Combatant, in: KENNETH FOWLER (Hg.), The Hundred Years War, London 1971, 163-183: CHRISTOPHER ALLMAND, War and the Non-Combatant in the Middle Ages, in: MAURICE KEEN (Hg.), Medieval Warfare. A History, Oxford 1999, 253-272.
2 PETER F. AINSWORTH, Jean Froissart and the Fabric of History. Truth, Myth and Fiction in the *Chroniques*, Oxford 1990
3 *afin que honnourables emprises et nobles aventures et faits d'armes ... soient notablement registrées et mises en memoire perpétuel, par quoy les preux aient exemple d'eulx encouragier en*

sense of movement and action which is conveyed to the reader of the *Chroniques*, as if the observation of war can bring moral, even aesthetic, pleasure to the spectator, a pleasure which it is the reporter's duty to convey to his readers. War can be a satisfying, fulfilling activity both to those who take part and to those who read about it, too.

Yet, we may ask ourselves, was war as 'straightforward' as that? The answer must be that neither the activity of war, nor the reporting of it, was in any sense simple. Yet it is undeniable that many fourteenth and fifteenth-century reporters of war were to reflect a changing attitude to war, the way it was fought and what it did to those caught up in it. If we compare Froissart's approach to that followed by those who described the battle of Agincourt, fought between the armies of England and France on 25 October 1415, we notice considerable changes. Let me draw your attention to two. One is the acknowledged contribution to the English victory made by the archers, whose arrows, fired from a distance, caused havoc in a French army, very 'noble' in character, which still believed in rather traditional forms of combat which gave the nobility the opportunity to show off its skills and demonstrate its courage. As a consequence (and this is my second point) the accounts of Agincourt contain scarcely a reference to individual action, a fact underlined by the absence of the names of those taking part. Or are they really absent? At the end of some narratives, the reader finds lists of dead, reflecting the terrible massacre of the French nobility in the battle.[4] Ironically, perhaps, deprived of the opportunity to demonstrate their fighting skills, these men earn an everlasting memorial through the inclusion of their names in the long list of dead.

More significant still is that, having completed his account of the battle, the clerical writer of the best English eye-witness account goes on to express his sorrow that events, the outcome (so he claims) of wrong decisions taken by the country's political leaders, have led to the death of so many fine men, whose loss both to their country and to their families he regrets. Our author appears to be deeply sensitive to the loss of so much human life and the suffering which will follow. Was all this spilled blood really necessary, he asks? The text, which shows the darker side of war immediately after glorying in victory, reflects something already displayed with increasing frequency in the writings on war since the second half of the fourteenth century: an increasingly humane awareness of the effects which war has upon the societies involved in it.

One of the features of late fourteenth-century history, one particularly pronounced in France, is the way that the written word is used to propagate the views of commentators, both men and women, whose self-appointed task is to reflect, in both prose and verse, upon the world in which they live, to diagnose and analyse its problems, and to offer solutions. It should be emphasised that what I am describing was not entirely new; chroniclers, for example, had long been accustomed to com-

---

*bien faissant, je vueil traittier et recorder hystoire et matiere de grand louenge*, in: Oeuvres de Froissart. Chroniques II (1327-1339), Hg. J. KERVYN DE LETTENHOVE, Brüssel 1867, 4.
4   Gesta Henrici Quinti. The Deeds of Henry the Fifth, Edd. und Übers. FRANK TAYLOR/JOHN S. ROSKELL, Oxford 1975, 86ff, 93.

ment upon the evils of their time. What is new, however, is the intensity of the criticism offered and the numbers offering it. Almost as important to us must be an understanding of the background of those who act as society's critics. Many were people of the court; with easy access to the king. In this context, it should also be emphasised that much of this is the work of people whom we would call the intelligentsia, people sensitive to the moral, human and political problems of their time.[5] While some tracts were set out in formal fashion, sometimes reflecting the academic training of their authors,[6] the criticisms which they made and the advice which they offered were based upon a deep sense of humanity as well as political awareness.

Let us remain for a little longer with the chroniclers. There was an unusual sense of bitterness based upon personal experience in the chronicle of one such writer, the French Carmelite friar, Jean de Venette, which covers the years 1340 to 1368.[7] This was a period when order appeared to have broken down, when armed groups, composed largely of mercenaries hardly deserving the name of armies, acted much as they wished to the detriment of the royal authority, causing the decline of the country's economy and material loss to many communities and individuals who experienced widespread insecurity in large areas of France. Much of this is recorded by Venette in a tone and in such a way as to leave us in no doubt where his sympathies lie. It is important to underline the fact that, in addition to reporting, Venette adds comments which themselves constitute an explicit condemnation of such activity. A significant and important development is taking place. Venette has passed from recording what has happened to commenting upon developments, often in a very critical way, and of making moral judgements regarding the activities of nobles, armies and the military leadership of his day.

We can consider the example of Jean de Venette for three reasons. He reflected that time, the middle years of the fourteenth century, when there began a period of growing awareness by Frenchmen regarding what prolonged war was doing to their country. A second reason is to consider what it was that he was condemning: in his case, the unlicensed and excessive violence carried out under the guise of war. A third is that the example shown by Venette was to be taken up by others who would express their views in rather different forms. Before long there would come to the fore a series of writers or commentators ready to analyse the state of France, and to call for reform in the hope of improving the lot of a people caught up by the worst excesses of war.

Who were these writers? One of the first and certainly one of the most notable was Philippe de Mézières. Notice that he came from a noble family, was of military

---

5   See, for instance, DOMINIQUE BOUTET/ARMAND STRUBEL, Littérature, politique et société dans la France du Moyen Age, Paris 1979.
6   L'Arbre des Batailles d'Honoré Bonet, ed. ERNEST NYS, Brüssel/Leipzig 1883, was one to show such influence.
7   Chronique latine de Guillaume de Nangis de 1113 à 1300, avec les continuations de cette chronique de 1300 à 1368, ed. HERCULE GERAUD, 2 Bde. Paris 1843; The Chronicle of Jean de Venette, ed. RICHARD A. NEWHALL, Engl. Übers. JEAN BIRDSALL, New York 1953.

background, and had given many years of public service in Cyprus. Only then had he returned to France to live out the remaining years of a long and active life as a kind of sage in Paris, where he was consulted and where, between 1386 and 1389, he wrote his greatest work, *Le Songe du Vieil Pèlerin*. In this we find Mézières is at his most mystical, at times almost unapproachable, as he sets out, in allegorical form, his analysis of the wrongs afflicting contemporary France. He sees war challenging the stability and well-being of society as a whole. What is the response to be? For Mézières, it lies mainly in an effective reassertion of the powers of government by the king. After half a century of intermittent war, and doubts sown by the English regarding the legitimacy of the ruling dynasty of Valois, it is the crown which has lost control and, because he sees things from the centre, if the crown cannot help itself, then the kingdom over which it rules is doomed to suffer. Mézières, however, was not simply a moralising preacher; his career had taught him the importance of action. So it was then that the other, much shorter work which came from his pen in the mid-1390s would be an appeal to the young kings, Charles VI of France and Richard II of England, to settle their differences, which, indeed, they were to do in a long truce sealed in 1396. In this work, the *Epistre au Roi Richard*, Mézières was helping to create another form of literature arising from war, the public appeal for peace. He was not to be the last to write a work on this subject.[8]

Let us turn to another matter which troubled minds in these years of war, as it has more recently in our own time. Almost as Mézières was writing his *Songe* in Paris, Honoré Bouvet, a Benedictine monk trained in canon law, was composing a treatise, entitled *L'Arbre des Batailles*, in the relative tranquility of his monastery at Selonnet, in the French alps.[9] As was appropriate for a man with a legal training, Bouvet discussed the rights and wrongs of the rules and customs governing activity in time of war. What makes a war just? What rights do participants in war have? In particular, as Bouvet made abundantly clear in the final section of the work, what rights should the civilian enjoy in his or her uneasy relationship with the soldier? And what are the soldier's obligations towards those who do little or nothing to oppose him, those whom he encounters in the fields and villages of rural France rather than on the battlefield? Here was a man trained in the law of the Church contributing significantly to the debate about war, raising issues, such as the maltreatment of civilians, which were the concern of many in his time, as they had been centuries before, and still are today. Bouvet was no pacifist; he did not condemn war outright, for he appeared at ease with the definition of the 'just war' elaborated by theologians mainly in the thirteenth century.[10] What did concern him - and the dis-

---

8   Philippe de Mézières, Le Songe du Vieil Pèlerin, ed. mit Engl.Ubers. GEORGE W. COOPLAND, 2 Bde. Cambridge 1969; Philippe de Mézières, Letter to King Richard II. A Plea made in 1395 for Peace between England and France, ed. mit Engl. Übers. GEORGE W. COOPLAND, Liverpool 1975.
9   See n. 6, above. See also NICHOLAS WRIGHT, The *Tree of Battles* of Honoré Bouvet and the Laws of War, in: CHRISTOPHER ALLMAND (Hg.), War, Literature and Politics in the Late Middle Ages, Liverpool 1976, 12-31.
10  FREDERICK H. RUSSELL, The Just War in the Middle Ages, Cambridge 1975.

tinction is important - was less the question of the *bellum justum* or 'just war', than the matter of *ius in bello*, or the way war was fought. In other words, war must be fought in a 'just' manner, with the recognition that participants have both rights to be respected and obligations to be fulfilled. Bouvet was particularly concerned to protect the rights of the civilian, the farmer, the traveller, the student going to university (and his parents visiting him there!), all of whom are liable to attack by the armies and bands roaming the countryside looking for victims in the name of war. Of course, Bouvet did not imagine that his work would resolve all the problems which war brought in its wake. Like that of Mézières and of others, its significance lay in the growing realisation of 'intellectuals' that they had a responsibility to draw society's attention to its ills and to propose solutions to its leaders who, since the reign of Charles V (1364-1380), had accepted with growing willingness the participation of such people in the task of governing the kingdom. Bouvet's work is important both on account of the analysis which he makes, and the instrument (the law) which he sees as providing help in resolving it. It is also important because, like Mézières, Bouvet saw the application of the law by an effective monarchy as an essential contribution to the solution of the problems described. The law was only an instrument, the crown of France the institution which must use it to good effect. The miniature, which heads some manuscripts of this text, showing Bouvet presenting his work to the king of France, carries a clear message: the king must do something. It is a plea for action.[11]

It has often been noticed how people of this age were preoccupied with death and the afterlife. They prayed to be delivered from the reality of the apocalyptic vision of war, famine and plague. Themes in art, such as the Last Judgement or, more characteristic of the fourteenth and fifteenth centuries, the *Totentanz*, or the skeleton which features so prominently in the funerary monuments of the period, remind us of this fear. It is against this background of insecurity in the present and, in particular, of fear of the future that we should place Bouvet's widely read attempt to remind soldiers of their obligations towards those who were not soldiers.[12] It is one response to the cry for help from the civilian (who constitutes the very large majority of the population) in his predicament as he faces the power of the undisciplined soldier who appears to have effective control over him. At the heart of the text is the fundamental question: what is a soldier allowed to do, even when his cause is 'just'? It is also a plea for a greater humanity in the waging of war. Bouvet and the English chronicler who deplored the loss of so many French knights at Agincourt had much in common.

War caused hardship; it caused pain, too. The sensitivity of the Englishman's fears that the deaths of large numbers of French knights on the field of battle would bring devastation to their families was to be neatly underlined by the Norman, Alain Chartier, who described the reactions of four women to the loss of their hus-

---

11 For example, Brüssel, Bibliothèque Royale Albert Ier, Ms. 9009-11, fol. 1. I owe this reference to Dr Nicholas Wright.
12 N. WRIGHT, Honoré Bouvet, 12-13, refers to the translations of the work, which was clearly known to many writers and commentators in the fifteenth century.

bands in that battle. The work, *Le Livre des Quatre Dames,* is a long poem of some 3531 lines, which takes the form of a discussion between four noble ladies, the poet himself acting as both reporter and referee, centring on the question which of them has suffered the most from the outcome of the battle of Agincourt.[13] The first woman tells the others that she has lost her husband, and that she is now a widow. The second, whose husband is held a prisoner in England, is left without her companion; pending his return, she must remain faithful. The husband of the third is missing; his fate is unknown, and his wife does not know where to turn. In the case of the fourth, well, he deserted the battle field and is regarded as a coward. The statements made, there follows a form of debate: which of the crosses borne by these women is the heaviest? The first lady tells us that, as a widow, she will never see her husband again, only to be reminded that, as such, she has the freedom to remarry. The second, separated from her husband, suffers the pains of what could be a long separation, but at least there is hope, although reunion may take a long time. The third fears the worst, the likely loss of her husband, but while there is no proof of death, she is obliged to hope, however difficult this is. As for the last lady, she is well and she has her husband; but the man she once loved has proved to be a coward, and has done what no knight must ever do, turn his back on the enemy. Her pain is to live with this devastating moral and social stigma to her dying day.

The poem, deeply rooted in actuality, raises many points of interest, but in the end Chartier does not fully answer the question which the ladies asked: which of them was suffering the most? At the same time it is clear that only the fourth lady, whose husband has deserted, is entitled to feel personally betrayed by the outcome. However, Chartier's achievement is to have set a actual scene for a real-life, emotionally charged discussion regarding the effects which war may have upon the wives of men who have gone to defend their country. It reminds us how women can experience the effects of war, of the different ways in which war can break up marriages. It illustrates, too, the varied sufferings which the civilian can experience: the grief caused by the death of a husband, or by his capture, or by his disappearance can be mitigated by the knowledge that, in all probability, he fought with courage and honour. By contrast, the fourth lady, an outcast from her own society because of what her husband has done, is obliged to exist with the knowledge that having acted as he did, he has betrayed his country, his king and her, as well as the code of honour and self-respect according to which he, and his fellow knights, lived. She is obliged to recognize that society knows that she is married to a coward who has survived because he is a coward. It is something she will have to carry with her to her dying day. Such is the variety of outcome which war can produce.

Works such as these constitute a literature of commentary on current affairs which reflects the concerns that thinking people had about the society in which they lived.[14] Modern literary critics have emphasised how much our understanding

---

13 The Poetical Works of Alain Chartier, ed. JAMES LAIDLAW, Cambridge 1974, 196-304.
14 D. BOUTET/A. STRUBEL, Littérature, politique et société, 196; JEAN-PATRICE BOUDET, Pays, nation, clocher, in: JEAN-PATRICE BOUDET/HÉLÈNE MILLET (Hgg.), Eustache Deschamps en son temps, Paris 1997, 157.

of what war was doing to society depends upon the writings of the poets.[15] The works of Eustache Deschamps, above all, were founded on the realities which created the divisions within French society. These were no ordinary times: *J'ay veu les temps desordonnez*,[16] he wrote, when France was experiencing a period of nightmare which he, Guillaume de Machaut, Jean Régnier (who knew from first hand what it was to be a prisoner) and others described in their poetry. By contrast, English poets scarcely referred to war in this way. Their chief concerns were the high levels of taxation levied for a war which not all approved of, along with a growing sense of criticism of the country's knighthood. In this last regard, French and English poets shared a common subject. But of the English poet as a witness of the horrors of war, something outside his general experience, hardly a word. In that respect, the approach of poets to the subject of war on opposite sides of the Channel could hardly have been more different.[17]

However, what publicists and poets from England and France might do together was to take up the idealism of Philippe de Mézières and urge their rulers towards peace. Jean Gerson, a man of immense moral stature and prestige who wrote with great authority in the first years of the fifteenth century, the remarkable Christine de Pisan, as well as Alain Chartier were joined by the Englishmen, John Gower and John Lydgate as authors of works which made general appeals for peace. As such they reflected another vein in the literature produced by war at this time: the appeal for a return to a peace based upon social justice and the common good expressed in the term *respublica*, which it was the ruler's obligation to work for and to preserve.[18]

A consideration of the commentaries which emerge from a France at war with England during the period 1350-1450 reveals that their authors are increasingly concerned with the kind of society which, no longer in the throes of division, was capable, first, of winning the war and then creating a stable society in the years to follow. This literature enables us to observe an important moment in the development of France as a nation when the effects of war are having a considerable effect upon the way that the positions and roles of the social groupings within society are changing. Take, for instance, the role of those who fight. There can be little doubt that the disastrous performance of the French *noblesse* at the battle of Crécy in 1346, followed by a second setback at Poitiers ten years later, was felt to justify the strong, indeed bitter criticism made of the role played by that group in these battles. Castigating the nobility, the principal point made by the author of the *Tragicum ar-*

---

15 D. BOUTET/A. STRUBEL, Littérature, politique et société, 177, 179.
16 HÉLÈNE MILLET, *J'ay veu les temps desordonnez*, in: J.-P. BOUDET/H. MILLET, Eustache Deschamps, 89-119.
17 JANET COLEMAN, English Literature in History 1350-1400. Medieval Readers and Writers, London 1981, Kl. 3; BASIL COTTLE, The Triumph of English 1350-1400, London 1969, Kl. 2; VINCENT J. SCATTERGOOD, Politics and Poetry in the Fifteenth Century, London, 1971, Kl. 3.
18 CHRISTOPHER ALLMAND, The Hundred Years War. England and France at War c. 1300 - c. 1450, Cambridge 1988, 154-155. See also BEN LOWE, Imagining Peace. A History of Early English Pacifist Ideas, University Park, Pennsylvania 1997.

*gumentum de miserabili statu regni Francie*, written in 1357, was that the nobility had failed the country.[19] What is significant about this work which, today, we would classify as a pamphlet, is that criticism was levelled in both military and social terms. In other words, it is the social implications of defeat which concern the writer. What is he saying? In brief, simply this: the expectation of the battle-role to be played by the nobility has not been met; its obligations to defend the country, based upon a privileged position in society, has not been fulfilled, and France feels let down at this moment of crisis. The severity of that crisis can be measured by the defeat of the king's army and the capture of the king, John II, taken as a prisoner to London by the English.

If the works of commentators enable us to judge critical opinion regarding the perceived failure of the nobility in war, they also help us measure sentiment concerning the soldier of lesser social rank. While the future might well lie with these men, essentially footsoldiers rather than those who fought on horseback, there can be little doubt that they were much feared and mistrusted in society at large. To most, the ordinary soldier was a man of greed and violence with little respect for his fellow human beings. A variety of sources, including royal ordinances of reform, legal records, as well as the commentaries we have been considering, tells much the same story. All too frequent were criticisms that the common soldier regarded war as an open invitation to use his power (a power which the ordinary civilian did not have, and which he feared) to loot, steal and destroy, leaving behind him a trail of misery and destruction. Jean de Venette saw this quite clearly. It was a power which Honoré Bouvet recognised, too, when he wrote that a man who did not know how to set places on fire, or to rob churches or imprison priests, was not fit to wage war.[20] Yet the fear which rural communities, in particular, had of armies of ill-disciplined soldiers who roamed the countryside frightening the inhabitants was real enough; it would be reflected in the fortified churches of the period still to be seen in parts of France,[21] or in the *bastels* (small fortified towers) still found in the countryside of the Anglo-Scottish border, towers into which farming families and small communities could withdraw for relative safety while the land around them was subject to enemy fire and plunder.

The sentiment of commentators critical of the ordinary soldier is reflected, too, in the work of artists. Medieval manuscripts survive which depict the soldier in an unflattering light, committing acts of violence against property, looting, getting

---

[19] Le *Tragicum argumentum de miserabili statu regni Francie* de François de Monte-Belluna (1357), ed. ANDRÉ VERNET, Annuaire-bulletin de la Société de l'Histoire de France, années 1962-1963, Paris 1964, 101-163; D. BOUTET/A. STRUBEL, Littérature, politique et société, 205-207.

[20] *Et qui ne scet partout bouter les feus, rober les eglises, occuper leur droit et emprisonner les prestres, il n'est pas souffisant pour mener guerre.* L'Arbre des Batailles, ed. NYS, 211. For an illustration of the theme, see CHRISTINE RAYNAUD, La Violence au Moyen Age, XIII$^e$-XV$^e$ siècle, Paris 1990, bookcover and plate 80.

[21] NICHOLAS WRIGHT, Knights and Peasants. The Hundred Years War in the French Countryside, Woodbridge 1998, and articles by the same author cited in the bibliography.

drunk, in short being aggressive and destructive in character.[22] I have long thought that episodes in the life of Christ, painted as part of a narrative, show the contemporary soldier in a bad light. He is associated with Christ's trial in Jerusalem, with the crowning with thorns, the carrying of the cross to Calvary, and with the crucifixion, in all of which he is depicted as a man of violence and a bully with no respect for humanity, while in scenes of the resurrection he is clearly asleep or incapable of understanding what is going on. It is inconceivable that artists would have so frequently depicted in this unflattering way a figure generally respected by society.[23] Consideration of depictions of the Massacre of the Innocents, or *Kindermord von Bethlehem*, underlines my point. This commonly treated subject, based on the account in St Matthew's gospel, tells how Herod, fearful of the threat to his throne represented by the birth of Christ, ordered soldiers to kill all male children under the age of two in the hope of including Christ among the victims. In one depiction, the king supervises the slaughter;[24] in another, armed soldiers stand by while others, not dressed as soldiers, do the killing.[25] What is it open to the artist to convey? Certainly, much human emotion, as the mothers find themselves unable to resist what the men are doing to their innocent babies. But there is another message here, too. The role of both the king and his soldiers is being commented on. Artists appear to be asking whether it is right for a king to sanction such an act? Should he not represent order and the rule of law, not violence and death? Is this not a tyranny, the king using force to protect his own position rather than the public good in the form of the lives and rights of those under his rule? And what of the soldiers? In some pictures they are active participants in murder; in others, they simply watch and do nothing to protect the innocent when society expects them to do just that. They are silent accomplices in murder; the unspoken commentary of the artist is significant and not entirely unexpected.

Yet the soldier was not an entirely 'negative' figure. Ever since the second half of the fourteenth century, French kings had been trying to encourage the development of an image of the soldier as one who worked for the public good in the royal service.[26] The text of *Le Jouvencel*, written about 1465, describes the patriotic contribution of the soldier to the defeat of the old enemy, England. At the same time it raises a number of points which question the traditional way of making war (the way associated with the virtues of honour and fair play) casting doubts on their significance and validity in the context of the late fifteenth century when the need to win the war, rather than honour or reputation, was becoming paramount. For example, if trickery could achieve that end, then it should be used. Here we face an

---

22 CHR. RAYNAUD, La Violence au Moyen Age, plates 41, 48, 49.
23 On this subject, see JOHN R. HALE, Artists and Warfare in the Renaissance, New Haven/London 1990.
24 Padova, Cappella degli Scrovegni.
25 Padova, Battistero della Cattedrale.
26 CHRISTOPHER ALLMAND, Changing Views of the Soldier in Late Medieval France, in : PHILIPPE CONTAMINE/CHARLES GIRY-DELOISON/MAURICE KEEN (Hgg.), Guerre et société en France, en Angleterre et en Bourgogne XIV$^e$-XV$^e$ siècle, Lille 1991, 171-188.

apparent paradox. On the one hand the soldier was being urged to respect the civilian population and to treat it with respect; on the other hand, texts such *Le Jouvencel* were encouraging him to achieve his military aims through the use of 'dishonourable' methods which, however effective, would be frowned upon by those of the 'traditionalist' school. We should hardly be surprised if late medieval society was confused in the attitude which it should adopt to the soldier of the time.[27]

Several writers were to take up the theme that war was an increasingly socially divisive factor in French society, the divisions being responsible for the failure to defeat England. The country needed an authority which could unite the various social groups to good effect. The revival of France under strong royal leadership was as fundamental to the thought and writings of Christine de Pisan as it had been to Philippe de Mézières. The theme of reconstruction, moral as well as practical, would also appear in the writings of Alain Chartier whose most famous work, *Le Quadrilogue Invectif*,[28] written in 1422, assumed the form of an animated confrontation and discussion between France and her three estates, clergy, chivalry and people, in which defeat was seen as the direct result of social as well as political division. Who could heal such divisions? Only the king had the power to do this, and the works of Jean Juvénal des Ursins, bishop and royal councillor, addressed to the king of France between the fourteen-thirties and fifties constituted the justification for action on the part of the crown which would eventually lead to a moral regeneration of that office, the seizure of the military initiative leading to major reform and, to complete the process, victory against the English.[29]

Finally, how are we to account for the appearance of this kind of 'war literature'? Against what background should it be viewed? The background is very broad, but there are certain factors which should be noticed. The context is war; it is also crisis. Can we go further and categorise these works as the literature of defeat? Perhaps so, for they form part of the essential process whereby a nation, whose political and military fortunes are at a low ebb, asks what has gone wrong, why, and how can matters be improved. The point is underlined if one makes the comparison with England. There is no significant literature of this kind in England until after 1450 when, having suffered expulsion from France at the hands of the reformed army, certain Englishmen write pamphlets asking much the same questions as were asked, years earlier, in France: what has gone wrong?[30]

---

27 CHRISTOPHER ALLMAND, Entre Honneur et bien commun: le témoignage du *Jouvencel* au XVe siècle, in: RH CCCI/3, 1999, 463-481.
28 Alain Chartier, Le Quadrilogue Invectif, ed. EUGENIE DROZ, Paris 1950.
29 Ecrits politiques de Jean Juvénal des Ursins, ed. PETER S. LEWIS, 3 Bde. SHF Paris 1978-1993.
30 The most notable was The Boke of Noblesse Addressed to King Edward the Fourth on his Invasion of France in 1475, ed. JOHN GOUGH NICHOLS, Roxburghe Club, London 1860. See also CHRISTOPHER ALLMAND, France-Angleterre à la fin de la Guerre de Cent Ans. Le *Boke of Noblesse* de William Worcester, in: La France Anglaise au Moyen Age, Actes du 111e Congrès National des Sociétés Savantes (Poitiers, 1986), Paris 1988, 103-111.

At another level we should be looking at these works in the context of the growing movement towards dialogue between rulers and their subjects which characterizes the fourteenth and fifteenth centuries in so many parts of Europe. In the light of this development, why did France produce so many more texts of this type then did, for example, England? May the answer lie in the fact that whereas in England the tradition of fairly regular meetings of parliament is well established by the end of the fourteenth century, in France that tradition is much weaker and meetings of the *états*, when they do occur, are more likely to be local than national. Under such conditions, a meaningful dialogue between king and people cannot be carried out in France as it is in England. Not surprisingly, therefore, works of commentary, protest or advice come to take the place of verbal discussions at an institutional level. Furthermore, the problems put forward by the commentators are national in character, of wider significance than the more local problems discussed at the meetings of local assemblies which the king himself does not, in any case, attend. In the circumstances, a direct approach to the crown through the written word may have been a more effective way of progressing.

I am suggesting, then, that much of this contemporary commentary should have as its broad context the need to create public discussion of what war was and where it was taking society. When in the course of writing a chronicle, Thomas Basin, bishop of Lisieux, expressed doubts about the dangers of introducing a permanent army into France in the mid-fifteenth century, he was exercising the ancient right of chroniclers to comment upon events and changes going on around them, a practice more recently largely taken over by other writers.[31] There were further reasons why society might become involved in the process of influencing military policy and decisions regarding war and peace. We have to recall an important development which had been taking place in many European countries during these two centuries; I refer to the growth of taxation, and principally taxation for war. If populations were being asked to contribute financially to the escalating costs of war (the implication of this being that war was a national enterprise and responsibility) then it followed quite reasonably that a king's subjects, in exchange for their financial contribution, should have a say in how it was fought. In England, these discussions took place in parliament; as a consequence, we observe the development of royal propaganda being used by the crown to influence public opinion and the approval of taxation which might be required. In France, rather the reverse was the case: there the need was to draw the attention of the crown to the problems created by war, to demand reform, and to warn both crown and country, as Basin tried to do with regard to plans to develop a permanent army, when it was felt that such developments were going too far.

The historian of war has had to move with the times. He is influenced by the world around him as he is by developments within his own academic discipline. The world of which he is part can help determine the aspects of war which he chooses to study, the questions which he seeks to ask, and the methods and ap-

---

31 Thomas Basin, Histoire de Charles VII, ed. CHARLES SAMARAN, CHF 21, Paris 1965, Bd II, 33-47.

proaches which he can bring to that study. At the same time, broad academic developments towards interdisciplianry studies mean that the study of war in the middle ages cannot, indeed should not, be confined to the study of material largely archival in character. By the end of the middle ages war was becoming 'societal', involving, as it did, more and more people in an ever-increasing number of ways. For these reasons the study of war must not be carried out in isolation. Its effects were felt in the study of national and local economies, in the development of social and political institutions, in the growth of nation states. War affected all people, not merely those whom, in modern idiom, we call 'the great and the good', but the ordinary people, too. Much of what I have been saying reflects a growing self-consciousness of society, of the public good as an attainable end, allied to an increasing self-awareness of the damage being inflicted upon it by war. It is this development of the public awareness, how it grew and who helped encourage its growth that is an important element of the study of the history of war in the late middle ages. If we accept that all this has a part to play in the history of war, then that 'enlarged' subject has an important role to play in our understanding of the past. Achieving this, surely, is what the historian's responsibility really is.

## Zusammenfassung

Das Thema 'Krieg' wird von der neueren Forschung unter den verschiedensten Fragestellungen untersucht, in den Vordergrund gerückt ist dabei zunehmend auch die Frage nach dem Umgang der jeweiligen Gesellschaften mit dem Krieg. Am Beispiel einiger ausgewählter spätmittelalterlicher Autoren wird gezeigt, wie sich die Diskussion um den Krieg und seine vielfältigen Folgen intensiviert und welchem Wandel die dabei entwickelten Vorstellungen unterliegen. Hatte Froissart noch ein durchaus positives Bild des Krieges als Bewährungsmöglichkeit für persönliche Tapferkeit und ritterliche Tugenden entworfen, so wurden nach der Schlacht von Azincourt kritische Stimmen laut. Auf französischer Seite läßt sich bei Jean de Venette zum ersten Mal ein Bewußtsein für die negativen gesellschaftlichen Folgen eines langdauernden Krieges feststellen. Dies gilt besonders für Philippe de Mézières *Epistre au Roi Richard* mit dem eine neue Literaturgattung entsteht: der Öffentliche Aufruf zum Frieden. In der Diskussion um die Folgen des Krieges wird immer wieder der Ruf nach einem starken Königtum laut, von dem eine Erneuerung der Gesellschaft erwartet wird. Aber auch Rolle und Funktion bestimmter gesellschaftlicher Gruppen (Adel, Söldner) werden kritisch beleuchtet. Es entsteht eine "Literatur der Besiegten", die allerdings im europäischen Kontext eines sich entwickelnden Dialoges zwischen Königtum und Untertanen gesehen werden muß. In England führt dieser aufgrund seiner institutionell-parlamentarischen Verankerung zur verstärkten Propaganda seitens der Monarchie, während er in Frankreich in einen Ruf nach Reform von Monarchie und Gesellschaft mündet.

## Compte rendu

Le phénomène de la guerre a été étudié par la recherche scientifique récente sous des aspects différents. Au centre de l'intérêt des chercheurs se trouve actuellement la question de savoir comment les sociétés du passé pensaient la guerre. Par l'exemple de quelques auteurs du Bas Moyen Âge choisis, cette analyse montre comment le débat au sujet de la guerre et des multiples conséquences entraînées par celle-ci gagne d'intensité, et quels changements les idées développées au cours de ce débat subissent. Alors que Froissart avait tracé une image tout à fait positive de la guerre, voyant en celle-ci un événement qui donne au combattant une belle occasion de manifester sa prouesse et ses vertus chevaleresques; après la bataille d'Azincourt, des voix critiques apparaissent. Au côté français, c'est chez Jean de Venette, qu'il est possible d'observer pour la première fois une sensibilité aux conséquences sociales négatives qu'entraîne une guerre assidue. Cette constatation vaut surtout pour l'*Epistre au Roi Richard* de Philippe de Mézières, lettre avec laquelle naît un nouveau genre littéraire: L'appel public à la paix. Dans la discussion sur les conséquences de la guerre, le désir d'une monarchie puissante dont on attendait une réforme de la société s'exprimait à voix répétée. Mais aussi le rôle et la fonction de certains groupes sociaux tels que la noblesse ou les mercenaires étaient regardés d'un oeil critique. Il naquit une 'littérature des vaincus', laquelle il faut situer, toutefois, dans le contexte européen d'un dialogue s'établissant entre la monarchie et ses sujets. En Angleterre, ce dialogue mène, à cause de son ancrage institutionnel et parlementaire, à une propagande du côté monarchique renforcée, tandis qu'en France, il embouche dans le désir d'une réforme de et la royauté et la société.

# Philippe Contamine

# Guerre et paix à la fin du Moyen Age: l'action et la pensée de Philippe de Mézières (1327-1405)

Parmi les traits distinctifs du XIV$^e$ siècle français figurent en premier lieu l'irruption massive de la guerre - principalement la guerre entre les rois de France et d'Angleterre, entre leurs royaumes et leurs sujets respectifs ainsi que tous les conflits et les discordes qui en résultèrent de proche en proche -, en second lieu les tentatives diverses et répétées pour mettre fin, temporairement ou définitivement, à cet état d'hostilité, en troisième lieu, de façon certes plus discrète mais malgré tout récurrente, la volonté ou du moins les velléités émanant de différents milieux sociaux et de différents pouvoirs, y compris, le cas échéant, le pouvoir royal, de reprendre la lutte contre les infidèles et de reconquérir la Terre sainte et Jérusalem - ce qu'on appellait couramment à l'époque le saint passage d'outremer.

Or le personnage dont il va être question se situe précisément au point de convergence de ces trois phénomènes de telle sorte qu'il est permis de voir dans sa vie, dans son action, dans son oeuvre littéraire, leur manifestation par excellence.

\*\*\*

Ce n'est pas mon propos que d'évoquer dans sa totalité et dans sa complexité la vie de Philippe de Mézières, plus longue encore que mouvementée:[1] je me contenterai en l'occurrence de relever brièvement ce qui concerne son expérience militaire

---

[1] Irremplaçable demeure le livre de NICOLAS JORGA, Philippe de Mézières 1327-1405, Paris 1897. Notice de SYLVIE LEFÈVRE, in: Dictionnaire des lettres françaises, Le Moyen Age, éd. GENEVIÈVE HASENOHR/MICHEL ZINK, Paris 1992, p. 1144-1146. Voir aussi WERNER PARAVICINI/JÖRG WETTLAUFER/JAQUES PAVIOT, Europäische Reiseberichte des späten Mittelalters II: Französische Reiseberichte, Francfort-sur-le-Main/Berlin/Berne/Bruxelles/New York/Vienne 1999, p. 43-49.

cismarine et transmarine et ses interventions conjointes ou alternées en faveur de la paix et de la croisade.

Philippe de Mézières était un Picard, originaire d'une famille de moyenne noblesse du bailliage d'Amiens. Il était donc un sujet direct du roi de France en même temps qu' un authentique gentilhomme de naissance, peut-être un puîné. On connaît ses armoiries, "de sinople à la fasce d'hermine", puisqu'elles figurent notamment sur la plaque de laiton dorée et niellée qui accompagnait son tombeau dans la chapelle de la Vierge au couvent des célestins de Paris.[2] Dans une lettre à son maître spirituel que fut le carme Pierre Thomas ou Pierre de Thomas, il devait se qualifier non seulement de "très indigne chancelier" du roi de Chypre Pierre I$^{er}$ de Lusignan (les deux Pierre en question furent deux de ses admirations majeures) mais également d'"infime chevalier picard".[3] Toute sa vie, même quand il se fut retiré au couvent des célestins de Paris pour y mener une vie de solitaire, il demeura, semble-t-il, un simple laïc, bien qu'il ait dû recevoir la tonsure dans son jeune âge. On le fait naître habituellement, en fonction des indications fournies par lui-même, à Amiens,[4] où il fut baptisé, sans doute dans la cathédrale, en ou vers 1327, c'est-à-dire une dizaine d'années avant le déclenchement de la guerre de Cent ans ("la grant plaie occidentale", comme il devait un jour la qualifier[5]), une vingtaine d'années avant la défaite de Crécy-en-Ponthieu[6] (1346) et avant les premiers ravages de la Peste noire (1347-1349), une trentaine d'années avant la bataille de Poitiers[7] (1356) qui vit la capture par les Anglais du roi de France Jean le Bon et le bref et violent soulèvement rural connu dans l'histoire sous le nom de Jacquerie (1358) - un événement dont il ne fut sans doute pas le témoin direct mais qu'il ne devait jamais oublier. Cela dit, ses toutes premières années, son *infantia* et même les débuts de son *adulescentia* se déroulèrent dans un climat de paix et de relative prospérité dont il devait toujours garder la nostalgie. Selon sa formule, il connut le royaume de France "plein comme un oeuf": *Et si estoit le royaume lors comme en*

---

2 Voir le catalogue de l'exposition Les fastes du gothique. Le siècle de Charles V, Paris 1981, p. 143-145.

3 Philippe de Mézières est également qualifié de chevalier par Etienne de Conty dans son Brevis tractatus (PHILIPPE CONTAMINE, La France aux XIV$^e$ et XV$^e$ siècles. Hommes, mentalités, guerre et paix, Londres 1981, ch. I, p. 382). Manifestement, il connaissait bien le milieu nobiliaire: voir par exemple ce qu'il dit dans le Songe du Vieil Pelerin sur les guerres particulières des nobles picards, par opposition aux coutumes des nobles de France et de Normandie. Philippe de Mézières, Le Songe du Vieil Pelerin [désormais SVP], éd. GEORGE W. COOPLAND, 2 vol., Cambridge 1969 (ici t. II, p. 416-418).

4 *Audi, audi, plebs electa Ambanensium, me compatriota tuus* (Bibliothèque nationale de France, lat. 14454).

5 Philippe de Mézières, Letter to Richard II. A Plea made in 1395 for Peace between England and France [désormais Letter], éd. GEORGE W. COOPLAND, Liverpool 1975, p. 107.

6 Qu'il mentionne dans le SVP, t. I, p. 398 et t. II, p. 382.

7 Egalement mentionné dans le SVP, t. I, p. 398.

*pais, riche et plain comme un oeuf.*[8] Une autre de ses grandes admirations fut Pierre l'Ermite, cette étrange et légendaire figure de la première croisade, elle aussi originaire du diocèse d'Amiens.[9]

On peut admettre que Philippe de Mézières reçut une éducation assez poussée à l'école cathédrale de sa ville natale. L'aurait-on au départ destiné à l'Eglise? Si tel a été le cas, il n'y aurait là rien d'exceptionnel même pour un jeune noble. Plus tard, il devait suivre, on le verra, les cours de l'université de Paris, sans du reste, semble-t-il, obtenir un grade quelconque. Toujours est-il que son abondante oeuvre littéraire, en français et en latin, témoigne d'une authentique culture livresque, dans les domaines les plus divers, ainsi que de réelles compétences linguistiques.

Ses études à Amiens durent être de courte durée: prototype du jeune noble aventurier et aventureux, il quitta précocement sa famille, abandonnant dès l'enfance le château à moitié ruiné de son père, à Mézières, pour tenter sa chance au-delà même des limites du royaume de France. Un détail du Songe du Vieil Pelerin, où il atteste la remarquable sobriété alimentaire du roi de Castille Alphonse XI lors du très long siège d'Algésiras, fait supposer qu'il y assista en personne.[10] Or Algésiras fut prise en 1344: n'aurait-il eu alors que 17 ans? Sans doute en 1345 il fut, selon ses propres termes, "un bon temps soudoyer en Lombardie pour aprendre le fait d'armes" puis rejoignit Humbert II, dauphin de Viennois, dans sa croisade contre les Turcs ottomans (1345-1346).[11] Il participa alors à la bataille de Smyrne du 24 juin 1346 où il fut peut-être fait chevalier. L'année suivante, après avoir fait escale dans l'île de Chypre et y avoir noué des liens avec la famille royale des Lusignan, il effectua le pèlerinage de Terre sainte et fut bouleversé jusqu'aux larmes (Philippe de Mézières eut en quelque sorte le don des larmes) en constatant *de visu* l'occupation ou plutôt la profanation des lieux saints de la Passion du Christ par les Infidèles. Alors qu'il priait au Saint Sépulcre, Dieu lui inspira le projet de fonder un nouvel ordre religieux militaire, destiné à remplacer l'ordre du Temple, dissous en 1311 et à supplanter l'ordre de l'Hôpital, dont à vrai dire il ne parle guère dans ses écrits.[12] De même que Moïse pour les tables de la Loi, de même Philippe reçut de Dieu la

---

8   Cité par N. JORGA, supra n. 1, p. 21.
9   JEAN FLORI, Pierre l'Ermite et la première croisade, Paris 1999.
10  SVP, t. I, p. 511-512.
11  NORMAN HOUSLEY, The Later Crusades. From Lyons to Alcazar 1274-1580, Oxford 1992, p. 60-61.
12  Oxford, Bodleian Library, Ashmole 813, f. 9: certes, dit-il, il existe d'autres "religions" approuvées par l'Eglise de Rome, ainsi celle des hospitaliers "mais helas aujourduy, comme chascun le voit, elles vont en defalant et sont toutes envieillies et par especial car ceulz qui es dites chevaleries ou religions entrer desirent, considerans que chasteté virginale est trop forte a garder es parties d'Orient il s'en retraient et la religion petit a petit va a declination". A. H. HAMDY, éd., Philippe de Mézières et le nouvel ordre de la Passion, in: Bulletin of the Faculty of Arts, Université d'Alexandrie, 18 (1964).

règle de la nouvelle religion de la chevalerie de la passion de Jésus-Christ pour l'acquisition de la sainte cité de Jérusalem et de la Terre sainte, de la *nouvelle chevalerie du Crucifixé*.[13] Au retour de Jérusalem, il s'arrêta à Chypre et se mit au service du roi Hugues IV. *Ceste noble ysle estoit la noble chambre orientale et gracieux retrait des chevaliers de Dieu et des pelerins qui aloient oultre mer*. Elle était tout à la fois *le vray mur defensable de la chrestienté d'Orient* et *un gracieux hospital des crestiens d'Occident. Et briefment, c'estoit la frontiere puissante et necessaire de la crestienté catholique*.[14] Une semblable formule, jointe à bien d'autres, montre qu'incontestablement, Philippe de Mézières eut le sens de l'espace. En 1349, il fut envoyé en Europe pour chercher des secours. En vain. Alors se place son bref temps d'étude à l'université de Paris.[15] De 1354 à 1357, il servit Jean le Bon dans la guerre contre les Anglais (Pontorson, en Basse Normandie, Blérancourt en Picardie): quatrième expérience militaire, après l'Espagne, la Lombardie et l'Orient.[16] Hugues IV étant mort, lui succéda le vaillant chevalier et croisé dans l'âme que fut Pierre I$^{er}$. Philippe de Mézières, en 1360 ou 1361, devint chancelier de Chypre. Le chancelier de Chypre: toute sa vie il devait conserver fièrement cette désignation.[17] En compagnie de Pierre Thomas, patriarche latin de Constantinople et légat apostolique pour l'Orient, Philippe parcourut l'Europe dans un premier grand voyage de propagande afin de ranimer l'intérêt des princes et des peuples chrétiens pour la croisade. Aucours de leur périple, de façon significative, ils réconcilièrent la papauté et le seigneur de Milan Bernarbo Visconti: il s'agissait au préalable, de faire la paix autant que possible entre les puissances. Alors se place, en 1365, la croisade dite d'Alexandrie. Lui-même nous en a fait le récit touchant et épique: le débarquement des chrétiens, l'attaque désordonnée de la cité, la fuite inattendue et pour tout dire miraculeuse des Sarrasins. "Alors nos chrétiens avec leurs bannières montèrent librement sur les murs et les portes qui avaient été brûlées par Dieu, sans empêchement et presque sans dommage, le roi [Pierre Ier], le légat [Pierre Thomas] et la multitude des chrétiens entrèrent dans la cité précédés par la croix, et la grande cité d'Alexandrie fut prise aux environs de la

---

13 Paris, Bibliothèque Mazarine, ms 1943: *Nova religio milicie passionis Jhesu Christi pro acquisicione sancte civitatis Jherusalem et Terre sancte*. Letter, p. 109.
14 SVP, t. I, p. 295-296.
15 OLIVIER CAUDRON, Philippe de Mézières étudiant à l'Université de Paris, in: Bibliothèque de l'Ecole des Chartes, 139 (1981), p. 245-246.
16 OLIVIER CAUDRON, Philippe de Mézières capitaine de Blérancourt dans les années 1350, in: Mémoires de la Fédération des sociétés d'histoire et d'archéologie de l'Aisne, t. 29 (1984), p. 69-73.
17 Voir son épitaphe: *O beati patres electi Celestini divini sacerdotes Dei altissimi mementote obsecro mei zelatoris vestri Philippi quondam cancellarii Cipri vocati*. Même référence que supra, n. 2.

neuvième heure, le 10 octobre 1365".[18] Mais que faire de cette victoire aussi inespérée qu'encombrante? Aussitôt la majorité des chrétiens, dont les Génois, ne songèrent qu'à abandonner cette périlleuse conquête. Le roi et le légat eurent beau supplier, admonester les chevaliers de rester sur place: rien n'y fit et ce fut, le jour même, le lamentable retour vers Chypre. Quant à Philippe, qui s'était vu promettre le tiers des revenus de la ville pour l'établissement de son ordre, il offrit vainement le texte de sa règle aux éphémères vainqueurs qui, adorateurs du veau d'or, s'empressèrent de la rejeter.

Ici s'arrête (il avait tout juste trente ans) son expérience militaire directe. Plus tard, il devait amèrement et douloureusement se reprocher d'avoir participé à des guerres sans se demander s'il s'agissait de guerres justes, c'est-à-dire, selon ses propres termes, menées *pro re publica, pro fide, pro ecclesia, pro viduis et orphanis, pro equitate et justicia*, d'avoir versé le sang comme David, d'avoir été un *vir bellator*, un *vir sanguinis*. Dans son testament spirituel de 1392, destiné primordialement à organiser ses obsèques, il déplore avec quelque véhémence d'avoir été en son temps "chevetaine de perpetrer encontre Dieu, l'Eglise, son proisme, les horribles pechiés des guerres acoustumés" qu'on ne pourrait ni dénombrer ni décrire.[19]

La page était donc tournée. Tout en poursuivant son action inlassable et illusoire de propagandiste de la croisade[20] et tout en s'efforçant d'obtenir les appuis financiers et politiques indispensables pour la fondation de son ordre de la passion du Christ, il mit davantage l'accent sur des préoccupations purement spirituelles. La dévotion pénétrait, envahissait sa vie, et cela avec d'autant plus de force qu'en janvier 1369 Pierre Ier mourut assassiné et qu'il perdit du même coup son office de chancelier. Le voilà de nouveau en Occident, à la cour pontificale d'Avignon, paternellement accueilli par Grégoire XI et Urbain V, puis, à partir de 1373, à Paris, à la cour de Charles V, dont il devint l'un des conseillers attitrés et écoutés, en charge notamment de la formation culturelle, voire politique, du futur Charles VI[21]. En un sens, il mena alors une vie de courtisan. Plus tard, il jugea que cette phase de son existence avait représenté un péril éminent pour le salut de son âme,

---

18 Philippe de Mézières, Vita sancti Petri Thomae, éd. JOACHIM SMET, Rome 1954.
19 ALICE GUILLEMAIN, éd., La Preparacion en Dieu de la mort ou testament de Philippe de Mézières, in: Mélanges Jeanne Lods, Paris 1978, t. I, p. 297-322.
20 Ashmole 831 (supra, n. 12)., f. 19: *Pour laquele sainte chevalerie estre produicte au monde ledit chancelier, non pas sans grant labour et perilz sans nombre de son pelerinage ouquel par XV ans continuelment il ne reposa en alant et courant message roial a trois papes de Romme, a Charle, empereur de Romme, a touz les rois et grans princes et communes de la crestienté catholique, pau de roys exceptés*, tantôt espérant, tantôt désespérant.
21 FRANÇOISE AUTRAND, Charles V le Sage, Paris 1994, p. 636-638 et passim.

ce qui lui permit de rendre grâce à la bonté divine pour avoir été tiré, alors qu'il en était encore temps, des cours des seigneurs, si pleines de formidables embûches.[22]

La mort du sage roi en 1380 l'amena à "quitter la vallée des lys pour la montagne des célestins", bref à se retirer définitivement auprès des célestins de Paris, dans leur couvent à vrai dire tout proche de l'hôtel Saint-Pol, lequel constitua pendant toute cette période l'un des principaux lieux de pouvoir pour la cour de France. Il n'est pas exclu que les bons religieux qui l'accueillaient aient parfois considéré comme encombrant ce personnage hors du commun qui se tenait informé de tout et prétendait toujours intervenir au plus haut niveau dans les grandes affaires du royaume et de la chrétienté. Il se préoccupait notamment du rétablissement de la paix entre la France et l'Angleterre, de la réforme de la société française et des institutions monarchiques (y compris les institutions militaires) et continuait à prodiguer les conseils en vue de la croisade. Chargé d'ans, reclus et perclus, il devait mourir en 1405, âgé de près de quatre vingts ans, ce qui est déjà une performance en soi.

\*\*\*

Le grand projet de fondation de la chevalerie de la passion de Jésus- Christ engendra de la part du "pauvre escrivain" la rédaction successive d'une foule de textes, à usage interne et externe, en latin et en français, dont il ne subsiste aujourd'hui que de substantielles épaves, datant de 1368 et 1384,[23] 1389-1394[24] et 1396.[25] Disons d'un mot que son projet fondamental consistait dans l'établissement en Terre sainte d'une sorte de colonie permanente de peuplement occidental et catholique, ce qui impliquait que les membres de l' ordre comprendraient des clercs mais aussi des laïcs pourvus de femmes et d'enfants, affectés aux différentes tâches nécessaires à toute vie en société. Dûment éduqués dans différentes écoles, les jeunes garçons de la sainte chevalerie deviendraient chevaliers, damoiseaux, écuyers, avec possibilité pour les meilleurs de promotion à des fonctions plus élevées. Ajoutons que, dans son esprit, l'ordre devait être une simple avant-garde destinée à être suivie par la grande armée des croisés, en provenance de toute la chrétienté catholique.

La "sainte chevalerie" en question, vouée à la "sainte bataille de Dieu", devait disposer d' une bannière dite commune, blanche ourlée de rouge. Au milieu, une croix rouge, au milieu de cette croix un motif noir, symbolisant "la doulour de la passion de Nostre Seigneur" et au milieu de ce motif un *Agnus Dei de couleur*

---

22 Même référence qu'à la note 19.
23 Supra, n. 13.
24 Supra, n. 12
25 Paris, Bibliothèque de l'Arsenal, 2251.

*doree resplendissant representant la gloire de Jhesu Crist ressuscitant.*[26] Etait aussi prévue une "baniere singuliere et plus solempnele", destinée à n' être déployée, comme ultime recours, *que en grans batailles et fais perilleux et de grans doubte.*[27] Les combattants de la sainte chevalerie devaient être aussi bien pourvus que possible en armes, en armures, en montures, en artillerie et en engins de guerre, en tentes et en pavillons, en vivres et en munitions. Des "recteurs" spécialisés seraient chargés de veiller sur tous ces points. Les combattants de la sainte chevalerie seraient reconnaissables par le port d'une croix, sans doute rouge, sur leurs *gros gipons*[28] et sur leurs *jaques.*[29]

Cette chevalerie devait être diversifiée en son recrutement géographique et social: même des fils de bourgeois ou d'artisans pourraient en faire partie, avec malgré tout une préférence pour les puînés des familles nobles puisque, selon les différentes coutumes en usage, ils n'avaient droit qu'à une petite portion de l'héritage de leur père et qu'ils étaient du même coup *contrains par povreté de poursivre les guerres injustes et souvent tiranniques.* Aussi, *pour la sustentation de leur estat et noblesse pource qu'il ne sevent autre mestier il font tant de maulz que ce seroit horrible chose a escrire dez pilleries et oppressions qu'il font au povre peuple.*[30]

Respectant scrupuleusement la *discipline de vraie chevalerie*, la *discipline de guerre*, la chevalerie en question comprendrait *trois ordres de combatans:* d'abord une élite éprouvée et substantielle de très vaillants chevaliers, ensuite des *freres*, en troisième lieu des *sergens*, ces derniers à pied en tant qu'arbalétriers, archers et pavesiers.[31]

Même dépourvu d'office, autrement dit même sans responsabilité particulière, un chevalier quelconque aurait à sa disposition un écuyer armé de toutes armes, un *petit valet* portant sa lance et son heaume ou bacinet, un *gros valet* armé d'un jaque pour s'occuper de sa malle, et un valet de pied pour conduire son cheval de somme. Ainsi, au combat, tout chevalier disposerait de cinq chevaux et de quatre auxiliaires. Les frères constitueraient, dans l'esprit de Philippe de Mézières, une cavalerie à peine plus légère: chacun d'eux disposerait en temps de guerre de trois ou quatre chevaux et de trois auxiliaires dont seulement un ou deux combattants.

Selon l'ultime version de la règle, celle de 1396, les effectifs de la "sainte chevalerie" seraient les suivants: 1000 chevaliers; 2000 frères, "qui seront nobles escuiers, hommes d'armes, bourgois, marchans et gens de bon estat"; 6000

---

26 Représentation en couleur de cette bannière dans le frontispice de la Letter. Voir aussi Ashmole 813 (supra, n. 12).
27 Cette dernière bannière devait être unique alors que la précédente était prévue pour exister en plusieurs exemplaires.
28 Un gipon était un pourpoint.
29 Ashmole 813 (supra, n. 12), f. 23vo. Un jaque était un pourpoint offrant davantage de protection.
30 Ibid., f. 15vo.
31 Abrités derrière leurs boucliers appelés pavas ou pavois.

sergents. Le tout devait constituer ainsi une force de 9000 combattants auxquels s'ajouteraient: 4000 écuyers hommes d'armes, enfants, neveux, parents ou amis des chevaliers, gravitant autour de la sainte chevalerie mais n'en portant pas l'habit (car, selon le réflexe médiéval, c'était l'habit qui faisait le religieux), les uns à trois chevaux, deux gros valets à cheval et un à pied, les autres à deux chevaux, un gros valet à cheval et un à pied, les troisièmes à un cheval avec seulement un valet à pied; 2000 gros valets armés de jaques et de casques appelés capelines, remplissant toutes sortes de services, les uns à cheval, les autres à pied. Soit 6000 combattants supplémentaires.

Mais cela ne s'arrête pas là puisqu'il faut aussi inclure tous ces gros valets au service des chevaliers, des frères et des écuyers: soit, là encore, 6000 combattants.

Le compte est bon: 21 000 combattants, plus 10 000 autres bien armés, issus des équipages des navires destinés à transporter cette véritable armada. Certes, on est en plein délire chiffré, d'autant qu'il était prévu qu'en fonction de sa richesse chacun verserait au trésor de la sainte chevalerie les sommes destinées à son propre entretien pour trois ans entiers ("vivres, vestiaires, armeures et autres neccessitez raisonnables"), le tout montant à 3 350 000 ducats de Venise "ou bon florins de Florence", plus bien sûr, non calculés mais eux aussi très lourds, les frais de transport.

L'intérêt de cette comptabilité fantastique est d'abord de montrer la composition idéale d'un puissant corps expéditionnaire à la fin du XIV$^e$ siècle: proportion des gens de cheval et de pied, présence de nombreux auxiliaires dont les "gros valets" si caractéristiques de la période 1380-1410. Il est ensuite d'indiquer que, pour Philippe de Mézières, comme d'ailleurs pour tous les faiseurs de projets de croisade qui fleurirent à partir de la chute de Saint-Jean-d'Acre en 1291, la délivrance de la Terre sainte impliquait à la fois de très gros effectifs de départ et un effort soutenu dans le temps. Souvenons-nous de l'épisode malheureux de la croisade d'Alexandrie de 1365 au sujet de laquelle Philippe de Mézières nous dit que le roi de Chypre avait disposé de 10 000 combattants dont 1000 nobles en armes et 1400 chevaux, le tout transporté sur une bonne centaine de navires (galères, huissiers, lins, nefs, barges de débarquement appelés *tafforesses* ... [32]).

---

32 Voir la définition de ce dernier type de navire dans le SVP: "Tafforesse est un vaisseau de mer qui va a XX ou XXX rimes et porte de XVI à XX chevaux et a ledit vesseau une grande porte a la pouppe et ne li fault que II ou III palmes d'eau. Et toutes les fois que ladicte tafforesse veult arriver en terre des anemis, les gens d'armes seront montés sur leurs chevaulx dedens le vesiau, le bacinet en la teste et la lance au poing sans nul destourber aussi comme en un moment ystront du vesseau et yront courre soudainement sur leurs anemis et s'il seront chassié il rentreront tout a cheval dedans la tafforesse malgré les anemis et tantost se retrairont en mer. Telz vesseaux sont propres es grandes rivieres et flumaires des anemis et ferz plus de damage une tafforesse que ne feroyent deux ou trois galees armees" (cité dans FRÉDÉRIC GODEFROY, Dictionnaire de l'ancienne langue française, s. v. taforesse).

Encore les 21 000 ou 31 000 combattants en question n'étaient-ils qu'une avant-garde, précédant l'arrivée massive, en provenance de tous les horizons, des armées de la chrétienté catholique. Tout cela, au surplus, ne risquait-il pas d'être dissuasif aux yeux des décideurs? Comment imaginer un seul instant le rassemblement de tant de volontaires, accompagnés de leur famille et s'engageant à servir pendant tant d'années à leurs propres dépens?

\*\*\*

Il est vrai que Philippe de Mézières n'envisageait pratiquement la réalisation de son projet qu'une fois la paix rétablie, essentiellement entre les rois d'Angleterre et de France, autrement dit, à l'époque qui nous intéresse, entre les jeunes Richard II et Charles VI, le premier désigné dans le *Songe du Vieil Pelerin*, cette oeuvre fascinante rédigée en 1387-1389 dont il va être désormais largement question, par l'expression de " jeune Blanc Sangler couronné", le second ayant droit à toute une gamme de qualificatifs plus ou moins étranges et expressifs (chacun d'eux mériterait un commentaire): *blanc faucon au bec et piez dorez, faucon pelerin qui haut vole, cerf volant couronné, grant maistre du grant parc, jardinier du grant jardin des blanches fleurs doreez, grant maistre des eaues et des forestz de France, grant marchant du grant change", grant prince chrestien et souverain maistre de la nef françoise* et, le plus souvent, *jeune Moyse couronné*, cette dernière expression signifiant que Philippe de Mézières, reprenant et adoptant un thème prophétique alors en vogue, voyait en Charles VI un nouveau Moïse destiné à conduire son peuple - le peuple élu - vers la Terre de promission.[33]

Ce n'est pas le lieu d'évoquer les négociations complexes et répétées qui se déroulèrent à la fin du XIVe siècle entre les deux grandes puissances:[34] rappelons seulement que, si elles n'aboutirent pas à un authentique traité de paix, elles débouchèrent du moins, à partir de 1389, d'une part sur la conclusion de trêves longues, destinées en principe à durer, de report en report, jusqu'en 1426,[35] d'autre part, en 1396, par le mariage de Richard II avec la toute jeune Isabelle, fille de Charles VI.[36]

---

33 MAURICE CHAUME, Une prophétie relative à Charles VI, in: Revue du Moyen Age latin, 3 (1947), p. 27-42. THIERRY LASSABATÈRE, Sentiment national et messianisme politique en France pendant la guerre de Cent ans: le thème de la fin du monde chez Eustache Deschamps, in: Bulletin de l'Association des amis du Centre Jeanne d'Arc, 17 (1993), p. 27-56.

34 Mise au point à ce sujet dans JOHN JOSEPH NORMAN PALMER, England, France, and Christendom, 1377-99, Londres 1972.

35 Philippe de Mézières envisageait pour sa part, à défaut de paix, une trêve de cent ans et un jour.

36 FRANÇOISE AUTRAND, Charles VI, la folie du roi, Paris 1986.

Dans ce contexte, nous connaissons la position (et les arguments) de Philippe de Mézières grâce à deux écrits, l'un et l'autre déjà cités, le *Songe du Vieil Pelerin*, et, datant de la mi-mai 1395, la longue missive qu'il adressa à Richard II par l'intermédiaire d'un petit gentilhomme de Basse-Normandie, Robert l'Ermite, *singulier messaige de Dieu et de monseigneur saint Jaque aux roys de France et d'Angleterre sur le fait de la paix des II roys et sur le fait de l'union de l'Eglise [nous sommes, ne l'oublions pas, au temps du Grand schisme d'Occident] et du saint passage d'oultre mer*. On peut ajouter, car il en fut l'inspirateur, voire le véritable auteur, la lettre de Charles VI en date du 15 mai 1390,[37] où le roi de France conviait son cousin d'Angleterre à une rencontre au sommet,[38] *non pas en pompe royale mais en grant humilité*, et l'invitait à la conclusion d'une bonne et sincère paix en vue d'*emprendre le senct passage d'outre mer*, de secourir leurs frères chrétiens d'Orient et de délivrer la Terre sainte.

Dans le *Songe*, Philippe de Mézières présente en substance les choses ainsi. Après s'être rendue dans plusieurs pays pour, au nom de Dieu, y prononcer son jugement, la reine Vérité, suivie de ses trois compagnes, Paix, Miséricorde et Justice, arrive à Londres. Animée d'une sainte colère, elle s'adresse aux comtes, aux barons et à la chevalerie d'Angleterre, tous ces grands sangliers noirs, tous ces léopards dont les dents sont rouges du sang des chrétiens: souvenez-vous, leur dit-elle, des crimes que vous et vos pères ont commis depuis cinquante ans que la guerre sévit. Combien d'églises avez-vous ruinées et profanées, combien de femmes violées et mises à mort, combien d'âmes vouées à l'enfer tant en Ecosse qu'en France! Certes Dieu vous a permis de châtier les peuples de ces deux royaumes en raison de leurs vieux péchés, mais, enivrés par l'exemple trompeur de Gauvain et autres Lancelot,[39] vous vous êtes indûment attribué le mérite de vos victoires. Vous n'aviez pas à usurper les royaumes en question. Aussi Dieu vous a-t-il puni, en sorte que malgré la prise du roi d'Ecosse et les "horribles victoires" de Crécy et de Poitiers, vous avez aujourd'hui perdu 99% de ce que vous aviez conquis. Par deux fois, sous Philippe de Valois et sous Jean le Bon, l'action des noirs sangliers a fait obstacle au saint passage d'outremer. Mais voici que par la grâce de Dieu le fils du belliqueux Noir Sanglier, ce prince des batailles qui se réjouissait d'accroître sa seigneurie en répandant le sang [le Prince noir, Edouard, prince de Galles, fils d'Edouard III] est devenu le Blanc Sanglier, dont la robe est d'une éblouissante

---

37 JEAN-JACQUES CHAMPOLLION-FIGEAC, éd., Lettres de rois, reines et autres personnages des cours de France et d'Angleterre depuis Louis VII jusqu'à Henri IV tirées des archives de Londres par Bréquigny, t. II, De l'année 1301 à l'année 1515, Paris 1847, p. 255-258.

38 PHILIPPE CONTAMINE, Les rencontres au sommet dans la France du XVe siècle, in: HEINZ DUCHARDT/GERT MELVILLE, éd., Im Spannungsfeld von Recht und Ritual. Soziale Kommunikation in Mittelalter und früher Neuzeit, Cologne 1997, p. 273-289.

39 On sait par ailleurs que Philippe de Mézières n'appréciait pas les romans de chevalerie: il en déconseillait la lecture à Charles VI.

blancheur et qui par sa sentence irrévocable a contraint la chevalerie de son royaume de remettre l'épée au fourreau et a ordonné que les flèches anglaises ne soient plus dirigées contre des hommes, fussent-ils Français, mais contre des cerfs et des bêtes muettes. Tout se passe comme si, pour la reine Vérité et pour Philippe de Mézières, son porte-parole, il y avait alors en Angleterre un parti de la paix, conduit par le jeune roi - un roi qui n'avait pas encore répandu le sang français, un roi appuyé ou approuvé par les bons marchands, les bourgeois et le commun - et un parti de la guerre, dirigé par le comte d'Arundel[40] (d'où précisément sa volonté de régler et de restreindre la puissance du roi) et comprenant l'ensemble des gens de guerre, surtout âgés, les vétérans, ainsi que la majorité des magnats, y compris, chose particulièrement scandaleuse, ces prélats belliqueux se présentant volontiers montés et armés comme des princes et désireux d'être les premiers à la bataille, quand bien même il s'agirait d'une guerre offensive.[41]

Mais Philippe de Mézières n'a garde d'oublier qu'une paix ne se fait qu'à deux: aussi conseille-t-il également à Charles VI de proposer la paix, une paix humble et non pas rigoureuse, sans avarice ni orgueil, où seront oubliées les offenses et les rancunes passées, les haines envieillies, une paix de concession, sans tenir trop compte de ceux, juristes et autres, qui, à ses côtés, vont lui répétant: "Gardez l'onnour de la couronne de France, se vous passez cestuy traictié, vous estes deshonnourez". A quoi il suffit de répondre en citant le proverbe commun: *Qui a le proufit de la guerre, il en a le vray honnour,*[42] car *le vray honnour et plaine victoire de la guerre, si est la vraie paix, car l'empereur en sa loy civile, par maniere de sentence, dit: "Nous faisons guerre pour avoir paix"*.[43]

\*\*\*

Ce serait pour autant se tromper que de voir en Philippe de Mézières un idéologue du pacifisme. Ce serait également faire fausse route de ne pas prendre au sérieux les conseils précis que le *Songe* prodigue au roi et aux composantes organiques de la société française, autrement dit, selon sa propre classification, à la quadruple hiérarchie des trois états du royaume de France. Chez notre auteur existent bel et

---

40 Richard FitzAlan, comte d'Arundel, le chef des "appellants".
41 Ainsi Philippe de Mézières, dans le SVP, t. I, p. 394-403, présente-t-il sa version des événements de 1386-1388. Voir à ce sujet ANTHONY TUCK, Richard II and the English Nobility, Londres 1973, et, plus récemment NIGEL SAUL, Richard II, Londres 1994; ANTHONY TUCK, Lexikon des Mittelalters, s. v. Appellants et FitzAlan.
42 Le même proverbe est cité par Jean de Bueil dans Le Jouvencel et par Philippe de Commynes dans ses Mémoires. JAMES WOODROW HASSELL JR, Middle French Proverbs, Sentences, and Proverbial Phrases, Toronto 1982, p. 209.
43 Letter, p. 136.

bien les concepts de *bonne guerre licite et ordonnee*, de *guerre juste et importable*.[44] Il y a une *loi*, nous dirions un code, de la *vraye chevalerie*: combattre justement pour la foi et pour l'Eglise, pour son seigneur et pour le peuple, pour les veuves, les pauvres et les orphelins, et aussi - l'expression mérité d'être relevée - *pour le bien commun singulierement du royaume de France:* autrement dit, sinon mourir, du moins se battre pour la France. Le roi de France pour Philippe de Mézières est un roi de guerre, puissant et actif, visant à la victoire car de la victoire procèdent la paix et le repos.

Aussi se préoccupe-t-il, en s'inspirant largement du *De re militari* de Végèce, la référence classique sinon unique des penseurs médiévaux en ce domaine,[45] et en citant mainte fois l'incomparable et insurpassable modèle romain, de présenter à l'intention des chefs de guerre les quinze règles de la discipline de chevalerie, de "l'art de vraye chevalerie", dont le respect permettra de mieux garder le "bien commun de l'ost". Citons: la piété envers Dieu et l'assistance aux malades et aux blessés, l'existence d'une justice militaire rigoureuse et rapide, l'absence de tout luxe vestimentaire et alimentaire, l'interdiction de la sorcellerie et de l'astrologie, la présence au sein de l'armée de médecins salariés, l'attribution à l'Eglise, pour le service divin et les oeuvres de miséricorde, de la dîme du butin.[46] Ici comme ailleurs, Philippe de Mézières insiste sur le rôle de la communication, de l'information, du renseignement: il va jusqu'à souhaiter que le tiers de l'argent disponible soit consacré à l'espionnage.[47]

Si les chefs de guerre français observaient ces règles, ils agiraient pour le bien et l'honneur du roi, des gens d'armes et du peuple. Mais, sauf exception - ainsi celle jadis du maréchal Arnoul d'Audrehem[48] - ils font tout le contraire. On les voit mener un train digne d'un *moyen roy*, ils achètent les *grosses terres et seigneuries*, et encore prétendent-ils que le trésor royal est redevable envers eux de sommes énormes.

Certes, nos chevaliers sont orgueilleux parce qu'il y a quelques années ils ont remporté presque sans coup férir la victoire de Roosebeke[49] contre des foulons et des tisserands flamands mais ils auraient bien tort de se comparer aux preux de Charlemagne, ne serait-ce que parce qu'aujourd'hui les batailles sont courtes, une

---

44 Au sens de nécessaire, inévitable.
45 PHILIPPE RICHARDOT, Végèce et la culture militaire au Moyen Age (V$^e$-XV$^e$ siècle), Paris 1998.
46 Ce que ne fit pas, comme on sait, l'Eglise médiévale. PHILIPPE CONTAMINE, Un contrôle étatique croissant. Les usages de la guerre du XIV$^e$ au XVIII$^e$ siècles: rançons et butins, in: PHILIPPE CONTAMINE, éd., Guerre et concurrence entre les Etats européens du XIV$^e$ au XVIII$^e$ siècle, Paris 1998, p. 214.
47 SVP, t. I, p. 508-520.
48 Notice à son sujet par PHILIPPE CONTAMINE, Lexikon des Mittelalters, s. v. Philippe de Mézières avait servi sous ses ordres (N. JORGA, supra, n. 1, p. 95).
49 27 novembre 1382.

heure ou deux à peine, et que la partie déconfite est incapable de se reprendre après le premier choc et le premier échec, au contraire de Charles d'Anjou dans ses rencontres contre Manfred et contre Conradin. Bref, il est demandé à la chevalerie de France de demeurer humble et de se souvenir des défaites subies face aux Anglais.[50]

D'autant que cette chevalerie, tout comme le clergé, a pris des habitudes de pillage éhonté, ce qui vient confirmer le proverbe: "Mal le prestre et mal le chevalier, mal le clerc et mal l'escuier". Certes, des nobles ne manquent pas de prétendre qu' il leur faut se comporter ainsi envers un peuple prompt à la rébellion (le peuple des Jacques), qu'il leur faut le châtier, faire montre de sa force. Comportement à courte vue: car maltraité, le peuple en question quittera le territoire, le royaume sera dépeuplé, appauvri, il sera la proie des ennemis, les terres ne seront plus mises en culture et ni les clercs ni les nobles ne toucheront plus leurs rentes.

Mais sans doute faut-il voir les choses de plus près. En fait, la chevalerie de France se compose de trois catégories bien distinctes:

- le commun des nobles qui vont à la guerre lorsque le roi s'y rend (et ceux-là sont censés détester le pillage mais ne peuvent l'empêcher);
- les chevaliers et les écuyers qui servent continuellement, cette sorte d'armée permanente mise sur pied tant bien que mal depuis le règne de Charles V (un mélange d'honorables combattants et de pillards sans vergogne);
- les non nobles, simples gens de guerre, archers et arbalétriers, au comportement majoritairement détestable.

Dans le prolongement de ces constatations, Philippe de Mézières en vient à traiter du problème des Compagnies - ces gens de guerre selon lui pour la plupart régnicoles qui, depuis le milieu du XIVe siècle, infestaient le royaume comme autant d'animaux malfaisants (il les compare à des sangsues). Encore que le danger ait sensiblement diminué depuis leur apogée vers 1360-1370, il demeure toujours présent et notre auteur les imagine tout à fait capables, le cas échéant, de rassembler 3 000 lances de forts combattants, avec 12 000 chevaux: une véritable armée. Toute une série de mesure permettront d'en venir à bout. Il convient que plus aucun prince, plus aucun baron ne les soutienne, ouvertement ou en sous-main. En leur sein, il existe des chevaliers et des écuyers honorables, des "droites gens d'armes", susceptibles de s'insérer à titre individuel dans les forces régulières et d'être retenus aux gages du roi. Même des capitaines de 100 ou 200 lances pourront être retenus avec tous leurs effectifs: puis, au bout de trois ou quatre mois, un tiers peut-être de ces effectifs sera licencié comme inapte au métier de la bonne guerre, ils se réinsérera, peut-on penser ou espérer, dans la société civile. Quant aux autres, payés par les bonnes villes selon un processus qui sera exposé plus loin, ils constitueront autant de *preudommes et vaillans gens d'armes*. Autre possibilité,

---

50  SVP, t. I, p. 517 et 535.

déjà utilisée précédemment, ainsi au temps de Bertrand du Guesclin: les expédier en masse en Albanie et en *Romanie* pour qu'ils y combattent les schismatiques et les Turcs. Et s'il y a un saint passage, on les incorporera, prudemment, dans l'armée des croisés. Enfin, si tout cela se révèle impossible, il conviendra de les affronter, puissance contre puissance, afin que le dernier mot revienne au roi.[51]

Le *vieil solitaire des celestins* en vient alors à dessiner les contours d'une sorte d'armée modèle, dans le cadre d'une guerre modèle, au service d'un roi modèle.

Avant de se rendre à l'ost, le roi doit longuement discuter le pour et le contre, il doit savoir si ses frontières sont bien gardées et s'il a, avant même de faire campagne, l'argent nécessaire. L'essentiel pour lui est de disposer rapidement et sûrement, en réponse à son mandement, d'une quantité adéquate de "gens d'armes d'eslite". En revanche, la levée en masse, ce qu'on appelle l'arrière-ban, sera déconseillé.

Cette armée relativement restreinte, composée semble-t-il essentiellement de lances ou d'hommes d'armes, accessoirement d'arbalétriers à cheval, aura un double recrutement:

- les contingents des princes, des pairs, des barons, des grands seigneurs, entretenus par leurs soins en vertu de leurs obligations féodales traditionnelles;
- mais surtout chaque bonne ville du royaume, ou chaque châtellenie,[52] devra entretenir, en se conformant strictement à "l'ordonnance royale", un certain nombre de *lances* ponctuellement payées mois après mois grâce aux aides levées par les villes en question chez elles et dans leur circonscription: 200 lances par exemple pour la cité et le district de Troyes en Champagne et autant pour la cité et le district d'Amiens. Dans la mesure où ces "lances" résideront sur place, il n'y aura plus de fraude possible aux effectifs, les combattants percevront l'intégralité de leur solde, seuls y perdront les gens de finances du roi (ainsi les trésoriers des guerres, leurs clercs et leurs notaires) et aussi les capitaines qui retenaient sur une grande échelle à leur seul profit une large partie de ces gages. Quant aux capitaines de ces lances, ce seront des nobles venus d'autres régions du royaume, qui, ne bénéficiant pas de complicité locale, pourront être mieux contrôlés. De la sorte, sans problème, à l'occasion d'un *petit mandement*, le roi disposera de 7000 à 8000 lances, plus, peut-être, 2000 arbalétriers à cheval. Ainsi débarrassés des tâches d'inspection et de paiement des effectifs, les connétables et les maréchaux seront plus disponibles, ils n'auront *autre chose a faire que commander aux gens d'armes et les mettre en oeuvre en la guerre.*[53]

---

51  SVP, t. II, p. 406-409.
52  Il est significatif que la circonscription prévue en l'occurrence soit nettement plus petite que le bailliage.
53  SVP, t. II, p. 392-394.

Cela dit, au-dessus de ces capitaines particuliers, il y aura des capitaines principaux (connétables, maréchaux, princes du sang royal, grands seigneurs) qui auront droit à leur propre contingent, dans le cadre de leur propre hôtel, et à leur propre rémunération. De même, le paiement de certaines dépenses militaires (les espions, les chevaucheurs, les travaux de fortification de campagne, les engins de guerre) sera assuré directement par le trésor royal, au niveau central.

A-t-on assez remarqué que ce mélange ingénieux de centralisation et de décentralisation n'est pas tellement éloigné des principes qui devaient être adoptés et appliqués en 1445-1446 lors de la création par Charles VII des compagnies d'ordonnance? Ce qui ne veut pas dire pour autant que le projet exposé dans le *Songe du Vieil Pelerin* ait été conçu par son auteur comme permanent et définitif. Philippe de Mézières se montre discret sur ce point à vrai dire fondamental. On a l'impression malgré tout que, dans l'esprit de notre auteur, les aides pour la guerre - mais rien que pour la guerre - étaient destinées à être perçues tant que la paix ne serait pas complètement rétablie avec l'Angleterre, mais pas au-delà. On est donc en présence, comme au temps de Charles V, d'une armée provisoirement permanente.

On espère l'avoir montré: moraliste morose, utopiste par bien des côtés retardataire,[54] Philippe de Mézières, qui après tout en son temps avait été aux affaires, n'en était pas moins un précurseur, mettant en avant une certaine forme d'Etat moderne, et l'on comprend mieux dès lors qu'il ait eu partie liée avec ce grand mouvement de réformation et de rénovation de l'institution royale que fut le parti dit des Marmousets, héritier de la tradition de Charles V, tel qu'il exerça le pouvoir de l'automne 1388 à l'été 1392, autrement dit depuis le moment où, au retour du voyage d'Allemagne, Charles VI s'émancipa de la tutelle de ses oncles jusqu'au moment où, dans la forêt du Mans, un accès de frénésie s'empara une première fois de son esprit, le privant du même coup de son pouvoir personnel.

Zusammenfassung

Dieser Beitrag untersucht die Anschauungen eines bedeutenden französischen Intellektuellen des späten Mittelalters über Krieg und Frieden vor dem Hintergrund seiner - weltlichen und geistlichen - Laufbahn. Philippe de Mézières (1327-1405) sammelte in Spanien, der Lombardei und während des Türkenkreuzzuges, an dem er von 1345 bis 1346 teilnahm, militärische Erfahrung. 1347 unternahm er eine Pilgerreise nach Jerusalem, wo er während eines Gebetes am Heiligen Grab zur Gründung eines neuen Ritterordens inspiriert wurde. In den Dienst dieses Projektes stellte er einen großen Teil seines literarischen Schaffens; auch beabsichtigte er, im Heiligen Land eine aus abendländischen Katholiken, sowohl von Klerikern als auch von Laien mit ihren Familien besiedelte, permanente Kolonie aufzubauen. Für diese Mustersiedlung schuf er eine detaillierte Regel unter besonderer Berücksichtigung militärischer Erfordernisse. Diese militärische Elite sollte den Boden für die Ankunft eines aus allen

---

54 On notera par exemple qu'il mentionne à peine l'artillerie à poudre.

europäischen Ländern rekrutierten Kreuzfahrerheeres bereiten. Jedoch war ein Kreuzzugsunternehmen nur unter der Voraussetzung eines dauerhaften Friedens zwischen Frankreich und England möglich, weshalb Philippe de Mézières sich zeit seines Lebens - durch diplomatische ebenso wie durch literarische Tätigkeit - engagiert um das Zustandekommen eines stabilen Friedensschlusses bemühte. In seinem Hauptwerk *Le Songe du Vieil Pelerin* bringt er eine Fülle von auf eine Reform von französischer Monarchie und Gesellschaft abzielenden Vorschlägen. Trotz alledem war er kein Pazifist; ihm schwebte vielmehr ein Musterheer vor, das unter dem Kommando eines idealen Königs einen vorbildlichen Krieg führen sollte. Die für ein solches Unternehmen notwendigen gesellschaftlichen und administrativen Strukturen erörtert de Mézières in seinem Werk.

## Summary

The essay explores the thought of a leading French intellectual about war and peace at the close of the Middle Ages in the context of both his wordly and spiritual career. Philippe de Mézières (1327-1405) gained his practical military experience in Spain, Lombardy and in 1345-46 when he took part in the crusade against the Turcs. In 1347 he went on a pilgrimage to Jerusalem. Praying at the Holy Sepulchre, he was inspired by the idea of founding a new military order - a project to which he devoted a great part of his literary output. He wanted to establish a permanent colony of western, catholic settlers in the Holy Land consisting of both clerical and lay people including women and children. For this ideal colony, he drew up a detailed rule with great emphasis on the military arrangements. This military elite was supposed to prepare the ground for the arrival of an army made up by crusaders from all European countries. However, a Crusade would only be possible if a lasting peace between France and England was established. Therefore, Philippe de Mézières made a life-long, sustained effort to bring about this peace - be it by the means of diplomacy or literature. In his main work, *The Dream of the Old Pilgrim*, he puts forward a plethora of proposals aimed at the reformation of both the French monarchy and society. He was no pacifist, however, what he imagined was a model army fighting a model, i.e. just war under the command of a model king. The social and adminstrative structures that such an effort required are also discussed by de Mézières in this work.

# Christiane Raynaud

# Défenses annexes et fortifications de campagne dans les enluminures des XIV$^e$ et XV$^e$ siècles
# Première approche

A la fin du Moyen Âge et dans l'espace français, les enluminures offrent un témoignage précieux sur les édifices en pierre, comme l'impressionnante série de représentations de châteaux dans le manuscrit des *Très Riches Heures* du duc de Berry. En dehors de ces exemples célèbres, la confrontation des différentes sources montre les limites de ces figurations. De vifs débats à propos de *l'armorial de Revel* appellent à la prudence, non au renoncement. L'attention des historiens de l'art et des archéologues s'est ainsi portée avec succès sur les escaliers, les galeries, les coursières, les passerelles et les ponts associés à ces bâtiments[1] et sur le bois qui entre dans la structure des édifices: charpentes, planchers, poutres et traverses des plafonds, panneaux qui ferment les fenêtres et portes. Mon propos, à partir de 166 images, est d'étudier les fortifications de campagne[2] et les défenses annexes qui complètent les châteaux,[3] les maisons fortes et les repaires,[4] les enceintes urbaines,[5]

---

1  Entre autres: JEAN GUILLAUME, La galerie dans le château français: place et fonction, in: Revue de l'Art 1993, p. 32-42; JEAN MESQUI, Galeries intérieures et extérieures dans châteaux et manoirs bretons, Bulletin Monumental CLVI/3 1998, p. 309.
2  PIERRE SAILHAN (La fortification. Histoire et dictionnaire. Cartes de la France des ouvrages fortifiés, Paris 1991, p. 97) les définit comme une fortification légère ne comportant pas d'ouvrage en maçonnerie et réalisée par les troupes au cours d'une campagne, en particulier les camps. JACQUES CLEMENS/A. DAUTANT, Mottes et camps au Moyen Âge en Lot et Garonne, in: Sites défensifs et sites fortifiés au Moyen Âge entre Loire et Pyrénées. Actes du premier colloque Aquitania (Limoges, 20-22 mai 1987), Aquitania supplément IV, Limoges 1990, p. 9-21.
3  JACQUES GARDELLES, Les châteaux du Moyen Âge dans la France du Sud-Ouest, La Gascogne anglaise de 1216 à 1327, Paris 1972; GABRIEL FOURNIER, Le Château dans la France médiévale, Paris 1978.
4  La maison-forte au Moyen Âge. Actes de la Table ronde de Nancy-Pont-à-Mousson des 31 mai - 3 juin, 1984, éd. MICHEL BUR, Paris 1986; Châteaux de terre: de la motte à la maison forte, ELISE BOUCHARLAT (ed.), Catalogue de l'exposition Décines-Charpieu 1987; GERARD GIULIATO, Châ-

les églises,[6] les villages,[7] les ponts, les moulins et les granges fortifiés. Désormais les enlumineurs accordent une place à ces structures dans leurs descriptions. La

---

teaux et maisons-fortes en Lorraine centrale, Documents d'archéologie française XXXIII, Paris 1992. Mais aussi: BERNARD DEMOTZ, Recherches sur les châteaux, maisons-fortes et autres sites fortifiés de la Savoie médiévale, in: Bulletin trimestriel d'histoire et d'archéologie des Amis de Viuz-Faverges VI 1976, p. 13-22; B. FOURNIOUX, Les chevaliers périgourdins et leur assise territoriale aux XIII$^e$-XIV$^e$ s., in: Archéologie médiévale XVIII 1988, p. 259-263; LUC-FRANCIS GENICOT, Trois maisons fortes du Moyen Âge: Amay, Fernelmont, Tomines, Publications du Centre belge d'histoire rurale XXXIX, Louvain/Gand 1974; GILLES SERAPHIN, Salles et châteaux gascons, un modèle de maisons fortes, in: Demeures seigneuriales dans la France des XII$^e$-XIV$^e$ siècles. Etude sur les résidences rurales des seigneuries laïques et ecclésiastiques, Bulletin monumental CLVII 1999, p. 11-39.

5   PHILIPPE CONTAMINE, Les fortifications urbaines en France à la fin du Moyen Age: aspects financiers et économiques, in: RH CCXX 1978, p. 23-47; et PHILIPPE CONTAMINE, La France au XIV$^e$ s. et XV$^e$ s.: Hommes, mentalités, guerre et paix, Londres 1981, VI. PHILIPPE LARDIN, La place du bois dans les fortifications à la fin du Moyen Âge en Normandie orientale, in: GILLES BLIECK/PHILIPPE CONTAMINE/NICOLAS FAUCHERRE/JEAN MESQUI (éd.), Les enceintes urbaines (XIII$^e$-XVI$^e$ siècle), Actes du 121$^e$ Congrès des sociétés historiques et scientifiques. Section archéologie et histoire d'art (Nice, 26-31 octobre 1996), Paris 1999, p. 181-195. Entre autres: CHRISTIANE PIERARD, Les fortifications médiévales des villes du Hainaut, in JEAN-MARIE CAUCHIES/JEAN-MARIE DUVOSQUEL (éd.), Recueil d'études d'histoire Hainuyère offertes à Maurice Arnould I, Mons 1983, p. 199-229; MICHEL DE WAHA, Bonnes villes, enceintes et pouvoir comtal en Hainaut aux XIV$^e$ et XV$^e$ siècles, in: JEAN-MARIE DUVOSQUEL/ALAIN DIERKENS (éd.), Villes et campagnes au Moyen Age. Mélanges Georges Despy, Liège 1991, p. 261-281; RICHARD JONES, Les fortifications municipales de Lisieux dans les chroniques et dans les comptes (première moitié du XV$^e$ s.), in: PHILIPPE CONTAMINE/OLIVIER GUYOTEJEANNIN (éd.), La guerre, la violence et les gens au Moyen Âge I: Guerre et violence, Congrès des sociétés historiques et scientifiques CXIX (Amiens, octobre 1994), Paris 1996, p. 235-244.

6   CLAUDE GAIER (La fonction stratégico-défensive du plat pays au Moyen Âge dans la région de la Meuse moyenne, M-A LXIX 1963, p. 753-771) évoque les églises, cimetières et monastères, les villages, les chemins et les moulins fortifiés. Selon P. HARRISON, Church fortifications in la Thierache, in: Fort XXII 1994, p. 3-26, d'après le second continuateur de Guillaume de Nangis, en 1358, beaucoup de villages dépourvus de fortifications se firent de vraies citadelles de leurs églises, en creusant autour des fossés et garnissant les tours et les clochers de machines de guerre, de pierres et de balistes, afin de se défendre si les brigands venaient attaquer, ce qui arrivait fort souvent. Pendant la nuit, des sentinelles étaient chargées de veiller sur le haut de ces tours. D'autres sur les bords de la Loire allaient passer la nuit, dans les îles du fleuve ou dans des bateaux amarrés au milieu de son cours. D'après SIMEON LUCE, Histoire de la Jacquerie d'après les documents inédits, Paris 1859, p. 29. En Picardie, les populations se réfugient dans des cavernes et dans des souterrains. Le procédé est millénaire. L'image d'un manuscrit de la traduction de l'Histoire romaine de Tite Live au XV$^e$ s., qui décrit la défaite des Eques par les Romains (Paris, B.N., ms. fr. 273, fol. 329 verso) évoque le sort terrible qui les attendait quand elles étaient découvertes: des fagots placés à l'entrée les enfumaient et les asphyxiaient.

7   GABRIEL FOURNIER, La défense des populations rurales pendant la guerre de Cent ans en Basse-Auvergne, in: Actes du Congrès national des Sociétés savantes XC (Nice 1965), Paris 1966, p. 157-201; VASILE DRAGUT, Une forme représentative de l'architecture vernaculaire les fortifications populaires du Moyen Âge, in: Monumente istorice si de arta XLVIII 1979, p. 60-72; B. FOURNIOUX, Un dispositif de protection territoriale et de défense des populations rurales en Péri-

guerre de siège, majoritaire dans les combats, les troubles et l'insécurité permanente renforcent en effet la place des retranchements de terre, des fossés et des fortifications de bois dans le paysage. Leur usage reste très large avec l'artillerie à poudre puis le boulet métallique. L'architecture militaire de bois[8] montre une quête efficace de remèdes pour parer à la supériorité nouvelle de l'attaque, alors que celle en pierre ne connaît de modifications décisives qu'au milieu du XV$^e$ s.[9]

Levées de terre,[10] fossés,[11] tranchées, chevaux de frise,[12] gabions,[13] abattis,[14] chausse-trapes,[15] *antemuralia*,[16] barricades,[17] barrières,[18] palissades,[19] *antecastel-*

---

gord au XIII$^e$ s., in: Archéologie médiévale XX 1990, p. 335-349; GERARD GIULIATO, Enceintes urbaines et villageoises en Lorraine médiévale, in: MICHEL BUR (éd.), Les Peuplements castraux dans les Pays de l'Entre-Deux, Alsace, Bourgogne, Champagne, Franche-Comté, Lorraine, Luxembourg, Rhénanie-Palatinat, Sarre, Actes du colloque (Nancy, 1-3 octobre 1992), Nancy 1993, p. 139-190; BENOIT CURSENTE, Les habitats fortifiés collectifs médiévaux en Midi-Pyrénées: état de la recherche, in: ibidem, p. 123-131.

8   Ces structures sont en ville la manifestation d'une collaboration étroite entre le pouvoir militaire et les édiles urbaines, voire les habitants avec recours à un maître de charpenterie pour diriger et effectuer les travaux.

9   En un demi siècle les mutations sont alors profondes et nombreuses: disparition du commandement des courtines par les tours et des éléments de défense sommitale, renforcement de l'épaisseur des murs, surbaissement des courtines, emparement. Autant de modifications coûteuses réservées aux forteresses royales et princières aux communautés urbaines les plus riches.

10  JOHNNY DE MEULEMEESTER, La fortification de terre et son influence sur le développement urbain de quelques villes des Pays-Bas méridionaux, in: Revue du Nord LXXIV 1992, p. 13-28, pour l'époque carolingienne et les XI$^e$ et XII$^e$ s.; ELISABETH ZADORA-RIO, Les essais de typologie des fortifications de terre médiévales en Europe: bilan et perspectives, in: Archéologie médiévale XV 1985, p. 191-196.

11  *Douve*: fossé entourant un château, une tour, une fortification. *Fossé*: large tranchée creusée au pied d'un ouvrage fortifié et constituant un élément de défense.

12  Rangées de pieux plus ou moins rapprochés, plantés dans le sol pour constituer une ligne d'obstacle. CAMILLE ENLART, Manuel d'archéologie II, p. 509 et note 2. Ils semblent remonter au XIV$^e$ s.

13  Le terme emprunté à l'italien *gabbione* est du XVI$^e$ s. Il désigne un cylindre clayonné et rempli de terre ou des paniers cylindriques sans fond en vannerie remplis de terre, utilisés en fortification de campagne.

14  *Abattis* désigne des arbres abattus couchés côte à côte, les branches sont tournées vers l'assaillant. L'obstacle est peu sensible au feu puisque les arbres sont verts, il est passif mais peut-être rendu actif en le minant. Le terme est tardif.

15  En 1284, le terme apparaît avec l'acception: pièce de fer munie de pointes, dans Jean de Meun, L'art de la Chevalerie, éd. ULYSSE ROBERT, Paris 1897, LVI, p. 126. Il désigne aussi la juxtaposition de trous creusés dans le sol sur le passage de l'ennemi contenant chacun un pal aiguisé et dissimulé par une couverture légère et pouvant céder sous le poids d'un homme. Leur non représentation est logique.

16  JAN F. NIERMEYER, Mediae latinitatis lexicon minus, Leiden/New York/Köln 1997, p. 47, rempart extérieur, bastion.

17  Obstacle, retranchement formé de l'amoncellement de divers objets. Au XVI$^e$ s., le terme désigne un ensemble de barriques utilisées comme obstacle.

*lum*,[20] boulevard,[21] barbacane,[22] bastille, châtelet[23] de bois, bastide,[24] tours de guet, lices[25] et hourds sont déjà connus grâce à d'autres documents.[26] Le vocabulaire qui

---

18   Le mot se dit d'abord d'une porte de ville et de l'enceinte fortifiée autour de celle-ci, porte qui ferme l'enceinte d'un château, puis d'une clôture à claire-voie faite d'un assemblage de barres de bois, de métal, fixe ou mobile selon qu'elle sert à enclore un espace ou ferme un passage.
19   D'après PAUL IMBS (éd.), Trésor de la langue française, dictionnaire de la langue du XIXe et du XXe siècle (1789-1960) I-XVI, Paris 1971-1994 (TLF), *palis*: petit pieu pointu disposé en alignement avec d'autres, afin de former une clôture, d'où palissade de défense servant de clôture le long d'un fossé. Latin médiéval *palicium*, 1091. *Palissade* 1155, ensemble de pieux fichés dans le sol pour constituer une défense (Wace, Brut, éd. IVOR ARNOLD, Paris 1938, vers 5311, 1160-74; Rou, éd. ANTHONY J. HOLDEN, II, Paris 1970, vers 1059, III, Paris 1973, vers 1462, 1174-87) l'enclos constitué par cet ensemble de pieux (Chrétien de Troyes, Perceval, éd. FELIX LECOY, Paris 1975, vers 4900); fin XIIe s. chacun des pieux constituant cette clôture (Raoul de Cambrai, éd. PAUL MEYER/AUGUSTE LONGNON, Paris 1882, vers 1390). *Palisser*: garnir de pieux, palissader. Puis *palissade palis, palisse, palissement* signifie obstacle de défense composé d'un alignement de pièces de bois posées verticalement et terminées en pointe, clôture faite de planches de lattes ou de pieux contigus et plantés en terre, tenus par des traverses et généralement taillés en pointe à leur sommet, enfin haie formée d'arbres ou d'arbustes, taillés de façon à former une clôture. Au XIIIe s., les sources mentionnent les *planches* associées aux levées de terre. Enfin au XVIe s., *braie* désigne des ceintures de fortes palissades ou de maçonnerie que les ingénieurs construisent en avant de l'enceinte d'une place pour en couvrir le pied contre les batteries de l'ennemi.
20   J. F. NIERMEYER, op. cit., p. 47, bastion bâti par les assiégeants en face du château assiégé.
21   Cf. note 152.
22   Ouvrage avancé en dehors du rempart. Ouvrage extérieur de fortification en maçonnerie ou en bois, percé de meurtrières, protégeant un point important tel qu'un pont, une route, un passage, une porte.
23   Cf. note 151, déf. de bastille. *Barbacane, bastille, châtelet* ou *châtelier* précède la porte et la dérobe à la vue et aux coups. Pour P. SAILHAN, *châtelet* ou *chatellier* désigne un ensemble des organes de l'entrée d'un château fort ou d'une enceinte urbaine: pont-levis, portes et tours de flanquement. Les textes du Moyen Âge appellent ainsi la barbacane ou bastille, protection avancée d'une entrée. TLF: petit château fort destiné à défendre l'accès d'un pont, d'une route, d'un château fort.
24   C. Higounet souligne que *bastidas* a servi à distinguer au XIe et XIIe s. des ouvrages de défense isolés et au début du XIIIe s. des *munitiones*, c'est à dire des places fortes, de même NOEL COULET, La naissance de la bastide provençale, in: CHARLES HIGOUNET (éd.), Géographie historique du village et de la maison rurale, Paris 1979, p. 148. *Bastide* d'après FREDERIC GODEFROY, Lexique de l'Ancien Français, Paris 1994, p. 49, château-fort, forteresse, bastille. TLF: petite fortification temporaire ouvrage de fortification isolé, mais faisant partie d'un ensemble. Château fort, forteresse, 1374. Dans Le livre Potentia des états de Provence (1391-1523) publié par GERARD GOUIRAN/MICHEL HEBERT Paris 1997 (coll. de documents inédits sur l'histoire de France section d'histoire médiévale et de philologie, vol. 25), le terme apparaît p. 39 n° 42a, p. 82 n°8a, 12a, p. 164 n° 20a, p.173 n° 6. *Assiéger par bastides* c'est environner de fortins la place qu'on assiège (Archives K 50 pièce 9 dans GDF, *Desiranz obvier a ce que plus ne puissent grever ne domagier nos dis subgiez pour y faire mettre siege ou asseoir et tenir bastides environ*). Le terme désigne au XIVe s. une cabane, une hutte, (Froissart, Chronique II, 414, ed. S. LUCE, ms. Rome: *Et vint asseoir Craais par bastides, car il faisoit trop froit et trop lait pour tendre tentes*).

les désigne,[27] le coût et la qualité de leur construction, la fréquence de leur entretien et de leur réparation[28] apparaissent dans les sources financières: comptes urbains,[29] registres de dépenses des princes, contrats et prix-faits. Les textes réglementaires ou législatifs,[30] les registres de délibérations des villes et les clauses qui accompagnent l'exercice de certains droits d'usage sont riches d'informations de même nature. Les sources littéraires montrent leur utilisation de façon épisodique et incomplète.[31] Elles sont délicates à utiliser en raison des obscurités du texte et surtout de l'incertitude qui peut peser sur les liens entre les théories personnelles de

---

25 A l'extérieur de l'enceinte, le retranchement en terre et les palissades qui protègent ce nouvel enclos prennent le nom de lices. Jean Garlande dans son *Dictionarius* évoque, pour Toulouse, les ouvrages avancés (*antemuralia*), les lices, les tours qui dominent des fossés profonds et des hourds (*propugnacula*) qui peuvent faire l'objet d'interdiction.

26 *Hourds, hort* au XIIIe s.: galerie de bois en encorbellement au sommet d'une tour ou d'une muraille. *Bretèche* (encorbellement garnie de créneaux parfois de jours, de mâchicoulis) et échauguettes peuvent être aussi construites en bois ou en maçonnerie. En Normandie orientale, ces installations apparaissent sous des dénominations plus larges: *guettes, gardes, pavillons, loges* et surtout *guérites*, P. LARDIN, La place du bois, p. 185-187.

27 J.-M. LESCUYER-MONDSERT, Construction, entretien, réparations des fortifications aux XIIIe et XIVe s. dans les régions qui correspondent à l'actuel département de l'Ain, d'après les documents non littéraires, in: Bulletin philologique et historique 1978, p. 165-181, donne le vocabulaire utilisé pour décrire le château en partant des palissades jusqu'à l'intérieur, mais aussi les travaux avec les matériaux, les outils, les utensiles, les moyens de transport et les métiers; B. SAOUMA, La guerre, ses techniques, ses raisons chez les troubadours, in: Knowledge and the sciences in Medieval Philosophy III, Helsinki 1990, p. 268-275.

28 Ces organes défensifs se dégradent, les fossés ne sont pas toujours maintenus par des clayonnages, les banquettes par des murettes, alors les pieux tendent à se desceller, les retranchements s'éboulent. La prise de l'érosion sur l'ensemble est considérable. Les travaux d'entretien doivent être fréquents et le bois des palissades demande à être renouvelé périodiquement. Col PIERRE ROCOLLE, 2000 ans de fortification française I, Paris 1973, p. 28 et 130.

29 ALBERT RIGAUDIER, Le financement des fortifications urbaines en France, du milieu du XIVe s. à la fin du XVe s., in: RH CCLXXIII 1985, p. 19-95. Par exemple pour Yssoire, dès le XIIe s., les travaux de terrassements, le désherbage, le débroussaillage, le transport des matériaux peuvent être rétribués, puis doivent l'être.

30 L'évolution du droit de fortification donne lieu à une série de textes qui éclairent leur multiplication, leur faible valeur symbolique et apprécient leur caractère défensif. Ainsi l'autorisation donnée pour la construction d'une maison forte à Hasparren en 1289, prévoit qu'elle ne peut être défendue que par des terrassements et des palissades, elle peut posséder un pont-levis et des *ingenia* (tours, bretèches, engins de tir). Mais la coutume n'autorise pour les repaires que les retranchements de terre, les palissades, les fossés, les courtines sans embrasures et sans pont-levis. La plupart des coutumes locales accordent des défenses rudimentaires: palissades, fossés peu profonds et murs de quelques pieds ou pour les simples chevaliers ou les vavasseurs des retranchements de terre et des murs sans flanquements, sans archères ou créneaux, sans bretèches, JACQUES P. GARDELLES, Châteaux et guerriers de la France au Moyen Âge IV, Strasbourg 1980, p. 8, 46, 213, 278.

31 La rapidité de la construction, son ampleur ou son efficacité retiennent l'intérêt.

l'auteur[32] et la pratique contemporaine. Dans les chroniques, les notations sont rapides, à la faveur de l'évocation de tel ou tel fait d'armes et le vocabulaire employé ambigu. Les chroniqueurs préfèrent les projets grandioses, parfois inspirés de la poliorcétique antique ou repris des croisades, mais très rares et décevants dans les opérations. Ils s'attardent sur les préparatifs longs et coûteux: recrutement d'ouvriers spécialisés, achat de matières premières voire d'outils en grosses quantités et mesures de protection accompagnant les travaux. Le propos est d'impressionner, de décourager les ennemis déclarés ou à venir et de proposer des modèles. Les auteurs de romans[33] ont plus volontiers recours à la description de tels ouvrages. Preux et chevaliers participent à leur élaboration, dirigent les travaux et parfois se substituent aux ouvriers avec d'heureux résultats: travail beaucoup plus rapide et de meilleure qualité![34] Dans le combat, leur rôle est jugé décisif et exemplaire. Quant aux vestiges archéologiques[35] (trous de poteaux ou de boulins, traces d'incendie etc.), ils sont peu nombreux en raison de la nature périssable des matériaux utilisés, de leur localisation ou de leur récupération. Les levées de terre et les fossés sont mieux préservés. Les archéologues peuvent ainsi préciser et compléter des informations disparates et fragmentaires.

A côté de ces sources écrites ou archéologiques, la valeur documentaire des images apparaît limitée mais réelle. Dans l'histoire des fortifications et des questions de défense, elles apportent sur ces constructions, vouées à la destruction et aujourd'hui disparues, des informations techniques à utiliser avec précautions et des enseignements tactiques et politiques. Elles donnent à voir une partie de ces dispositifs (I), permettent d'apprécier leur rôle au combat (II) et évoquent leur

---

32 Certains auteurs sont des professionnels de la guerre.
33 Dans les romans de chevalerie, il est fait mention de lices, clôture, espace entre les palissades, lices de *pels agus*. Des personnages les font réparer: *lices et barbacanes fait asès atorner*, ou bien brisent les lices. *Ballium* est une sorte de défense, *propugnaculi species*. Parfois un ouvrage de défense avancé est signalé: *barbacane, paliz, bretesche, luvrage crénelé en saillie*, parfois un château de bois à plusieurs étages ou une construction provisoire pour l'attaque ou la défense d'une place. P. MENARD, Le château en forêt dans le roman médiéval, in: ANDRE CHASTEL (éd.), Le château, la chasse et la forêt, Les Cahiers de Commarque, Bordeaux 1990, p. 206-207.
34 Dans les Chroniques et conquestes de Charlemaine I-II, éd. ROBERT GUIETTE, Bruxelles 1940-1943, p. 202-208, une partie des barons de Charlemagne préfèrent l'abandonner quand il leur demande de construire un pont car: *de telz besongnes ne se sauraoient entremettre, car ce n'estoit point leur mestier et que leurs ancesseurs ne s'en estoient iamais meslez... vous voulez tenir voz hommes trop vilz*. Revenus à de meilleurs sentiments, ils se mettent à *abatre bois ... tailler et ordonner mairriens* à la perfection !
35 MICHEL DE BOUARD, Manuel d'archéologie médiévale de la fouille à l'histoire, Paris 1975, p. 49-63 et p. 103-131; JEAN-MARIE PESEZ/FRANÇOISE PIPONNIER, Les traces matérielles de la guerre sur un site archéologique. Discussion, in: ANDRE BAZZANA (éd.), Guerre, fortification et habitat dans le monde méditerranéen au Moyen Âge, Publications de la Casa de Velasquez, Série Archéologie XII resp. Collection de l'École française de Rome CV, Madrid/Rome 1988, p. 11-18.

vulnérabilité (III), qui conduit à leur subsister au siècle suivant des aménagements pérennes.

## I. Un témoignage ambigu et une vision déformée

Les enlumineurs ignorent longtemps ces défenses annexes et les fortifications de campagne par indifférence à l'égard de ce qui paraît anecdotique et éphémère, par souci de lisibilité et volonté d'embellissement,[36] alors que les dispositions[37] dans les textes sont nombreuses.[38] Ils décrivent plus volontiers la pierre que le bois.[39] Pourtant au XIVe et surtout au XVe s., ces structures temporaires[40] ou provisoires sont

---

36 P. CONTAMINE (Les fortifications urbaines, op. cit., p. 46) note que de nombreux appendices en bois ou en torchis déparent plutôt qu'ils n'égayent les courtines et que les contemporains devaient être sensibles à l'appareillage sobre, mais soigné des pierres, surtout lorsque la construction ordinaire employait de préférence le bois, le pisé, l'argile, les toits de chaume, comme à Lille ou à Rennes.

37 Dans le cadre des corvées, elles concernent l'élaboration, l'entretien et les réparations de ces dispositifs. Ainsi les hommes de Coudres en Normandie doivent nettoyer les fossés du château de Nonancourt pendant deux jours dans l'octave de la Pentecôte. Ils doivent veiller au bon état des clôtures, trois jours pendant la semaine de Noël, et réparer les fortifications du château quand cela est nécessaire ou quand ils y sont requis. En temps de guerre, ils apportent leurs moissons à Nonancourt. MICHEL DUPONT, Monographie du cartulaire de Bourgueil (des origines à la fin du Moyen Âge), Tours 1962, p. 143. Dans les villes et les villages, les obligations sont largement partagés. Dans le Bazadais, les coutumes de Bouglon, art. 35, Rec. féod. n° 324 et la reconnaissance faite au roi-duc en 1274 par tous les habitants du castelnau, chevaliers et bourgeois précisent qu'ils sont tenus de garder le *castrum* et la ville à leurs dépens et de tenir ledit lieu clos de lices, barbacanes et palissades. JEAN-BERNARD MARQUETTE, Approche sur les castelnaux du Bazadais, in: CHARLES HIGOUNET (éd.), Géographie historique du village et de la maison rurale, Paris 1979, p. 61.

38 A l'inverse, la littérature technique sur l'art de la guerre, constituée de traités théoriques, par son influence réduite est de peu de secours. Elle comprend deux types d'ouvrages: les écrits des ingénieurs alexandrins qui se sont préoccupés de poliorcétique, tels Philon de Byzance et Héron d'Alexandrie et les traités de tactique tous perdus mais dont on connaît le nom des auteurs et ceux de leurs émules romains, Elien et Arrien.

39 Dans l'épisode fantastique des "Ypotamos" du Livre des faits et conquestes d'Alexandre le Grand (Paris, B.N., ms. fr. 9342, fol. 141) qui met en scène un château entouré d'eau dont les habitants sont des fantômes, Jean Wauquelin emploie le terme de *bolluere* tromperie pour désigner le château de bois. L'image qui illustre le propos montre un château qui n'est pas à l'échelle des personnages et en pierre de quatre couleurs différentes, polychromie péjorative et inquiétante dans le contexte.

40 Le phénomène n'est pas une spécificité de la France, à titre de comparaison et pour son principal adversaire: MAURICE W. BARLEY, Town defences in England and Wales after 1066, in: MAURICE W. BARLEY (éd.), The plans and topography of medieval towns in England and Wales, Research Reports of the Council for British archaeology XIV, Londres 1976, p. 57-70. M. K. JONES/C. J.

de plus en plus représentées. Elles ont d'ailleurs parfois une ampleur considérable.[41] Ces constructions paraissent si indispensables ou si familières qu'elles figurent même dans un dessin tardif qui montre sur une maquette de Cîteaux le monastère protégé par un plessis.[42] Surtout la multiplication des images rend compte de la fermentation des esprits face aux défis posés par l'usage de l'artillerie lourde à boulet de pierre qui ne peut faire brèche mais détruit les ouvrages avancés, de la poudre redoutable dans les sapes et les mines et du boulet métallique qui abat les courtines.

A. Les images restituent les formes, les assemblages et parfois les proportions

1. L'enlumineur décrit des objets nécessaires, que les textes ne décrivent guère: volet,[43] mantelet[44] pour protéger les canons ou panneaux de bois montés sur des cadres et placés devant chaque bouche et que l'on fait pivoter au moment du tir, affût[45] ou *carreure de carpenterie*, *traistes*, *tappons* pour les canons, passerelle[46] et

---

BOND, Urban defences, in: Research Reports of the Council for British Archaeology LXI, Londre 1987, p. 81-116. JOHN R. KENYON, Medieval fortifications, Leicester 1990. Mais aussi WITOLD HENSEL, Fortifications en bois de l'Europe orientale, in: Château Gaillard IV 1969, p. 72-136.

41  En 1474 pour mettre en défense Dieppe, Louis XI autorise les Dieppois à couper, sans payer, 3000 hêtres de la forêt d'Arques. JOSEPH CALMETTE/GEORGES PERINELLE, Louis XI et l'Angleterre (1461-1483), Paris 1930, Mémoires et documents publiés par la Société de l'Ecole des Chartes XI, p. 172.

42  Dessin Hz 197, Nuremberg, Germanisches Nationalmuseum, présentation de la maquette de Cîteaux. Dans cette gravure sur bois répandue à la fin du XV$^e$ s. par les Cisterciens, saint Robert de Molesmes, saint Aubin, saint Etienne Harding présentent au pape la maquette de Cîteaux. ALAIN ERLANDE-BRANDENBURG, Quand les cathédrales étaient peintes, Paris 1993, p. 51, cf. infra n. 50.

43  Paris, B.N., ms. fr. 246, *Les anciennes hystoires romaines ...* ou *Le livre de Julius Cesar*, fol. 204, siège d'Avaricum. Des *fenestres*, des volets de bois sont suspendus aux murailles par des crochets ou des huchettes. Ils permettent de tirer à l'abri, GILLES BLIECK, Une ville close face à l'éminent péril: Lille en Flandre en 1411 et 1414, in: GILLES BLIECK/PHILIPPE CONTAMINE/NICOLAS FAUCHERRE/JEAN MESQUI (éd.), Les enceintes urbaines (XIII$^e$-XVI$^e$ siècle), Actes du 121$^e$ Congrès des sociétés historiques et scientifiques. Section archéologie et histoire d'art (Nice, 26-31 octobre 1996), Paris 1999, p. 304.

44  A. ERLANDE-BRANDENBURG (op. cit., p. 120) remarque à propos d'une image illustrant le *Passage fait outre-mer par les Français contre les Turcs et autres Sarrazins et Maures* de Sébastien Mamerot (Paris, B.N., ms. fr. 5594) que la construction de mantelets met en oeuvre des techniques classiques de charpente.

45  P. LARDIN, La place du bois, p. 190-191. Les images montrent aussi l'évolution des affûts. Les armes à feu reposent d'abord sur un support en bois massif et fixe, ensuite des moyens de pointage sont mis au point qui permettent au fût d'osciller de bas en haut grâce à des tourillons relevés ou rabaissés pour le tir par une sorte de long prolongement postérieur du tube. Le perfectionnement le plus important consiste à placer une pièce à tourillons sur un affût à flasques, pièces de bois

plate-forme.⁴⁷ L'image offre aussi sur les ponts de bois et leurs défenses un témoignage irremplaçable:⁴⁸ pont barré d'une porte ou de plusieurs, transformation d'une partie du pont piles et arches comprises en véritable châtelet, ou tête de pont constituée par une véritable citadelle dotée de fossés protégeant l'entrée de l'ouvrage.⁴⁹

L'enlumineur donne aux ouvrages décrits un fini qui peut ne pas être représentatif,⁵⁰ mais donne une idée de ce qui pouvait se faire de mieux.⁵¹ Les images

---

entre lesquelles la pièce peut osciller et qui sont reliées par des traverses (l'affût est monté sur deux roues) et permettant de faire varier les inclinaisons de la pièce par le simple mouvement d'un coin de bois placé sous la culasse. Le tout est perfectionné entre 1476 et 1494. PAUL LACROIX, Les arts du Moyen Âge et de la Renaissance, Paris 1871, p. 101, 104. Les canons à main existent dès le milieu du XIVᵉ s., ibidem, p. 106.

46 Paris, B.N., ms. fr. 5054, *Les Vigiles de Charles VII* par Martial de Paris dit d'Auvergne, fol. 198, siège de Caen.

47 Les images donnent des informations sur la charpente des engins à jet. D. DUBOIS, La charpente militaire. Un aspect des engins à jet à contrepoids à la fin du Moyen Âge, in: XAVIER BARRAL I ALTET (éd.), Artistes, artisans et production artistique au Moyen Âge II, Actes du colloque, Paris 1987, p. 403-408.

48 Le calendrier des *Très Riches Heures* du duc de Berry, au mois de juillet, fournit avec le château de Poitiers un exemple célèbre, de même *Girart de Roussillon* (Vienne, Österr. nat. bibl., codex 2549, fol. 162).

49 D'après JEAN MESQUI (A propos de la fortification du pont: 'Pons castri et castrum pontis', Château Gaillard XI 1983, p. 219-232), le besoin de défense s'est manifesté aussi au Moyen Âge autour desponts, points de passage obligés pour la circulation. La typologie qu'il propose vaut pour les ponts en bois, il conviendrait de l'enrichir en tenant compte des techniques de charpenterie mises en oeuvre et de leur association avec la pierre (piles en pierre et tablier en bois) par exemple. Sur les ponts-levis, les herses et le coût de leur entretien, P. LARDIN, La place du bois, p. 188-189; N. BAUDOUX-JUNG, La porte de Montrescu, un point de passage stratégique de l'enceinte urbaine d'Amiens (fin XIVᵉ-XVᵉ siècle?), in: GILLES BLIECK/PHILIPPE CONTAMINE/NICOLAS FAUCHERRE/JEAN MESQUI (ed.), Les enceintes urbaines (XIIIᵉ-XVIᵉ siècle), Actes du 121ᵉ Congrès des sociétés historiques et scientifiques. Section archéologie et histoire d'art (Nice, 26-31 octobre 1996), Paris 1999, p. 291, 292, 294; G. BLIECK, Une ville close, p. 303.

50 Le vocabulaire reflète mieux la diversité et le caractère sommaire de certains aménagements et les combats auxquels ils donnent lieu. Ainsi l'*estache* est un pieu, un poteau, une colonne, un mât, l'*estachette* est un pieu, un poteau, l'*estacheis* ou *estecheis*, un combat et principalement celui qui se donne aux palissades d'une ville ou d'un château. *Baille* désigne à la fois un lieu fermé d'une palissade, qui sert de première défense à une ville et les pieux qui la forment. *Brochen, brochon* est la palissade, *broke* le pieu pointu. *Hentich* est la clôture faite de pieux. *Hourdeis, hourdel* est une palissade, une fortification, *housour*, une palissade. *Maile* s'applique à un clos, à un lieu fermé de pieux, les *maillis* sont des pieux. *Ordois, hordois, ourdeys* désigne une palissade. Alors que le *paisseau* est le pieu pour soutenir la vigne, le *pal, paulx* est le pieu en général, la *palée* une barrière ou un lieu fermée de pieux. Le *paler* est un pieu, un gros bâton, de même le *palet* qui est aussi un levier. *Paleter* c'est combattre aux palissades. *Palis, palit, pallis* est à la fois le pieu qui constitue la palissade et l'ensemble. *Plaix, plaiz* est une haie faite de branches entrelacés, *plaissie*, un clos, un parc fermé de haies. Le *plessis* est la clôture en forme de tresse réalisée avec des pieux verticaux et des branches horizontales entrelacées. Pour les haies, on plesse en coupant incomplètement les buissons pour coucher les branches et les enchevêtrer dans les pieds de la haie. Le

montrent le mur palissade[52] constitué d'une suite jointive de pieux ou plus souvent de palplanches.[53] Les pieux et les poteaux sont écorcés, taillés en pointes de crayons. Les planches sont soigneusement travaillées des deux côtés, ce qui suppose un travail de sciage considérable, et clouées, malgré l'énorme quantité de clous requise. La nature des fibres qui lient encore parfois pieux, planches, poteaux et branches échappe, les modes d'attaches et les charnières également.[54] D'une manière générale, les chevilles et les assemblages sophistiqués, à tenon et mortaise ne sont guère figurées qu'au XVe s.

L'image informe sur la nature des matériaux. Les couleurs du bois peuvent refléter des différences d'essence. L'information est capitale car chaque essence a des qualités spécifiques - dureté, porosité, densité - déterminantes pour la solidité et l'efficacité de l'ensemble. Mais le choix de la couleur peut répondre à des critères esthétiques: tout ce qui est en bois peut être recouvert d'une même couleur alors que les bois ne sont pas identiques. La couleur est parfois arbitraire, trop claire, trop foncée ou de fantaisie.

---

*roillic* est la barrière et le *roulleis* les fortifications faites avec de gros rouleaux d'arbres. *Seuf, soief, soif, sois* est à la fois la haie, la palissade, la clôture. Enfin pour désigner une palissade est aussi employé le terme de *tassement*.

51  Bruxelles, B.R., ms. 9243, *Chroniques de Hainaut*, fol. 30 verso, la ville de Bavai est détruite par les Huns et les Ostrogoths et les habitants prennent la fuite. Deux types de palissades sont figurées sans être évoquées par le texte. La première est haute en planches taillées en pointe pour protéger une bastille, la deuxième est constituée de poteaux de deux tailles et de planches disposées à l'horizontale pour protéger la tour qui commande l'accès d'un pont à quelque distance sur la berge. Le campement des Huns comporte une protection sommaire de poteaux de hauteurs inégales mais fort épais et non alignés avec embrasure pour une bombarde. A quelque distance une pièce de plus gros calibre est protégée par une palissade de même nature avec un volet mobile soulevé pour le tir. Les images ne rendent pas compte d'autres types de mur, peut-être moins répandus. Ainsi en Gascogne, les enceintes collectives sont parfois en pisé, même si le plus souvent elles sont en palissades entre 1260 et 1330.

52  Les palissades et les fortifications de campagne en bois sont héritées de modes construction fort anciens le mur-palissade utilisant dans les maisons des troncs verticaux fendus ou non, de faible section, enfoncés dans le sol et en ligne, ou des planches verticales faites d'éléments assemblés, bouvetées par languettes et rainures, JEAN CHAPELOT/ROBERT FOSSIER, Le village et la maison au Moyen Âge, Paris 1980, p. 267-269.

53  Ce type de mur qui confond les fonctions de structure et d'enveloppe semble moins utilisé dans le bâti domestique. Ainsi dans la maison, la palissade non porteuse est associée à une trame de poteaux qui assument la descente des charges de superstructure. MICHEL PAULIN/MICHEL COLARDELLE/ERIC VERDEL, Les transferts de technologie dans les systèmes constructifs de la *curtis* de Charavines, in: PATRICE BECK (éd.), L'innovation technique au Moyen Âge. Actes du VIe congrès international d'archéologie médiévale (Dijon, octobre 1996), Paris 1998, Archéologie aujourd'hui, p. 176 et 177, fig. 3.

54  En 1376, le poste avancé construit à Rouen au nord de la porte Bouvreuil comprend une enceinte en bois composée de pieux enfoncés dans le sol et formant des *liches* renforcées par des cordages que l'on faisait passer par des trous percés dans les pieux. Les interstices étaient remplis de terre sèche et des fossés creusés autour, P. LARDIN, La place du bois, p. 182

Comme l'enlumineur éprouve des difficultés à traduire la forte épaisseur des murailles, il en rencontre pour les structures plus légères. La hauteur aux environs de trois mètres pour une palissade et sa tranchée de fondation, l'espacement de 4 à 5 m pour les pieux reliés par des planches horizontales, l'épaisseur de 25 à 40 cm pour les poteaux, l'existence de deux rangées parallèles dont l'une est enterrée et le système de caisson couvert par le talus de terre entre les deux pour en renforcer la solidité ne sont pas connus par les images.[55] Les dimensions peuvent avoir dans les représentations une valeur symbolique. Les ouvrages les plus importants ne sont pas proportionnels à la taille des occupants.[56] Les objets modestes sont certes plus souvent à l'échelle, mais cela ne permet pas d'en connaître les dimensions à beaucoup près, or leur valeur défensive en dépend pour une grande partie. Il peut même ne pas être possible de déterminer la nature exacte d'un ouvrage et sa fonction.[57]

2. L'image confirme que les structures légères en bois constituent une partie non négligeable du système défensif principal,[58] les travaux pour les remparts s'échelonnant sur plusieurs décennies voire sur plusieurs siècles. A Chartres, la douzaine de portes ou de poternes qui jalonnent l'enceinte est précédée par des tranchées, des lices, des barrières volantes ou voliges avec maison de garde.[59] A Reims, le château de Porte-Mars est encerclé par les bourgeois après 1239 de palissades et d'ouvrages

---

55 JOHNNY DE MEULEMEESTER, Le château à motte comme chantier: quelques données et réflexions des anciens Pays-Bas méridionaux, in: Château Gaillard XVIII 1998, p. 42-43.
56 Les textes encouragent parfois cette propension par le caractère fantaisiste ou merveilleux de certaines notations. Dans le *Voyage d'Outre-mer* de Jean de Mandeville, l'auteur évoque l'île de Calonok entre l'Inde et la Chine et explique: *Et le roi de ce pays a aussi quatorze mille éléphants; ou plus, qu'il fait élever parmi ses sujets dans toutes ses villes. Car en cas de guerre avec un roi des alentours, il ordonne alors à plusieurs soldats de monter dans les châteaux de bois construits pour la guerre et habilement posés sur le dos des éléphants pour combattre leurs ennemis. Et les rois des alentours font de même. Car l'art de la guerre ne ressemble pas au nôtre ou à celui d'autres pays pas plus que le déroulement des batailles*, in: Des animaux et des hommes, textes présentés et traduits par MARIE-FRANCOISE ALAMICHEL/JOSSELINE BIDARD, Cultures et civilisations médiévales XVII, Paris 1998, p. 129-130.
57 Pour une vision d'ensemble: WILLIAM MAC NEILL, La recherche de la puissance: technique, force armée et société depuis l'an mil (traduit par BERNADETTE et JEAN PAGES), Paris 1992.
58 Existe-t-il en France comme en Suède dans la région des conifères du sud, des forteresses en bois, de courte durée mais complexes? Quelles sont les différences avec les *villes de bois*, les grands camps, évoqués par les textes? Leur durée de vie? L'ampleur des travaux de terrassements? L'utilisation de pieux, de poteaux, de rondins, de poutres plus que de planches? Le caractère moins facilement démontable? L'utilisation de techniques de travail du bois et de construction différentes, comme pour les palissades des poteaux reliés par des planches ou des poutres horizontales? Peut-être. Les images en tous cas permettent mal d'en juger.
59 CLAUDINE BILLOT, Chartres à la fin du Moyen Âge, Paris 1987, p. 113 et JACQUES HEERS (éd.), Fortifications, portes de ville, places publiques dans le monde méditerranéen, Culture et Civilisation médiévales IV, Paris 1985.

en bois,[60] puis les points faibles de la défense de l'enceinte sont renforcés par des palissades et les remparts sont pourvus de hourds. Le long de la rivière, la ville n'est pas encore fermée.[61] A un échelon beaucoup plus modeste, la situation est identique. En 1288 à Quarante, les consuls veulent rendre étanche le *castrum*, en faisant garder les portes par des hommes armés et boucher les *vicos per quos quis intrare posset com tralibus et lignis*.[62] Les images ne permettent pas de retrouver l'évolution de ces défenses, leur histoire, comme l'archéologie à Lille.[63] Elles donnent la situation en un moment donné. Dans l'armorial de Revel (fig. 1[64]), la ville et le château de Moulins sont entourés de fossés en eau, bordés d'une palissade de planches taillées en pointe et clouées. La partie ainsi protégée correspond à la ville. Les parties longeant le château ou ses environs immédiats n'ont pas cette protection, malgré la faible hauteur de cette palissade, peut-être tous les quartiers n'ont-ils pas eu les moyens d'assurer son édification et son entretien. Devant chaque porte un pont permet de franchir le fossé. Pour la ville le seul visible en entier est protégé par une barbacane dans laquelle s'ouvre une porte et sur laquelle vient s'appuyer la palissade. Le plus long tout en bois avec cinq piles dessert le château. Ailleurs les palissades complètent les murs inachevés ou endommagés.[65] Il n'est pas rare de voir

---

60 Les bourgeois depuis 1239 sont maîtres de la ville, ils en gardent les portes en armes, exercent un strict contrôle des entrées et des sorties. Ils ont dans le château de Porte-Mars rassemblé des armes et des munitions et ont pris à leur solde 80 arbalétriers. PIERRE DESPORTES, Reims et les Rémois aux XIIIe et XIVe siècles, Paris 1979, p. 166.

61 P. DESPORTES, op. cit., p. 543.

62 (Doat, vol. 48, fol. 200). MONIQUE GRAMAIN, Aspects monumentaux des 'castrum' du Bas-Languedoc occidental (XIIe-XIV[e] s.), in: CHARLES HIGOUNET (éd.), Géographie historique du village et de la maison rurale, Paris 1979, p. 22, n. 5.

63 La défense de Lille semble avoir reposé dans un premier temps sur un simple fossé, large de 8,5 m et profond de 1, 1 m. Le débordement régulier de ses eaux conduit à en relever le bord côté ville. Trois ensembles successifs de pieux et clayonnages sont ensuite fichés dans le sol, afin d'en restreindre le mouvement, entre 1215 et 1295. Un mur d'escarpe fondé sur des branchages leur succède, il est en briques. GILLES BLIECK/L. VANDERSTRAETEN, Recherches sur les fortifications de Lille au Moyen Âge, in: Revue du Nord LXX 1988, p. 107-122 et GILLES BLIECK/A. GUIFFRAY, Genèse et évolution d'une place publique. L'exemple de Lille, in: PIERRE DEMOLON/HENRI GALINIE/FRANS VERHAEGHE (éd.), Archéologie des villes dans le Nord-Ouest de l'Europe (VIIe-XIII[e] siècle), Actes du IVe Congrès international d'Archéologie médiévale (Douai, 1991), Douai 1994, p. 220.

64 Paris, B.N., ms. fr. 22297, fol. 369, XVe s. GABRIEL FOURNIER, Les fortifications de la Basse-Auvergne au milieu du XVe s., d'après l'Armorial de Revel, in: Château Gaillard V 1972, p. 55-64, du même auteur, Châteaux, villages et villes d'Auvergne au XVe s. d'après l'Armorial de Guillaume Revel, Paris 1973.

65 Nombre de palissades ont une vocation civile, fort nombreuses, elles scandent le paysage. Elles permettent de parquer les bêtes, de protéger les cultures, de délimiter une propriété. Charles VI, se préparant à une nouvelle atteinte de son mal, fait faire sur les bords de la Seine un vaste parc entouré de palissades où il donne des audiences et traite des affaires de l'Etat. La même technique est utilisée pour la *toile* qui sépare les cavaliers dans les joutes.

des juxtapositions de matériaux différents d'un rempart à l'autre ou le long d'un même rempart.[66] Même des villes comme Douai ou Reims ont des ensembles sommairement réalisés sans rapport avec une quelconque atonie urbaine. Seules les portes échappent à cette qualité médiocre et n'ont pas cet aspect rudimentaire, à Lille elles sont maçonnées.[67] La situation ne s'améliore guère au fil du temps, les périmètres à enclore s'accroissant en nombre et en superficie, la tâche devient de plus en plus difficile au plan technique et financier. Les réparations sont aussi volontiers en bois et provisoires. Elles supposent la mise en oeuvre de techniques de travail du bois relativement sophistiquées.[68] Dans les *Très riches Heures du duc de Berry*, mois de mars (D 1[69]), le château de Lusignan est magnifique avec ses diverses enceintes, son logis seigneurial, ses tours et en particulier la tour poitevine, sa statue de la fée Mélusine. Son enceinte est couronnée de hourds. Pourtant, à gauche, dans l'espace qui la sépare d'une deuxième enceinte incomplète ou endommagée, a été installée une palissade de quatre planches taillées en pointe, avec deux barres transversales. Le ruissellement semble faire des ravages sur la partie qui n'est pas protégée. Enfin à droite une dizaine de planches sans barre et de la hauteur de la muraille comble un trou béant de la même taille.[70] L'image témoigne aussi sur

---

66 Le vocabulaire témoigne de cette diversité, en Provence la fortification est désignée par *ambarrium, barrium, bastida, castellum, castrum, clausura, cortina, fortalicia, fortia, fortis domus, fossatum, gacha, lisca, portale*, le rempart par *sala, turris, turnum*. ÉDOUARD BARATIER, Enquêtes sur les droits et les revenus de Charles Ier d'Anjou en Provence (1252 et 1278), Paris 1969.

67 Comme à Lille, ANNIE RENOUX, Les manifestations de la puissance publique: enceintes, palais et châteaux, in: PIERRE DEMOLON/HENRI GALINIE/FRANS VERHAEGHE (éd.), Archéologie des villes dans le Nord-Ouest de l'Europe (VII^e-XIII^e siècle), Actes du IV^e Congrès international d'Archéologie médiévale (Douai, 1991), Douai 1994, p. 70-79 et DENIS CLAUZEL, Lille et ses remparts à la fin du Moyen Âge (1320-1480), in: PHILIPPE CONTAMINE/OLIVIER GUYOTEJEANNIN (éd.), La guerre, la violence et les gens au Moyen Âge I: Guerre et violence, Congrès des sociétés historiques et scientifiques CXIX (Amiens, octobre 1994), Paris 1996, p. 273-293.

68 Les images rendent mal compte de la qualité du travail de charpenterie que ces réparations entraînent. L'archéologie permet parfois de les dater. En 1229, la ville de Maastricht a reçu la permission d'ériger une muraille. Une levée de terre est déjà mentionnée dans une source écrite de 1204. Au site de Rijksarchief on a découvert une levée de terre et un tronçon de remparts. Une réparation de muraille a été datée par des analyses dendrochronologiques de cinq échantillons de pieux, trouvés juste sous l'enceinte. Les bois ont été coupés en même temps durant l'automne-hiver 1291-1292. DIJKMAN, Maas-Tricht, lieu de défense et centre religieux, in: PIERRE DEMOLON/ HENRI GALINIE/FRANS VERHAEGHE (éd.), Archéologie des villes dans le Nord-Ouest de l'Europe (VII^e-XIII^e siècle), Actes du IV^e Congrès international d'Archéologie médiévale (Douai, 1991), Douai 1994, p. 38.

69 Chantilly, Musée Condé, ms. 65, *Les Très Riches Heures du Duc de Berry*, XV^e s., D 1: fol. 3 verso; D 6: 51 verso; D 2: 82; D 3: 90 verso; D 4: 133 verso; D 5: 150; D7: 161 verso, RAYMOND CAZELLES, Les Très Riches Heures du duc de Berry, Paris 1988.

70 Tous les arbres dans la lice sont sans feuilles. Au début du XV^e s. Douai, une grande ville, comporte de tels aménagements, Jean sans Peur constate que l'enceinte entre la porte Morel et les portes Notre-Dame et Saint-Eloi est faite de *remparts de terre et paillatis de bois*. P. ROCOLLE, op. cit. I, p. 62.

les palissades construites en avant des châteaux et des places et sur celles construites perpendiculairement aux murs y compris à travers les fossés.[71] Dans les *Très Riches Heures*, la représentation du cavalier de la mort (D 3) qui est de Jean Colombe, une palissade, perpendiculaire au mur et parallèle à la route qui dessert la ville, ferme l'accès aux berges entre le faubourg et la ville entourée d'un fossé en eau.

Quant aux barrières,[72] sont décrites leurs parties mobiles qui permettent le passage des troupes, leurs portes avec des vantaux à claire-voie, des tabliers à bascule (les portes roulent sur des axes horizontaux posés vers la moitié de leur hauteur) ou de simples barres de bois, qui se tirent à l'horizontale ou se lèvent au moyen de contrepoids.[73] A l'inverse les textes ne s'attardent pas sur les dispositions prises au moment du combat pour protéger du feu ces éléments, en les couvrant comme les bretèches ou les beffrois, de peaux fraîches, de boue ou de fumier et les images ne les représentent pas.[74] L'utilisation de peaux fraîches pour protéger des barrières d'une longueur considérable suppose d'ailleurs la présence d'un nombre important d'animaux que l'on peut sacrifier à cet effet, ce qui fait difficulté.[75]

---

71 Des *paalis* en Normandie sont construits aussi au travers des fossés. En 1377, une palissade de plus de 10 m court depuis le mur de la chambre du roi au château d'Arques jusqu'au mur de la basse-cour à travers les fossés. En 1411 à Rouen un *pal de bois* est édifié entre la Seine et le mur *traverssain* c'est-à-dire dépassant de la tour à l'ouest de la ville. Cette palissade *reillie et coulombee tant plain comme wit* a une longueur de 6 m *tant en l'eau comme en terre.* A Harfleur en 1478, un *pillotis de pieulx* est installé entre une porte et le boulevard qui la protège. P. LARDIN, La place du bois, p. 182.

72 Les barrières (cf. déf. note 17) plus ou moins fortifiées que complètent les chaînes figurent au nombre des monuments et lieux importants d'une ville avec la maison de ville, l'église, la place du marché, certains logis (gouverneur, président, maire), l'enceinte fortifiée, les portes (principales et autres). CHRISTIAN DE MERINDOL, Représentations du pouvoir urbain: sceaux, décors monumentaux, bibliothèques d'échevinage, in: NOEL COULET/OLIVIER GUYOTJEANNIN (éd.), La ville au Moyen Âge II, Actes du 120ème congrès national des sociétés historiques et scientifiques, Section histoire médiévale et philologie (Aix-en-Provence, 23-29 octobre 1995), Paris 1998, p. 263.

73 EMMANUEL VIOLLET LE DUC, Dictionnaire raisonné de l'architecture française du XI$^e$ au XVI$^e$ s. I, Paris 1854, in: Encyclopédie médiévale d'après VIOLLET LE DUC, p. 163, 164, Bayeux 1993, art. barre, barrière. A Lille en 1411, pour mettre en défense la ville, les charpentiers en élèvent en avant de certaines portes et sans doute en chicane. La barrière de la porte de Courtrai est pourvue de chaîne, celle de la porte des Malades d'une serrure? En 1414, celles de la porte du Molinel et de la Barre sont qualifiées de *barrières tournans.* G. BLIECK, Une ville close, p. 304-306. En 1468, une équipe de cinq charpentiers installe aux quatre portes de la ville d'Arques des barrières composées de trois pièces de bois *estocs,* celle du milieu étant amovible et fermant à clef sur les deux autres, P. LARDIN, La place du bois, p. 190.

74 Cette pratique est attestée dès l'Antiquité.

75 En Provence, malgré l'importance du cheptel local, les tanneries doivent importer des peaux fraîches de Gênes par voie maritime.

3. La destination de ces ouvrages est parfois ambiguë quand ils ne sont pas présentés dans un contexte militaire.[76] A Orléans, d'après les textes, les barrières en bois qui sont dotées de serrures et ferment l'accès des routes et des chemins aident seulement au contrôle des voyageurs. Dans les matines de l'office des morts des *Très Riches Heures* (D 2), pour les leçons tirées du livre de Job, Jean Colombe le représente ruiné, à moitié enfoui dans un tas de fumier et levant les yeux au ciel en joignant les mains. A côté ses anciens amis le raillent. Un semblable contraste oppose sa masure, sans toit, aux murs lézardés et un somptueux château entouré de fossés où nagent des cygnes. Le fossé est entièrement entouré de palissades dont les planches sont taillées en pointe et fixées par des clous à une barre transversale assez haute qui les solidarise. Elle est à trois endroits en mauvais état, ce qui peut surprendre étant donné la qualité de la construction 3, 4, 2, 1 planches sont abattues sur le sol sur la rive, comme rompues à hauteur de terre. Le doigt moqueur d'un ami de Job pointe l'extrémité d'une de ses planches. Ce manque d'entretien d'une splendide demeure a valeur de symbole. Cette palissade a-t-elle un usage défensif, est-il le principal? ne peut elle être destinée à éviter les accidents, les divagations du bétail? Dans le même manuscrit, il en va de même pour d'autres clôtures. Dans l'invention de la sainte croix par sainte Hélène de Constantinople (D 4) par Jean Colombe figure au second plan un joli paysage de montagne savoyard, un château ou une place forte est pour la partie représentée entourée d'un plan d'eau, peut-être pas très ancien dans la mesure ou figurent les troncs de trois arbres qui ont été ennoyés jusqu'à la hauteur des branches les plus basses. Le long de la rive, un chemin puis la forêt sont séparés de l'eau par une palissade de planches taillées en pointe et comportant deux rangées de clous parallèles qui indiquent qu'elles sont maintenues ensemble par des barres transversales, visibles seulement du bâtiment. Pour le psaume 22 (D 5), parmi la sexte, souffrances et espoirs du juste, de part et d'autre d'une porte d'un ensemble fortifié, deux plessis assez hauts enserrent au premier plan des bâtiments et au delà un champ.

L'existence d'éventuelles traditions locales dans les techniques de construction et le choix des matériaux, leur persistance ou au contraire comme pour l'architecture de pierre une relative uniformisation est d'autant plus difficile à apprécier que les objets représentés occupent une place mineure, même au XV$^e$ s.

---

[76] Sur la marche Anjou-Bretagne, les plessis délimitent des établissements agricoles implantés en forêt. Il n'est pas aisé de distinguer les haies seigneuriales des haies à usage agraire. Une plesse est ainsi autour du clos d'un prieuré de l'Eure pour le fortifier et le défendre. Il faut l'autorisation du seigneur pour clore une terre ou un bois, signe que la clôture et le fossé ne sont pas seulement affaire d'aménagement agraire mais qu'ils concernent aussi le droit. Mais dans la forêt de La Guerche aux XII$^e$ et XIII$^e$ s., l'enceinte circulaire de Maubusson est un enclos destiné à rassembler les bestiaux, les trier, à les mettre à l'abri des loups et des voleurs. JEAN-CLAUDE MEURET, Peuplement, pouvoir et paysage sur la marche Anjou-Bretagne (des origines au Moyen Âge), Laval 1993, p. 536 n. 21, 538, 562.

## B. Les images ne sont pas toujours le reflet du degré de précision du texte

Dans un premier cas, le texte ne dit rien des défenses annexes et des fortifications de campagne même si leur existence est avérée, dans un deuxième il les évoque de manière allusive, enfin, dans un dernier cas, il les décrit avec précision. Aux XIII$^e$ et XIV$^e$ s., l'enlumineur préfère ne pas les montrer[77] et s'il les représente, il le fait de manière schématique et avec des erreurs. Au XV$^e$ s., la situation change, mais il leur laisse un rôle marginal par rapport aux acteurs et à la pierre, elles sont ainsi en arrière-plan. Dans quelques cas, l'ouvrage occupe une surface importante dans l'image, il a une place au premier plan et peut même déterminer sa composition. La description est exacte. Les "reconstitutions" de l'antique et au milieu du XV$^e$ s. les boulevards, qui permettent le parachèvement de la victoire sur l'Anglais, entrent souvent dans cette catégorie. Les représentations présentent un certain nombre de caractère commun.

1. Dans la plupart des images, les personnages ont le premier rôle et les fortifications permanentes sont privilégiées aux dépens des défenses annexes et des fortifications de campagne. Dans la grande miniature des frères de Limbourg (D 6) qui évoque la Rencontre des Mages, à l'arrière-plan sur une colline en pain de sucre, la tour de Montlhéry est solidement fortifiée. Elle est entourée d'une palissade de planches taillées en pointe. Dans la Tentation du Christ des frères de Limbourg (D 7) qui est prétexte à représenter Mehun-sur-Yèvre, sur un piton en arrière-plan, les trois tours d'un château sont entourées d'une palissade, dont les planches sont disposées horizontalement entre des poteaux.[78] Dans les deux cas, le texte est loin de faire mention de ces fortifications de bois.

2. Les défenses des enceintes urbaines[79] et des châteaux sont mieux observées que les protections des communautés villageoises[80] et des maisons fortes qui n'of-

---

77 Pour des raisons identiques, certaines formes de guerre ne sont pas volontiers évoquées, ainsi la guerre des buissons que livrent dans la Haute-Normandie les opposants à l'occupation anglaise des hommes comme le chef de bandes Jeannin Galet, Jean Dorly du pays de Brie, verdier et garde des bois épiscopaux, Jean Bailleul, sergent des mêmes bois. GERMAIN LEFEVRE-PONTALIS, Episodes de l'invasion anglaise. La guerre de partisans dans la haute Normandie (1424-1439), in: BEC LV 1894, p. 491.
78 Cette technique est utilisée dans la construction des maisons. Pour faire dépendre la tenue de la paroi de sa liaison avec la trame de poteaux, soit on encastre des planches horizontales dans les rainures de deux poteaux consécutifs, soit on construit de véritables cadres avec des lisses haute et basse rainurées recevant les planches verticales ou le clayonnage
79 L'achèvement des villes neuves du XIII$^e$ s. dépend des moyens financiers. Beaucoup ne sont jamais terminées. Sont maçonnés les ouvrages que l'on peut financer, le reste est garni de palissades. A partir de 1346, les villes françaises connaissent un phénomène exceptionnel de fortifications, le phénomène est universel et quasi simultané, émerge alors progressivement un organisme commun à toute la ville et chargé de régler les problèmes de défense. Mais dès que la pression se relâche, les grosses dépenses d'investissements ou de réparations sont différées, parfois même l'entretien ordinaire est négligé.

frent que des défenses assez sommaires.[81] Les images n'évoquent pas la persistance du *castrum ligneum*. Le recours à ces fortifications reste pourtant fréquent.[82] En 1397 encore le château d'Asson en Béarn n'a qu'une enceinte de pieux. L'absence de figuration pour les demeures seigneuriales tient peut-être au fait que l'importance de la fonction de résidence et de représentation peut se traduire par un déplacement à quelque distance des éléments défensifs de cette nature, ils sont alors malgré leur renforcement, difficiles à figurer.[83] Quant aux éléments moins nobles de l'ensemble castral, ils ne retiennent guère les enlumineurs à plus forte raison les fortifications et les défenses qui les protègent. A Vincennes, la basse-cour entreprise en 1373 pour loger les valets de l'hôtel et abriter une part des réserves est entourée d'un fossé renforcé d'un talus surmonté d'une palissade ou d'un mur.[84] Les structures légères persistent pour les petites villes (Châteauroux, Dol, Rosheim) comme pour les grandes (Douai, Lille, Reims) et leur agrandissement (Rouen).[85] En Flandre la seule protection d'un *portus* est constituée de palissades.[86]

---

80 Paris, B.N., ms. fr. 2810, *Flor des estoires de la terre d'Orient*, fol. 258, le plessis protège une communauté villageoise. A partir de 1346, la concentration de l'habitat rural s'accentue au profit des agglomérations les plus peuplées qui s'entourent de fossés et de remparts de terre. P. TOUBERT évoque à leurs propos les *Kollektivburgen* fortifications dont se dotent les communautés paysannes dans: ANDRE BAZZANA/PIERRE GUICHARD/JEAN-MICHEL POISSON (éd.), Habitats fortifiés et organisation de l'espace en Méditerranée médiévale. Actes du Table ronde (Lyon, 4-5 mai 1982), Travaux de la Maison de l'Orient IV, Lyon 1983, conclusion p. 211.

81 Il existe un rapport entre le choix d'un système de fortification et le degré de développement économique, social et politique d'un groupe humain. Aux XIIIe et XIVe s., le prince est assez puissant pour faire respecter les limites qu'il impose au droit de fortifier et il atténue l'effet des concessions qu'il accorde en obtenant que la maison forte soit tenue de lui, en fief et lui soit jurable et rendable. JEAN-MARIE PESEZ, Archéologie du village et de la maison rurale au Moyen Âge, Collection d'histoire et d'archéologies médiévales V, Lyon 1998, p. 453

82 Yvoire en 1307-1308, Saint-Malo aux XIVe et XVe s., Pont-Audemer en 1449 encore d'après Thomas Basin, les faubourgs de Saint-Flour, mais aussi sans doute de beaucoup d'autres villes: comme Dôle en 1412 ou Bruges en 1301, les aménagements mixtes subsistent associant la pierre et le bois. Encore en 1493, les conseillers de Rouen demandent aux ouvriers de Dieppe, Fécamp, Louviers et Pont-de-l'Arche de leur indiquer la méthode qu'ils avaient employée pour les fortificatios de bois de leur ville, puis pour passer à la muraille.

83 Brunet Latin dans *Le Livre du Trésor* écrit à propos des Italiens qu'ils aiment faire des tours et de hautes maisons en pierre *et se est hors de vile, el font fosez et paliz et murs et torneles et ponts et portes coleices et sont garnis de mangioniaux et de saiettes et de toutes choses qui à guerre besoignent por deffendre et offendre.* J. GARDELLES, Châteaux et guerriers IV, p. 46.

84 JEAN CHAPELOT, Le château de Vincennes, Une résidence royale au Moyen Âge, Paris 1994, p. 86.

85 En 1346, le camp du Pardon est protégé *fit l'en a Rouen, ou dehors de la ville et du chastel, ou camp du Pardon, grans quantitez de fossez plus d'un millier et semeez de cauques trespes, affin que les gens d'armes n'y peussent chevaucher et fu close en mains d'un an de fossez zt de pallis de bosc ... et fu toute la belle quesnee de Bihorel jouxte Rouen toute abatue pour faire les hez à faire les pallis entour la chité de Rouen.* P. LARDIN, La place du bois, p. 182.

86 P. ROCOLLE, op. cit. I, p. 47 note 72.

Les campements, où les armées en marche passent la nuit avant le combat, font très rarement l'objet de représentations.[87] Quant aux camps beaucoup plus vastes et complexes que les troupes édifient devant les places fortes pour les assiéger, surtout en cas de siège prolongé, ils sont comparables à des villes. Dans les images, trop souvent, les camps de toile sont sans protection et sans ordre apparent. L'organisation interne même des plus grands camps[88] disparaît, seule la tente du chef se signale par sa couleur, la richesse de son décor ou sa forme (un pavillon) et l'espace libre qui l'entoure. Le plus souvent les maisons de bois[89] et de genêt, de chaume, les abris de feuilles et de branches[90] ne sont pas décrits. Quant aux enceintes, elles sont en théorie pourvues d'un fossé qui a un profil triangulaire large de 1,5 m à 5,5 m et qui est profond de 1 à 3 m, mais son emploi n'est pas systématique. Dans les images, ce fossé est souvent négligé, de même disparaît la terre enlevée, déposée

---

87 PHILIPPE CONTAMINE, Observations sur le siège d'Orléans, 1428-1429, in: GILLES BLIECK/PHILIPPE CONTAMINE/NICOLAS FAUCHERRE/JEAN MESQUI (ed.), Les enceintes urbaines (XIIIe-XVIe siècle), Actes du 121e Congrès des sociétés historiques et scientifiques. Section archéologie et histoire d'art (Nice, 26-31 octobre 1996), Paris 1999, p. 334, citant *Le Jouvencel* de Jean de Bueil relève la distinction entre *logis*, *champ*, *siège*. *Logis* désignerait des installations provisoires: on se loge et se déloge pour approcher au plus près de la place. Les *sièges* seraient temporaires et se distingueraient des précédents: *quant ils sont de tous poins arrestez sans desloger*.

88 Après le tracé de l'enceinte, les différents emplacements sont délimités et attribués à chacun. L'avant-garde est la première à s'installer. A partir de la tente du roi s'organisent les autres, en fonction de leur place dans la hiérarchie selon un schéma précis et identique. Devant la tente du roi un espace est dégagé. Saint Louis devant Sayette, d'après Jean de Joinville, aurait procédé de cette manière. Les grandes différences avec le camp romain, à savoir l'intégration dans le camp médiéval d'édifices préexistant et la présence de civils, sont mal montrés. Lors de l'expédition menée par Jean sans Peur et son frère le duc de Brabant en Picardie avec les milices des villes de Flandre et de Brabant contre les Armagnacs (12000 chariots transportent leur bagage, leurs munitions etc.), les tentes des Flamands sont rangées avec tant d'ordre et de soin qu'on les prend pour une ville, LOUIS PHOCION TODIERE, Charles VI. Les Armagnacs et les Bourguignons, Tours 1848, p. 282.

89 En 1346, lors du siège de Calais par Edouard III, d'après Froissart, Chroniques, op. cit., t. IV, p. 200: *Aussitôt il fit édifié son hôtel, sa grande salle, ses chambres et tout ce qu'il était nécessaire en planches et en merriens et les fit bien couvrir d'estrain pour y demeurer tout cet hiver et l'été suivant, ou plus. Chacun des autres seigneurs, chevaliers ou autres, selon son état, fit faire un abri du mieux qu'il pu, les uns de bois, les autres de (genestres) genet, les autres de paille (estrain) si bien qu'en peu de temps ils firent en ce lieu une grande et forte ville* et Chronique du Religieux de Saint Denis t. I, éd. LOUIS BELLAGUET, Paris 1839, p. 431.

90 L'armée de Charles de Blois et les Français qui assiègent le château de Hembon et dont les tentes ont été détruites par une sortie des hommes de la comtesse de Montfort, doivent se loger *d'arbres et de feuilles au plus près de la ville* (Froissart, Chroniques, op. cit. II, p. 145). De même, les hommes d'armes du duc de Lancastre qui en 1386 ne trouvent pas à se loger dans les maisons de Saint-Jacques-de-Compostelle.

juste derrière le fossé, puis aplanie pour dessiner une sorte de chemin de ronde surélevé. Ne reste le plus souvent que la palissade qui couronne cette levée de terre.[91]

3. Les obstacles improvisés, de petite taille, souvent les moins coûteux[92] et fort nombreux - gabions (paniers ou corbeilles défensives), coffres, abattis, chausse-trapes ou lignes de pieux placés en chevaux de frise - sont peu évoqués. Mais c'est aussi le cas d'ouvrages plus importants et qui peuvent marquer durablement le paysage. Les fossés creusés sur tout le périmètre des châteaux et des places, si on a les moyens, et les levées de terre sont minorés, ce qui détruit l'économie d'ensemble des programmes.[93] Or ils sont parfois les premières et les seules fortifications en particulier pour les communautés villageoises[94] et les maisons fortes.[95] Les aménagements en bois à vocations multiples des ports et des fleuves dans les villes,[96] les barrages défensifs et en grande partie sous-marins qui ferment les passes ne sont

---

91 Les Gaulois, d'après César, faisaient des enceintes de camps fortifiés au moyen de troncs d'arbres entremêlés de pierres. Les Germains les composaient de palissades de bois entre lesquelles étaient amassées de la terre, des branches d'arbres, de l'herbe, de façon à former une muraille résistante au feu qui avait peu de prise sur ces ouvrages presque toujours humides. Les Romains employaient les mêmes procédés ou se contentaient d'une levée de terre couronnée par une palissade et protégée par un fossé. Les enceintes médiévales qui font un amalgame de ces différents éléments ne sont pas représentées. Le procédé romain de retranchement a la préférence pour des raisons culturelles.

92 Dans le coût interviennent plusieurs paramètres, la sophistication de l'ouvrage, sa taille, la rémunération éventuelle d'une main d'oeuvre spécialisée, le nombre. Une bastille peut être moins coûteuse qu'un abattis sur des kilomètres.

93 Or la construction, l'entretien et la réparation des fossés sont si lourds, que le roi doit rappeler à certains leurs obligations. Ainsi le 15 août 1415, Charles VI ordonne au capitaine d'Amiens de contraindre les gens d'Eglise: *à aller ouvrer au fossé de la ville, fortefier, empirer, curer, nétoyer, approfondir et mettre en état deu iceulz fossez pour éviter aux périlz et inconvéniens qui eussent peu ensievir* (AUGUSTIN THIERRY, Recueil des monuments inédits de l'histoire du tiers état. Ière série. Chartes, coutumes, actes municipaux, statut des corporations d'arts et métiers des villes et communes de France, Région du Nord II: Les pièces relatives à l'histoire de la ville d'Amiens depuis le XV$^e$ siècle jusqu'au XVII$^e$ s., Paris 1853, p. 69).

94 En Roussillon, certains villages ne sont fortifiés qu'assez tardivement au cours du XIV$^e$ s. Autre forme de défense collective, les fossés sont souvent les premières structures défensives mentionnées, mais sont très insuffisantes. AYMAT CATAFAU, Les celleres et la naissance du village en Roussillon (X-XV$^e$ s.), Perpignan 1998, p. 243. *Forcia* ou *fortalicium* désigne la fortification villageoise.

95 A titre d'exemple le site de Villy-le-Moutier (Côte-d'Or) qui a fait l'objet de trois campagnes de fouilles de 1968 à 1970, est celui d'une maison forte, d'une habitation rurale seigneuriale, mais très modeste, in JEAN-MARIE PESEZ/FRANCOISE PIPONNIER, Villy-le-Moutier, recherches archéologiques sur le site d'une maison forte, in: Château Gaillard VI 1973, p. 147-163; J. M. PESEZ, Archéologie du village, p. 399.

96 Les douves peuvent recevoir de tels aménagements. En 1454 à Rouen, le capitaine de la ville fait faire quatre milliers de *carpetrestes qui se fichent en bois, nommés parsil, pour ficher en douves des fossés pres les murs*.

pas décrits malgré leur coût très lourd.[97] A Reims on installe des resteliers, c'est-à-dire des sortes de grilles en forme de râteliers de chevaux dans le lit de la rivière pour empêcher la traversée, car tout au long de celle-ci la ville n'est pas fermée.[98]

Les dispositifs lumineux qui participent à la défense sont peu figurés, ce qui ne peut surprendre étant donné le faible nombre de nocturnes et leur caractère tardif. Or à Chartres, en cas d'extrême péril les fossés sont éclairés la nuit avec des lanternes, des flambeaux de paille et des javelles de bois.[99]

## C. De fait, il convient de ne pas tout attendre des images.

Ces représentations n'échappent pas aux règles qui régissent les documents figurés. Sans rappeler toutes les contraintes, il convient d'en faire le bilan.

1. La simplification et les conventions, comme l'habitude de rendre compte de toute la durée d'un siège ou d'une bataille ou de représenter plusieurs moments dans une seule image nuisent à l'intelligence des dispositifs, ainsi dans *La Fleur des Histoires* de Jean Mansel (fig. 2) pour le siège de Syracuse[100] entre 214 et 212 avant J. C. La ville est entourée d'un fossé.[101] A gauche, au premier plan, le camp de Crispinus: les Romains l'ont établi au début de leur attaque contre Syracuse à mille cinq cents pas de la ville, près de l'Olympium,[102] sur un plateau. Mal observé, il comprend une barrière et une palissade, dont les palis de deux hauteurs différentes sont appointés et réunis par une barre horizontale. Au centre au second plan: la prise des Epipoles:[103] Après en avoir évalué la hauteur à distance, ce point, qui est très bien

---

97 A Marseille, une palissade de bois établie sur les hauts-fonds rocheux ferme les 2/3 de la passe, souvent réparée au XIVe s. elle est remplacée par une estacade à la fin du siècle. Au fond du port de Saint-Jean au Plan Fourmiguier, des palissades de pieux dites escars évitent les éboulements et servent de petits môles d'embarquement, la plus connue est la palissade Sainte-Anne. ÉDOUARD BARATIER/FELIX REYNAUD, Histoire du commerce de Marseille II: De 1291 à 1480, Paris 1951, p. 734. Le procédé est connu dans le nord de l'Europe. De véritable barrage de pieux enfoncés dans l'eau barrent les fjords. ANNE NORGARD JORGENSEN, Off-shore defensive works in Denmark ad 200-1300, in: Château Gaillard XVIII 1998, p. 150-151.
98 P. DESPORTES, op. cit., p. 543.
99 Le dispositif est complété par des écoutes en dehors de la ville. C. BILLOT, *op. cit.*, p. 157.
100 Paris, B.N., ms. fr. 54, Jean Mansel, *La Fleur des histoires*, fol. 149.
101 A Syracuse, les fossés (fossé extérieur, intermédiaire, ouvrage extérieur) donnent une impression de puissance dont l'image rend mal compte et les bastions ont un tracé à crémaillères renforcé par des tours largement saillantes, tour pentagonale etc.
102 Quand Appius Claudius qui commandait ce camp était parti pour Rome, Marcellus l'avait remplacé par son légat, T. Quinctius Crispinus.
103 Les circonstances rappellent indirectement l'intérêt constant porté jusqu'à la Renaissance par les traités de géométrie et des ingénieurs au calcul d'une trop grande hauteur, tour, arbre etc. Ils donnent des exemples et des méthodes de calcul. Ici, un Romain à la faveur de négociation examine le mur de prés, en compte les pierres et évalue la surface visible de chacune, il mesure ainsi la hauteur du mur entier aussi précisément que possible. Il se rend compte et juge qu'il est plus bas

gardé, a été pris d'assaut à la faveur de la fête de Diane.[104] Pendant la nuit, mille hommes environ, en file silencieuse, sont venus appliquer des échelles et la ville a été prise au petit matin.[105] Dans l'image, la courtine peu élevée est battue par des bouches à feu, installées en contrebas d'une éminence, sur un boulevard. Chaque boulet fissure une tour sans faire brèche. Un arbalétrier couvre l'artilleur et la progression des hommes qui donnent l'assaut. Les fossés ont été comblés par des fascines[106] sur lesquelles ont été jetées des claies.[107] Deux échelles de taille moyenne sont appuyées contre le mur malgré les jets de pierre des Syracusains. Des archers échangent des traits avec les défenseurs de la tour pour protéger leurs compagnons. A droite, au premier plan, Marcellus dirige l'ensemble des opérations de siège. En haut de l'image, un navire romain s'approche et la flotte carthaginoise est ancrée à Syracuse. Les enlumineurs sont en fait embarrassés pour décrire des ouvrages qu'ils n'ont jamais vu et que leur ampleur rend exceptionnels.

2. L'emploi de formules stéréotypées se fait trop souvent aux dépens de l'observation des détails vrais et de l'intégration des nouveautés. Dans *Les anciennes*

---

    que tous les Romains ne l'avaient cru auparavant et qu'on pouvait le franchir avec des échelles, même de taille moyenne, il rapporte la chose à Marcellus.

104 Marcellus ayant appris qu'elle dure trois jours, où le vin coule, fait préparer en secret des échelles et avertit les autres soldats de prendre des forces pendant la nuit, il ordonne aux soldats d'un seul manipule de porter les échelles et les fait conduire au point choisi. Les premiers sans bruit et sans désordre parviennent en haut des murs, ils permettent à d'autres échelles plus nombreuses d'être appliquées, au petit matin Marcellus entre dans la ville.

105 Quand Marcellus entré dans les murs vit des hauteurs la ville, la plus belle de son époque, étendue sous ses yeux, il pleura de joie d'avoir mené à bien une si grande entreprise et aussi à cause de l'ancienne gloire de la ville.

106 Une fascine a 2 à 3 m de long, 0,4 à 0,5 m de diamètre, 200 fascines environ sont nécessaires pour franchir par un passage de la largeur d'une fascine, un grand fossé de 10 m de large, profond de 3 m. En cas de passages répétés des claies sont utilisées. En 1289, pour le siège d'un château, il faut 344 journées de charpentiers cf. LOUIS BLONDEL, Châteaux de l'ancien diocèse de Genève, Mémoires et documents publiés par la Société d'histoire et d'Archéologie de Genève VIII, Genève 1936, p. 397. Quand les douves sont très larges et en cas de siège prolongé, un canal de dérivation peut être construit.

107 Les guerres d'Italie donnent l'exemple d'opérations de ce type. A Alexandrie, sur l'avis du comte de Ligny, dès la nuit, l'artillerie fut *taudissée, chargée, assise et affûtée devant ses fossés, à un jet d'arc de la ville, malgré la pluie continuelle qui avait rempli d'eau les tranchées* et la canonnade commença, il semblait que *Vulcain eût mis en besogne tous les marteaux de sa forge*. Tours et créneaux volaient en poudre. La brèche fut si largement ouverte que *trois cents hommes y eussent passé de front*. Alors pour combler les fossés les *serviteurs et laquais* apportèrent des fagots et des *ramées*, sans se soucier des pierres et des traits, auxquels ils ne répondaient que par des *gambades*, ils étaient impatients d'entendre le cri de l'assaut pour piller. Les piétons malgré les ordres entrèrent dans la ville devant le comte de Ligny arbalètes bandées, piques et hallebardes sur l'épaule, ils pillèrent, tuèrent pendant un jour entier et incendièrent la ville. PAUL LACROIX, Louis XII et Anne de Bretagne. Chronique de l'Histoire de France, Paris 1882, p. 122. A Milan, les taupins ou pionniers sont occupés à creuser les *tranchées* et *approches*, à construire les *taudis* pour abriter les archers et à *asseoir* l'artillerie pour battre les murs, *ibidem*, p. 125.

*histoires des Romains,*[108] (fig. 3 ), l'enlumineur illustre un épisode de la lutte entre Romains et Gaulois. En arrière-plan, au-delà d'une rivière et d'une forêt, se dessine la silhouette d'une ville aux toits d'ardoise. A gauche le camp des "Français": quatre tentes rouges brodées d'or sont alignées sans protection. Un piéton et un cavalier qui se sont portés contre le camp romain sont défaits par un archer et un "chevalier" romain. Le camp est installé sur une éminence. L'enlumineur oppose l'avance technique des Romains bien retranchés aux défenses sommaires des Gaulois qui ne se fient que dans leur courage.[109] Pourtant le camp, qui ne fait pas l'objet d'une description précise dans le texte, est mal représenté. L'enlumineur n'évoque pas les soins méticuleux dont il a fait l'objet. Le fossé à disparu. La palissade de bois installée sur la levée de terre est plantée contre toute vraisemblance dans le roc. Les palis de 2m 50 de long environ doivent être enfoncés de 80 cm à 1 m dans le sol, soit un tiers de leur hauteur, même en limitant cet enfoncement, la nécessité de creuser le roc, rend l'opération peu vraisemblable pour une installation temporaire. Les tentes sont disposées sans ordre. L'espace qui en arrière de la palissade est toujours laissé libre dans un camp romain pour que les flèches et les javelots qui ont réussi à passer par-dessus le rempart viennent mourir, est ici encombré d'hommes, en l'absence des *decumani* et des *cardines*, mais à l'imitation de la rue militaire d'une forteresse. L'enceinte est commandée par des tours, sans qu'il soit possible de déterminer la forme générale du camp. Elles ne sont pas crénelées. La plus visible est dotée d'une meurtrière fantaisiste puisqu'elle adopte la forme de l'aigle romain qui flotte aussi sur une bannière, l'autre portant les lettres SPQR (seules les deux premières sont visibles). Ainsi les images peuvent réduire les systèmes défensifs à un tracé simple, des tours trop rares et situées à proximité des entrées, un plan des portes archaïque quand il se devine.[110] Elles recensent ainsi très

---

108 Paris, B.N., ms. fr. 64, Les *Anciennes Histoires des Romains* commencent au folio 234. Le texte du folio 306 décrit les circonstances de l'affrontement: *Comment France rebella autreffoiz*. César met tout l'été à soumettre la *France* et souhaite que ses *chevaliers* prennent leurs quartiers d'hiver. Il apprend alors que plusieurs cités sont décidées à reprendre la guerre, comme les légions sont dispersées en plusieurs régions, elles songent à les attaquer en même temps et ne doutent pas que toutes les autres cités pour recouvrer leur liberté n'acceptent de participer à l'entreprise. César essaie de contrarier ces projets, il quitte Beaune et retrouve la XIIe légion dans la marche de Berry et de Bourgogne. Il y ajoute la XX$^e$ et entre en Berry. Or les villes et les châteaux du Berry ont convenu de s'en prendre à la légion qui hiverne chez eux, mais ils ne se sont pas encore près.

109 Il n'est pas sûr que les enlumineurs ou que les compilateurs de textes anciens aient eu conscience de la différence majeure qui oppose dans l'Antiquité, comme le rappelle Polybe, les camps grec et romain. Or les Grecs de la période hellénistique dédaignent les travaux de fortications à la manière des Romains et préfèrent renforcer une position naturelle, ce qui entraîne des campements irréguliers où chaque corps n'a pas sa place attitrée.

110 Elles aggravent le caractère primitif de la technique des fortifications. La lenteur de son évolution doit être mis en rapport avec une conception passive de la poliorcétique, fondée sur la pratique de l'investissement. Or, non sans raison, un obstacle matériel conséquent semble susceptible de mettre un terme aux velléités offensives d'ennemis disposant de peu de moyens. Chaque ouvrage

mal les résultats des recherches fonctionnelles[111] et ne permettent pas de les dater avec sûreté. Elles peuvent refléter une évolution empirique, mais limitée car les enlumineurs ne remettent pas en cause les principes essentiels hérités du passé. Or l'art de la guerre tend à devenir une science qui exige autant de réflexion théorique que de pratique.[112]

3. Les images présentent des ouvrages achevés. Les représentations de travaux[113] sont rares car les enlumineurs partagent les préjugés sociaux des élites envers les personnels qui les mettent en oeuvre: vilains encore requis dans le cadre des obligations seigneuriales, habitants mobilisés pour la défense de la communauté et plus souvent pionniers[114] et corps de métiers soldés ou réquisitionnés. Même au XV$^e$ les figurations de chantiers sont exceptionnelles, malgré la longueur de la mise en oeuvre. Elles sont l'occasion de mettre en scène les maîtres des différents corps de métiers et éclairent leur condition de travail et les techniques qu'ils utilisent, même si elles sont de peu de secours pour connaître la construction des fondations avec pilotis, semelles de bois. La pose des palissades est un travail collectif. Des équipes de bûcherons abattent les arbres que l'on utilise verts, ils les débitent en pieux, d'autres les enfoncent, les relient par des traverses.[115] Quand elles sont en

---

militaire suppose en effet une certaine conduite défensive et constitue la composante architecturale de tactiques adverses.

111 Les moyens statiques de la défense ne s'adaptent qu'avec retard au perfectionnement des armes offensives. A la fin du Moyen Âge cette adaptation a été longue. Le système défensif, modelé par des exigences tactiques, est conditionné par des principes stratégiques où se reflètent quelques uns des choix fondamentaux des défenseurs. Il influe sur la vie des occupants permanents ou non. La modestie de certaines structures rappelle l'importance en quelque sorte des remparts moraux. Dans une petite communauté faute de moyens, chacun a le devoir de repousser l'envahisseur les armes à la main et la fortification même légère est un élément organisateur.

112 Ces innovations techniques se révèlent conformes aux enseignements de Philon de Byzance, dont l'importance se mesure au fait qu'ils sont adoptés au prix de quelques perfectionnements jusqu'à la fin du Moyen Âge (pourtant seule la partie de son oeuvre sur les engins de guerre subsiste en grec et une autre en traduction arabe puis latine). Longtemps encore l'ingénieur militaire n'est qu'un artisan, un technicien, toute une partie de la réalisation des fortifications temporaires et des structures légères lui échappent au profit de maîtres charpentiers.

113 Certains éléments en matériaux périssables n'ont pas une fonction défensive directe, mais sont nécessaires à la stabilité des défenses. Les fouilles du château des comtes à Gand, qui montrent que dès le XII$^e$ s. l'aspect de la *domus* change avec l'emmotement, révèlent sur la plate-forme de la motte la présence de pieux appointés de constructions en bois aux parois tressées. Ensuite ont été mis à jour de gros pans de cloisons tressées, qui ne proviennent pas d'une construction mais furent apportées avec le remblai de la motte. DIRK CALLEBAUT, Le château des Comtes à Gand, in: Château Gaillard XI 1983, p. 48.

114 En 1412, Paris offre d'entretenir contre les Armagnacs un corps de 1000 hommes d'armes, 500 arbalétriers et 500 pionniers. Pierre Roussel, qui a pris le château d'Etampes à Berry, est mis à la tête des pionniers.

115 Quatre hommes en un jour débitent environ quarante pieux destinés à être enfoncés d'environ un mètre et de 2, 50 m de long. Chaque brigade peut poser chaque jour une palissade de ce genre sur 12 m de long. Le rendement est supérieur pour des pieux moins solides et moins ancrés dans le

planches, chaque brigade de trois hommes comprend alors un charpentier et un menuisier munis de plusieurs outils: pelle, pioche, tarière, marteau, hache et serpe.[116] Lors de l'édification de ces palissades les ouvriers sont protégés par une escorte armée car les ennemis peuvent profiter de la situation pour attaquer le camp.[117] Dans le *Livre des faits et conquestes du bon roi Alexandre* de Jean Wauquelin (fig. 4), un des enlumineurs de la copie la plus richement enluminée évoque les derniers travaux d'investissements d'Alexandre qui met le siège devant Babylone.[118] Alexandre en personne dirige ces travaux gigantesques. Au premier plan, un maître de métier rejette sur le côté la terre qu'il a creusé en faisant deux fosses circulaires.[119] Devant lui des coffres rectangulaires sont disposés en quinconce. Les représentations en sont rares,[120] leur présence dans l'illustration d'un ouvrage de cette qualité est une reconnaissance.[121] Ils sont constitués de branches entrelacées autour d'une dizaine de pieux non écorcés et dont les noeuds sont bien visibles. Ils

---

sol. EMILE-EDMOND LEGRAND-GIRARDE/HIPPOLYTE-ISIDORE PLESSIX, Manuel complet de fortification, Paris 1909, p. 198-202 et P. LARDIN, La place du bois, p. 191-195.

116 En 1406, le duc de Bourgogne engage d'importants travaux en Picardie. Il fait venir cinq cents charpentiers et menuisiers et leur ordonne d'abattre les plus beaux arbres d'une forêt voisine, afin de construire une enceinte de huit cents pas, en guise de ville, flanquée de forts en bois de seize pieds de haut et entourée d'une palissade de cinq pieds.

117 Lors des travaux d'aménagement, d'entretien et de reconstruction du château de Gaillon au XV<sup>e</sup> s., pour éviter que les ennemis ne s'approchent trop près on installe une *haye* (ronces) ou *gardin de devant la porte du chastel*, on coupe buissons et cerisiers (PHILIPPE LARDIN, Les travaux d'aménagement d'entretien et de reconstruction du château de Gaillon au XV<sup>e</sup> s. d'après les sources écrites, in: Archéologie médiévale XXV 1995, p. 119). A côté de ces dispositions éphémères, des aménagements civils à l'intérieur du château, en particulier les cuisines, si sensibles aux incendies se présentent sous forme de constructions légères indépendantes. A Gaillon, à l'intérieur des fortifications dans la basse-cour sont installés d'autres bâtiments utilitaires, le four, un entrepôt pour le bois, le fenil (ibidem, p. 117).

118 Paris, Musée du Petit Palais, coll. Dutuit, ms. 456, fol. 276. La poliorcétique grecque et hellénistique reste une référence pour le monde antique comme pour le monde médiéval en particulier grâce aux Byzantins. WILLIAM W. TARN, Hellenistic Military and Naval Development, Cambridge 1930; ERIC W. MARSDEN, Greek and Roman artillery: Historical Development, Oxford 1969; JEAN-PIERRE VERNANT (éd.), Problèmes de la guerre en Grèce ancienne, Paris 1985; YVON GARLAN, Recherches de poliorcétique grecque, dessins et relevés de JEAN-PIERRE ADAM, Athènes 1974.

119 Etant donné leur emplacement dans le camp et à l'arrière des coffres, elles ne semblent pas destinées à provoquer la chute des chevaux et de leurs cavaliers, ce qui est parfois le cas. En septembre 1270, les Français et le roi de Sicile remportent une bataille contre les Sarrasins victimes de leurs propres pièges. *Les autres qui s'enfuirent tresbuschierent es fosses qu'il avoient faites ou sablon et couvertes pour faire cheoir les crestiens et tresbuschier* (Grandes chroniques de France VIII, éd. JULES VIARD, p. 10).

120 Leur remplissage mixte par de la terre et des pierres et leur forme les distinguent des gabions, mais ils s'y apparentent. Une technique comparable est utilisée pour remparer, opération d'une autre ampleur.

121 Leur présence n'est pas seulement fonctionnelle, elle est aussi d'une certaine manière symbolique. Babylone est la dernière ville assiégée par Alexandre qui y est empoisonné.

sont remplis de terres et de cailloux. Le travail se fait par brigade de trois pour le coffre au premier plan. Un maître charpentier[122] enfonce avec le talon de sa hache un pieu, un ouvrier pèse sur un autre pour l'enfoncer, le troisième charge la terre. Le second coffre avance au même rythme. Un ouvrier tasse les branches empilées avec une cognée, de l'autre côté un maître de métier couche une branche à l'horizontale pour continuer la paroi en l'entrelaçant entre les pieux. A l'arrière-plan, une équipe de neuf ouvriers, dont quatre maîtres charpentiers, procède à l'édification de deux grandes tours de bois à étages et d'une palissade à hauteur d'homme, quatre scient les planches ou les dressent à la doloire, des copeaux jonchent le sol. Les cinq autres assemblent en les clouant les fortifications et lèvent une palissade sans pointes. Tours et palissades sont pourvues de canonnières,[123] mais non reliées entre elles. Le chantier est sous le contrôle et la protection de l'armée car les ennemis pourraient profiter de la situation. Du haut des murs, les défenseurs de Babylone suivent avec inquiétude et hostilité l'avancement des travaux. La logique du système est difficile à reconstituer en l'état des travaux. De fait, l'image seule ne permet pas souvent de mener une réflexion poussée sur les implications tactiques de tel ou tel dispositif de défense. Tours et palissades ne sont pas forcément construites de toutes pièces sur place. Elles peuvent être préparées avant le départ en campagne et assemblées sur place. Pendant la construction de murailles des protections provisoires peuvent être élevées.[124]

Les enlumineurs renoncent enfin à représenter les camps d'essais édifiés par certains seigneurs pour exercer leurs soldats et pour connaître le fonctionnement interne d'un camp, ses besoins et le ravitaillement nécessaire.[125] Certains ont valeur de démonstration de force. En 1479, Louis XI, pour que l'Angleterre revienne à la neutralité, fait construire un grand camp de bois près de Pont de l'Arche, des troupes nombreuses y sont concentrées et exercées.[126]

---

122 La répartition entre maîtres et ouvriers est un peu plus favorable aux premiers que dans la réalité, ce qui souligne de manière conventionnelle la qualité des travaux.

123 Parmi les embrasures de tir, les archères ne sont pas tout de suite remplacées par des canonnières. ALAIN SALAMAGNE, A propos de l'adaptation de la fortification à l'artillerie vers les années 1400: quelques remarques sur les problèmes de vocabulaire, de typologie et de méthode, in: Revue du Nord LXXV 1993, p. 809-846.

124 En 1360, à Toulouse, l'annonce de l'arrivée de bandes de routiers, les nouveaux faubourgs sont entourés de clôtures de bois, pendant le même temps la vieille enceinte est remise en état. En 1390 à Amiens une clôture de bois, lors des travaux est destinée à éviter le passage des rôdeurs et les vols de matériaux.

125 En 1481, pour un mois, sur ordre de Louis XI en Normandie, un tel camp est dressé, le fait est exceptionnel, l'expérimentation engloutissant des sommes énormes. Les entrées sont protégées de trois barrières gardées la nuit, d'après Pierre de Fenin, Mémoires, éd. EMILIE DUPONT, Paris 1837, p. 143.

126 D'après Philippe de Commynes, Mémoires II, éd. BERNARD MANDROT, Paris 1903, p. 44 et LOUIS DOUËT-D'ARCQ, Comptes de l'Hôtel des rois de France aux XIV$^e$ et XV$^e$ s., Paris 1865. p. 390-391. J. CALMETTE/G. PERINELLE, Louis XI et l'Angleterre (1461-1483), p. 249.

## II. Un rôle non négligeable au combat

Défenses annexes et fortifications de campagne apparaissent plus volontiers à la faveur des sièges que des batailles et surtout au moment de l'assaut, même si l'échelade est longtemps préférée au combat à la barrière.[127] La construction et la protection du camp, pas toujours entourés d'un retranchement, s'adaptent au milieu et aux circonstances. Le but des assaillants est d'édifier leur camp au plus près de la place convoitée de façon à ruiner la défense ennemie depuis le lieu du campement. Ils doivent veiller à être hors de portée de leurs tirs de riposte.

Les représentations livrent ainsi des informations sur des pratiques longtemps considérées par les enlumineurs et leurs commanditaires comme moins prestigieuses et dont il convient de rappeler et sans doute de réévaluer la place au combat. Elles témoignent d'un changement de l'état des esprits.

### A. La défense devient plus dynamique

A côté d'une architecture statique pondérale, la fortification de campagne n'est pas un obstacle défensif qui s'impose en fonction de sa masse. Architecture du mouvement, elle reflète une certaine dynamique. Ces principes essentiels sont l'articulation des moyens de défense en surface sinon en hauteur en jouant sur le nombre, le plan et la diversification. L'ouvrage défensif vaut par la tactique qu'il matérialise.

---

127 Un des plus célèbres oppose les Parisiens et les défenseurs de Meaux, le 9 juin 1358: *Adonc issirent toutes manieres de gens d'armes hors des barrières et gaingnièrent tantost la place et se bouterent entre ces meschans gens.* En fait le combat est très âpre, les assaillants parviennent jusqu'à la barrière et au-delà, plusieurs nobles sont tués. S. LUCE, op. cit., p. 164-165, n.°1-3. La valeur défensive des barrières est bien réelle, il est tout à fait révélateur que lors de son retour de la campagne de Flandre en janvier 1383, le roi, voulant châtier Paris qui s'est révolté, commence par faire jeter bas les barrières par ses gens d'armes sous les ordres de son connétable. Il fait ensuite arracher les portes de leurs gonds et passe dessus avec tout son cortège M. TODIERE, op. cit., Tours 1848, p. 36. - Le décalage avec les pratiques est considérable. E. VIOLLET LE DUC rappelle que les textes dès le XIIe s. relate des combats aux barrières extérieures des places fortes. Elles sont prises et reprises avec acharnement et en perdant beaucoup de monde. Les barrières sont un poste d'honneur. L'élite de la garnison se tient là en temps de guerre. A. SALAMAGNE, Le symbolisme monumental et décoratif expression de la puissance seigneuriale, Seigneurs et seigneuries au Moyen Âge, Actes du 117ème Congrès national des Sociétés savantes (Clermont-Ferrand, 1992), Paris 1993, p. 563-579.

## 1. L'adoption d'une tactique nouvelle

Pour protéger les bagages, les hommes[128] et les engins, l'accès au camp ou à une position peut être rendu très difficile par l'installation au devant de ces derniers de pieux espacés et très aigus, plantés en terre, pointes dirigées vers l'extérieur[129] ou de barrières.[130] Ce moyen de défense est à l'origine de la tactique de la cavalerie démontée. Mais chevaux de frise, haies vives, abattis ou tranchées constituent aussi des barrages durs à franchir pour des hommes d'armes lourdement équipés.

Les troupes solidement armées, qui assurent la défense du camp cherchent à en sortir rapidement pour se déployer ou quand l'attaque est à l'improviste à entraîner les combattants à l'écart du camp pour en assurer la protection. A la différence des villes et des châteaux, les défenseurs d'un camp opposent donc à l'adversaire avant tout une barrière humaine.[131] Les troupes alertées, les archers et les gens de pied accourent jusqu'aux palissades et aux portes pour les défendre contre l'assaillant et les cavaliers sont envoyés à l'extérieur du camp.[132] Le sacrifice, le cas échéant, des

---

128 Besançon, B.M. ms. 865, Jean Froissart, Chroniques, fol. 239, Bataille d'Aljubarrota, les Anglo-Portugais sont abrités derrière un plessis.
129 Chroniques du Religieux de Saint-Denys, op. cit. II, p. 505. Malgré leur rôle, les représentations de Crécy et d'Azincourt rendent mal ces dispositifs, en raison de leur taille et surtout de la réprobation qui pèse sur eux.
130 Saint Louis, menacé par une attaque des Sarrasins, pour empêcher les ennemis d'entrer à cheval en grand nombre dans le camp a fait fermer son camp d'une barrière *telle qu'il y avait de longues pièces de bois, pour que les Sarrasins ne se jetassent pas dans le camp et elles étaient attachées en terre de telle manière que l'on pouvait passer parmi le bois à pied* d'après Jean de Joinville, Oeuvres de Jean, sire de Joinville, comprenant l'histoire de saint Louis, le Credo et la lettre à Louis X, Paris 1867 p. 145. Autre exemple: Enguerrand de Monstrelet, Chronique I-VI, éd. LOUIS DOUËT D'ARCQ, Paris 1857, t. III, p. 319, *Le roy Henry fist clorre son host, tout autour, de bons fossez, et n'y avoit que quatre entrées, où il y avoit bonnes barrières que on gardoit par nuit.*
131 Jean sans Peur qui assiège Senlis, prévenu de l'arrivée de Jean de Luxembourg, fait armer ses gens et les fait se déployer *afin qu'il ne feust envay en ses logis.* Enguerrand de Monstrelet, op. cit. III, p. 252. D'après la Chronique du Religieux de Saint-Denis, le duc de Bourgogne entraîne ses troupes à réagir efficacement en cas d'attaque surprise, à s'emparer de leurs armes et à se rassembler devant la tente du duc.
132 Le 4 juillet 1431, René duc de Lorraine donne l'assaut au camp du comte de Vaudémont, en sous-estimant ses moyens de défense. Les assaillants surpris se débandent. Mais *du camp bourguignon, les archers, gens de pied, au nombre de huit cents ou mille environ, tant de Picardie que d'Angleterre, ripostaient avec vigueur, tuant ou blessant de leurs flèches les cavaliers allemands et lorrains, ainsi que leurs montures, pressant les fuyards ou les incitant, par la douleur même de leurs blessures, à se gagner de vitesse les uns les autres désarçonnant les cavaliers, jetant dans les rangs désordre et confusion. Quand les Bourguignons virent ce trouble et ce désordre, ils sortirent en hâte du camp, se jetèrent d'un grand élan sur leurs ennemis, à demi vaincus déjà par suite de leur témérité, en tuèrent un grand nombre et obligèrent les autres, ceux du moins à qui cela fut possible, à se soustraire par la rapidité de leur fuite à tant de danger.* Thomas Basin, Histoire de Charles VII t. I: 1407-1444, éd. CHARLES SAMARAN, p. 177.

installations éphémères pour manoeuvrer permet de passer à la contre-offensive.[133] Cuvelier rapporte la solution audacieuse adoptée par Bertrand du Guesclin à Chizé,[134] le 21 mars 1373. La place[135] assiégée par les Français, dont le camp est protégé par une palissade, a demandé du secours. Les renforts lancent une première attaque. Trois cents Bretons et Poitevins essaient d'attirer les Français hors de leur retranchement, preuve de son efficacité relative. Puis, après avoir parlementé, ils passent dans leur camp. Le connétable Bertrand du Guesclin, en prévision d'une attaque ultérieure et averti du petit nombre d'adversaires, forme trois batailles et pour leur laisser le passage fait scier au ras du sol les palissades qui entourent le camp: *et quant ce fut fait... il boutèrent soudainement oultre leurs palis et se misent as camps*. Ils marchent alors sur l'ennemi.[136] Le combat qui se fait à pied est acharné.[137] L'image (fig. 5) est décevante. Le camp est à une distance importante de la place. Surtout elle rend mal compte des précautions du connétable. Les tentes somptueusement décorées ne sont pas protégées par une enceinte continu. Les trois batailles sont réduites à une. Deux hommes s'en sont détachés et renversent la palissade avec quelques difficultés, à coups de pieds et en s'aidant de leur lance. Les barres ne sont pas visibles, mais les palis sont solidaires et s'écroulent par pan, en cassant à hauteur du sol, où ils ont été scié. Ils sont en bois clair. La destruction des défenses annnexes ou des fortifications de campagne et l'effet de surprise qu'elle suscite et qui permet de l'emporter se rencontrent jusqu'à la fin de la guerre de cent ans: une fois les palissades abattues les batteries de canons, qu'elles dis-

---

133 Mais les troupes doivent savoir pratiquer de telles évolutions: les archers anglais ne savent pas manoeuvrer comme les gens de pied, à Formigny, ils sont surpris en marche. F. LOT, L'art militaire et les armées au Moyen Âge en Europe et dans le Proche Orient II, Paris 1946, p. 435.

134 Paris, B.N., ms. fr. 2643, Jean Froissart, Chroniques, fol. 406. Le combat tire son nom d'une petite place à trois lieues de Brioux. FERDINAND LOT, L'art militaire et les armées au Moyen Age en Europe et dans le Proche Orient I, Paris 1946, p. 449. Le récit de Froissart (t. VIII, p. 111-114) et celui de Cuvelier présentent des contradictions. Jean Cuvelier, La Chanson de Bertrand du Guesclin I-III, éd. JEAN-CLAUDE FAUCON, Toulouse 1990-1992, ici t. 1, p. 463, vers 23650-23652: *Bertran faisoit bon gait nuit et jour ordener / Et ot fait de palis sa gent bien enfremer, / Affin c'on ne le puist souspendre n'enchanter*. Bertrand ordonne ses batailles, vers 23819-23825: *Bertran dist au François: "Or avant, mes amis !/ Ysson hors de ce parc, abaton ces palis, / Et alons courir sur nos mortelz anemis, / A qui par leur orguil seront touz au bas mis." / Adonc yssi Bertran tout hors du paletis. / Hors du clos sont yssus nos François agencis, / Et puis se sont rengié dessus les pres floris ...*

135 Elle est défendue par deux capitaines anglais Robert Monton et Martin Scott, qui demandent des renforts à Niort. Quand ils arrivent la garnison a déjà été écrasée lors d'une sortie. L'armée de secours compte sept cent hommes. Du Guesclin avait entouré son camp de palis par une précaution imitée de celle des Anglais.

136 De même en 1431, à Bugnéville, le comte de Vaudémont dissimule canons et couleuvrines derrière des chariots et fait faire feu par surprise.

137 Trois cents morts du côté anglo-gascon.

simulent, font feu simultanément. Les palissades sont parfois remplacées par des haies d'épines.[138]

De véritables parcs de bois peuvent être édifiés pour protéger les chariots et leurs chargements durant un affrontement.[139] Des charrettes transportent en effet les vêtements, les bagages et les tentes. Elles sont aussi utilisées pour le transport des armes à partir des dépôts d'armes ou des magasins.[140] Lors d'une halte, faute de mieux, les soldats se protègent en encerclant le camp de leurs chariots.[141] Au début du règne de Charles VI, en 1382, dans la guerre civile de Flandre entre les Gantois et Louis de Male,[142] les Gantois assiégés décident de surprendre le comte à Bruges, avec 5000 hommes déterminés et deux cents chariots chargés de bombardes, de canons et de couleuvrines, cinq chariots portant des pains et deux des tonneaux de vin. Le 3 mai, le jour de la fête du saint Sang, qui a attiré la foule, ils arrivent sous les murs de Bruges, près du bois de Beverholt et se retranchent derrière leurs chariots, après une harangue de leur capitaine Philippe d'Artevelde.[143] Cet usage bien attesté[144] n'est guère figuré.[145] Peuvent aussi être utilisées des chaînes de fer[146] ou les armes prises aux vaincus, qui le sont encore moins.

---

138 Devant Rouen, les troupes du roi d'Angleterre en font en 1418. (Jean Le Fèvre de Saint-Rémy, *Chronique*, éd. FRANCOIS MORAND, 1876, t. 1, p. 334 et Enguerrand de Monstrelet, op. cit. III, p. 284).
139 A Crécy, en août 1346, Edouard III, établit un grand parc n'ayant qu'une seule entrée près d'un bois derrière l'armée où sont enfermés tous les chevaux et les chariots, protégés par des hommes d'armes et des archers à pied.
140 E. BERGER, Les préparatifs d'une invasion anglaise et la descente d'Henri III en Bretagne (1229-1230), in: BEC LIV 1893, p. 20.
141 Charles le Téméraire est renommé pour fortifier son camp à l'aide des chariots qui servent à transporter ses machines et ses engins de guerre. Sur les chariots, charrettes, *charretons, charrote* et sur leur rôle dans le transport des armes, cf. HENRI DUBOIS, Un voyage princier au XIVe siècle (1344), in: Voyages et voyageurs au Moyen Âge, Paris 1996, p.83.
142 M. TODIER, op. cit., p. 21-25.
143 Puis ils passent à l'attaque contre les 40000 hommes du comte. Les milices de Bruges sont enfoncées au premier choc et les Gantois entrent dans la ville à la suite des fuyards. La victoire de Beverholt qui rallie aux Gantois les villes de Flandre a un grand retentissement.
144 Lors de la Jacquerie, à Clermont en Beauvaisis, Guillaume Cale, aidé d'un hospitalier fit mettre ses paysans en ordre de bataille. Il forma deux corps d'armée composés chacun de 2000 hommes. Les archers et les arbalétriers furent placés sur le front derrière les chariots et les bagages disposés en forme de camp retranché. 600 cavaliers très mal montés devaient les appuyer. S. LUCE, op. cit., p. 173 et pièce justificative, p. 228-229.
145 La disposition en cercle est celle du camp médiéval, mais n'est peut-être pas la plus courante. Les chariots sont de simples substituts à des barrières, des compléments à des retranchements rectilignes.
146 A Orléans, d'après P. CONTAMINE (Observations sur le siège, p. 334), des pieux en fer pointus d'un côté pour être enfoncés et distants de 1,5 à 2 m sont reliés par deux rangées de chaînes assez épaisses pour qu'on ne puisse pas les couper même à la hache. Elles passent dans des anneaux fixées aux pieux. Charles le Téméraire d'après la Chronique du Religieux de Saint-Denis IV, p. 467, comme Louis XI à Dinan, en 1466, les utilisent. D'après Thomas Basin, Histoire de Louis XI

A côté de ces dispositions plus ou moins improvisées, pour éviter une situation difficile, villes, châteaux et camps prévoient de renforcer leurs défenses. En 1475, pour une campagne en France,[147] l'armée anglaise, à la tête de laquelle se place le roi et qui compte environ 20 000 hommes, dispose pour faire des tranchées d'une sorte de charrue énorme traînée par cinquante chevaux.[148]

## 2. L'échelonnement en profondeur et l'extension des dispositifs

Cet effort s'accompagne d'un échelonnement. La défense verticale réduite à un ou deux niveaux, la défense à l'horizontale joue désormais le premier rôle. Elle suppose une multiplication des lignes en profondeur de 20 à 200 m[149] et gagne en souplesse. Le dispositif défensif peut s'étendre à toute une zone d'opérations parfois très large et intégrer les obstacles naturels. Ainsi en 1415, Henri V qui a pris Harfleur et veut franchir à gué la Somme au passage de Blanche-Tache, se heurte à une série d'obstacles. Attaqué par la garnison d'Eu au passage de la rivière Bresle, il voit bientôt l'armée française lui fermer le chemin du retour. Le 13 octobre, il trouve le passage de la Blanche-Tache gardé par des lignes de palissades et par un corps d'archers fort nombreux. Il remonte la Somme mais ne trouve que des ponts détruits et les gués mis en défense par des troupes nombreuses. Harcelé par le maréchal Boucicaut et Clignet du Brabant, il perd beaucoup de ses soldats. Mais un paysan lui apprend qu'en traversant un marais il peut trouver un gué près du village de Béthencourt, à une lieue de Ham, le capitaine de Saint-Quentin qui avait reçu ordre de détruire ce passage et d'y planter des pieux, ne l'ayant pas exécuté. Le roi franchit alors le fleuve, preuve a contrario de l'efficacité du dispositif.[150]

Les enlumineurs tentent d'évoquer les dispositions nouvelles. La victoire des Romains et des Latins contre les Privernates et les Antiates décrite par Tite Live au livre VIII, traduit par Pierre Bersuire (fig. 6[151]) est ainsi l'occasion de montrer certes

---

t. I, p. 275, le roi en avait un si grand nombre qu'on aurait pu entourer un camp ayant près de deux milles italiens de périmètre avec ces chaînes attachées l'une à l'autre et des pieux de bois fixés par intervalles. Le mille italien équivaut en moyenne à 1500 à 2000 m.

147 D'après Jean Molinet, Chroniques I, éd. GEORGES DOUTREPONT/OMER JODOGNE, Bruxelles 1935, p. 141 et Philippe de Commynes, Mémoires I, éd. BERNARD MANDROT, Paris 1901, p. 268.

148 Les préparatifs sont remarquables. Tout le matériel de campement est prévu et le roi s'est fait construire, à son usage, une maison de bois recouverte de cuir. Record office, Q. R., Accounts, 55, n. 44, J. CALMETTE/G. PERINELLE, Louis XI et l'Angleterre (1461-1483), p. 184.

149 P. SAILHAN, op. cit., p. 38.

150 A Azincourt, quelques jours plus tard, le vendredi 25 octobre, les archers anglais portent l'arc, les flèches, la hache d'arme ou l'épée et un long pieu aiguisé à ses deux bouts qu'ils plantent en terre devant eux pour former un rempart contre les chevaliers français M. TODIERE, op. cit., p. 355 et 358.

151 Paris, B.N., ms. fr. 33, Tite Live, fol. 77 verso. Le même épisode est illustré dans un autre exemplaire manuscrit contemporain (Paris, B.N., ms. fr. 273, Tite Live, fol. 265 verso) de manière très différente. A gauche, les murs d'une ville entourée de douves en eau, les défenseurs y reviennent

avec maladresse un dispositif d'ensemble. A l'horizon, les toits de deux villes ennemies et un ensemble castral. Les deux camps sont installés sur des sites identiques. L'enlumineur différencie peu les adversaires, ainsi au premier plan les deux cavaleries, qui foncent l'une sur l'autre, ne le sont que par leurs bannières au décor géométrique, une brune, l'autre rouge. Le moment retenu est celui où les Romains semblent prendre l'avantage. A droite, des palissades sont disposées en obliques, pour laisser passer les deux ailes de cavalerie. Les archers sont devant et couvrent les hommes d'armes qui se battent à pied. A gauche, le dispositif comparable est plus complexe et moins cohérent. En haut cinq maisons de bois, une palissade et l'aile gauche de la cavalerie qui sort du camp. Au centre, à l'abri sous une tente, protégées par une palissade et un chariot, des troupes attendent et suivent l'affrontement où deux rangées de leurs soldats s'opposent aux lignes ennemies déjà ébranlées. Ils sont appuyés par des archers. En bas, la cavalerie part en bon ordre à l'assaut d'un ennemi supérieur en nombre. A l'arrière, des hommes protégés par une palissade guettent le moment d'intervenir. Au premier plan, sous une tente bleue, bien protégée par des palissades de hauteurs inégales, un coffre. Le duel à pied entre les deux chefs, plus grands que leurs hommes, intervient au milieu de l'image. La composition générale est celle d'un quinconce. L'image vaut par la disposition des palissades et l'utilisation d'un chariot comme appoint à la protection.

L'image a aussi le mérite de montrer comment la défense à l'échelle d'un vaste territoire passe par l'installation à distance de pôles de résistance temporaire. Le traducteur de Tite Live évoque un épisode significatif à cet égard. Lors d'une bataille contre les Eques, les soldats ayant abandonné le terrain pour retourner dans leur camp, les consuls redoutent tout engagement. Les Véiens ayant multiplié les provocations, les consuls n'acceptent de bouger qu'après un serment des soldats devant les dieux, puis se lancent dans le combat. Quintus Fabius marche à leur tête et se fait tuer. Son frère Marcus enjambe le cadavre et se faisant un rempart de son bouclier vole au premier rang et entraîne toute l'armée. A l'autre aile, le consul Gnaeus Manlius blessé doit recevoir l'appui d'un peloton de cavaliers. Les hommes reprennent courage et l'emportent.[152] L'image (fig. 7)[153] montre à droite la retraite des Véiens vers leur camp. Les armes et les cadavres qui jonchent le sol attestent

---

pour s'y réfugier après avoir abandonné morts et blessés. La cavalerie romaine l'emporte. Elle sort d'un camp que protège une haie de pieux couchés en oblique, pointes face à l'ennemi. A l'intérieur du camp, après l'espace de sécurité laissé vide tout le long de l'enceinte, les tentes sont aussi hautes que les courtines de la ville et les Romains innombrables.

152 Les péripéties de la victoire sont pour l'enlumineur trop difficiles à figurer. Les Véiens dégarnissent leur front des troupes de soutien pour attaquer le camp, ils pillent en prenant leur temps, alors les Romains contre-attaquent. Le consul Manlius fait occuper toutes les portes pour couper la retraite à l'ennemi. Ils tentent de sortir, puis tuent le consul. L'état-major fait alors ouvrir une porte, mais les troupes ennemies en désordre tombent dans leur fuite sur l'autre consul, qui les disperse et les massacre.

153 Paris, B.N., fr. 273, op. cit., fol. 73.

encore la violence de l'assaut qu'ils ont donné. Au centre Marcus Fabius les poursuit. A gauche, la cavalerie vient appuyer l'infanterie. Le retranchement circulaire du camp comprend un fossé triangulaire. La palissade couronne une motte de grande dimension, qui abrite au moins neuf tentes. L'espace de sécurité à l'intérieur de la palissade est respecté par les troupes qui circulent.

### 3. La diversification des ouvrages de protection

Avec l'adoption d'une tactique nouvelle et l'échelonnement en profondeur qui est la meilleure parade contre le boulet métallique, la diversification des ouvrages de protection signifie que le rempart reste l'enjeu direct de maints combats. Au début du XV$^e$ s., Jean de Bueil recommande d'abord l'installation de guets,[154] entourés de châines, protégés par des *taudeys tout charpentés et prests à drecier*, devant toutes les issues. Ils permettent l'installation du camp et de l'artillerie sans dommages. Entre guets et sièges, la circulation est possible grâce à des fossés et des tranchées. Les bastilles[155] "châteaux d'occasion" d'après P. Contamine, s'en distinguent par leur importance. Ces ouvrages de défense avancés isolés, ils font partie d'un système général de fortifications destinées à surveiller les alentours pour prévenir toute attaque ennemie. Faites de forts en bois ou en maçonnerie, elles sont entourées de fossés, dotées de logements et d'équipements de guerre et accueillent de 800 à 1000 combattants. Dès le XIV$^e$ s. elles se multiplient et le dispositif devient plus profond. Jean de Bueil en relève les inconvénients: on ne peut y tenir des chevaux, elles sont séparées l'une de l'autre et ne se peuvent secourir, une bastille seule est mieux assiégée que la place devant qui elle est faite, autant d'éléments confirmés par l'image. Les boulevards[156] sont d'abord une sorte de fort isolé, séparé

---

[154] P. CONTAMINE, Observations sur le siège, p. 336.

[155] TLF, le mot désigne jusqu'à la fin du XIII$^e$ s. des ouvrages provisoires destinés à protéger un camp, une petite enceinte palissadée. A partir de cette époque, on désigne par *bastide* ou *bastille* des forts en bois ou en maçonnerie se reliant à une enceinte, des murs maçonnés. Construite pour défendre une place, la bastille prend alors souvent l'aspect d'un véritable château-fort protégeant l'entrée d'une ville. Sous la forme *bassetille* 1370 (A.N., K 49 dans GDF compl. *En la fortification et gallandeiz d'une bassetille devant le fort de Thury*) bastille en 1400 (Christine de Pisan, Mutacion de fortune, *Fist palis premier et bastilles Et maintes deffences soubtilles Contre l'assault des ennemis*). - Un *bastillon* est une bastion. Un *bastion*, XV$^e$-XVI$^e$ s., *bastyon, bastion*, est un ouvrage de fortification qui fait partie de l'enceinte du corps d'une place (Auton, *Chronique*, Paris, B.N., 5083, fol. 55) généralement de forme pentagonale, présentant en saillie deux flancs et deux faces. Il est fait d'un gros amas de terre soutenu de murailles, gazon ou de terre battue.

[156] Le mot d'origine germanique désignant un ouvrage en planches, en poutres est adapté en français sous les formes *bolevers* av. 1365 (Jean Le Bel de Liège I, p. 266), *bollewerc*, 1425, (Arch du Nord B 4025 fol. 32), *bollevart*, 1429 (Artill. des ducs de Bourgogne, 52), *boulevars*, (Journal d'un bourgeois de Paris, éd. ALEXANDRE TUETEY, Paris 1881), *bolvert*, 1509, *boulevard*, 1559 avec d'abord la signification d'ouvrage de défense consistant en un rempart fait de terre et de madriers puis la signification de fortification extérieure d'une place forte constituée par un terre-plein en avant des remparts, la ligne extérieure de fortifications d'une ville. P. SAILHAN (op. cit., p.

de l'entrée par le fossé et lui-même entouré d'un fossé. Ensuite J. Mesqui[157] définit les boulevards comme des plates-formes de terre externes, entourées de palissades, renforcées de treillis de charpente placés au-devant des fortifications proprement-dites. Dissuasifs à l'égard d'ennemis pressés ou manquant d'hommes et de moyens, ce qui est encore souvent le cas, ils constituent une innovation majeure. Leur fonction est d'éloigner les grosses pièces. Mais ces ouvrages en charpente et en terrassement à l'épreuve de l'artillerie sont capables d'en recevoir.

Les images des *Vigiles de Charles VII* montrent avant-tout des palissades. Le plan semi-circulaire y est plus rare que le rectangulaire. Le tout est flanqué de tours.[158] Surtout elles permettent de retrouver la complémentarité entre l'unicité du *champ* et la multiplicité des ouvrages avancés.

Parfois, grâce à ces innovations et au prix de combat acharné, la situation se renverse. Les *Vigiles de Charles VII* (fig. 8)[159] représentent ainsi la victoire de Lagny. Le duc de Bedford assiège pendant trois mois et demi la place. Le roi de France envoie une armée de secours. Quand elle arrive,[160] les Anglais veulent la faire reculer. Mais les Français tiennent, les débordent et parviennent à rentrer dans la ville.[161] L'image occulte le rôle de l'armée de secours, elle décrit une sortie victorieuse des défenseurs de la ville dont le texte ne dit rien. Les archers français sont postés derrière une palissade en saillie sur la courtine. Une double ligne de têtes de clou marque l'emplacement des traverses. Cet ouvrage commande l'accès à la porte et la passerelle coulissante qui permet de franchir la douve. Les Anglais s'enfuient.

## B. Les travaux d'investissement

L'investissement d'une place a pour but de couper ses communications avec le dehors[162] et semble surtout destiné à protéger les assaillants de toute attaque sur-

---

97) précise que l'ouvrage est construit devant une porte pour la protéger. Le terme est attesté aux XIVe et XVe s. dans des textes d'origine wallonne et picarde. *Boulewerquier* c'est fortifier par un boulevard et *palissader*, garnir de remparts, défendre, munir en général, s'opposer, résister d'après F. GODEFROY, op. cit., p. 61.

157 JEAN MESQUI, Châteaux et enceintes de la France médiévale. De la défense à la résidence, Paris 1991, p. 85-88.

158 P. SAILHAN, op. cit., p. 56.

159 Paris, B.N., ms. Fr. 5054, op. cit., fol. 78 verso.

160 Les Français arrivent *jusqu'à la rivère d'emprés Langny* où ils font déployer leurs bannières. Les Anglais avaient fait faire un pont par-dessus la Marne *pour passer, aller et retraire / Delà au siège et en leur cerne*. Les Français s'en approchent.

161 *Quant les Angloys au derrenier virent / qu' ilz n'eussent peu par là passer / En leur case se retrairent / voulans le chemin reboursser.*

162 Bruxelles B.R. 9342, *Chroniques de Hainaut*, fol. 205 verso, siège de la ville de Belges par César, sur la droite une rampe d'accès roulante qui commande les courtines est amenée par les Romains, la porte d'une grosse tour est fermée par une palissade pour empêcher tout sortie.

prise.[163] Ces fortifications d'arrêt tendent à prendre plus d'importance dans les combats que les murs même de la cité.

*1. Les travaux d'investissements partiels peuvent être considérables* [164]

Le dispositif s'appuie sur des éléments forts aux points stratégiques devant les portes. Les chroniqueurs évoquent de grandes et bonnes villes de bois,[165] vulnérables seulement au feu. Ce camp met à l'abri des attaques imprévues, en particulier nocturnes,[166] fournit une retraite assurée et permet de choisir le moment favorable pour combattre. D'après Froissart, pour la grande expédition[167] qu'il projette contre

---

163 Bruxelles, B.R., ms. 9067, *Croniques et conquestes de Charlemaine*, fol. 138, 1458, pour le siège de Montauban, sur la droite devant l'entrée d'un pavillon une palissade sur laquelle vient prendre appui une poutre, laisse apercevoir le haut d'une machine de guerre, une plate-forme permet de défendre le haut tandis que des hommes circulent en dessous.

164 Les travaux peuvent comprendre l'aménagement du terrain: il faut combler le fossé, poser un chemin de roulement en madriers pour les tours roulantes et les chats, protéger l'approche des béliers par des palissades et des gabions, établir des plates-formes stables pour installer les machines de jet, P. ROCOLLE, op. cit. I, 100.

165 Lors de la bataille de Castillon en juillet 1453, le camp français est long de six cent mètres environ et large de deux ou trois cents, sa superficie est de douze à dix huit hectares. Il est entouré d'un fossé, d'un mur de terre et même de grands troncs d'arbres. Sur tout le pourtour est placé un grand nombre de machines de guerre nommées serpentines, d'après Thomas Basin, Histoire de Charles VII, op. cit. II, p. 191, 197.

166 En 1386, à propos des préparatifs d'une descente en Angleterre, Froissart dans ses Chroniques (Liv. III, chap. 11, éd. SIMEON LUCE/G. REYNAUD/LEON MIROT, t. 13, p. 4.) explique: *le connestable de France [Olivier de Clisson] faisoit faire ouvrer et charpenter en Bretaigne l'enclosure de une ville et tout de bon bois et gros pour asseoir en Engleterre, là où ilz leur plairoit, quant ilz y aroient pris terre, pour les seigneurs logier et retraire de nuit, pour eschevier les perilz de resvillemens et pour dormir plus aise et mieulx asseur*; cf. aussi JOSE F. FINO, Forteresses de la France médiévale, Paris ³1977, p. 274.

167 En 1386, après la pacification de la France, Charles VI sur le conseil du connétable de Clisson résout de faire avec les Ecossais une descente en Angleterre. De nouveaux impôts sont levés, les comtes de Savoie, d'Armagnac, le dauphin d'Auvergne, les alliés de la France en Allemagne sont convoqués. On rassemble sur la côte tout ce qu'on peut acheter et louer de vaisseaux. En septembre, il y en a 1287 près de l'Ecluse, dont 900 à deux voiles et plus pour embarquer 50000 chevaux, les munitions, l'artillerie. Le connétable en Bretagne assemble une autre flotte à Tréguier. Surtout, il fait construire une ville de bois par les meilleurs architectes et charpentiers. Le duc de Berry, se décidant à intervenir, après une longue attente, quitte Paris. Le connétable décide alors de se mettre en mer sur 72 vaisseaux et de charger la ville de bois sur les plus grands. Mais une tempête les surprend. En octobre le temps devenant plus épouvantable, l'entreprise est remise au printemps. La ville de bois qui n'est plus entière, est alors laissée à Philippe le Hardi. M. TODIERE, *op. cit.*, p. 61, 67, 69. cf. aussi: LEON MIROT, Une tentative d'invasion en Angleterre pendant la guerre de Cent ans, 1385-1386, in: Revue des études historiques LXXXI 1915, p. 245-287 et 417-466; L. PUISEUX, Etude sur une grande ville de bois, in: Mémoires de la Société des antiquaires de Normandie XXV 1864, p. 387-409. - Ces villes de bois peuvent avoir une vocation civile. En septembre 1398, une ville de bois et de toile est construite près de Guines, entre Calais et Ardres, pour abriter la rencontre entre Richard II d'Angleterre, qui vient recevoir sa fiancé, et

l'Angleterre, Charles VI fait réaliser à Tréguier avec la flotte, une ville de bois de trois mille pas de diamètre, munie de tours et de retranchements et capable de protéger l'armée de l'artillerie de la place. Les pièces sont démontables[168] et chargées sur de grands vaisseaux. Au moment du transport, une tempête disperse sept navires chargés de munitions et trois d'éléments de la forteresse. Ils échouent dans la Tamise et avec les charpentiers tombent aux mains des Anglais. Après l'abandon du projet, la ville est laissée au duc de Bourgogne, Philippe le Hardi, qui veut la faire dresser auprès de l'Ecluse, projet qui n'est pas réalisé.[169] Son fils, Jean sans Peur, pour bloquer le port de Calais, fait construire en 1406 une ville de bois de huit cents pas de long par cinq cents ouvriers en abattant une forêt voisine.[170] Elle est environnée de bastions et de forts et destinée à mettre une grande partie de l'armée à l'abri des rigueurs de l'hiver et des sorties des assiégés.[171] En 1410, à nouveau, Jean sans Peur entreprend de faire le siège de Calais et fait construire à grands frais

---

son beau-père Charles VI. M. TODIERE, op. cit., p. 143. Charles VI fait faire sur les bords de la Seine un vaste parc entouré de palissades où le matin, avec une suite peu nombreuse, il distribue des aumônes aux pauvres, salue tout le monde, reçoit les bourgeois de Paris et le prévôt des marchands, et se fait rendre compte des affaires, M. TODIERE, op. cit., p. 162. Mais les architectures de bois construites lors des fêtes et qui leur sont par certains aspects comparables, entendent représenter des murailles ainsi lors de la visite de Charles IV à Paris, Jérusalem avec ses défenseurs et ses assaillants. Lors de l'entrée solennelle d'Isabeau de Bavière à Paris pour les fêtes de son couronnement, près du Châtelet, le château de bois est flanqué de tours solides, dont chaque créneau est confié à la garde d'un homme armé de toutes pièces, sur la terrasse est le lit de justice et dans ce vaste château on a fait un parc planté d'un bois touffu où se jouent des lièvres, des lapins, des oiseaux, un cerf. M. TODIERE, op. cit., p. 97.

168 *Et quand on se deslogeroit de une place et on iroit en autre, cette ville estoit tellement ordonnée, ouvrée et charpentée que on la povoit deffaire par carnières ainsi que une couronne, et raseoir membre à membre, et y avoit grannt foison de charpentiers et d'ouvriers qui l'avoient compassée et ouvrée, et savoit comment elle devoit aller, et de ce estoient-ilz retenus et avoient grans gaiges.* Jean Froissart, Chroniques, op. cit. XIII, p. 4. Les images ne montrent pas ces charnières. Le montage est préféré au démontage, les deux sont bien affaire de spécialistes.

169 Ce don ne doit pas surprendre. Les engins de siège volumineux et coûteux font quant à eux l'objet de prêt le temps de la durée d'une campagne ou d'un siège. Ainsi Bernard de Rioux prête à Henri III d'Angleterre des machines de guerre, un trébuche, deux tombereaux, deux mangonneaux. Le roi s'engage à les lui rendre en bon état et s'ils sont détériorés à l'indemniser. E. BERGER, Les préparatifs d'une invasion anglaise et la descente d'Henri III en Bretagne (1229-1230), in: BEC LIV 1893, p. 36.

170 Pour resituer l'épisode dans la politique du duc et celle de son père: BERTRAND SCHNERB, La politique des ducs de Bourgogne Philippe le Hardi et Jean sans Peur en matière de fortifications urbaines (1363-1419), in: GILLES BLIECK/PHILIPPE CONTAMINE/NICOLAS FAUCHERRE/JEAN MESQUI (ed.), Les enceintes urbaines (XIIIe-XVIe siècle), Actes du 121e Congrès des sociétés historiques et scientifiques. Section archéologie et histoire d'art (Nice, 26-31 octobre 1996), Paris 1999, p. 345-352.

171 Jean sans Peur a rassemblé ses troupes à Saint-Omer. Il a aussi préparé des machines et 1200 canons avec leurs boulets de pierre et fait venir beaucoup de navires pour bloquer le port. Le duc a employé plus de deux mois à ses immenses préparatifs. Cette lenteur a permis aux Anglais de ravitailler Calais et de rendre la place imprenable.

à Saint-Omer une ville de bois, régulièrement fortifiée, pour loger une partie de l'armée.

Les images décrivent ces véritables forteresses. A travers l'exemple romain,[172] les enlumineurs montrent les fortifications idéales dotées des derniers perfectionnements de la technique que peu ont les moyens ou le temps de mettre en place. Ainsi le traducteur de Tite Live évoque l'échec d'un premier assaut donné à Anxur, inexpugnable en raison de sa hauteur, puis la mise en place d'un retranchement.[173] L'image (fig. 9)[174] montre un fort carré entouré d'un fossé et pourvu de six tours et d'un donjon. Les tours et les courtines sont dotées de canonnières alignées et avec fente de mire. Deux rangées de clous indiquent l'emplacement des barres. Le sommet de chaque tour est doté d'un volet qui pivote sur un axe. La défense du donjon est également sommitale, avec mâchicoulis et volets rabattus sur les meurtrières, de même pour la guette. L'entrée dans le fort se fait par l'arrière; une passerelle enjambe le fossé. La porte est constituée d'un panneau coulissant vers le haut. A l'arrière-plan, un groupe de cavaliers se dirige vers un camp dont la palissade et les tentes sont visibles.

*2. L'investissement complet d'une ville, même sommaire, est coûteux*

La contrevallation est une ligne de fossés et de rempart similaires à celle qui constitue l'enceinte des camps avec à intervalles plus ou moins réguliers des redoutes ou des tours de bois qui permettent à de petits postes de soldats de surveiller les alentours. Elle a pour but de couper la place de ses communications avec le dehors et s'oppose aux attaques possibles d'une armée de secours.[175] Rare, elle dépend de la puissance de l'assiégeant, du temps qu'il est disposé à consacrer au siège et

---

172 Le camp romain est divisé par des lignes les *decumani* allant de l'est à l'ouest les *cardines* du nord au sud. Après avoir tracé l'enceinte, les Romains plantent des drapeaux de couleurs et des piques indiquant la place de chaque unité. Le front est tourné du côté gauche, vers le nord. En avant des quatre portes principales, sont édifiées des protections, un petit fossé parfois suivi d'un *vallum*, qui semblent annoncer les barbacanes médiévales. Devant le camp, les légionnaires creusent des trous au fond desquels ils placent des troncs d'arbres avec leurs branches, les petits cerfs. Les Romains construisent enfin des tours isolées, postes d'observation, relais de transmission entre deux camps ou défenses avancées.

173 *Et aussi pillerent et gasterent le pais des Volsques. Et si essayerent de combatre la forteresce de anxur mais ce fut pour nient, pour ce que son hault siege le fist inexpugnable mais toutevoyes quant ilz virent que par force ilz ne le porent prandre ilz le advironnerent de cloisons et de fossez et le commencierent a assieger. Et ycelle province des volsques estoit eschue a Valerius Potitus.*

174 Paris, B.N., ms. fr. 20071, Tite Live, fol. 103.

175 Au mois de septembre 1203, Philippe Auguste, qui met le siège devant Château-Gaillard ne pouvant le prendre par la force décide de le réduire par la famine et met en place un dispositif impressionnant *Son ost fist logier entre ces fossez et le chastel, et fist drecier tot entor X hautes tors de fust pour lancier et traire à ceus de dedenz*; d'après les Grandes Chroniques de France VI, p. 271.

donc de l'importance de la ville.[176] Elle comporte des éléments d'inégales valeurs et n'est pas toujours spectaculaire. D'après la traduction du Livre V d'Orose, Scipion a entouré Numance d'un fossé large et profond pour en faire le blocus, il l'a fait garnir d'un réseau de tours de bois et *broches de pieux aguz en pluseurs lieux* afin de pouvoir se défendre comme un assiégé en cas de sortie ennemie.[177] L'enlumineur (fig. 10)[178] transforme ce dispositif impressionnant à un alignement vertical de pieux taillés en pointe aiguë et qui se distinguent par leur grosseur. De hauteur médiocre, ils sont disposés à intervalles réguliers et étroits. Au second plan, les assiégés périssent dans l'incendie de la ville qu'ils ont allumé pour ne pas tomber aux mains des Romains. L'enlumineur montre bien l'espace entre la base de la muraille et le fossé où des combattants peuvent circuler librement, comme à Paris, dès le règne de Charles V.

Dans les images, l'investissement peut être réduit à une simple palissade. A Harfleur en 1449 d'après *les Vigiles de Charles VII*, le roi met le siège de la ville, *en grande puissance et vigueur*[179] et ce d'entrée, ce qui n'est pas usuel. Les froids de l'hiver et les pluies éprouvent les hommes, aucune maison ne peut leur servir d'abri, pas même un arbre.[180] Mais la ville est si fort battue de bombardes, canons et veuglaires que les Anglais finissent par se rendre. Dans l'image (fig.11)[181] un bras de mer protège les murs de la ville, percés de meurtrières et de canonnières. Le nombre de soldats aux créneaux évoque l'importance de la garnison anglaise. La palissade des Français est continue et constituée de palis larges, percés à même

---

176 Un des premiers exemples est donné en 1217 par l'installation de Simon de Montfort devant Toulouse, d'après la *Chanson de la Croisade des Albigeois*.
177 ... *et si fist faire environ moult riches fossez lez et paisons et devers lost restez et garniz de riches tours de fust et broches de pieux aguz en pluseurs lieux pour deffendre pour ce sil avenoit chose que ceulx de la cite sen yssissent par jour ou par nuit par aucune aventure pour querir secours et aide pour faire a ceulx de lost destourbance quilz ne ...* En fait, Scipion bloque Numance et l'entoure d'un fossé de dix pieds de large et de vingt pieds de profondeur. Il fait construire une palissade avec des pieux et il la fortifie avec un réseau de tours afin de se prémunir contre toute sortie et pour pouvoir combattre en assiégé contre un assiégeant et non l'inverse. Numance, située sur une hauteur non loin du Douro est entourée par une enceinte de trois mille pas, bien que certains assurent qu'elle est une petite implantation, sans rempart. Les Numantins offrent de capituler à des conditions acceptables, demandent un combat régulier, puis font une sortie désespérée. La rencontre est acharnée. Les Numantins font retraite en bon ordre et refusent de recueillir les corps des tués pour ne pas rentrer dans la ville comme des fuyards. Enfin désespérés et résolus tous à mourir, ils incendient eux-mêmes la ville de l'intérieur et succombent tous ensemble au fer, au poison et au feu.
178 Paris, B.N., Fr. 64, Orose, Histoire contre les Païens, Livre V, 7, 8, fol. 195.
179 Puis il en confie la direction à Saint-Pol, Dunois, d'Eu, Clermont et Nevers.
180 D'après Thomas Basin, Histoire de Charles VII t. II, p. 131-133, Charles VII et ses hommes qui souffrent d'un froid terrible vivent dans des abris creusés dans le sol pour s'en protéger (peut-être pour se mettre à l'abri de l'artillerie adversaire?). De telles mentions sont rares. Elles révèlent une négligence des préparatifs de campagne. Les combats durant l'hiver sont déconseillés.
181 Paris, B.N., ms. fr. 5054, op. cit., fol. 186.

hauteur de canonnières. Les barres n'ont pas la même couleur que les palis ce qui laisse supposer une différence de nature du bois. L'artillerie sans gros calibre a été disposée en batterie sur un espace plan et bien dégagé à l'abri de la palissade. Les affûts sont à roues et pourvus d'un plateau quand il faut supporter deux pièces. Les bouches sont pointées en direction de la place, sans utiliser les canonnières, mais sont trop près de la palissade pour pouvoir tirer sans la détruire!

La contrevallation peut être intégrée à un système plus sophistiqué comportant des ouvrages avancés isolés: barbacanes, bastilles[182] ou bastides, qui surveillent les alentours et empêchent toute attaque brusquée.[183] Dans le même manuscrit pour le siège de Meaux, en 1439, les Français et le connétable de France viennent se loger dans l'abbaye de Saint Faron[184] et font *approches, tranchées, bastilles, taudis, boullevars, et de canons grandes nischées, pour assaillir de toutes pars*. L'image (fig.12)[185] montre la ville entourée de douves. Elle rend mal compte de l'originalité du dispositif français, avec l'intégration dans le camp de bâtiments existants, les tranchées et surtout la disposition de l'artillerie lourde en batterie. La ville est investie de tout côté, mais pas de la même façon. Au second plan, les tentes sont sans protection. Au premier, à gauche une bastille et deux canons en position de battre la courtine. A droite, sur un échafaud, le capitaine de la place, un "français renié", est décapité pour l'exemple sous les yeux de tous les combattants.

Selon un auteur anonyme à la fin du XV$^e$ s. l'efficacité d'un tel dispositif d'encerclement dans les batailles de Poitiers et d'Azincourt, par exemple, est une arme à

---

182 En 1436, le duc de Bourgogne fait construire sur une hauteur, une bastille pour surveiller Calais et les alentours et prévenir une attaque surprise: *Adonc fut avisé par ledit duc de Bourgogne et ceulx de son conseil, qu'on feroit une bastille sur une montaigne qui estoit assés près de la ville de Calais, par laquelle on verroit le gouvernement de leurs ennemis. Laquelle bastille fut commencié de quesnes et d'autres bois. De laquelle bastille lesdiz Anglois eurent desplaisance, doubtants que par ycelle leurs saillies ne fussent rompues et empeschiés*. Enguerrand de Monstrelet, op. cit. V, p. 250.

183 En 1437 encore, lors du siège de Crotoy, près d'Abbeville, le duc de Luxembourg édifie une bastille: *il ordonna à faire et ordonner une grande bastille pour eulx y logier plus seurement. Et fu faite moult forte et bien avironnée de grans fossés ... Après l'acomplissement de laquelle bastille, furent faits dedens pluiseurs logis. Avec ce fu porveue de toute artillerie et de toutes besognes nécessaires à la guerre ... Et après que le dessusdit duc fut venu audit lieu d'Abbeville, et qu'il eut eu certaine nouvelle de la venue de ses ennemis, il fist de rechief hastivement pourveoir et garnir ladicte bastille de vivres, artilleries, habillemens et gens de guerre, et tant qu'ilz povoient dedens estre de huit cens à mil combatans, gens expers et renommés en armes*. Enguerrand de Monstrelet, op. cit. V, p. 310- 312.

184 Le texte précise: *En l'abbaye de Sainct Faron / Affin d'illecques assiéger / Et es autres lieux d'environ*.

185 Paris, B.N., ms. fr. 5054, op. cit., fol. 97 verso.

double tranchant, car elle pousse les adversaires qui n'ont plus d'issue à toutes les extrémités.[186]

## III. Une grande vulnérabilité

Pour le siège d'un château ou d'une ville et l'attaque d'un camp, l'assaut, précédé par une reconnaissance du système défensif adverse, intervient le plus souvent par surprise, au milieu de la nuit.[187] La prise d'un ouvrage avancé suffit parfois à déclencher la débandade.[188]

### A. Une efficacité momentanée

Les dommages précèdent parfois les combats.
 1. Fortifications de campagne et défenses annexes sont sensibles aux déchaînements des éléments. Les intempéries peuvent mettre à mal ces fortifications, un violent orage peut détériorer le camp et faire échouer un siège,[189] modifier l'issue d'une bataille, voire l'empêcher. Cette fragilité relative est d'ailleurs utilisée contre elles. A l'Ecluse en 1386, quelques bourgeois gagnés par les Gantois et les Anglais se proposent d'inonder le camp français en ouvrant les digues de la mer, mais ils sont découverts avant d'avoir pu mettre leur projet à exécution. De plus les camps présentent une concentration considérable d'hommes et d'animaux dans des conditions d'hygiène précaires aggravées par exemple en Flandre par la proximité de fossés et de marécages. La situation, la même année, devant Dam est telle que le roi abandonne ses tentes et se loge à Mâle.[190]
 2. Au moment du combat, fortifications de campagne et défenses annexes sont efficaces[191] pour aider à contenir l'attaque d'une bande armée et le choc initial d'un

---

186 PHILIPPE CONTAMINE, The war literature of the late middle ages, in: La France aux XIVe et XVe siècles III, p. 116.
187 En 1347, les forces de Thomas de Dagworth attaquent l'armée de Charles de Blois au point du jour, les armées s'étant déplacées pendant la nuit.
188 En 1436, l'armée du duc de Bourgogne assiège Calais. Les Flamands installent leur camp trop loin pour atteindre les fortifications anglaises, alors ils construisent une bastille et une partie de l'armée s'y installe. Elle est massacrée par les assiégés qui répandent la rumeur qu'ils ont été trahis. Dans le camp flamand c'est l'affolement.
189 Ce dont est victime Hugues le Grand devant Poitiers en 955 (Grandes chroniques de France IV, p. 349).
190 M. TODIERE, op. cit., p. 56-57.
191 Cette efficacité se réduit avec le nombre des défenses, selon leur type et leur qualité. La muraille du village provençal ou sabin joue un rôle militaire sans commune mesure avec la clôture saxonne à peine suffisante contre les sangliers et les loups (J. CHAPELOT/R. FOSSIER, op. cit., p. 157).

siège en règle. La rapidité de leur mise en oeuvre pour peu que les combattants disposent du bois nécessaire est un atout.[192] Le rapport du sénéchal Guillaume des Ormes à la régente Blanche de Castille au sujet de la tentative de reconquête en septembre 1240 par Raymond Trencavel de la ville de Carcassonne,[193] éclaire leur rôle. Sur six palis mentionnés, deux sont le fait des assaillants, quatre des assiégés. Le premier jour du siège, le sénéchal enlève le bourg Graveillant *et là nous avons eu beaucoup de bois de charpente, qui nous a fait grant bien.* De ce côté, le même jour les ennemis, profitant des fossés existants, s'enferment. D'un autre côté, ils dressent un mangonneau contre une barbacane où se trouve une perrière, *et là ils firent des fossés et des palis.* Ensuite ils commencent à miner et détruisent malgré des contre-mines *deux créneaux des lices, mais nous fîmes là un bon et fort palis entre eux et nous.* La réaction est identique quand ils atteignent le mur des lices vers la maison de l'évêque. Pourtant le mur s'écroule en partie avec l'incendie de la mine. *Aussitôt nous fîmes un bon et fort palis, et au-dessus nous fîmes une bonne bretèche avec de bonnes archières: de sorte qu'aucun d'eux n'osa approcher de nous dans cette partie.* Ils se portent alors contre la barbacane de la porte de Rodez, mais là le palis, la contre-mine et la prise de leur mine ne leur permettent pas d'arriver à leur fin. Les hommes de Trencavel qui ne disposent pas de réserves de bois doivent détruire *les maisons des frères Mineurs et d'un monastère de la bienheureuse Marie... dans le bourg pour prendre les bois dont ils ont fait leur palis.* Les moyens qu'ils mettent en oeuvre sont insuffisants et la place est bientôt secourue.

3. Mais ces structures légères ne sont pas insurmontables[194] et sont reconnues comme telles.[195] En Bourgogne aux XIV$^e$ et XV$^e$ siècles, les maisons fortes ne pré-

---

192 Lors du siège de Toulouse, Simon de Montfort, ayant démoli les fortifications, laisse une garnison dans le château narbonnais, les hommes de la ville restent sur le terre plein et sur la place près du rempart, ils font des lices, des barrières, un puissant mur de traverse, des hourds, des archères, une tranchée de côté pour être à l'abri des carreaux du château.

193 Archives nationales, section ancienne, J. carton 1030, pièce 73. Publié par LOUIS DOÜET D'ARCQ, Siège de Carcassonne, in: BEC VII 1845/46, p. 363-379; traduction par NAPOLEON-LOUIS BONAPARTE, Études sur le passé et l'avenir de l'aertellerie II, Paris 1851, p. 55-61, reprise par E. VIOLLET-LE-DUC, Dictionnaire de l'architecture I, p. 345-349 et J. F. FINO, Forteresses, p. 217-220.

194 Les choses vont parfois très vite, à la faveur de circonstances favorables qui laissent place à la surprise. Lors du siège d'Arezzo, les gens de pied de l'armée française *se jetèrent à la brèche* tandis que l'on parlementait et le château fut emporté, pillé et incendié. P. LACROIX, Louis XII et Anne de Bretagne, p. 118.

195 Les palissades ne peuvent à elles seules porter remède à tout, ainsi à Morat, une petite place dont le siège par Charles le Téméraire est entamé le 9 juin 1476. Les Confédérés ont le temps de réunir 26 à 28 000 hommes, et s'installent à 5 ou 6 km du camp. Le 21 juin, le duc fait une reconnaissance et les croit peu nombreux. Il pleut toute la nuit, ce qui rend impossible le déploiement de la cavalerie bourguignonne dans la plaine d'ailleurs parsemée de boqueteaux qui favorisent le plan des Confédérés, attaquer le centre et l'enfoncer. Malgré l'effet de surprise, le 22 juin, quand les

sentent qu'un ou deux fossés souvent une tour mais rarement une courtine, parfois une simple palissade et des constructions modestes en bois. Ces défenses qui confèrent à la maison-forte une apparence de puissance, correspondent à une recherche de prestige et sont plus psychologiques qu'effectives. Elles s'adaptent avec une relative uniformité de structures, aux possibilités techniques de leur époque et aux moyens, aux besoins matériels et aux exigences psychologiques des seigneurs de village.[196]

Les premiers ouvrages de défense traversés, les palissades opposent une faible résistance pour des armées expertes dans l'art du siège. Les assaillants en les renversant[197] peuvent déferler sur le camp où les défenseurs accablés de fatigue et démoralisés font peu à peu défection et battent en retraite précipitamment.[198] Les dispositifs incomplets peuvent être tournés,[199] voire réutilisés. L'absence de circonvallation du côté campagne rend possible l'attaque d'une armée de secours ainsi, en 1443, à Dieppe. Talbot met le siège devant la place. Les Français arrivent mi-aôut, comme il a beaucoup plu, ils ne peuvent approcher de la bastille anglaise.[200] Pen-

---

phalanges suisses apparaissent, ils reculent. Le point attaqué n'est pourtant défendu que par 300 lances et 2000 fantassins. Le duc ayant eu soin d'entourer son armée de palissades, l'attaque est repoussée. Mais sans l'avis du duc, quelques cavaliers lancent à tort une contre-attaque. Quand Charles le Téméraire fait sonner le rassemblement, il est trop tard, les Suisses reviennent à la charge, enfoncent son centre, la résistance est impossible, il doit fuir avec sa cavalerie et abandonne la piétaille. FERDINAND LOT, L'art militaire et les armées au Moyen Âge en Europe et dans le Proche Orient II, Paris 1946, p. 123.

196 JEAN-MARIE PESEZ/FRANCOISE PIPONNIER, Villy-le-Moutier: Recherches archéologiques sur un site de maison-forte, in: Château Gaillard VI 1986, p. 147-164, en particulier p. 148, 156-157. Au XIIIe s., l'établissement présente une terrasse de très faible élévation entourée d'un large rempart de terre et d'un fossé plus large que profond qui porte un vaste bâtiment de bois. Dans la maison-forte des XIIIe et XIVe s., ont été retrouvées les tranchées qui correspondent à des cloisons de bois. Le bâtiment semble avoir eu pour parois principales des murs d'inégale épaisseur et une cloison de bois.

197 En juillet 1453, Talbot ordonne à un capitaine Thomas Evringham d'amener les enseignes qu'il porte jusqu'au camp français pour montrer sa décision de combattre. *Ils arrivèrent au bord du fossé et s'attaquèrent aux palissades et aux défenses du camp, cherchant à les forcer pour en venir aux mains avec l'ennemi.* Ils y parviennent et malgré l'action de l'artillerie un corps à corps s'engage sur le bord du fossé et dure plus d'une heure. Thomas Basin, Histoire de Charles VII t. II, p. 197.

198 Le camp est levé dans la panique et non suivant les règles, la dernière étant de mettre le feu aux abris de feuillages pour annoncer le départ. Chroniques du Religieux de Saint-Denys VI, p. 139. En général, ils laissent leurs matériels de campement et des provisions.

199 A Tannenberg, 15 juillet 1410, les gens de trait allemands ont dressé des palissades devant eux comme firent les Janissaires de Bajazet à Nicopolis et des canons, mais la poudre est mouillée par une tempête de pluie au début de la bataille. Le rempart de chariots dressé par l'armée teutonique derrière son front de combat et laissé à la garde de l'artillerie lourde est enlevé d'assaut par les Polonais dans leur poursuite F. LOT, op. cit. II, p. 157.

200 Les Français ne peuvent utiliser leur artillerie ce que le texte ne précise pas. Pendant la nuit deux fois *Les Angloys si escarmoucherent / ... Mais les Françoys les rebouterent / Dans leurs bastilles*

dant la nuit, les Anglais lancent deux escarmouches. Mais les Français les repoussent et donnent l'assaut à la bastille anglaise. 300 Anglais sont tués, la bastille est détruite et l'artillerie enlevée. L'image (fig. 13)[201] montre simplement à l'intérieur d'une palissade le long des douves de la ville, les Anglais surpris à revers.

## B. Le fer et le feu

1. Tous ces éléments peuvent être détruits par le fer, ce qui rend possible l'assaut de la place et la victoire, ainsi à Chatellerault d'après la *Chanson de Bertrand du Guesclin* de Cuvelier. Le texte[202] évoque les *granx peuz qui au devant du mur vont deffence faisant*. La palissade sert de première ligne de défense et les Français n'en ignorent rien. Sans bruit, pendant deux nuits, ils scient les pieux au ras du sol mais les laissent en place et recouvrent de terre le trait. Le jour ils courent le pays pour rapporter des échelles. Au moment de l'assaut, les grands pieux tombent en même temps par groupes de 20 ou 23, le guetteur, comprenant que les Français sont dans le fossé, donne l'alarme, en vain. L'image (fig.14)[203] montre cinq pieux de la hauteur d'un arbre disposés sous les murs de Chatellerault, comme première ligne de défense. Des soldats les scient à un tiers de leur hauteur et non pas près du sol. Les fossés ont disparu. Bertrand du Guesclin les surveille en prenant appui sur sa hache d'armes ce qui suggère que l'opération est longue. La petite taille des deux

---

*vistement*. Les Français donnent l'assaut. Les Anglais font 80 morts du côté français, qui ne renoncent pas. *Et tant que par assault gaignerent / La Bastille moult vaillamment.* 300 Anglais sont tués. Les autres peuvent s'en aller. Les traîtres sont pendus ou noyés *La Bastille si fut deffaite, / Et emmenée l'artillerie.*

201 Paris, B.N., ms. fr. 5054, op. cit., fol. 124 verso.

202 Les deux principaux protagonistes sont Kerlouet, le capitaine de Chatellerault et Bertrand du Guesclin. Paragraphe DCLXXXIV vers 21007-21031: *En celle ville y ot, si con dit le ronmant,/ Un peu de fermeté de granx peuz en estant / qui au devant du mur vont deffence faisant. / Nos François en savoient trestout le convenant /Si orent aporté mainte sie trenchant, / Emmanchies a plon par itel convenant / C'on en pouroit couper un grant bois en siant, / Sans noise demener la montance d'un gant. / Et pour tant nos François s'alerent avalant / Et saierent les peux dont je vous dy devant / En terre rés à rés; mais je vous acreant/ Qu'on ne les ala pas trestout oultre seant, / Ainsois lessent leur peux estre en leur estant / Et puis vont la trancheure de terre recouvrant. / Ainsi firent II nuiz, si con dit le ronmant, / Et le jour s'en aloient par le païs courant, / Et orent apporté mainte eschielle puissant, / Et tout ce qu'il affiert a un asault puissant / Et vont pour assaillir leur besoigne ordenant, / Pour la ville eschelier vont es fosés entrant* et paragraphe DCLXXXV vers 21046-21053: *Quant la gaite entendi parler nos bons François, / Es fosés regarda, s'oÿ remuer bois, / Et les grans peux oÿ cheoir a une fois / Que nos gens ont saié sans noise et sans buffois. / Es fosés sont cheü, si XX si XXIII, / Et firent moult grant flanc. Lors la gaite renois / Voit bien que es fosés sont les nobles François, / Adonc a escrié "A l'arme" a une fois: / "Traÿ! Traÿ! seigneurs, armés vous de remois!" / Lors sont couru aux armes la dedens les Englois, /...*

203 Paris, Arsenal 3141, *Chanson de Bertrand du Guesclin*, fol. 289 verso.

soldats à droite rappelle le caractère maléfique de la scie.[204] En Juin 1383, en Flandre, Frank Ackerman, capitaine de Gand, enlève par un coup de main audacieux Oudenarde, ayant appris que la garnison française est réduite à un petit nombre, que les fossés du côté des prairies qui conduisent à Hem ont été mis au sec et que par là on peut arriver aisément sous les murs de la ville et y entrer par escalade. Il tente alors un coup de main au milieu de la nuit avec quatre cents hommes d'élite. Pendant que les gardes discutent, les Gantois descendent dans les fossés, coupent quelques pieux qui sont devant les murs, sans faire de bruit et dressent ensuite leurs échelles, entrent dans la ville et se rendent en silence sur la place du marché où ils se réunissent. Les pieux au bas des murs empêchent bien toute escalade mais les défenseurs n'ont pas pensé qu'on pouvait les couper en utilisant une scie sans se faire repérer par le bruit.[205] D'ordinaire les assaillants se débarrassent de l'obstacle à coups de hache et à grand bruit, mais vite.

2. Fortifications de campagne et défenses annexes sont surtout jugées très vulnérables au feu. Les Anglais, en juin 1383 en Flandre, décident, à l'annonce de l'arrivée de l'armée française, de lever le siège de Cassel, mettent le feu à leurs tentes et se réfugient dans les places qu'ils ont conquises.[206] Les assaillants peuvent ainsi en peu de temps se frayer un chemin, et les assiégés, en trompant la vigilance de leurs ennemis, procéder avec profit à la destruction de leur camp[207] et de leurs engins. En 1410 Jean sans Peur qui à nouveau assiège Calais et fait construire à Saint-Omer une ville de bois, la voit disparaître en peu d'instants. Un bourgeois de Saint-Omer, gagné par les Anglais dont il est prisonnier, pour dix mille nobles à la rose couronnée, incendie cette immense machine avec le feu grégeois.[208] A Orléans, d'après la *Geste des nobles François,* le boulevard devant les Tourelles du pont est miné par les Anglais jusqu'à ce qu'il ne repose plus que sur des étais auxquels le samedi 23 octobre 1428 les habitants préfèrent mettre le feu.[209]

---

204 Le caractère maléfique de la scie est atténué par le fait que le bois est mort.
205 M. TODIERE, op. cit., p. 46.
206 M. TODIERE, *op. cit.,* p. 43.
207 Les constructeurs du camp décident d'y mettre le feu, plutôt que de le voir tomber aux mains des ennemis. Ainsi, d'après Juvénal des Ursins, Histoire de Charles VI, en 1383, le connétable Olivier de Clisson et le duc de Bretagne qui se sont joints à l'armée française pour secourir le comte de Flandre apprenant que les Anglais assiègent Cassel, se dirigent vers cette ville. Mais au lieu de les attendre, les Anglais lèvent le siège, mettent le feu à leurs tentes et se réfugient pendant la nuit dans les places qu'ils ont conquises, cité par M. TODIERE, op. cit., p. 43. A Orléans, le 6 mai 1428, les Anglais de Glasdale préfèrent désemparer et brûler la bastille de Saint-Jean-le-Blanc. Le même jour Jeanne d'Arc pour en éviter le pillage fait mettre le feu à la bastide des Augustins. Le 7 mai, les Anglais décident en conseil de quitter leurs bastides et de les incendier.
208 M. TODIERE, op. cit., p. 261.
209 Le Journal du siège, cité par P. CONTAMINE (Observations sur le siège, p. 342) rappelle que les boulevards sont faits de sable, de terre, de fossés et de gros fagots de bois, on peut donc y mettre le feu.

Les défenseurs tentent d'incendier les ouvrages et les engins de siège dont ils n'ont pu empêcher la mise en place à la faveur d'une sortie nocturne,[210] comme lors du siège de Véies. Les Romains avaient *applique aux murs de la cite grant multitude de matere pour emplir les fossez et pour attaindre aux murs* et avaient *drecié contre les murs pluseurs engins*. Mais comme il est *accoustumé que moult de foiz on garde mieulx les oeuvres quant on les fait que quand elles sont faites, les dites oeuvres furent par nuit mal gardées. Et que ceulx de la ville yssirent hors par une porte tous armez de brandons et bouterent le feu es oeuvres dessus dictes. Si que tantost fut ars et bru, qui estoit une oeuvre de tel labor et de temps si longtamg. Et y périrent maintes mortelz personnes et par fer et par feu qui cuidoient donner aide aux engins mais ce fut pour nient*. L'image (fig. 15)[211] est fidèle au texte. Une foule armée de torches et de brandons vient de nuit mettre le feu à un fort édifié sous les murs de la ville et à petite distance de la porte, alors qu'en fait il est devant. Il est difficile d'apprécier la forme générale de l'enceinte, sans doute carrée, une maison de bois est inclue dans son périmètre. Deux tours d'angles sont dotées de meurtrières. La porte ne s'ouvre pas à l'opposé de Véies mais sur le côté, l'axe de la porte forme ainsi un angle avec celui de la porte de l'enceinte pour empêcher les tirs en enfilade. Le fort ne semble pas protégé par des fossés. Les assaillants mettent le feu en plusieurs points simultanément.

3. Le feu n'est pas facile à contrôler, l'origine est parfois mal définie. En 1414, le camp de l'armée royale qui a investi Arras et s'apprête à décamper deux jours après la signature du traité et sa publication le 4 septembre, est ravagé par un effroyable incendie du à la négligence ou à la malveillance. Le désordre est considérable et

---

210 Ainsi le 26 octobre 1468, le duc de Bourgogne assiège les Liégeois alors: *les premiers trois jours celuz de dedens saillirent toutes les nuitz par divers lieux, bouttant les feux parmy l'ost en quoy ilz firent grant dommage.*
211 Paris, B.N., ms. fr. 20071, Tite Live, Histoire Romaine, tome V, livre V, 404-403, fol. 101. Lors du siège de Véies, ils établissent une palissade et un fossé, font des redoutes, en petit nombre d'abord, puis avec l'arrivée des renforts en très grand nombre; ils construisent des retranchements sans parler des tours de bois *(turres)*, galeries couvertes qui protègent les colonnes d'approche *(vineae)* et tortues qu'on fait avancer jusqu'au pied des remparts et qui abritent des tirs plongeants les groupes d'assaut et les béliers. Les Romains se fortifient de manière à avoir deux lignes d'ouvrages défensifs, l'une face à la ville et aux sorties des assiégés, l'autre face à l'Etrurie barre la route aux renforts qui pourraient en venir. Ces immenses ouvrages encerclent la ville et la bloquent. Ses terres restent en friche; ses cultures sont dévastées par la guerre. Après une sortie victorieuse des assiégés, la nouvelle d'un échec devant Véies, fait triompher à Rome l'union des classes et redoubler d'énergie dans le siège de la place. Les Romains poussent une terrasse, pour attaquer de moins bas les murailles, jusqu'à la ville et amènent les baraques roulantes presque au contact des murs. Mais comme ils s'appliquent plus à faire les travaux le jour qu'à les garder la nuit, ouvrant soudain une porte de la ville, une foule immense, armée de torches, vient les incendier. En un moment, terrasse et baraques sont en même temps la proie des flammes et beaucoup d'hommes en se portant vainement à leur secours, périssent là par le fer et par le feu.

près de 400 malades périssent dans les flammes. Une grande partie des bagages abandonnés devient la proie des Bourguignons.[212]

L'incendie des lignes de défense est plus rapide qu'un assaut, mais le procédé n'est pas sans inconvénient. La ville peut brûler en même temps que les objectifs visés. Une traduction de Tite Live évoque ainsi l'incendie d'un camp par Camille. Les Volsques, saisis de panique quand ils apprennent qu'il dirige la campagne, s'enferment d'abord dans un retranchement, puis dans un abattis d'arbres continu pour l'empêcher de pénétrer jusqu'à leurs fortifications. Camille fait alors mettre le feu à l'abattis, il s'ouvre ainsi la route, comme le vent souffle fort et pousse les flammes en direction du camp, la chaleur, la fumée et les crépitements du bois vert en feu, facilitent sa progression. Bientôt il est moins dur d'entrer dans le camp en franchissant le retranchement garni de défenseurs que de passer la barrière de braises. Dans l'image (fig.16)[213] la ligne de pieux très aigus, plantés en terre avec des linteaux foncés et pointes dirigées vers l'extérieur, est en flamme. Au premier plan, les Romains les ont renversés et pénètrent dans l'espace vide où viennent mourir flèches et javelots avant les tentes et qui correspond à la rue militaire dans la forteresse médiévale.[214] De si graves inconvénients ne provoquent pas le retour à des fortifications de type germanique, ouvrages presque toujours humides et sur lesquels le feu a peu de prise, car ils sont trop long à mettre en place.

## C. L'insuffisance des dispositifs face à l'artillerie

Comme pour l'architecture de pierre, il convient de ne pas surestimer les conséquences sur ces structures du développement de l'artillerie à poudre au détriment des machines de siège traditionnelles mais aussi efficaces et longtemps plus répandues telles que les béliers voire les tours de siège.[215] L'évaluation de l'importance respective de ces différents engins est difficile dans la mesure où leurs interventions sont conjuguées. Les images tendent cependant à accorder la première place à l'artillerie à poudre.

1. Les fortifications permanentes améliorées par des ouvrages avancés, des chicanes, des barrages, les camps mieux défendus restent insuffisants face aux pro-

---

212 M. TODIERE, op. cit., p. 342.
213 Paris, B.N., ms. fr. 273, Tite Live, Livre VI, fol. 206 verso.
214 Les ennemis s'étant débandés avec de lourdes pertes, le dictateur, maître du camp, en permet le pillage.
215 Il existe deux types de machines, des machines d'artillerie sur le principe de la catapulte. Des engins destinés à démolir ou saper les murailles: béliers renforcés de fer, tours roulantes et *tortues* propres à abriter des archers et des sapeurs. La défense réagit en matelassant les murs comme pendant les croisades, en accablant les attaquants de traits, de pierre, de tout ce qui tombe sous la main et tente d'incendier les engins.

grès de l'artillerie lourde à boulet métallique.[216] Les moineaux dont Commynes donne la description dans les fossés du château de Plessis-les-Tours, qui sont des chambres de tir aménagées au bas des murs d'escarpe pour battre le fond des fossés à l'arbalète ou à l'arme à feu sont détruits au canon avant de franchir les fossés par l'assaillant. Signe des temps, l'artillerie parvient à mettre à mal les combattants abrités dans les dispositifs les plus importants, ainsi à Orléans. D'après les *Vigiles de Charles VII*,[217] en 1428, les Anglais qui assiègent la place[218] font de grandes bastilles qu'ils baptisent entre autres du nom de villes mais aussi des boulevards, des approches, afin qu'il n'y entre pas de secours. Ils lancent à partir de ces fortifications des escarmouches, presque tous les jours. Le comte de Salisbury, dans une bastille d'où il regarde la ville, aurait été tué d'un coup de canon. Dans l'image, qui simplifie à l'excès le texte (fig.17),[219] une palissade continue enveloppe la place, mais il est difficile d'en déterminer le tracé, la pointe d'une palissade court à droite de manière horizontale au milieu des Anglais, au premier plan une bastille quadrangulaire. A l'arrière, Salisbury est tué par un boulet. L'artillerie de gros calibre, qui est appuyée par celle de moyen calibre sur un affût à roues pour battre sans discontinuer les murs est installée à découvert. Les servants sont couverts par des

---

[216] A Castillon, 17 juillet 1453, le camp où s'enferme l'armée de Charles VII ne mesure que 600 m de front et 2 à 300 de profondeur, pour 6000 hommes. Les Français se tiennent sur la défensive et les Anglais attaquent impétueusement une position défendue par des palissades garnies d'une redoutable artillerie, en vain F. LOT, op. cit. II, p. 86 et MICHEL DE LOMBARES, Castillon, 17 juillet 1453, dernière bataille de la guerre de Cent ans, première victoire de l'artillerie, in: Revue historique des armées 1976, p. 7-31. Mais aussi MONIQUE SOMME, L'artillerie et la guerre de frontière dans le Nord de la France de 1477 à 1482, in: Publications du centre européen d'études bourguignonnes (XIV$^e$-XVI$^e$ s.) XXIV, Bâle 1986, p. 57-70; PHILIPPE CONTAMINE, Les industries de guerre dans la France de la Renaissance: l'exemple de l'artillerie, in: Revue historique 1984, p. 249-280; OLIVER F. G. HOGG, Artillery, Its origin, Heyday and Decline, Londres 1970; CHRISTOPHER DUFFY, Siege Warfare, The Fortress in the Early Modern World, 1494-1660, Londres 1979; JOHN R. HALE, The development of the Bastion, 1440-1534, in: JOHN R. HALE/ JOHN ROGER LOXDALE HIGHFIELD/BERYL SMALLEY, Europe in the Late Middle Age, Evanston 1965, p. 466-494.

[217] *Puis assiégèrent Orléans, / Les comtes de Sallebry, Suffort / Talbot et autres leurs gens, / Qui y travaillerent moult fort / Et là firent de grant bastilles / du costé de Beausse et Soulogne / Les nommans Londdres comme villes / Et choses d'excellentes besognes / L'en ne povoit par ce moyen / vivres en la ville chargier / Aller, passer, ne faire rien / Qu'on n'eust esté en leur dangier.* Après la journée des harengs les Anglais considèrent la ville gagnée. *Lors firent de grans escarmouches, / Sans cesser presque tous les jours, / Bastilles, bollevers, approuches, / Affin qu'il n'y entrast secours.*

[218] Sur quelques points particuliers: FRANCOISE MICHAUD-FREJAVILLE, Note sur l'enceinte médiévale d'Orléans. Vie et mort de la porte Bannier, in: Bulletin de la Société archéologique et historique de l'Orléanais n.s. LXXVI 1987, p. 8-16. JACQUES DEBAL Les fortifications et le pont d'Orléans au temps de Jeanne d'Arc. in: Dossiers de l'Archéologie XXXIV 1979, p. 77-92.

[219] Paris, B.N., ms. fr. 5054, op. cit., fol. 53. Pour apprécier les distorsions entre le texte et l'image de ce manuscrit et les événements cf. P. CONTAMINE, Observations sur le siège, p. 331-343, fondamental.

archers. Les assiégés ripostent avec, semble-t-il, une arme à feu portable. Rien ne permet d'évaluer la trop grande distance entre les bastilles et l'enceinte.

La mise en place de l'artillerie en batterie suffit à amener l'ennemi à composition.[220] Pour mettre en oeuvre des canons, il faut réaliser des plates-formes assez grandes et dont le sol est résistant. Les *Vigiles de la mort du roy Charles VII* de Martial d'Auvergne,[221] brossent à grands traits l'évolution des opérations à Bordeaux. Le siège est mis. Les Anglais se retirent dans la bastille qu'ils ont fait faire, mais *toutes voies au derrenier, quant virent la grant fortificacion et l'armée des Françoys* ils demandent à traiter. L'image (fig. 18)[222] évoque de manière très sommaire le site de la ville et la situation. Les canons français sont disposés sur le vaste espace libre qui leur est nécessaire, protégé à droite par une haie. Leur action est combinée avec celle des archers et des arbalétriers. Les bastilles françaises ne sont pas figurées. Un fossé profond entoure la ville. L'enlumineur montre les Anglais qui, du haut d'une palissade, couvrent de flèches les assaillants. La palissade, dont les barres transversales sont apparentes, a été édifiée par les Français pour bloquer la porte. Elle est plus basse que les courtines. Son utilisation par les Anglais montre que l'enlumineur la confond avec un de leurs ouvrages.

2. La résistance acharnée des plus déterminés est vaine. L'objectif est atteint rapidement et au moindre coût, grâce à des opérations combinées où procédés anciens et formules nouvelles se conjuguent ainsi dans le même manuscrit pour le siège de Caen. Le texte précise que le roi de France et le roi de Sicile séjournent d'abord une semaine dans une abbaye voisine, puis[223] tout à coup, prennent d'assaut le boulevard, qui est à la porte vers Bayeux. Les Anglais murent aussitôt la porte. Dunois fait alors donner l'assaut à tous les boulevards, qui sont pris. Une première image (fig.19, A)[224] évoque les deux rois et la disposition en batterie de l'artillerie française face à la porte, un des trois canons est protégé par un volet. Les fossés de

---

220 Le fait de rendre une ville avant qu'on lui ait tiré dessus et/ou qu'on l'ait attaqué est une faute. A la différence de la bataille ou il suffit de paraître bannière déployée pour que cela marque le début de la guerre, dans un siège, le signe de guerre ouverte est le fait que *tire canon ou engin gecter*.
221 *Puis fut mis le siège à Bordeaulx, / Au moins bastilles et approuches, / Preparatoires des assaulx*. Ce que l'image ne montre pas du tout. *Et y eut de grans escarmouches / Les Angloys si avoient fait faire / Une bastille près Lermont / Par où se povoient bien retraire / Et qui aux Françoys nuysoit mout*.
222 Paris, B.N., ms. fr. 5054, op. cit., fol. 235.
223 *Tout à coup et du premier sault / ... Le boullevert fut prins d'assault, / Dont eurent paour les ennemys / Ledit boullevert si estoit / A la porte devers Bayeulx/ Ou ainsi qu'on le conquestoit. Y eut faitz d'armes merveilleux / Quant ledit boullevert fut prins, / Les Angloys la porte murerent* Par crainte d'être surpris. Peu après l'arrivée du roi Dunois fit donner l'assaut à tous les boulevards *Mais leurs boullevers si perdirent, / et dura longuement l'assault / C'estoit belle chose de veoir / Les engins qui estoient là dressez*. Martial d'Auvergne vante aussi les mines dans les fossés et narre l'écroulement d'une forte tour et des murs du coté du connétable. Les Anglais demandent à traiter.
224 Paris, B.N., ms. fr. 5054, op. cit., fol.198.

la ville sont bien visibles. Les barres de la palissade sont apparents, elle est donc le fait des Français, ce qui est une erreur. Dans la deuxième image (fig. 19, B),[225] le roi fait donner les canons et les archers, à droite, couvrent l'échelade à partir du fossé. Les Anglais leurs jettent des pierres.[226] Leurs archers défendent la porte de la ville, bloquée par une palissade. Les vantaux sont fermés, une passerelle ou un pont-levis est relevée en partie. Les boulets de bonne taille sont en pierre.

3. La longueur de la résistance ne fait qu'aggraver les destructions. Très tôt, les défenseurs ont su obturer une brèche ou la prévenir en entassant de la terre en arrière du point menacé et consolider de retranchements avec des pieux et des pièces de bois, travail rapide désigné par le terme remparer.[227] Quand les bouches à feu ouvrirent des brèches plus vite, pour remparer furent utiliser des paniers, des tonneaux, des arbres. Pour permettre une riposte des défenseurs, il faut remparer haut pour que les pièces tirent au-dessus des courtines. Mais les assaillants savent déjà établir des massifs de terre d'où l'on peut tirer de plein fouet sur les parties hautes des courtines et les tours.[228] Avec les boulevards, on procède à des remblayages devant les remparts pour obtenir des emplacements d'artillerie. Dans les enluminures, ces éléments se distinguent mal du relief du site représenté. De même les tours à canon, comme à Sedan ou à Nantes, ne se différencient pas des autres. Surtout les solutions anciennes prévalent avec des aménagements de fortune comme l'atteste l'illustration du siège et de la prise de Sagonte. L'image (fig. 20)[229] résume de gauche à droite les événements et simplifie. Hannibal attaque la ville sur trois côtés. Il fait construire une tour gigantesque, à l'angle du mur qui donne sur une vallée plus ouverte que tout ce qui se trouve alentour.[230] Elle n'a pas de créneaux, ni

---

225 Paris, B.N., ms. fr. 5054, op. cit., fol.199.
226 D'après Thomas Basin, au siège de Caen, en 1450, la garnison fait pourtant pleuvoir bombardelles ou canons à queue et autres traits. Des chevalets comme dès 1432-1433, à Lucheux sont disposés en haut des remparts pour utiliser des tubes semblables. P. ROCOLLE, op. cit. I, p. 147.
227 L'opération est réalisée à Paris, en 1357, P. ROCOLLE, op. cit. I, p. 171.
228 En 1475, à Neuss, Charles le Téméraire utilise le procédé.
229 Paris, B.N., ms. fr. 366, S. MAMEROT, *Romuleon*, Livre XXI, fol. 2 verso.
230 Il décide de pousser contre lui des baraques, qui permettent d'approcher un bélier des fortifications. Mais si, loin du mur, on rencontre un terrain assez plat pour pousser, en revanche l'exécution est ensuite un échec. Une tour gigantesque domine les lieux et le rempart est renforcé et surélevé par rapport à tous les autres points, en outre de jeunes soldats d'élite opposent une vive résistance. Ils ne laissent pas en sécurité ceux qui font des travaux de siège, ils ont aussi l'audace de faire des sorties contre les postes et les ouvrages des ennemis. Hannibal en s'approchant imprudemment du rempart est frappé d'un javelot à la cuisse d'où un moment de panique dans le camp carthaginois. Pendant quelques jours, la place est soumise à un blocus, mais la préparation des ouvrages et des travaux de siège n'est pas interrompue pour autant. De plusieurs côtés, bien que certains emplacements permettent à peine d'accomplir les travaux de siège, on commence à pousser des baraques et à faire avancer des béliers. Les assiégés n'arrivent plus à veiller à tout face à 150 000 hommes. Les murailles sont frappées par les béliers et, sur plusieurs sections, sont ébranlées, sur l'une d'entre elles où les ruines s'accumulent, la ville se trouve à découvert. Trois

de mâchicoulis, trop sensibles aux tirs des canons. Trois échelles sont dressées à partir du fossé contre les murailles. Les hommes progressent couverts par les archers. Les défenseurs opposent une résistance si vive qu'Hannibal en armure or, le premier sur l'échelle, est frappé d'un javelot à la cuisse. Dans la petite vignette carrée, en bas à droite, il est alité et en train de se faire soigner. Les ouvrages et les travaux de siège ne sont pas interrompus pour autant. Sur le boulevard, dont on aperçoit les poutres qui soutiennent la terre, quatre canons sur des affûts à roues avec leur vingtaine de boulets sont disposés en batterie. La tour de la ville qui est battue par le feu est si endommagée qu'elle a été abandonnée par les défenseurs et semble près de s'écrouler. Le pan de courtine qu'elle commande est ébranlée.[231] Mais les Sagontins ont remplacé le haut de la muraille par une série de palis, disposés tantôt serrés tantôt avec un intervalle permettant de les utiliser comme meurtrières.[232] La hâte avec laquelle les travaux ont été conduits explique que les planches n'ont pas été taillées en pointe. L'image laisse même deviner la suite. Malgré l'écroulement de l'enceinte et l'entrée des Carthaginois dans la ville, les Sagontins continuent le combat et élèvent un mur intérieur à partir du secteur de la ville qui n'a pas encore été pris, le bâtiment blanc couronné d'un palissade. Malgré leur farouche détermination la citadelle tombe.

---

tours se suivent et tout ce qu'il y a de murailles entre elles s'écroulent dans un énorme fracas. Les Sagontins font alors un rempart de leur corps. Longtemps le combat est indécis, les gens de la ville poussent une clameur et bousculent l'ennemi jusque dans les ruines du rempart, puis ils le chassent et le ramènent en déroute jusqu'à son camp. Hannibal accorde alors quelques jours de repos à ses hommes, des postes assurent la garde des baraques et autres ouvrages. Pendant ce temps, les Sagontins nuit et jour travaillent sans relâche à construire un nouveau rempart du côté où la ville n'est plus protégée, en raison des écroulements. Les assauts reprennent ensuite plus terribles. Hannibal en personne assiste au déplacement d'une tour mobile qui surplombe toutes les fortifications. L'approche de cette tour à tous les étages de laquelle des catapultes et des balistes sont disposées, vide les remparts de leurs défenseurs. Hannibal envoie 500 Africains avec des pics saper la base des remparts. Le rempart s'écroule, par les brèches des colonnes d'hommes armés pénètrent dans la ville. Ils s'emparent d'une éminence où ils transportent des catapultes et des balistes: ils disposent ainsi d'un fortin, véritable citadelle en hauteur qu'ils entourent d'un mur. Les Sagontins élèvent eux-aussi un mur intérieur à partir du secteur de la ville qui n'a pas encore été pris. Mais en protégeant le centre les Sagontins réduisent de jour en jour l'étendue de leur ville, en même temps s'accroît la pénurie générale du fait du siège. Une partie de la citadelle est bientôt prise, puis la ville. Connaissant l'ordre d'Hannibal de tuer tous les adultes, ils préfèrent faire s'écrouler sur eux leurs maisons en y mettant le feu ou se battre les armes à la main jusqu'à la mort.

231 L'image évoque bien un assaut par vagues. Le troisième est le plus fort et correspond à une concentration de l'artillerie.
232 A Rouen, à plusieurs reprises avant l'occupation anglaise, à Harfleur en 1465 et 1478, des palis bouchent les brèches, P. LARDIN, La place du bois, p. 182.

# Conclusion

Au fond, les représentations des manuscrits enluminés sont de trois types:
- Des images qui ne donnent pas à ces dispositifs le premier rôle montrent a contrario qu'ils sont bien adaptés aux conditions financières, humaines et techniques du moment: mobilité, légèreté, variété des structures simples, rapidité de la mise en place, facilité de l'entretien et moindre coût. Leur présence attendue et familière les rend en quelque sorte indispensable au décor, sans qu'il soit nécessaire d'insister. Ils n'interviennent pas dans le déroulement de la scène. Certains ne sont qu'esquissés.
- Une deuxième catégorie d'images fait la part belle aux fortifications de campagne et aux défenses annexes quand elles sont nécessaires à l'action dans les batailles ou dans les sièges ou quand elles ont une valeur symbolique forte. Elles témoignent de leur diversité. Les unes maladroites sont décevantes. Les autres donnent aux ouvrages décrits un fini qui n'est peut-être pas représentatif. Une telle qualité laisse supposer que ces dispositifs font l'objet de préparatifs minutieux, d'une réflexion concertée et d'une attention vigilante. Cette vision optimiste confirme qu'ils sont sans doute jugés suffisants par des lecteurs avertis de ces questions.
- Enfin, la description par les enlumineurs d'ouvrages qu'ils peuvent n'avoir jamais vus, parce qu'ils n'ont pas d'équivalents médiévaux ou que leur coût exorbitant les rend exceptionnel, est sans surprise très politique. Elle rassemble les meilleurs équipements existants et tente d'expliquer les avantages des dernières innovations dans l'art de la guerre (bastilles, boulevards). Le "recouvrement" de la Normandie et de la Guyenne par Charles VII et la "reconstitution" des camps romains, entreprises spectaculaires qui fascinent, proposent ainsi des modèles à suivre à la portée seulement des princes et des états les plus puissants.

Les images doivent donc être utilisées avec précautions, elles livrent une vision déformée des fortifications de campagne et des défenses annexes et de leur histoire. Elles ne sont pas cependant tout à fait sans mérites. Elles rappellent l'ingéniosité de certains dispositifs bien observés et attestent l'intérêt des contemporains pour des structures utiles au moindre trouble et à titre préventif[233] et qui par leur qualité, le choix de leur emplacement révèlent une grande maîtrise mais peu de moyens. Elles prouvent que les avantages des dernières innovations ne sont pas tous perçus faute pour les enlumineurs et leur public, pourtant composé de professionnels de la guerre, d'en comprendre les arrière-plans théoriques. Ainsi se comprend mieux la lenteur de la diffusion des nouveautés et le choix délibéré de formules anciennes

---

233 Elles sont en particulier précieuses pour éviter le pillage de la soldatesque. P. CONTAMINE, Les compagnies d'aventure en France pendant la guerre de Cent ans. in: La France au XIV$^e$ s. et XV$^e$ s., p. 365-396, Essay VII).

sur des forteresses pourtant prestigieuses et tout récemment construites. Les images offrent enfin un témoignage appréciable sur la prise de conscience du rôle des ouvrages extérieurs et sur la très longue phase de transition qui précède le passage à la fortification bastionnée.

## Annexe: Liste des manuscrits cités

Besançon, B.M. ms. 865, fol. 239.
Bruxelles, B.R., ms. 9007, fol. 81.
Bruxelles, B.R., ms. 9067, fol. 138.
Bruxelles, B.R., ms. 9242, fol. 205 verso, 291.
Bruxelles B.R., ms. 9243 fol. 30 verso, 252.
Bruxelles B.R., ms. 9342, fol. 205 verso.
Bruxellles B.R., ms. 15001, fol. 176 verso.
Chantilly, Musée Condé, ms. 65, fol. 3 verso, 51 verso, 82, 90 verso, 133 verso, 150, 161 verso.
Paris, Arsenal 630, fol. 26.
Paris, Arsenal 3141, fol. 289 verso.
Paris, B.N., ms. fr. 1, fol. 139, 288 verso.
Paris, B.N, ms. fr. 30, fol. 221.
Paris, B.N, ms. fr. 33, fol. 77 verso, 120 verso a, 160 verso, 283 verso a.
Paris, B.N., ms. fr. 39 fol. 238 verso.
Paris, B.N., ms. fr. 53, fol. 38 verso, 44 verso, 145 verso, 174 verso.
Paris, B.N., ms. fr. 54, fol. 12 verso, 13 verso, 56 verso, 149, 298.
Paris, B.N., ms. fr. 64, fol. 84, 135, 162 verso a, 306 b, 310, 313 b, 355 b, 356 b, 407, 411 b, 411 verso b.
Paris, B.N., ms. fr. 68, fol. 182
Paris, B.N., ms. fr. 188, fol. 29.
Paris, B.N., mss. fr. 246, fol. 204 b, 293 verso.
Paris, B.N., ms. fr. 249, fol. 237.
Paris, B.N., ms. fr. 250, fol. 162 a.
Paris, B.N., ms. fr. 257, fol. 1, 73, 171.
Paris, B.N., ms. fr. 273, fol. 73, 206 verso, 265 verso, 329 verso.
Paris, B.N., ms. fr. 274 fol. 32 verso, 210, 273 verso, 291 verso.
Paris, B.N., ms. fr. 301, fol. 211.
Paris, B.N., ms. fr. 352, fol. 61, 62.
Paris, B.N., ms. fr. 364, fol. 105 verso, 123, 183, 191, 210, 213 verso, 229, 232, 308 verso.
Paris, B.N., ms. fr. 365, fol. 2

Paris, B.N., ms. fr. 366, fol. 2 verso, 17 verso, 19 verso, 70, 83 verso, 91 verso, 112, 116.
Paris, B.N., ms. fr. 1386, fol. 103 verso, 123 verso, 136.
Paris, B.N., ms. fr. 2643, fol. 60, 97 verso, 406.
Paris, B.N., ms. fr. 2645, fol. 1.
Paris, B.N., ms. fr. 2691, fol. 121.
Paris, B.N., ms. fr. 2810, fol. 258.
Paris, B.N., ms. fr. 5054, fol. 53, 54 verso, 57 verso, 78 verso, 90 verso, 97 verso, 107, 116, 124 verso, 132, 135 a, 186, 195, 198, 199, 205, 211. verso, 212, 213, 213 verso, 229 verso, 235, 241 verso.
Paris, B.N., ms. fr. 8266, fol. 281, 344 verso.
Paris, B.N., ms. fr. 9081, fol. 77.
Paris, B.N., ms. fr. 9087, fol. 207 verso.
Paris, B.N., ms. fr. 9342, fol. 108, 120, 135.
Paris, B.N., ms. fr. 12424, fol. 78 verso.
Paris, B.N., ms. fr. 12550, fol. 4 verso.
Paris, B.N., ms. fr. 14969 fol. 60 verso.
Paris, B.N., ms. fr. 14970, fol. 26 verso a.
Paris, B.N., ms. fr. 15213, fol. 92 verso b.
Paris. B.N., ms. fr. 20071, fol. 72 c, 90, 101, 103 c.
Paris, B.N., ms. fr. 20125, fol. 235, 260.
Paris, B.N., ms. fr. 20362, fol. 16 verso.
Paris, B.N., ms. fr. 22297, fol. 369.
Paris, B.N., ms. fr. 22457, fol. 69.
Paris, B.N., ms. fr. 22495, fol. 69 verso b.
Paris, B.N., ms. fr. 22532, fol. 300.
Paris, B.N., ms. fr. 22547, fol. 60, 69, 192, 194, 217.
Paris, B.N., ms. fr. 22552, fol. 37 verso.
Paris. B.N., ms. fr. 24364, fol. 27 verso b, 46 verso a.
Paris. B.N., ms. n. a. fr. 24920, fol. 13.
Paris, B.N., ms. lat. 6 vol. III, fol. 144 verso, 145.
Paris, B.N., ms. lat. 511, fol. 25.
Paris, B.N., ms. lat. 512, fol. 26.
Paris, B.N., ms. lat. 3630, fol. 77.
Paris, B.N., ms. lat. 7236, fol; 128 verso.
Paris, B.N., ms. lat. 14429, fol. 115.
Paris, B.N., ms. lat. 17873, fol. 35.
Paris, Musée du Petit Palais, coll. Dutuit, ms. 456,, fol. 46 verso, 276.
Saint-Petersbourg, Erm fr. 88, fol. 39.
Saint Petersbourg, B.N. de Russie (?), lat. Q. V, XVII 2, fol. 74 verso, 89.
Vienne, Österr. nat. Bibl., codex 2549, fol. 12 verso, 16 verso, 108 verso, 141, 162.

## Zusammenfassung

Der vorliegende Beitrag betrachtet das Phänomen Krieg vor dem Hintergrund zeitgenössischer kultureller Vorstellungen, am Beispiel einer Analyse von Kriegsdarstellungen durch zeitgenössische Künstler. Im Zentrum der Untersuchung stehen Illustrationen aus dem 14. und 15. Jahrhundert, die eine Fülle verschiedener Arten von Befestigungsanlagen zeigen. Diese können - nach Meinung der Autorin - nicht isoliert betrachtet werden; vielmehr ist die - komplexe und oft mehrdeutige - Beziehung zwischen dem Text und der zugehörigen Illustration von großer Wichtigkeit für ein adäquates Verständnis dessen, wie zeitgenössische Künstler und deren Mäzene das Wesen angefügter Befestigungswerke, um die es in der Analyse des Autors geht, darzustellen suchten. Die Frage, in welchem Maße - wenn überhaupt - diese Illustrationen ein realistisches Abbild der dargestellten Befestigungsanlagen geben, ist äußerst schwer zu beantworten. Generell ist davon auszugehen, daß es sich bei ihnen weder um eine wirklichkeitsgetreue Wiedergabe noch um reine künstlerische Phantasieprodukte handelt. Als ähnlich uneindeutig muß das Verhältnis zwischen Text und Illustration bewertet werden. Illustrationen müssen sich nicht notwendigerweise auf den begleitenden Text beziehen, vielmehr ist ihre Funktion zum einen rein ästhetischer Natur; andererseits kann aber auch mitunter das bewußte Bemühen des Künstlers erkannt werden, technische Neuerungen so naturgetreu wie möglich darzustellen. Auch vom kulturellen Hintergrund und den Intentionen von Künstler und Mäzen hängt die Art der Darstellung mittelalterlicher Belagerungstechnik ab. Aus diesem Grund haben wir es immer nur mit einer *vision déformée* zu tun.

## Summary

This essay views war in terms of contemporary culture, more specifically in terms of contemporary artists and how they represented war through their illuminations. The illuminations dating from the 14th and 15th centuries and depicting various different kinds of fortified structures are at the centre of historical analysis. They cannot be studied in isolation, however. The complex, often ambiguous relationship between the illuminations and the texts accompanying them is extremly important for an understanding of how contemporary artists and their patrons sought to represent the kind of additional fortifications which are the focus of Raynaud's analysis. The question to what extent, if at all, these illuminations give a realist impression of what these fortifications were like, is extremly difficult to answer. In general, they are neither a direct representation of some authentic fortifications, nor pure products of the artist's imagination. The relationship between text and illumination is similarly ambiguous. The illumination need not necessarily refer to the text at all. Thus, it may have a purely aesthetic function on the one hand, whereas on the other, there are instances in which the illuminations give evidence of an artist's conscious effort to depict some technical innovation as realistically as possible. The way in which these illuminations seek to represent the reality of medieval siege warfare also depends both on the artists' and their patrons' cultural formation and their respective intentions. So, what we get is always a *vision déformée*.

# Marcus Popplow

# Militärtechnische Bildkataloge des Spätmittelalters

Dramatisierende Szenen des Schlachtengetümmels repräsentieren in historischen Filmen oder Romanen das typische Bild des Krieges im Mittelalter. Auch auf zeitgenössischen Abbildungen sind sie häufig vertreten (Abb. 1). Erscheint Kriegstechnik dort vor allem in Form einer breiten Palette von Handwaffen, kam darüberhinaus im Belagerungskrieg - neben der Schlacht im offenen Feld die gängigste Variante der Kriegsführung im Mittelalter - eine besondere Art militärischer Großtechnik zum Einsatz: Sturmleitern, Rammböcke, Belagerungstürme, Schutzhütten und Steinschleudern (Abb. 2).[1] Planung und Organisation der Errichtung solcher Anlagen lagen in den Händen technischer Spezialisten, die man in den romanischen Sprachen schon seit dem 11. Jahrhundert mit Wortformen bezeichnete, die von lat. *ingenium* (Geist, Scharfsinn) abgeleitet waren.[2] Diese "Ingenieure" waren darüberhinaus auch zuständig für Hilfsmittel zur Behebung von Transportproblemen auf dem Heerzug oder verschiedenste Kriegslisten, die technisches Wissen erforderten. Damit nahmen sie eine Zwischenstellung zwischen den jeweiligen Befehlshabern und den ausführenden Handwerkern ein. Für einzelne Feldzüge verpflichtet, fanden sie in Friedenszeiten ihr Auskommen in ihren erlernten, in der Regel ebenfalls handwerklichen Berufen.

Im Umfeld solcher militärtechnischen Experten entstand im 15. Jahrhundert, einer Zeit tiefgreifender Umbrüche der Kriegführung, ein eigenständiges militärtechnisches Schrifttum. Einige Jahrzehnte nach der Einführung des Schießpulvers im Europa des frühen 14. Jahrhunderts kamen Feuerwaffen im Zuge sinkender

---

[1] VOLKER SCHMIDTCHEN, Militärische Technik zwischen Tradition und Innovation am Beispiel des Antwerks. Ein Beitrag zur Geschichte des mittelalterlichen Kriegswesens, in: Gelêrter der arzenîe, ouch apotêker. Beiträge zur Wissenschaftsgeschichte, GUNDOLF KEIL (Hg.), FS Willem F. Daems zum 70. Geburtstag (=Würzburger medizinhistorische Forschungen XXIV), Pattensen 1982, 91-195.

[2] HANS SCHIMANK, Das Wort "Ingenieur". Abkunft und Begriffswandel, in: Zeitschrift des Vereins deutscher Ingenieure LXXXIII 1939, 325-331. HÉLÈNE VÉRIN, Le mot: ingénieur, in: Culture Technique XII 1984, 18-27. Eine zusammenfassende Untersuchung zum Tätigkeitsfeld dieser technischen Experten, ihrer sozialen Stellung und die für ihre Arbeit relevanten Wissensformen auf der Basis urkundlicher Quellen steht noch aus.

Salpeterpreise und der zunehmenden technischen Zuverlässigkeit der Geschütze mehr und mehr in Gebrauch.[3] Für gut hundert Jahre, etwa zwischen 1400 und 1530, verschoben sich im Belagerungskrieg die Chancen zugunsten der Angreifer, die von den Schwächen mittelalterlicher Befestigungen gegenüber diesem neuen Waffensystem profitierten. Erst die Übernahme neuartiger, geometrisch angelegter Festungsanlagen nach italienischem Vorbild stellte im 16. Jahrhundert die alten Standortvorteile der Belagerten wieder her. Gerade in dieser Übergangssituation, in der althergebrachtes Wissen um den Belagerungskrieg brüchig wurde, scheint insbesondere an den spätmittelalterlichen Höfen das Interesse an militärtechnischen Fragen stark angestiegen zu sein. Nicht zuletzt im Hinblick auf dieses Publikum formierten sich neue Traditionen militärtechnischen Schrifttums.[4] Neben den stärker praxisorientierten sogenannten Büchsenmeisterbüchern, die zuletzt Gegenstand gründlicher Untersuchungen waren und im folgenden nicht näher behandelt werden,[5] handelt es sich dabei insbesondere um repräsentative Bildkataloge kriegstechnischer Entwürfe. Letztere beanspruchen schon deshalb mehr als rein technikhistorisches Interesse, als sie nicht der Instruktion anderer technischer Experten dienten, sondern sich an hochstehende Laien wandten. Ihnen präsentierten sie in

---

3   Vgl. VOLKER SCHMIDTCHEN, Kriegswesen im späten Mittelalter: Technik, Taktik, Theorie, Weinheim 1990, BERT S. HALL, Weapons and Warfare in Renaissance Europe. Gunpowder, Technology and Tactics, Baltimore/London 1997. Vgl. auch RAINER LENG, 'getruwelich dienen mit Buchsenwerk'. Ein neuer Beruf im späten Mittelalter: Die Büchsenmeister, in: Strukturen der Gesellschaft im Mittelalter. Interdisziplinäre Mediävistik in Würzburg. DIETER RÖDEL/JOACHIM SCHNEIDER (Hg.), Wiesbaden 1996, 302-321. Vgl. zu technischem Wandel im Mittelalter im Überblick DIETER HÄGERMANN, Technik im frühen Mittelalter zwischen 500 und 1000, in: DERS./HELMUTH SCHNEIDER, Landbau und Handwerk 750 v.Chr. bis 1000 n.Chr. (= Propyläen-Technikgeschichte I), Frankfurt/Berlin 1991, 317-508; KARL-HEINZ LUDWIG,Technik im Hohen Mittelalter zwischen 1000 und 1350/1400 (= Propyläen-Technikgeschichte II), in: DERS./VOLKER SCHMIDTCHEN, Metalle und Macht, Berlin 1992, 1-204, sowie UTA LINDGREN (Hg.), Europäische Technik im Mittelalter: 800-1400, Tradition und Innovation, Berlin 1996.

4   Vgl. im Überblick EBERHARD KNOBLOCH, Übergang zur Renaissance: Deutsche Tradition, in: U. LINDGREN (Hg.), Europäische Technik, 569-582. Zu dem "Verschriftlichungsprozeß" auf dem Gebiet der spätmittelalterlichen Militärtechnik THERESIA BERG/UDO FRIEDRICH, Wissenstradierung in spätmittelalterlichen Schriften zur Kriegskunst: Der "Bellifortis" des Konrad Kyeser und das anonyme "Feuerwerkbuch", in: JAN-DIRK MÜLLER (Hg.), Wissen für den Hof: der spätmittelalterliche Verschriftlichungsprozeß am Beispiel Heidelberg im 15. Jahrhundert, München 1994, 169-232.

5   RAINER LENG, Kriegstechnische und -taktische Bilderhandschriften und Traktate im 15. und 16. Jahrhundert I: Entstehung und Entwicklung; II: Beschreibung der Handschriften, Habilitationsschrift Universität Würzburg 2000; DERS., Franz Helm und sein 'Buch von den probierten Künsten'. Ein Büchsenmeisterbuch in massenhafter handschriftlicher Verbreitung in der Zeit des Buchdrucks (Imagines medii aevi), Wiesbaden 2000 (im Druck); ders., "Anleitung Schießpulver zu bereiten, Büchsen zu laden und zu beschießen". Eine kriegstechnische Bilderhandschrift im cgm 600 der Bayerischen Staatsbibliothek München. Faksimile und Kommentar, Wiesbaden 2000 (im Druck).

vergleichsweise leicht verständlicher Form Abbildungen militärtechnischer Entwürfe, die häufig von erläuternden Texten begleitet wurden. Im kollektiven visuellen Gedächtnis des Mittelalters existierten solche Anlagen ansonsten, wie andere ausgefallenere technische Objekte auch, höchstens in sehr unscharfen Zügen. Bildliche Darstellungen von größerem Belagerungsgerät, beispielsweise in der Buchmalerei, waren vor dem 15. Jahrhundert selten und meist eher schematisch.[6] Während Handwaffen in jedem Zeughaus betrachtet werden konnten, waren größere Vorrichtungen dort nur in zerlegter Form zu sehen, falls sie nicht ohnehin erst im Kriegsfall vor Ort hergestellt wurden. Die militärtechnischen Bildkataloge widmeten sich nun ganz solchen Anlagen, deren Darstellung im Vergleich zu traditionellen Schlachtszenen weitgehend vom Kriegsgeschehen gereinigt blieb. Menschen tauchen zumeist nur als Bedienungspersonal auf, die Darstellung von Leid und Tod entfällt. Mit diesen Merkmalen kommt diesen Bildkatalogen im Hinblick auf die Ikonographie des Krieges im Spätmittelalter eine spezifische Sonderstellung zwischen den bekannteren "Bildern des Krieges" und "Bildern des Friedens" zu.[7] Gehörten sie zu ihrer Zeit zu kriegsvorbereitenden Maßnahmen im weiten Sinne, sind sie aus heutiger Perspektive ein eindrückliches Beispiel der Art und Weise gesellschaftlicher Vermittlung militärtechnischen Wissens im Spätmittelalter. Auf diesen, bislang in der Forschung nicht systematisch behandelten Aspekt konzentriert sich der folgende Überblick.

In der kunst- und wissenschaftshistorischen Forschung haben kriegstechnische Bilderhandschriften des Spätmittelalters generell bislang wenig Beachtung erfahren, sie sind hauptsächlich von Seiten der Technikgeschichte mit Hinblick auf ihren Informationsgehalt zum Stand der spätmittelalterlichen Militärtechnik ausgewertet worden.[8] Unterhaltsame Elemente oder offensichtlich unpraktikable Entwürfe unter dieser Interessenlage als Störfaktoren anzusehen, die den Blick auf die technische Realität verstellen, erschwert jedoch die Einschätzung der Intentionen der Autoren und damit auch die Beurteilung des tatsächlichen Informationsgehaltes der gezeigten Entwürfe. Der kanadische Technikhistoriker Bert S. Hall hat so zu Recht davor gewarnt, diese Manuskripte als Ausdruck einer typisch vormodernen Haltung zu werten, die "noch nicht" wissenschaftlichen Maßstäben der Neuzeit genüge - dieser Vorwurf gehe schon mit Hinblick auf die intendierten Adressaten ins Leere, schließlich habe das technische Schrifttum des Mittelalters häufig nicht der Instruktion anderer Spezialisten gedient, sondern sich nach außen

---

6 Vgl. EBERHARD KNOBLOCH, Technische Zeichnungen, in: U. LINDGREN (Hg.), Europäische Technik, 45-64.
7 Vgl. KLAUS ARNOLD, Bilder des Krieges - Bilder des Friedens, in: JOHANNES FRIED (Hg.), Träger und Instrumentarien des Friedens im hohen und späten Mittelalter (= VuF XLIII), Sigmaringen 1996, 561-586.
8 Vgl. als erste grundlegende Synthese Bertrand Gille, Ingenieure der Renaissance, Wien/Düsseldorf 1968.

an ein breiteres, fachfremdes Publikum gerichtet.[9] So konnten auch militärtechnische Bildkataloge der Unterhaltung oder der allgemeinen Wissensvermittlung ebenso dienen wie der Eigenwerbung technischer Experten oder dem Nachweis der Gelehrsamkeit ihrer Auftraggeber. Ein Anlaß, detaillierte Informationen über das technische Wissen der Praktiker preiszugeben, bestand damit nicht.

Etwas anders stellt sich die Situation für die Büchsenmeister- bzw. Feuerwerkbücher dar, die sich den komplexen Verfahren der Herstellung und Anwendung des Schießpulvers widmeten. Dieses Spezialwissen wurde im 15. Jahrhundert in der Tradition mittelalterlicher Rezeptbücher zunehmend schriftlich niedergelegt. In den entsprechenden Traktaken dienten Texte weniger der erläuternden Beschreibung von Zeichnungen technischer Objekte, sondern eher als Gedächtnisstütze für komplexe technische Zusammenhänge. Im Zentrum der hier zu untersuchenden Bildkataloge stand hingegen die konzentrierte visuelle Präsentation technischer Entwürfe. Allerdings sind auch eine Reihe illustrierter Büchsenmeisterbücher überliefert, die stärker repräsentativen Zwecken dienten.[10] Im Hinblick auf diese läßt sich keine eindeutige Grenzlinie zu den hier behandelten Bildkatalogen ziehen.

## Vorläufer und erste Beispiele

Schriftliche Informationen über den Einsatz von Belagerungsgerät waren das ganze Mittelalter hindurch, mehr oder weniger detailliert, der Chronistik zu entnehmen. Wesentlich seltener waren Texte, die nicht über bereits stattgefundene Kriege berichteten, sondern versuchten, entsprechende Erfahrungen zu verallgemeinern und damit auch für künftige Kriege nutzbar zu machen. Die für das Mittelalter wichtigste Schrift dieser Art waren die "Epitoma rei militaris" von Flavius Renatus Vegetius, eine im 4. Jh. nach Christus niedergelegte Zusammenfassung des spätantiken Militärwesens. Vegetius behandelte zwar auch die antike Militärtechnik wie Rammböcke, Sturmleitern, Hebezeug oder Wurfgeschütze, im großen und ganzen konzentrierte er sich jedoch auf Fragen der Kriegskunst, also taktische, strategische und logistische Erwägungen. Entsprechend großes Interesse fand sein Traktat, über zweihundert mittelalterliche Kopien seiner Schrift haben sich erhalten. Allerdings diente Vegetius in den meisten Fällen wohl eher zu Bildungs-

---

9 Vgl. zu dieser Einschätzung BERT S. HALL, Production et diffusion de certains traités techniques au moyen âge, in: GUY H. ALLARD/SERGE LUSIGNAN (Hg.), Les arts mécaniques au moyen âge (= Cahiers d'études médiévales VII), Montréal/Paris 1982, 147-170 sowie DERS., Editing Texts in the History of Early Technology, in: TREVOR H. LEVERE (Hg.), Editing Texts in the History of Science and Medicine, New York/London 1982, 69-100.
10 Vgl. R. LENG, Bilderhandschriften und Traktate I, zu einem Einzelbeispiel GIULIO GRASSI, Ein Kompendium spätmittelalterlicher Kriegstechnik aus einer Handschriftenmanufaktur (ZBZ, Ms. Rh. hist. 33b), in: Technikgeschichte LXIII 1996, 195-217.

zwecken, und nicht als praktischer Ratgeber. Sein Werk wurde ohne begleitende Abbildungen überliefert und erst für die frühen Druckfassungen illustriert.[11]

Im 13. Jahrhundert fanden allgemeine Überlegungen zum Kriegswesen Eingang in die sogenannten Fürstenspiegel, die heranwachsende Herrscherpersönlichkeiten unterrichten und auf ihre Regentschaft vorbereiten sollten. Zwei italienische Autoren, die um 1300 detailliert notwendige Vorbereitungen im Vorfeld eines Kreuzzuges schildern, Aegidius Colonna und Marinus Sanutus, beschreiben dabei recht ausführlich die Herstellung großer Gegengewichtsschleudern (auch Tribock oder Blide genannt), der auffälligsten Innovation der mittelalterlichen Belagerungstechnik (vgl. unten Abb. 4).[12] Ihre Handschriften waren allerdings ebenfalls nicht von Abbildungen begleitet.[13]

Kreuzzüge stellten hohe Anforderungen an die vorbereitende Organisation. Dies gilt insbesondere im Hinblick auf Belagerungsgerät, dessen Einsatz im heiligen Land häufig belegt ist, obwohl seine Errichtung vor Ort aufgrund der Holzknappheit besondere Probleme aufwarf. Waren es gerade Aktivitäten zur Vorbereitung von Kreuzzügen, die neuartige Bedingungen schufen, unter denen eine visuelle Präsentation militärtechnischer Anlagen vor einem breiteren höfischen Publikum lohnend wurde? Auch wenn derartige Vorarbeiten generell für jeden größeren Heerzug notwendig waren, ist zumindest auffällig, daß eine Reihe der frühen Quellen zur mittelalterlichen Militärtechnik im Vorfeld von Kreuzzügen entstand. Dies gilt nicht nur für Aegidius Colonna, Marino Sanudo und Guido da Vigevano, auf dessen Bilderhandschrift unten noch eingegangen wird. Bereits ein Dokument von 1268, das eine mögliche Indienststellung eines militärtechnischen Spezialisten im Rahmen der Vorbereitungen des achten Kreuzzuges durch Ludwig den Heiligen behandelt, vermittelt dessen Wunsch, Alphonse de Poitiers, dem Bruder Ludwigs, "einige seiner Anlagen zu zeigen" - vermutlich wurde hier ebenfalls auf einen solchen Bildkatalog Bezug genommen.[14]

---

11  Vgl. CHARLES R. SHRADER, A handlist of extant manuscripts containing the *de re militari* of Flavius Vegetius Renatus, in: Scriptorium XXXIII 1979, 280-305; JOSETTE A. WISMAN, L'*Epitoma rei militaris* de Végèce et sa fortune au Moyen Age, in: Le Moyen Age LXXXV 1979, 1-31.

12  Die größten dieser Gegengewichtswurfgeschütze konnten Gewichte etwa bis zur Größe eines Eselskadavers werfen. Bei leichteren Steinen wurden Entfernungen von bis zu 450 Metern erreicht. Diese Schleudern dienten der Terrorisierung der Belagerten durch die Zerstörung von weniger geschützten Gebäuden hinter den Festungsmauern, dem Werfen von Brandsätzen oder - durch das Schleudern von Fäkalien oder Kadavern - der Verbreitung von Krankheiten. Vgl. PETER VEMMING HANSEN, Experimental Reconstruction of a Medieval Trebuchet, in: Acta Archaeologica LXIII 1992, 189-209, zuletzt ausführlich MARK FEUERLE, Das Hebelwurfgeschütz. Eine technische Innovation des Mittelalters, unveröff. Magisterarbeit Universität Bremen 1998.

13  Vgl. zu den entsprechenden Textstellen RUDOLF SCHNEIDER, Die Artillerie des Mittelalters, Berlin 1910.

14  Nach BERTRAND GILLE war hier eindeutig von einem derartigen Manuskript die Rede, vgl. DERS., Ingenieure, 47-48, ein solches wird allerdings in dem Urkundentext nicht explizit genannt: *Cum*

Bereits in der Spätantike hatten solche illustrierten Manuskripte dazu gedient, militärtechnische Kompetenz zu belegen, dies läßt der einleitende Text zur "Belagerungskunst" Apollodors aus dem 2. Jahrhundert unmißverständlich erkennen.[15] Originalzeichnungen aus dieser Epoche sind nicht überliefert, die Werke Apollodors und anderer Autoren wurden jedoch insbesondere in Byzanz kopiert und dabei mit neuen Illustrationen versehen. In Einzelfällen fanden diese Manuskripte auch den Weg in Bibliotheken von Paris, Rom oder Venedig.[16] Inwiefern sie jedoch den Autoren der im folgenden zu behandelnden Manuskripte des 14./15. Jahrhunderts bekannt waren und diesen so möglicherweise als formales Vorbild für ihre Präsentation mittelalterlicher Militärtechnik dienten, ist noch unklar.

Sammlungen von Zeichnungen technischer Objekte sind zu dieser Zeit allerdings bereits in anderen Kontexten belegt. Eines der wenigen überlieferten Beispiele dafür ist das berühmte Skizzenbuch von Villard de Honnecourt (um 1220), das neben Architekturzeichnungen auch einige Entwürfe technischer Objekte enthält.[17] Seine gängige Interpretation als auf Reisen entstandenes Musterbuch, das später zum Handbuch einer Bauhütte erweitert wurde läßt erkennen, daß zivile Technik bereits vor den Zeiten repräsentativer militärischer Bildkataloge zeichnerisch dokumentiert wurde.

Die früheste der überlieferten militärtechnischen Bilderhandschriften ist der "Texaurus Regis Francie" von Guido da Vigevano (1280-1350), Arzt am Hofe Philipps VI. in Paris.[18] Sein Traktat enthält keinen Hinweis, daß er tatsächlich der erste war, der - im Gegensatz zu Autoren wie Aegidius Colonna oder Marinus Sanutus - die Beschreibung militärtechnischer Objekte durch Illustrationen

---

*ex parte magistri Assaut, machinatoris, litteratorie nobis fuerit intimatum quod affectu sincero desideret nos videre et de suis artificiis, in quibus plurimum expertus esse dicitur, nonnulla nobis ostendere que possent nobis fore in posterum profectura.* Correspondance administrative d'Alfonse de Poitiers, ed. AUGUSTE MOLINIER, Paris 1894, Bd. I, 505-506.

15 Vgl. Apollodor, Belagerungskunst, in: Griechische Poliorketiker I, ed. RUDOLF SCHNEIDER (= AGG N.F. 10,1), Berlin 1908, 9.

16 Vgl. CHARLES WESCHER, Poléorcétique des Grecs, Traités théoriques-récits historiques, Paris 1867 sowie Griechische Poliorketiker I, ed. RUDOLF SCHNEIDER (= AGG N.F. 10,1), Berlin 1908, Dass. II (= AGG N.F. 11,1), Berlin 1908 und Dass. III (=AGG N.F. 12,5), Berlin 1912. Vgl. zu einer illustrierten Bilderhandschrift aus dem 4. Jahrhundert, deren verschollener Archetyp spätestens seit dem frühen 15. Jahrhundert in Speyer aufbewahrt wurde, A Roman Reformer and Inventor: Being a New Text of the Treatise De rebus bellicis, ed. EDWARD A. THOMPSON, Oxford 1952.

17 Villard de Honnecourt, Kritische Gesamtausgabe des Bauhüttenbuches ms. fr. 19093 der Pariser National Bibliothek, ed. HANS R. HAHNLOSER, Graz ²1972. Vgl. zur Diskussion der Handschrift E. KNOBLOCH, Zeichnungen, 53-60.

18 Vgl. Le macchine del Re. Il Texaurus Regis Francie di Guido da Vigevano, ed. GIUSTINA OSTUNI, Vigevano 1993 sowie BERT S. HALL, Giovanni de'Dondi and Guido da Vigevano: Notes toward a Typology of Medieval Technological Writings, in: MADELEINE PELNER COSMAN/BRUCE CHANDLER (Hg.), Machaut's World: Science and Art in the Fourteenth Century (= Annals of the New York Academy of Sciences CCCXIV), New York 1978, 127-144.

begleitete. Wie der zitierte Beleg von 1268 verdeutlicht, ist vielmehr davon auszugehen, daß es sich hier um einen Glücksfall der Überlieferung handelt. Das 1335 fertiggestellte Manuskript sollte nach Guido da Vigevanos Bekunden ebenfalls der Vorbereitung eines Kreuzzuges dienen - der allerdings schließlich nicht zustandekam. Das Manuskript konzentriert sich neben einer Reihe medizinischer Ratschläge für die Kreuzfahrer auf belagerungstechnische Entwürfe. Mit seinem Plädoyer für den Einsatz neuer technischer Ideen wandte sich Guido da Vigevano eindeutig nicht an technische Experten, um ihnen Anleitungen zum Bau der von ihm gerühmten Vorrichtungen zu geben, der Adressat des "Texaurus Regis Francie" war vielmehr ein gebildetes Publikum am Königshof. Guido da Vigevano scheint hier mit seinen detaillierten technischen Kenntnissen eine Art Vermittlerrolle zwischen technischen Experten und interessierten Laien eingenommen zu haben. Vor die Aufgabe gestellt, militärtechnische Objekte verständlich zu beschreiben, verließ er sich nicht nur auf Texte, sondern wählte darüberhinaus das Medium der bildlichen Darstellung.

Für moderne Betrachter sind solche Zeichnungen technischer Objekte vor der Durchsetzung der Zentralperspektive im Laufe des 15. Jahrhunderts häufig nicht leicht zu entziffern. Die Konstruktionen in Guido da Vigevanos Manuskript erscheinen nicht in räumlicher Darstellung, in einem für seine Zeit typischen Verfahren wurden einzelne Elemente zuweilen "umgeklappt", um Dinge zu zeigen, die aus dem dominierenden Blickwinkel nicht erkennbar sind. So zeigt beispielsweise die Abbildung eines Streitwagens diesen in den unteren zwei Dritteln senkrecht von oben, seine Räder, wie auch die an den Kurbeln in der Mittelachse des Wagens angebrachten Kammräder des Übersetzungsgetriebes sind jedoch um 90 Grad zur Seite geklappt (Abb. 3). Dies verdeutlicht dem Betrachter, wie der Kurbelantrieb durch die Mannschaft im Inneren des Wagens über Kammräder und Stockgetriebe auf die ebenfalls wie Kammräder gezahnten Räder wirken soll (das Stockgetriebe ist ebenfalls um 90 Grad geklappt, zur besseren Sichtbarkeit allerdings nach vorne).[19] Im oberen Drittel ist schließlich ein Teil des Wagens aus der Seitenansicht zu sehen. Im Vergleich zu diesem Vorgehen zeigen spätere Bilderhandschriften einen tiefgreifenden Wandel der Darstellungstechniken dreidimensionaler Objekte im Verlauf des 15. Jahrhunderts.

Die einleitenden Sätze seines Manuskriptes verdeutlichen Guido da Vigevanos Intentionen: "Unter Anwendung seines scharfen Verstandes, und wenn man einen gerechten Grund hat, erobert man durch Krieg befestigte Plätze, Städte und Festungen; und man kann sie erobern, sei es auf dem Wasser- oder auf dem Landweg, mittels Vorrichtungen, die durch göttliches Wunder auf unterschiedliche Weisen konstruiert werden. Da es nun aufwendig ist, diese Vorrichtungen zur Eroberung

---

19 Vgl. dazu den erläuternden Text Guido da Vigevanos, Ders., Texaurus, 152. Zu einer modernen Rekonstruktion der Vorrichtung VITTORIO MARCHIS, Il texaurus come protocollo per la nuova tecnologia, in: ebd., 206-213, hier 208.

des Heiligen Landes übers Meer zu befördern, weil es schwere Lasten sind, kann man nicht auf diese Weise vorgehen. Und weil es dennoch nötig sein wird, bei Nacht wie auch am Tag befestigte Plätze, Städte oder Festungen sofort einzunehmen und zu Fuß oder zu Pferd große und kleine Flüsse ohne Verzug zu überqueren, werde ich, Guido, mit dem Beistand Gottes, da es eine gerechte Sache ist, das Heilige Land den Händen der Feinde zu entreißen, alle Vorrichtungen zur Eroberung dieses Heiligen Landes, sei es auf dem Wasser- oder auf dem Landweg, so zusammenstellen, daß sie leicht zu Pferd transportiert werden können und unverzüglich zur Eroberung selbst aufzubauen sind, wie ich es unten Schritt für Schritt in den Kapiteln darlegen werde, und nach jedem Kapitel werde ich immer ein deutliches Beispiel zeigen."[20] Kommt der didaktische Ansatz Guido da Vigevanos, gerade auch was die Verdeutlichung durch Zeichnungen angeht, hier gut zum Ausdruck, so werfen solche frühen Beispiele der visuellen Präsentation von Militärtechnik im Hinblick auf ihre Entstehungs- und Gebrauchskontexte dennoch eine Reihe ungeklärter Fragen auf. Vorbereitende Diskussionen über Belagerungstechnik wurden mit Sicherheit bereits vor dem frühen 14. Jahrhundert geführt. Wie aber erreichten ihre Teilnehmer ein einheitliches Verständnis der technischen Sachverhalte, über die sie sprachen? Spielten Zeichnungen in solchen Diskussionen schon länger eine Rolle, ohne jedoch in dauerhafter Form festgehalten und überliefert zu werden? Und wo lag dann schließlich der entscheidende Impuls für die Abfassung solch kostspieliger Manuskripte? Kam er von Seiten der Auftraggeber, denen der Bestiz derartiger Zusammenstellungen mit zunächst meist lateinisch abgefaßten Begleittexten als Beleg dafür diente, daß sich ihr militärisches Wissen nicht nur aus eigener Erfahrung, sondern ebenfalls aus gelehrten Traditionen speiste? Spielte eine Ausweitung des Adressatenkreises am Hofe eine Rolle, der nun auch Personen einschloß, deren technisches Wissen bzw. deren militärische Erfahrung nicht ausreichte, um sich den Gegenstand der Rede vorzustellen? Oder kam der Impuls eher von Seiten kriegstechnischer Experten selbst, die verstärkt Anschluß an die gelehrte Kultur des Hofes suchten? Was die Rezeption dieser Bilderhandschriften betrifft, ist davon auszugehen, daß sie im Regelfall nicht im Stillen von einzelnen Lesern betrachtet wurden, sondern daß man sie in Gesellschaft vorführte und damit Anlaß zu Gesprächen und Diskussionen gab. Solche antizipierten Erwartungshaltungen beeinflußten sicherlich die Inhalte dieser Traktate. Ihre Autoren konnten beispielsweise potentiellen Betrachtern bestimmte Anregungen zum Gespräch gaben, oder hier und da "Leerstellen" lassen, die der Verfasser selbst in der Konversation füllen konnte - derartige Strukturen sind beim derzeitigen Stand der Forschung jedoch noch nicht eindeutig zu entziffern.

---

20  Ebd., 90 (Übers. M.P.)

## Die Tradition nördlich der Alpen im 15. Jahrhundert

Am gründlichsten ist der Entstehungs- und Verwendungskontext kriegstechnischer Bilderhandschriften des Spätmittelalters für Conrad Kyeser (1366-nach 1405) und sein Werk "Bellifortis" untersucht, das er um 1400 in einer Phase reichspolitischer Unruhen im Umfeld des böhmischen Königshofes zusammenstellte.[21] Zwei verschiedene Fassungen des Manuskriptes sind König Ruprecht I. als Regent des heiligen römischen Reiches und König Wenzel IV. gewidmet. Über Kyeser selbst ist wenig mehr bekannt, als daß auch er wahrscheinlich eine medizinische Ausbildung erhalten hatte, ebenfalls mit den *artes liberales* vertraut war und sich zudem mit astrologischen, alchemistischen und schließlich technischen Fragen beschäftigte. Kyeser vermerkte explizit, daß er bei der Zusammenstellung seiner Schrift auf Vegetius und andere Autoren zurückgegriffen habe. Zwar präsentierte er auch Schwimmgürtel, Heiztechniken für Badehäuser, Foltergeräte oder Werkzeuge allgemeinerer Art, doch steht dennoch wiederum die militärische Großtechnik bei ihm im Zentrum des Interesses. Das eindrücklichste Beispiel dafür ist die bekannte, die Seitengröße beinahe sprengende Abbildung eines Tribocks. Er erscheint bereits in räumlicher, wenn auch noch nicht perspektivischer Darstellungsweise vor dekorativ gestaltetem Hintergrund. Die Angabe von Maßen auf den Balken stellt für diese Bildkataloge allerdings eine Ausnahme dar (Abb. 4).

Kyeser wollte sein Werk als Reaktion auf die Kreuzzugsniederlage gegen das türkische Heer bei Nikopolis 1396 verstanden wissen. Ähnlich wie Guido da Vigevano äußerte auch er die Hoffnung, durch die Perfektionierung von Kriegstechnik derartige Niederlagen in Zukunft vermeiden zu können und übernahm zu diesem Zweck ebenfalls eine Vermittlerrolle zwischen spezialisiertem technischen Wissen und einem höfischen Publikum. Dieses nicht zu langweilen, lag ihm offensichtlich besonders am Herzen. So begründete er in der Vorrede der König Ruprecht gewidmeten Handschrift die Wahl der Versform für seine erläuternden Texte damit, daß sie in besonderem Maße der Erbauung des Publikums diene. Insbesondere die szenischen Illustrationen seines Manuskriptes, die wohl in Werkstätten der Prager Buchmalerei angefertigt wurden, verdeutlichen eindrucksvoll die Intentionen von Information, Unterhaltung und ästhetischem Anspruch (Abb. 5). Eine Analyse, wie solche Beispiele bestimmte Motive der zeitgenössischen höfischen Malerei verwendeten, steht noch aus.

Der bei Kyeser deutlich erkennbare Aspekt der unterhaltsamen Darstellung wurde im späteren Verlauf mehr und mehr aus diesen militärtechnischen Werken

---

21 Conrad Kyeser, Bellifortis, ed. GÖTZ QUARG, Düsseldorf 1967. Vgl. zu dieser Edition die kritische Rezension von Hermann Heimpel, in: Göttingische Gelehrte Anzeigen CCXXIII 1971, 115-148. Zur folgenden Diskussion der Handschrift vgl. T. BERG/U. FRIEDRICH, Wissenstradierung, 181-215 sowie UDO FRIEDRICH, Herrscherpflichten und Kriegskunst. Zum intendierten Gebrauch früher 'Bellifortis'-Handschriften, in: CHRISTEL MEIER/DAGMAR HÜPPER/HAGEN KELLER (Hg.), Der Codex im Gebrauch, München 1996, 197-210.

ausgeblendet. Dies zeigen bereits die zahlreichen von Kyesers Werk angefertigten Kopien. Manche dieser spätmittelalterlichen Bilderhandschriften wurden im Laufe der Jahre wieder und wieder vervielfältigt - was jedes Mal von neuem ein aufwendiges Unterfangen darstellte. Solche Kopien waren häufig keine identischen Abschriften, Veränderungen gegenüber dem Original spiegeln deutlich die unterschiedlichen Intentionen ihrer Auftraggeber. Im Falle Kyesers sollten einige Kopien offensichtlich der Instruktion von Fürstensöhnen dienen, generell läßt sich erkennen, daß zuweilen zu repräsentativen Zwecken kopiert wurde, während in anderen Fällen eher die technischen Inhalte im Vordergrund standen. Zuweilen wurden die im Original lateinischen Texte ins Deutsche übersetzt, in anderen Fällen fehlen sie ganz, auch die Qualität der Illustrationen und der Textabschriften schwankt erheblich. Eine Reihe von Kopisten kürzte Kyesers Werk zudem in den 1420er bis 1460er Jahren von zehn auf sieben Kapitel. Die gestraffte Fassung, als deren Erstbesitzer in einigen Fällen auch Angehörige städtischer Führungsschichten nachgewiesen sind, konzentrierte sich ganz auf die Militärtechnik und verzichtete beispielsweise auf die Wiedergabe von Techniken zum Beheizen von Badestuben, die deutlich auf ein höfisches Publikum ausgerichtet waren. Auch alle Verweise auf Kyesers Autorschaft blieben in diesen Fällen unerwähnt. Diese Entwicklung zeigt bereits, daß die nördlich der Alpen im Laufe des 15. Jahrhunderts immer zahlreicher angefertigten militärtechnischen Bilderhandschriften verstärkt durch ein bereits sachkundiges Publikum rezipiert wurden. In diesem Zusammenhang wurden die technischen Anlagen nicht mehr in szenischen Kontexten präsentiert. Ohne schmückendes Beiwerk konzentrierten sich die Verfasser nun ganz auf die technischen Objekte selbst.

Ein Beispiel für diese Tendenz ist das Manuskript des sogenannten "Anonymus der Hussitenkriege", dessen frühere Datierung in die 1430er Jahre inzwischen aufgrund der Wasserzeichen auf die 1470er bzw. 1480er Jahre korrigiert wurde, das aber höchstwahrscheinlich dennoch eine Kopie eines einige Jahrzehnte älteren Manuskriptes darstellt.[22] Die Handschrift entstammt dem süddeutschen oder österreichischem Raum, ein Teil der Abbildungen wird von kurzen, beschreibenden Texten in dialektgefärbter Sprache begleitet. Die Darstellungen sind meist recht grob ausgeführt, offensichtlich ohne geometrische Hilfsmittel erstellt und in den Details zuweilen unzutreffend. Dennoch handelt es sich bei diesem Werk eindeutig nicht um eine Sammlung flüchtiger Skizzen, sondern um militärtechnische Entwürfe, die über einen längeren Zeitraum zusammengestellt wurden. Neben ihrer technikhistorischen Bedeutung zeigen sie zuweilen auch interessante Beispiele für zeichnerische Mittel zur Verdeutlichung technischer Details. So wird bei einem Hebezeug zum Verladen schwerer Geschütze der im Zentrum des Interesses ste-

---

22 Vgl. The technological illustrations of the so-called "Anonymous of the Hussite Wars", Codex Latinus Monacensis 197, Part I, ed. BERT S. HALL, Wiesbaden 1979 sowie GUNDOLF KEIL, Verf.-Lex. IV, Berlin/New York ²1983, s.v. Der Hussitenkriegs-Ingenieur, 329-332.

hende Flaschenzug durch die nicht maßstabsgerechte Größe besonders hervorgehoben, die vorderen Abdeckplatten fehlen, um den Blick auf die einzelnen Rollen zu ermöglichen, zudem sind die einzelnen Abschnitte des Seiles zur besseren Sichtbarkeit nach außen gebogen (Abb. 6).

Im Gegensatz zu den schlichteren Abbildungen des "Anonymus der Hussitenkriege" zeigt der Bildkatalog des Nürnberger Büchsenmeisters Johannes Formschneider (um 1475), den er nach 30jähriger Laufbahn im Dienst der Stadt seinem Nachfolger hinterließ, eine präzisere zeichnerische Ausarbeitung.[23] Formschneider konzentrierte sich ebenfalls auf die technischen Objekte selbst, die er ohne schmückendes Beiwerk, ohne eine Einbettung in Landschaften oder idealtypische Situationen darstellte. Das ausgewählte Beispiel zeigt eine Karrenbüchse, die ungewöhnlicherweise durch einen beigefügten Kommentar konkret identifiziert wird: Es handle sich um eine Büchse, die von dem Büchsenmeister *appentzeller* für den König von England gegossen worden sei, den Namen *Fortuna* erhalten habe und Kugeln von einem Gewicht bis zu einem halben Zentner schleudern könne (Abb. 7). Erklärt sich dieses Vorgehen dadurch, daß es sich bei diesem Manuskript um eine Art visuellen Rechenschaftsbericht handelt, erinnert diese Ausnahme gleichzeitig daran, daß technische Entwürfe in diesen Bildkatalogen ansonsten stets idealtypisch dargestellt wurden, ohne Angaben zu ihrem Einsatzort oder der mit ihnen gemachten praktischen Erfahrungen. Ihre Texte erläuterten im allgemeinen nur in groben Zügen die intendierte Funktionsweise. Auf das praktische Erfahrungswissen der Militäringenieure, beispielsweise die bei der Konstruktion angewandten "Daumenregeln", nahmen sie daher keinen Bezug. Wenn sie damit von konkreten Gebrauchskontexten abstrahierten, bedeutet das aber nicht, daß die Entwürfe von vornherein dem Reich der Phantasie zuzurechnen wären. Ganz im Gegenteil sollte diese Art der Darstellung eher ihre generelle Verfügbarkeit unterstreichen. Auftretende Probleme bei der konkreten Realisierung waren ein Thema außerhalb des Blickfeldes dieser Manuskripte, ihre Lösung blieb dem Fachwissen der ausführenden technischen Experten überlassen.

Formschneiders Korpus trägt die sachlich-informativen Züge, mit dem die Tradition der Bilderhandschriften im deutschen Raum ausklingt. Das sogenannte Weimarer Ingenieur-, Kunst- und Wunderbuch und das Kriegsbuch Ludwigs von Eyb dem Jüngeren versammeln gegen Ende des 15. Jahrhunderts noch einmal fast den gesamten Bestand an kriegstechnischen Entwürfen nördlich der Alpen in kiloschweren, mehrere hundert Blätter umfassenden Folianten.[24]

---

23 Bayerische Staatsbibliothek München, cgm 356, 60/61, zur Beschreibung der Handschrift vgl. R. LENG, Bilderhandschriften und Traktate, Bd. 2, 173-177.
24 Vgl. KONRAD KRATZSCH, Das Weimarische Ingenieurkunst- und Wunderbuch. Codex Wimariensis Fol. 328, in: Studien zum Buch- und Bibliothekswesen I 1981, 54-60, eine Edition auf CD-ROM durch die Herzogin Anna Amalia Bibliothek ist in Vorbereitung; HANS-OTTO KEUNECKE, Ludwig von Eyb der Jüngere zum Hartenstein und sein Kriegsbuch, in: Jb. d. Hist. Vereins f. Mittelfranken XCVI 1992/93, 21-26.

## Die Tradition in Italien im 15. Jahrhundert

Im Italien des 15. Jahrhunderts wurden militärtechnische Bilderhandschriften in geringerer Anzahl verfertigt. Auffällig gegenüber den nördlich der Alpen entstandenen Manuskripten ist insbesondere, daß die militärtechnischen Entwürfe deutlicher antiquarischen und repräsentativen Zwecken dienten.

Die frühe, zwischen den 1420er und den 1440er Jahren von dem umfassend humanistisch gebildeten Arzt Giovanni Fontana wohl für einen potentiellen Mäzen im venezianischen Raum zusammengestellte Bilderhandschrift sei hier nur am Rande erwähnt.[25] Sein höchstwahrscheinlich erst im 17. Jahrhundert nicht ganz zutreffend betiteltes *Bellicorum instrumentorum liber* enthält nur zu einem geringen Teil Entwürfe zur Militärtechnik. Vielmehr wird hier ein einzigartig breit gespanntes Sammelsurium technischer Ideen präsentiert, das stark auf den Einsatz bei Festlichkeiten ausgerichtet ist. Auch die kriegstechnischen Entwürfe zielen deutlich auf das Spektakuläre des Einfalls ab.

Einer der wichtigsten italienischen Autoren militärtechnischer Manuskripte ist Mariano Taccola (1381-1453/58). Von ihm sind gleich mehrere Werke überliefert, die er ab etwa 1430 über einen Zeitraum von gut 20 Jahren zusammenstellte.[26] In seinem Fall stammen Text und Zeichnungen erwiesenermaßen aus einer Hand. Im Gegensatz zu Guido da Vigevano und Conrad Kyeser gehörte Mariano Taccola selbst der in Italien relativ breiten Schicht gebildeter Techniker an. Allerdings war er, soweit bekannt, nicht im Militärwesen tätig, sondern in Siena mehrere Jahrzehnte für das Straßen- und Brückenwesen zuständig und insbesondere mit dem komplexen System der Wasserversorgung der hochgelegenen Stadt vertraut. Seine Bildkataloge tragen enzyklopädische Züge, die vermuten lassen, daß er älteres Traditionsgut systematisch zusammentrug.[27] Gerade seine Motive aus dem Bereich der Militärtechnik lassen sich als Versuch interpretieren, aus antiken und mittelalterlichen Schriftquellen bekanntes Belagerungsgerät auf visueller Ebene zu rekonstruieren.[28] Auch Taccolas Stärke lag so nicht in der technischen Erfindung, sondern in der neuartigen zeichnerischen Fixierung militärtechnischer Objekte und

---

25 Vgl. Le macchine cifrate di Giovanni Fontana, edd. EUGENIO BATTISTI/GIUSEPPA SECCARO BATTISTI, Milano 1984.
26 Vgl. Mariano Taccola, Liber Tertius de Ingeneis ac edifitiis non usitatis, ed. J.H. BECK, Milano 1969; Mariano Taccola, De ingeneis, edd. GUSTINA SCAGLIA/FRANK D. PRAGER/ULRICH MONTAG, Wiesbaden 1984; Mariano Taccola, De rebus militaribus (De machinis, 1449), ed. EBERHARD KNOBLOCH, Baden-Baden 1984. Vgl. zur Analyse der Manuskripte in ihrem historischen Kontext insbesondere PAOLO GALLUZZI (Hg.), Prima di Leonardo. Cultura delle macchine a Siena nel Rinascimento, Milano 1991. Zu kunsthistorischen Aspekten BERNHARD DEGENHART/ANNEGRIT SCHMITT, Corpus der Italienischen Zeichnungen 1300-1450, Teil II Venedig. Addenda zu Süd- und Mittelitalien, 4. Band. Katalog 717-719 Mariano Taccola, Berlin 1982.
27 B. DEGENHART/A. SCHMITT, Taccola, X.
28 Prima di Leonardo, 331.

Ideen[29] - ein Befund, der die Autoren dieser Bildkataloge generell charakterisiert. Vielleicht gerade aufgrund des enzyklopädischen Charakters seiner Schriften fanden Taccolas Entwürfe bei seinen Zeitgenossen breite Beachtung. Kopien von ihnen finden sich in zahlreichen italienischen Manuskripten des 15. und 16. Jahrhunderts.

Von einer frühen Handschrift Taccolas ist bekannt, daß er sie 1432 König Sigismund anläßlich einer Bewerbung um eine Position als Wasserbauingenieur, Chronist und Buchillustrator am ungarischen Hof überreichte.[30] Diese Funktion der Eigenwerbung für ihre Autoren übernahmen technische Traktate des 15. und 16. Jahrhunderts häufiger. Wie schon in der Spätantike bei Apollodor belegt, kam dem Medium "Bild" starke, in Form eines Manuskriptes auch dauerhafte Überzeugungskraft zu, wenn es darum ging, potentiellen Dienstherren sein Ideenreichtum und Können zu vermitteln. In Zusammenhang mit begleitenden, womöglich auf Latein abgefaßten Texten dokumentierten derartige Werke darüberhinaus, daß es sich bei dem Verfasser nicht um einen "niedrigen" Handwerker handelte, sondern um eine gelehrte Persönlichkeit - ein Umstand, der gerade im Umkreis der italienischen Höfe von großer Bedeutung war. Während diese Handschrift Taccolas, der von ihm angestrebten Position entsprechend, vornehmlich zivile Technik zeigte, liegt der Schwerpunkt des späteren Werkes *De rebus militaribus* (um 1449) auf militärischer Technik. Eine Kopie dieses Manuskriptes durch Paolo Santini (um 1475) enthält eine eher untypische Abbildung: Santini, der viele Vorlagen des Originals durch szenische Elemente erweiterte, ergänzte einen Entwurf Taccolas - einen Brandsatz, der im Schutz eines rollbaren Schildes an ein Stadttor herangeführt wurde - durch ein Opfer des Krieges: einen Soldaten, auf dessen Rücken noch der Stein liegt, von dem er erschlagen wurde (Abb. 8). Dieses seltene Beispiel erinnert ex negativo daran, daß die Verfasser dieser Bildkataloge ansonsten durchgängig auf die Darstellung von Leid und Tod verzichteten.[31]

Herrscherpersönlichkeiten waren des öfteren nicht nur Adressaten, sondern selbst Auftraggeber und Finanziers solcher kostspieligen Buchproduktionen. Dieser Hintergrund ist bei einem von Roberto Valturio 1455 vollendeten Manuskript besonders gut dokumentiert.[32] Valturio stellte in jahrelanger Arbeit zwischen 1446 und 1455 im Auftrag von Sigismondo Pandolfo in Rimini einen Bildkatalog zusammen, in dem er keine eigenen militärtechnischen Entwürfe präsentierte, sondern aus älteren Quellen übernahm, was er für interessant hielt. Die Entste-

---

29  B. DEGENHART/A. SCHMITT, Taccola, 114.
30  Ebd., 25-26.
31  Vgl. auch RAINER LENG, Gründe für berufliches Töten. Büchsenmeister und Kriegshauptleute zwischen Berufsethos und Gewissensnot, in: HORST BRUNNER (Hg.), Der Krieg im Mittelalter und in der frühen Neuzeit. Begründungen, Bräuche, Recht (= Imagines medii aevi III), Wiesbaden 1999, 307-348.
32  Vgl. Le macchine di Valturio: nei documenti dell'Archivio Storico AMMA, ed. SERGIO RICOSSA, Torino 1988.

hungsgeschichte von Valturios Werk erinnert daran, daß auch ganz konkrete Umstände der zeichnerischen Darstellung kriegstechnischer Objekte im Spätmittelalter noch weitgehend ungeklärt sind. In seinem wie auch in anderen Fällen stammen Abbildungen und beschreibende Texte offensichtlich nicht von ein und derselben Person.[33] Über Form und Inhalt der damit erforderlichen Kommunikationsprozesse zwischen Buchmalern und Autoren kann bislang nur spekuliert werden.

Valturio entstammte einer Gelehrtenfamilie, stand nach seinem Studium in Bologna einige Zeit in Diensten Papst Eugens IV. in Rom und kehrte schließlich in seine Heimatstadt Rimini zurück, wo er am Hofe der Malatesta als Berater tätig war. In der Vorrede zu seinem Werk entschuldigte er sich, nie selbst im Krieg gedient und nie Verletzungen davongetragen zu haben, gerade diese eigene Distanz war es wohl aber, die seine Begleittexte zu den Abbildungen für Laien in besonderem Maße verständlich machte. Sigismondo Pandolfo war mit dem entstandenen Werk derart zufrieden, daß er Kopien an befreundete Herrscher in ganz Europa verschickte - ein deutlicher Beweis, daß Valturio keine Kriegsgeheimnisse niedergelegt hatte. Gerade dort, wo solche Bildkataloge den Bildungshorizont des Mäzens zum Ausdruck bringen sollten, ist kaum die Darstellung innovativer Technik zu erwarten; um die Kenntnis historischer Traditionslinien zu dokumentieren, mußte der antiquarische Charakter zwangsläufig in den Vordergrund rücken. Das Interesse an Valturios Werk war auch in der Folgezeit so groß, daß es 1472 als erste technische Bilderhandschrift in Verona in den Druck gegeben wurde.

Die militärtechnischen Bilderhandschriften des Spätmittelalters hielten durchgängig an der Form des Bildkataloges fest und zeigten in der Regel stets das technische Objekt als Ganzes aus einem frontalen, leicht erhöhten Blickwinkel in möglichst räumlicher Darstellungsweise, die auch dem Laien eine rasche Identifizierung des Objektes ermöglichte. Auf die isolierte Wiederaufnahme einzelner technischer Details, ihre Präzisierung durch Maßangaben oder Darstellungstechniken wie Grundrisse oder Querschnitte wurde fast durchgehend verzichtet. Gerade durch die funktionale Kohärenz dieses Genres kann allerdings nicht mit letzter Sicherheit davon ausgegangen werden, daß diese Bildkataloge damit das gesamte Panorama technischer Zeichnungen im 15. Jahrhundert repräsentieren. Zumindest mahnt die größere Vielfalt von Darstellungstechniken, sowohl der spätmittelalterlichen Architekturzeichnung[34], als auch der allerdings erst im 16. Jahrhundert besser dokumentierten ingenieurtechnischen Zeichnung zu zivilen Zwecken,[35] eher

---

33 Vgl. T. BERG/U. FRIEDRICH, Wissenstradierung, 195.
34 Vgl. E. KNOBLOCH, Technische Zeichnungen, 49-50.
35 Vgl. zusammenfassend DANIELA LAMBERINI, "Machines in Perspective": Technical Drawings in Unpublished Treatises and Notebooks of the Italian Renaissance, in: The Treatise on Perspective: Published and Unpublished (Symposium, 7.-8. November 1997, National Gallery of Art, Center for Advanced Studies in the Visual Arts), Washington D.C. (im Druck), zu einem Einzelbeispiel

zu einer vorsichtigen Beurteilung. Auch wenn Zeichnungen in der technischen Praxis des 15. Jahrhunderts nach bisherigem Stand des Wissens keine überragende Rolle spielten, ist ihre Verwendung nicht von vornherein auszuschließen. Die Konzentration der spätmittelalterlichen Bildkataloge auf die leicht verständliche Präsentationsdarstellung ist jedoch auf keinen Fall ein Beleg der mangelnden technischen "Ernsthaftigkeit" ihrer Autoren, sie spiegelt vielmehr eindrücklich die von ihnen intendierten Gebrauchssituationen.

Die Funktion kriegstechnischer Abbildungen als "rühmende Präsentation herrschaftsrelevanter Technik"[36] findet sich schließlich in noch öffentlichkeitswirksamerer Form in einem Fries mit 72 Kassetten realisiert, das seit Ende des 15. Jahrhunderts den Vorplatz des neuen Herzogspalastes in Urbino schmückte (Abb. 9).[37] Offensichtlich sollte auch dieses Bildprogramm das fundierte militärische Wissen des Herzogs unterstreichen. Als künstlerischer Urheber gilt Francesco di Giorgio Martini, einer der umfassend gebildeten Architekten und Ingenieure des ausgehenden 15. Jahrhunderts. Von ihm sind ebenfalls eine Reihe technischer Schriften überliefert, die im Italien des 16. Jahrhunderts breite Wirkung entfalten sollten. Francesco realisierte in Urbino eigene Entwürfe, die sich auch in seinen Manuskripten finden, schöpfte darüberhinaus aber auch aus dem breiten Strom militärtechnischer Abbildungen, die gegen Ende des 15. Jahrhunderts kursierten, beispielsweise aus dem Werk Valturios.

Martinis eigener Nachlaß weist schließlich bereits über diese ältere Tradition hinaus. Zwar ist auch von ihm ein zeittypischer Bildkatalog militärtechnischer Entwürfe überliefert, die er dem Herzog von Urbino, Federico da Montefeltro, gewidmet hatte.[38] Darüberhinaus versuchte sich Martini jedoch bereits an einer enzyklopädisch angelegten Abhandlung der Tätigkeitsfelder zeitgenössischer Ingenieure. Dieser Traktat präsentierte nicht mehr nur eine Abfolge einzelner technischer Objekte, sondern suchte die Wissensgebiete der Ingenieure in ihrer Gesamtheit darzustellen. Die beschreibenden und erläuternden Texte gewannen dabei erheblich an Bedeutung.[39]

Leonardo da Vinci (1452-1519), der berühmteste Repräsentant der Technik der Renaissance, steht zeitlich bereits ganz am Ende der Tradition militärtechnischer

---

vgl. MARCUS POPPLOW, Heinrich Schickhardt als Ingenieur, in: SÖNKE LORENZ/WILFRIED SETZLER (Hg.), Heinrich Schickhardt. Baumeister der Renaissance. Leben und Werk des Architekten, Ingenieurs und Städteplaners, Leinfelden-Echterdingen 1999, 75-82.

36 U. FRIEDRICH, Kriegskunst, 203.

37 Vgl. GERHARD EIMER, Francesco di Giorgios Fassadenreliefs am Herzogspalast zu Urbino, in: ANTJE KOSEGARTEN/PETER TIGLER (Hg.), FS Ulrich Middeldorf I, Berlin 1968, 187-198.

38 Vgl. PAOLO GALLUZZI (Hg.), Mechanical Marvels. Invention in the Age of Leonardo, Florence 1996, 118.

39 Francesco di Giorgio Martini, Trattati di architettura, ingegneria e arte militare, ed. CORRADO MALTESE, Milano 1967. Vgl. zur Analyse der Manuskripte in ihrem historischen Kontext insbesondere P. GALLUZZI (Hg.), Prima di Leonardo.

Bildkataloge, die im frühen 16. Jahrhundert abbricht. Im Hinblick auf seine soziale Stellung und seinem Verhältnis zu potentiellen Dienstherren befand er sich natürlich in einer ganz ähnlichen Situation wie die hier behandelten Autoren, sofern sie tatsächlich selbst in der Praxis tätig waren. Doch bei der Präsentation seiner Fähigkeiten ging Leonardo andere Wege. Dies zeigt beispielsweise sein berühmter Brief an Lodovico Sforza, in dem er inhaltlich auf seine Leistungen in genau den militärtechnischen Bereichen verwies, die Thema der älteren Bilderhandschriften sind.[40] Die von ihm in eher geringerer Zahl hinterlassenen militärtechnischen Entwürfe[41] haben zwar häufig auch repräsentativen Charakter, nehmen jedoch im Rahmen seiner unsystematischen Aufzeichnungen keine den publikumswirksamen Bilderhandschriften vergleichbare Stellung ein.

## Ausblick

Steht das Fries am Herzogspalast von Urbino noch einmal für die Breitenwirkung und Anerkennung, die Abbildungen militärischer Großtechnik im 15. Jahrhundert zukamen, so neigt sich diese Tradition damit bereits ihrem Ende zu. Ihre Überführung in die Kultur des gedruckten Buches blieb bis auf die frühe Ausnahme Valturios aus. Sowohl die Art und Weise der Kriegführung, als auch die Nutzungsweisen im Druck niedergelegten Wissens veränderten sich bald derart, daß sich zur Mitte des 16. Jahrhunderts hin ein ganz neues militärtechnisches Fachschrifttum herausbildete. Unter zunehmender Ausdifferenzierung und Spezialisierung suchen seine Autoren mehr und mehr, wissenschaftliche Ansprüche zu erfüllen. In diesem Kontext änderte sich auch der Status der Abbildungen dieser Werke, sie waren von vornherein viel weniger plakativ, das Schwergewicht der Wissensvermittlung verlagerte sich weiter auf die an Länge und Ausführlichkeit zunehmenden Texte.[42] Das gilt für die zahllosen Artilleriebücher ebenso wie für die gegen Ende des 16. Jahrhunderts einsetzenden Schriften zum Festungsbau. Darüberhinaus kam eine Flut von Schriften zur Kriegskunst im allgemeinen in den Druck, in denen kriegstechnische Objekte von vornherein nicht gesondert dargestellt wurden.

Gerade vor dem Hintergrund dieser späteren Entwicklung ist die Einschätzung überzeugend, daß die hier diskutierten, spätmittelalterlichen Bilderhandschriften ihrem Gegenstand zunächst "öffentliche Relevanz und Legitimität zu verschaffen" suchten.[43] Sie reflektieren die durch den zunehmenden Einsatz von Feuerwaffen noch verstärkte Technisierung des spätmittelalterlichen Krieges, die über die Fähigkeiten des traditionellen Wehrstandes hinaus neue Formen handwerklichtechnischen Wissens unverzichtbar werden ließ. Ihren Trägern, einer sozialen

---

40   Vgl. LADISLAO RETI (Hg.), Leonardo: Künstler, Forscher, Magier, Frankfurt/M 1974, 6-7.
41   Vgl. im Überblick BERN DIBNER, Maschinen und Waffen, in: ebd., 166-189.
42   Vgl. R. LENG, Bilderhandschriften und Traktate, Bd. 1, 307-342.
43   T. BERG/U. FRIEDRICH, Wissenstradierung, 231-232.

Gruppe technischer Experten mit noch eher unscharfen Selbstverständnis, suchten militärtechnische Bildkataloge und Büchsenmeisterbücher gerade durch ihren sachlich-informativen Charakter breitere Aufmerksamkeit zu verschaffen. Sie boten in einem Tätigkeitsgebiet außerhalb des Zunftwesens Möglichkeiten, sich gegenüber der Konkurrenz zu profilieren, und halfen, Interesse für ihr Fachwissen zu wecken, ohne dieses Fachwissen im Detail zu "verschriftlichen". Schon Mariano Taccola begründete dies damit, daß es bei vielen technischen Detailfragen gar nicht möglich sei, ihre Prinzipien zu erläutern, denn das *ingenium* des Architekten liege mehr im Geist und Verstand als in der Zeichnung und der Schrift.[44] Gerade diese spezifische Darstellungsweise erleichterte den Ingenieuren jedoch den Anschluß an die gewachsenen kulturellen Standards der höfischen und städtischen Kultur.

Die Konzentration auf die Zeichnung als kommunikatives Medium resultierte in den diskutierten Bildkatalogen in einer Fixierung auf die Darstellung des technischen Objektes als Endprodukt der beeindruckenden Fähigkeiten der Ingenieure. Wesentliche Aspekte der Tätigkeit dieser Experten auf logistischer und organisatorischer Ebene blieben angesichts der beeindruckenden Präsenz der technischen Objekte unerwähnt. Auch wenn ihr Betrachterkreis im Spätmittelalter zahlenmäßig noch sehr beschränkt war, nehmen diese militärtechnischen Werke mit diesen Zügen in der Geschichte der medialen Repräsentation von Technik eine herausragende Rolle ein. Denn sie präsentierten eine Aneinanderreihung technischer Entwürfe auf visueller Ebene als einheitlichen Gegenstand, noch bevor auf begrifflicher Ebene ein generalisierender Diskurs über Technik formuliert worden war. "Technik", verstanden im Sinne der größeren technischen Anlagen einer Epoche, wurde von mittelalterlichen Autoren stets eher beiläufig thematisiert und fand im Reigen der mittelalterlichen *artes*, der vom Menschen ausgeübten Künste, keine gesonderte Beachtung. Erst gegen Ende des 16. Jahrhunderts, als gedruckte Schaubücher ziviltechnische Anlagen wie Mühlwerke und Wasserhebeanlagen präsentierten, wurde "Technik" auch auf sprachlicher Ebene zu einem eigenständigen Thema: Die Autoren dieser sogenannten Maschinentheater entwickelten nun über das Lob und die Beschreibung einzelner Entwürfe hinaus auch eine allgemeinere Argumentation, die vor einem zunehmend breiteren Lesepublikum die Neuheit, die Nützlichkeit und den Erfindungsreichtum solcher Maschinen pries.[45] Ein derart verallgemeinerndes, explizit formuliertes Lob der Technik ist in den militärtechnischen Bilderhandschriften des Spätmittelalters noch nicht zu erkennen, ihre Kohärenz lag zunächst in der inhaltlichen Abfolge der einzelnen Entwürfe. Doch auch wenn diese militärtechnischen Bildkataloge noch nicht von einer sprachlichen Deutung der gesellschaftlichen Rolle von "Technik" begleitet wurden, schlug ihre gleichzeitig sachlich-nüchterne wie idealisierende Präsentation fas-

---

44 M. Taccola, Liber tertius, 144. Ähnlich später auch F. di Giorgio Martini, Trattati I, 193.
45 Vgl. MARCUS POPPLOW, Neu, nützlich und erfindungsreich. Die Idealisierung von Technik in der frühen Neuzeit. Münster u.a. 1998.

zinierender technischer Objekte auf visueller Ebene einen Grundton an, der auch in späteren Epochen die gesellschaftliche Repräsentation von Technik häufig prägen sollte.

Summary

This essay also concentrates on the visual representation of war, in particular the representation of technical innovations in weaponry. The essay offers valuable insights into the way in which the visual representation of reality is culturally conditioned. It emerges that the technological illustrations rarely seek to give a realistic picture, or even a technically accurate reproduction of the object in question. Information about technical subtleties, proportions, weights and measures is more often than not passed over altogether, or plays only a minor role. These technological illustrations originating in 14th-century Italy aim at a rather different objective. First of all they want to advertise the skills of the engineer, but they equally want to entertain their audience, i.e. the prince and his court. Therefore, the reality of warfare does not enter the picture. As a result, the technological illustrations give a highly idealised vision of weapons, siegecraft and warfare, and thus almost reduce military technology to the status of an aesthetic object.

Compte rendu

Cette contribution se concentre aussi sur la représentation visuelle de la guerre, en particulier sur des illustrations montrant des innovations dans la technique des armes. Elle donne des perspectives remarquables quant au problème de la représentation visuelle de la réalité et du conditionnement culturel de celle-ci. L'auteur montre que les illustrations technologiques ne cherchent à donner que rarement une image réaliste ou du moins une reproduction techniquement exacte de l'objet en question. Dans la plupart des cas, les informations concernant des subtilités techniques, des proportions, des poids et des mesures sont entièrement omises ou ne jouent qu'un rôle subordonné. Ces illustrations technologiques, qui datent du XIV$^e$ siècle, visent à un objectif plutôt différent. D'abord, elles cherchent à promouvoir les facultés techniques de l'ingénieur; mais également, elles veulent distraire leurs spectateurs, à savoir: le prince et la cour. Pour cela, la réalité de l'art de guerre n'entre pas dans les images. Par conséquent, les illustrations technologiques donnent une vision idéaliste des armes, des techniques de siège et de la belligérance; elles font donc de la technologie militaire presque entièrement un objet esthétique.

# Orts- und Personenregister

Das nachfolgende Regester enthält, getrennt nach Orts- und Personennamen, die im Text vokommenden Eigennamen. Dabei verweisen hochgestellte Zahlen auf die betreffende Anmerkung unter dem Text.

## 1. Ortsregister

Abbéville 142, 234[183]
Afghanistan 17, 74
Afrika 53
Agincourt => Azincourt
Akkon 188
Al-Andalus 79
Al-Azhar 72
Albanien 194
Alençon 107[76]
Alexandrien 184, 188, 217[107]
Algeciras 183
Amaler, Dynastie 50
Amerika 28[53], 77
Amiens 182f., 194, 221[124]
Andernach 101
Anjou 211[76]
Anxur 232
Aquitanien 110, 112, 152
Arabien 65, 67-69, 88f.
Ardres 230[167]
Arezzo 135, 236[194]
Armagnac 214[88]
Arques 204[41], 210[71, 73]
Arras 240
Artois 143
Arundel 191

Ashdown 103
Ashingdon 103
Asson 213
Avignon 185
Azincourt 39[102], 116, 169, 172f., 223[129], 226[150], 234

Babylon 220f.
Bagdad 67, 69f.
Balkan 25, 45f.
Ballon 113
Bari 128[14]
Bavai 206[51]
Bayern 36[91], 135
Bayeux 102, 243
Bazadais 203[37]
Beaune 218[108]
Beauvais 102, 110
Belgien 150
Benevent 57
Berlin 59
Bern 161
Berry 218[108], 219[114]
Béthencourt 226
Bethlehem 176
Beverholt 225

Bihorel 213[85]
Blanche-Tache 226
Blérancourt 184
Bodensee 144
Böhmen 259
Bologna 134, 264
Bordeaux 151, 243[221]
Bosporus 57
Bourgogne => Burgund
Bourgthéroulde 115
Bouvines 116
Brabant 214[88]
Brémule 93f., 101, 115f.
Brescia 161f.
Bresle 226
Bretagne 211[76], 230[167]
Brioux 224[134]
Brügge (Bruges) 213[82], 225
Brunaburgh 103f.
Bugnéville 224[136]
Burgund (Bourgogne) 110, 144, 218[108], 236
Byzanz 46, 50-53, 56, 65, 70, 79, 256; => Konstantinopel

Caen 142, 243f.
Caffa 134[25], 138
Calais 141-166
Calonok 207[56]
Capua 47
Carcassonne 236
Cassel 239
Castillon 230[165], 242[216]
Chartres 207, 216
Châteauroux 116, 213
Châteaux-Gaillard 232[175]
Châtelet 231[167]
Châtellerault 238
Chester 103
Chinon 111
Chioggia 139

Chizé 224
Cispadanien 50
Clermont 233[179]
Clermont-en-Beauvaisis 225[144]
Cordoba 85
Cortenuova 130
Coudres 203[37]
Coutances 101
Crécy 39, 116, 142-144, 149, 151, 153, 174, 182, 190, 223[129], 225[139]
Cremona 161-163
Crotoy 234[183]
Culloden 119[128]
Cumae 55
Cypern 171, 182-184, 188

Dalmatien 48-50
Dam 235
Damaskus 65, 67
Danelaw 103
Dean 102
Deutschland 15[11], 24[36], 25, 27, 33, 34, 36, 59, 60, 124[6], 128f., 195
Devon 103
Dieppe 204[41], 213[82], 237
Dol 213
Dôle 213[82]
Donau 46
Douai 209, 213
Douro 233[177]
Dublin 99, 101
Dunois 233[179]
Durham 98

East Anglia 102, 107[76]
Ecluse 231, 235
England 30, 32, 38[97], 39, 65, 93-122, 135, 141-166, 167-169, 173f., 176-178, 181f., 186, 188, 190f., 193, 261
Essex 95

Etampes 219[114]
Etrurien 240[211]
Eu 226, 233[179]

Fagunduna 107[76]
Fécamp 213[82]
Flandern 107, 119, 143, 155, 158, 213f., 222[127], 225, 235, 239
Flodden 118
Florenz 125, 144f., 157, 188
Fontenoy 100f.
Forli 129[17]
Formigny 224[133]
Forres 97
Frankenreich 98-100, 109
Frankreich 19, 30, 32f., 39, 93-122, 141-166, 167-172, 174-178, 181-183, 186, 188, 190f., 193, 197, 203[40], 207[58], 226
Fulda 100

Gaillon 220[117]
Gallien 52
Gascogne 206[51]
Genf 123, 137, 139
Gent 219[113], 239
Genua 39, 126, 132-134, 138f., 185, 210[75]
Gerberoi 121
Göttingen 59[2]
Graveillant 236
Griechenland 28[49], 62, 87-89
Guines 230[167]
Guyenne 151, 246

Ham 226
Hampshire 102
Harfleur 210[71], 226, 233, 245[232]
Harvard 59[1], 60
Hasparren 201[30]
Hastings 120

Heilbronn 128
Heiliges Land => Palästina
Hembon 214[90]
Hennegau 164
Hesperium Imperium => Weströmisches Reich
Hereford 120[133]

Iona 97[18]
Irak 17f., 79
Iran 17f.
Irland 94f., 97-99, 118
Isle of Wight 97
Israel 77
Issoudun 116
Italien 46, 48-55, 57, 125, 127-130, 132, 135, 138, 217[107], 252, 255, 262f., 265

Jerusalem 176, 181, 183, 184, 231[167]

Kabul 74
Kanada 253
Kastillien 183
Kerrenried 161
Kleinasien 51
Konstantinopel 49-53, 56, 70, 136[33], 184; => Byzanz
Kosovo 17, 24[36], 45

La Guerche 211[76]
Lagny 229
Lancastre 214[90]
Las Navas de Tolosa 80
Lechfeld 105
Lermont 243[221]
Ligurien 55, 126
Lille 203[36], 208-210, 213
Limburg 212
Limerick 98f.
Lincoln 116

Lindau 144
Loire 198[6]
Lombardei 162, 183f.
London 175, 190
Louviers 213[82]
Lucera 161
Lusignan 183, 209
Lüttich 147, 164
Luxemburg 162

Maastricht 209[68]
Madicourt 143
Mailand 143[5], 160, 184
Maine 111, 112
Maldon 95, 98, 102f., 105f.
Mâle 235
Malmesbury 153
Le Mans 112-114, 195
Marseille 216[97]
Maubusson 211[76]
Meaux 155, 222[127], 234
Medina 64
Mehun-sur-Yèvre 212
Melsa 155
Monferrato 135
Mons Lactarius 54
Mont Couer 111
Montaigu 111
Montauban 230[163]
Montlhéry 212
Morat 236[195]
Mortemer 107f.
Montfort 214[90]
Mouliherne 113
Moulins-la-Marche 115
Mouzeil 107
Myrina 47

Nantes 244
Nechtansmere 97
Neustrien 99, 109

Nevers 233[179]
Nicopolis 237[199], 259
Niort 224[135]
Nonancourt 203[37]
Nordafrika 46
Normandie 93-95, 106-109, 112, 121, 142, 182[3],184, 190, 201[26], 203[37], 210[71], 212[77], 221[125], 246
Northamptonshire 120[133]
Northumbrien 96f.
Nouy 111
Noyon 102
Numantium 233
Nürnberg 261

Orient 183[12], 190
Orléans 211, 225[144], 239, 242[217]
Orvieto 125
Österreich 260
Ostgotenreich 53
Ostrom 51
Oxford 73

Padua 132
Palästina 183f., 186, 188-190
Pandschab 80
Pannonien 50
Pantelleria 100[32]
Paris 59, 101f., 150, 152, 171, 182-186, 219[114],222[127], 230f., 233, 256
Persien, Perserreich 46, 57, 65, 80
Persischer Golf 17, 25
Perugia 131, 135f.
Peterbrough 102
Picardie 142, 184, 198[6], 220[116], 223[132]
Pisa 126, 132-134
Plessis-les-Tours 242
Poitiers 39, 116, 174, 190, 205[48], 224, 234, 235[189]
Polen 72
Pont-de-l'Arche 221, 213[82]

Pontorson 184
Prag 259
Provence 209f.

Quarante 208

Ravenna 46, 160
Regensburg 105
Reims 207, 209, 213, 216
Rennes 203[36]
Revel 197, 208
Rimini 263f.
Ringmere 102
Rodez 236
Rom 50, 52, 128, 130-132, 183[12], 240[211], 256, 264
Römerreich 51f., 54
Roosebeke 192
Rosheim 213
Rouen 108, 112, 206[54], 210[71], 213, 215[96], 225[138], 245[232]
Roussillon 215[94]
Rumänien 194
Rus 101

Sachsen 37f.
Saguntium 244
Saigon 19
Saint-Evroult 94, 117
Saint-Louis-devant-Sayette 214[88]
Saint-Faron 234
Saint-Flour 213[82]
Saint-Jean au Plan Formiguier 216[97]
Saint-Malo 213[82]
Saint-Omer 158, 231f., 239
Saint-Pol 233[179]
Saint-Vaast-la-Hougue 102, 142
Sainte-Suzanne 110f.
Salisbury 242
Sangatte 144
Saucourt 103
Schottland 94-99, 103, 118, 190

Schwaben 36[91]
Schweden 207[58]
Schweiz 128
Sedan 244
Seine 102
Selonnet 171
Senlis 223[131]
Serbien 17, 45
Siena 125, 262
Sizilien 48-50, 52, 130, 161, 220[119]
Skandinavien 98
Slowakei 72
Smyrna 183
Spanien 19, 62, 65, 79, 100[32], 184
Sparta 81
Speyer 256
Stamford Bridge 93f., 120
Stockholm 139
Syrakus 216f.
Syrien 79

Tannenberg 237[199]
Tettenhall 103
Thérouanne 102
Thetford 102
Tinchebrai 115f., 121
Tivoli 160
Toulouse 201[25], 221[124], 233[176], 236[192]
Touraine 111
Tournai 102, 150f.
Tours 111
Transpadanien 47, 49
Tréguier 230[167], 231
Trent 96
Troyes 194
Tschetschenien 17
Tübingen 41, 68
Türkei 259
Tuszien 55

UdSSR 36[93]

Ungarn 72, 132
Urbino 265
USA 17, 36[93], 59

Val-ès-Dunes 107
Valenciennes 157, 164
Valois 171
Varaville 107
Vaudémont 224[136]
Venedig 127, 132f., 136[33], 138f., 188, 256, 262
Venetien 55
Verden 100[33], 105
Verona 264
Verruca 100[33]
Vexin 93, 111
Vietnam 19, 25, 168

Villeneuve-la-Hardie 143
Villy-le-Moutier 215[95]
Vincennes 213

Wales 94f., 98f., 118
Weimar 261
Wessex 97, 99, 103, 121
Westminster 153
Weströmisches Reich 53
Wien 183
Winchester 105
Winwaed 97
Würzburg 25, 33

Yorkshire 93, 155
Yssoire 201[29]
Yvoire 213[82]

## 2. Personenregister

A'ischa 66
Abbasiden, Dynastie 67, 69-71
Abbo von St-Germain 101
Abdullah II., König von Jordanien 73
Abdulmadjid Dhanbiyyat 73
Abehard 99
Abraham 78
Abu Bakr, Kalif 65f.
Abū l-Qāsim b. at-Taylisān 85
Accolti, Francesco 135
Adalgis 105
Ademar von Chabannes 108f.
Adomnan, Abt von Iona 97[18]
Aegidius Colonna => Colonna, Aegidius
Aelfgar, Graf von Mercien 120[133]

Aelfheah von Canterbury 99
Aelfric, Ealdorman 105
Aelfric, Prediger 104
Aelfwine 96
Aeschere 96
Aethelred, König von Mercien 96
Aethelred der Unberatene (the Unready), König von England 98, 108, 119
Aethelstan 102-104
Aethelweard 102f.
Agathias aus Myrina, 47, 55, 57
Alain Chartier => Chartier, Alain
Al-Ansārī al-Marrākušī 85
Aldfrith 97[18]
Al-Djabarti 60

Alemannen 47, 49
Alexander d. Gr. 220
Alexander von Aphrodisias 78
Al-Farabi 78f., 80-83, 86, 88f.
Alfons XI., König von Kastilien 183
Alfred d. Gr., König von England 103, 105
Al-Gabarti => al-Djabarti
Ali, Kalif 65-67
Aligern 47, 55
Allmand, Christopher 32
Alphonse de Poitiers 255
Al-Tabari 60
Althoff, Gerd 34-36
Amalasuntha 52, 53, 54
Amaler, Dynastie 53f.
Angelsachsen 94-97, 102f., 106, 115, 119-121
Anglo-Normannen 94, 116-118
Anglo-Skandinavier 94f., 106
Anicier, Dynastie 53
Anjou, Dynastie 109, 116
Anonymus der Hussitenkriege 260
Anziaten 226
Apollodor 256, 263
Appentzeller, Büchsenmeister 261
Appius Claudius 216[102]
Araber 68, 70, 78
Archibald, Graf von Argyll 118
Ariès, Philippe 22
Aristoteles 78f., 85f., 88
Arrianus 203[38]
Artabanes 48
Arthur, König von England 168
Arwald, König 97
Assmann, Jan 14, 40
Athalarich, ostgotischer König 54
Audrehem, Arnoul d' 192
Aurelius Augustinus 24, 104
Averroes 78f., 85-89
Avicenna 78-80, 83-85, 89

Awaren 46, 56, 57, 100[33]

Bahmanyar 85
Baiuwaren 49
Baldo degli Ubaldi 131, 134f.
Banu Nadir 88
Barnon de Glos 114
Bartlett, Robert 94, 109
Bartolo da Sassoferrato 131
Beck, Hans-Georg 56
Beda 95, 97[16], 120
Bedford, Herzog von 229
Beduinen 66f.
Belger 229[162]
Belisar, 46, 52
Beowulf 96
Berber 65
Bernarbo Visconti 184
Bernard de Rioux 231[169]
Bernward von Hildesheim 160
Berry, duc de -> Jean
Bersuire, Pierre 226
Bertrand du Guesclin 194, 224, 238
Blanche de Castille 236
Blankinship, Khalid Yahya 65, 70
Blois-Chartres, Dynastie 109
Boucicaut, Jean II. 226
Bouvet, Honoré 171, 172, 175
Brodman, James W. 124
Brunner, Horst 25, 33[79]
Brunner, Otto 22f.
Brunetto Latini => Latini, Brunetto
Bruno 36-38
Bull, Hedley 73
Bury, John B. 48
Butilin 47
Buyiden, Dynastie 69
Byrhtnoth, Ealdorman 95, 98, 102f.

Cadwalla, König von Wessex 97
Caesar, G. Julius 215[91], 218[109], 229[162]

Cameron, Averil 54
Camilla 241
Cassiodor 53
Charles => Karl
Chartier, Alain 172-174, 177
Childebert II., merowingischer König 100[33]
Chrétien de Troyes 115
Christine de Pisan 174, 177
Clausewitz, Carl v. 18-20, 29, 64, 73
Clignet du Brabant 226
Clisson, Olivier de 230[166], 239[207]
Cnut => Knut
Colonna, Aegidius 255f.
Commynes, Philippe de 191[42], 242
Condorcet 82[15]
Conrad Gustinger 161
Conrad Kyeser 259, 262
Contamine, Philippe 30-33, 106, 228
Crispinus, Titus Quinctius 216
Cuvelier => Jean C.
Cyfeliog von Archenfield 99

Dänen 108
Daniele di Chinazzo 139
David I., König von Schottland 118, 119
David, König von Israel 185
Deschamps, Eustache 174
Djadul-Haq Ali Djadul Haq 72
Dudo von St-Quentin 108
Duncan, König von Schottland 98
Duns Scotus 89

Eadwig, Bruder des Aelfric 102
Ecgfrith, König von Northumbrien 96f.
Edgar Aetheling, König von England 119, 121
Edmund der Tapfere (Ironside), König von England 103

Edmund, König von East Anglia 102
Eduard I., König von England 118
Eduard III., König von England 142-166, 168
Eduard, Prinz von Wales, der "Schwarze Prinz" 190
Eduard der Bekenner (Edward the Confessor), König von England 119
Eduard der Ältere (Edward the Elder), König von Wessex 99, 103
Elianus 203[38]
Engländer 229, 235, 238, 243, 244
Enzo, König von Sardinien 124, 134
Etienne de Conty 182[3]
Eugen IV., Papst 264
Eustache de Saint-Pierre 143, 147f., 163
Eustache Deschamps => Deschamps, Eustache
Evesa 99
Ezzelino III. da Romano 127[12]

Fabius, Marcus 227f.
Fabius, Quintus 227
Farabi -> al-Farabi
Fawkes de Bréauté 115
Federico da Montefeltro 265
Fland 98[20]
Flori, Jean 113
Fontana => Giovanni da F.
Francesco Accolti => Accolti, Francesco
Francesco di Giorgio Martini 265
Frank Ackerman, Capitain von Gent 239
Franken 34[83], 47-49, 55, 68, 95, 99-103, 109
Franzosen 220[119], 229, 237f., 243f.
Friedrich I. Barbarossa, Kaiser 143[5], 161

Friedrich II., Kaiser 130
Froissart, Jean 145-148, 158-164, 168f., 230
Fulco IV. le Réchin, Graf von Angers 111
Fulco Nerra, Graf von Angers 111

Gailo 105
Gallier 215[91], 218
Garlande, Jean 201[25]
Gautier von Manny 148, 164
Gauvain 190
Genter 225, 235
Gentili, Alberico 138
Geoffroy Martel von Anjou 111, 113
Geoffroy von Mayenne 111
Geoffroy von Mortagne 115
Geoffroy von Thouars 107, 110
Geoffroy von Tourville 107
Gepiden 50
Gerald von Wales 117
Germanen 106, 215[91]
Germanus der Ältere 53f.
Gerson, Jean 174
Ghazâli 78
Gilbert de Brionne 114
Gilbert de Laigle 115
Gilles le Muisit 150f.
Giovanni da Fontana 262
Giovanni Villani => Villani, Giovanni
Giroie => William, Sohn des G.
Godwine von Worthy 102, 119
Gornemont von Gohort 115
Goten 46-56
Gottfried => Geoffroy
Götz von Berlichingen 127
Gregor von Tours 96
Gregor XI., Papst 185
Gruffydd, Waliser Prinz 120[133]
Guido da Vigevano 255-259, 262
Guillaume Cale 225[144]

Guillaume de Machaut 174
Guillaume de Nangis 198[6]
Guillaume des Ormes 236
Guillaume => Wilhelm
Guy de Ponthieu 108

Haas, Stefan 15[11]
Halbwachs, Maurice 40[106]
Hall, Bert S. 253
Hannibal 244f.
Harald Hardraada, König von Norwegen 93, 120
Hardtwig, Wolfgang 26
Harald II. Godwinson, König von England 93, 108, 119f.
Harun al-Raschid 70
Haskell, Francis 26
Hassan al-Banna 72
Hegel, Georg W. F. 79
Heinrich (Henry) I., König von England 93f., 107, 115
Heinrich (Henry) II., König von England 231[169]
Heinrich (Henry) V., König von England 116, 226
Heinrich IV., Kaiser 36f.
Heinrich VII., Kaiser 161-163
Helena, Kaiserin 211
Helias, Graf von Main 112
Henry => Heinrich
Herodes 176
Heron von Alexandria 203[38]
Heruler 47
Holsti, Kalevi 73
Hrothgar, König 96
Hubert de Maine 110
Hugo von Lusignan => Lusignan, H. von
Hugo IV., König von Zypern 184
Hugo d. Gr. (Hugues le Grand), westfränkischer Herzog 235[189]

Hugues => Hugo
Humbert II., Dauphin des Viennois 183
Hunnen 56, 206[51]
Huntington, Samuel P. 63

Ibn al-Athir 60
Ibn Bāǧǧa 78
Ibn Khaldun 62f.
Ibn Laden 74
Ibn Ruschd 62, 79
Ibn Taymiyya 85
Imma 96
Inalcik, Halil 71
Innozenz III., Papst 124
Iren 116f.
Isabella von Bayern (Isabeau de Bavière), Königin von Frankreich 231[167]
Isabella, Tochter Karls VI. von Frankreich 189
Ivar der Knochenlose (the Boneless), wikingischer König 103

Jakob IV., König von Schottland 118
Janssen, Wilhelm 21f.
Jean Bailleul 212[77]
Jean Colombe 210f.
Jean Cuvelier 224
Jean de Berry 197, 205[48], 209, 230[167]
Jean de Bueil 191[42], 207, 214[87]
Jean de Joinville 214[88], 223[130]
Jean de Mandeville 207[56]
Jean de Venette 170, 175
Jean Dorly 212[77]
Jean Froissart => Froissart, Jean
Jean Gerson => Gerson, Jean
Jean Juvénal des Ursins 177
Jean le Bel 147f., 158-164
Jean Mansel 216
Jean Régnier 174

Jean Wauquelin 220
Jean => Johann
Jeanne d'Arc 239[207]
Jeannine Galet 212[77]
Jehuda Halevi 78, 90
Jemeniten 96
Johann von Luxemburg, König von Böhmen 223[131]
Johann II. der Gute (Jean le Bon), König von Frankreich 175, 182, 184, 190
Johann Ohnefurcht (Jean sans Peur), Herzog von Burgund 209[70], 214[88], 220[116], 223[131], 231[171], 239
Johann von Beaumont 164
Johann von Vienne 144, 147, 156, 157
Johann von Winterthur 144
Johannes Formschneider 261
Johansen, Baber 59
John Gower 174
John Lydgate 174
John of Reading 153-156
Jordanes 53f.
Juliana, Tochter Geoffroys von Mortagne 115
Justin II., Kaiser 57
Justinian I., Kaiser 46-57
Juvénal => Jean J. des Ursins

Kapetinger, Dynastie 116
Karl d. Gr., Kaiser 16[14], 34[83], 70, 100, 105, 192
Karl IV., Kaiser 231[167]
Karl II. der Kahle (Charles le Chauve), westfränkischer König 99, 101
Karl V. (Charles le Sage), König von Frankreich 151, 172, 185, 193, 195, 233
Karl VI. (Charles le Bien-aimé), König von Frankreich 171, 185,

189-191, 195, 208[65], 215[93], 225, 230f.
Karl VII. (Charles le Victorieux), König von Frankreich 195, 229, 233, 242f., 246
Karl I. von Anjou, König von Neapel 161, 193
Karl der Kühne (Charles le Téméraire), Herzog von Burgund 225[141], 236[195]
Karl von Blois (Charles de Blois), Herzog von Bretagne 214[90], 235[187]
Karolinger, Dynastie 31[66], 100[33], 109
Karthager 244f.
Keegan, John 19
Keen, Maurice 31, 124
Kelten 94f., 97, 103, 116-118, 120
Kerlouet 238[202]
Khazaren 78
Knut (Cnut) d. Gr., König von England, Dänemark und Norwegen 99, 103, 106[73], 119
Kondylis, Panjotis 29
Konrad II., Kaiser 160
Konradin, König von Sizilien 193
Konstantin II., König von Schottland 103
Kossovaren 45
Kraemer, Joel 77, 89
Kyeser => Conrad K.

Lambert von Nantes 101
Lampert von Hersfels 36[92]
Lamprecht, Karl 15[12]
Lancelot 190
Langobarden 46, 50f., 57
Latiner 226
Latini, Brunetto 213[83]
Leofric von Whitchurch 102
Leofwine 102
Leonardo da Vinci 265f.
Leyser, Karl 113

Liberius 52f.
Lideric 158
Ligny, comte de 217[107]
Lippold, Adolf 47
Livius, Titus 198[6], 226f., 232, 241
Lothar I., Kaiser 101
Louis => Ludwig
Ludovico Sforza 266
Ludwig, Abt von St. Denis 99
Ludwig II. der Deutsche, ostfränkischer König 101, 104[61]
Ludwig III. der Jüngere, ostfränkischer König 101, 103
Ludwig VI. (Louis le Gros), König von Frankreich 93, 115
Ludwig IX. der Heilige (Louis le Saint), König von Frankreich 124, 223[130], 255
Ludwig XI., König von Frankreich 204[41], 221
Ludwig von Eyb d. J. 261
Ludwig von Male (Louis de Male), Graf von Flandern 225
Luke von La Barre 107
Lusignan, Hugo IV. von 107, 110

Mahmud von Ghazna 80
Maiolus (Maieul), Abt von Cluny 100[32]
Malatesta, Familie 264
Mamerot, Sebastien 204[44]
Manfred, König von Sizilien 161, 193
Manlius, Gnaeus 227
Marcellus 216f.
Mariano Taccola 262f., 267
Marino Sanudo 255f.
Martial d'Auvergne 243[223]
Martin Scott 224[135]
Mathasuntha 53f.
Mathgamain, König von Munster 98

Mauren 100³²
Maurikios, Kaiser 57
Maximilian I., Kaiser 128¹⁵
Mead, Margaret 19
Megenhard, Graf 99
Meier, Christian 41
Mélusine 209
Menander Protektor 57
Merowinger, Dynastie 96, 100
Mézières, Philippe de 170-172, 174, 177, 181-196
Mohammed, Prophet 64, 67, 87, 88
Mohammed Omar 74
Montefeltro => Federico da M.
Morabia, Alfred 77
Moses 184, 189

Nagel, Tilman 59²
Napoleon I. Bonaparte 19, 20²²
Narses 47, 49, 54f.
Neidhard 101
Nelson, Janet 113
Nepitella 134
Nicola di Torriglia 134²⁵
Nikolaus I., Papst 100
Normannen 30, 34⁸³, 94f., 116, 118
Northumbrier 120
Norweger 98
Numantiner 233

Obolensky, Dimitri 56
Odoaker, König in Italien 52
Odoard von Le Pin 107
Oexle, Otto Gerhard 15
Ohler, Norbert 34, 124
Olaf Haraldson der Heilige, König von Norwegen 109, 112
Olaf Tryggvason, König von Norwegen 102
Olaf Haraldsson III. der Ruhige, König von Norwegen 93

Olaf Guthfrithsson, König von Dublin 99
Olivier de Clisson => Clisson, O.
Omar, Kalif 65
Omayyaden, Dynastie 65-67, 69, 71
Ordericus Vitalis 94, 101, 107, 110, 112-115, 119
Osbern 114
Osmanen 68³⁴, 70f., 183
Ostgoten 48f., 52f., 206⁵¹
Oswig 102
Oswiu, König von Northumbrien 97
Othman, Kalif 65f.
Otto I., Kaiser 105
Otto III., Kaiser 160
Ottonen, Dynastie 16, 31⁶⁶, 98²²
Overmans, Rüdiger 124

Paolo Santini 263
Parzival 115
Pasctunen 74
Passara 53
Penda von Mercien 97
Perche, Graf von 115
Perser 46, 57, 68-71
Peter I. von Lusignan, König von Zypern 182, 184f.
Peter der Eremit 183
Peter von Ham 143
Philipp II. Augustus, französischer König 232¹⁷⁵
Philipp II. der Kühne (Philippe le Hardi), Herzog von Burgund 230¹⁶⁷, 234f.
Philipp VI. von Valois, König von Frankreich 39¹⁰¹, 142-166, 190, 256
Philippa von Hainaut, Königin von England 164
Philippe d'Artevelde 225
Philippe de Commynes => Commynes, P. de

Philippe de Mézières => Mézières, P. de
Philon von Byzanz 203[38], 219[112]
Pierre Roussel 219[112]
Pierre Thomas (Pierre de Thomas), lateinischer Patriarch von Konstantinopel 182, 184
Platon 79, 81f., 85-89
Polybios 218[109]
Popitz, Heinrich 23, 29
Popper, Karl 79
Privernaten 226
Prokop von Caesarea 48-53, 55-57

Quraischiten 67, 69, 74

Ralph, König 102
Ranulph Higden 153
Raschidun, Dynastie 65-67, 71
Raynaud, Christiane 26
Reginald von Grancy 114
Regino von Prüm 99
René von Anjou, König von Neapel, Herzog von Lothringen und Bar 223[132]
Rhigyfarch, Waliser Kleriker 117[124]
Richard I., Herzog von Normandie 108
Richard II., Herzog von Normandie 108
Richard II., König von England 171, 189f.
Richard I. Löwenherz, König von England 124
Robert II. Curthose, Herzog von Normandie 112, 115, 121
Robert Guiskard, Herzog von Apulien und Kalabrien 128[14]
Robert der Burgunder 110
Robert l'Eremite 190
Robert Monton 224[135]

Robert von Avesbury, 153-155
Robert von Rhuddlan 117[124]
Robert Valturio 263-266
Robert von Bellême 107, 113f.
Rodin, August, 148
Romanen 49
Römer 47-55, 68, 198[6], 215[91], 216, 218, 226f., 232[172], 240f,
Roussiaud, Jaques 22[28]
Rubin, Berthold 47, 50
Ruprecht I. von der Pfalz, deutscher König 259
Rushdie, Salman 79

Sachsen 36, 37[94], 37[94], 38, 100[33], 105
Sagunter 245
Salier, Dynastie 36[91]
Sanudo => Marino S.
Sarazenen 100[32], 112, 184, 220[119]
Sassaniden 65, 68
Sayf ad-Dawla 79
Scheler, Max 24
Schmidt, Ludwig 51
Schmidtchen, Volker 33
Schmitt, Carl 23
Schotten 116, 120, 230[167]
Schuster, Peter 22[28]
Scipio Africanus 233
Seldjuken 69f.
Serben 45, 17
Sforza => Ludovico S.
Sigismondo Pandolfo 263f.
Sigismund, Kaiser 263
Simon de Montfort 233[177], 236[192]
Sindual 47
Skythen 56
Slawen 57, 100[33]
Sofsky, Wolfgang 30
Sprandel, Rolf 25, 33[79]
Stephan I. von Blois, König von England 111

Stephanus, Gesandter Totilas 51
Sven Gabelbart, König von Dänemark 98f., 108
Syrer 96

Tacitus 106
Taccola => Mariano T.
Talbot 237[197], 242
Taliban 74
Teja, König der Goten 54f.
Tedbald I. Tricator (Thibaud le Tricheur), Graf von Blois 108
Tedbald III., Graf von Blois 111
Themistius 78
Theobald => Tedbald
Theobald, Erzbischof 96
Theoderich der Große; König der Ostgoten 49, 52-54
Thibaud => Tedbald
Thomas Basin 178, 213[82]
Thomas von Burton 155f.
Thomas de Dagworth 235[187]
Thomas Evringham 237[197]
Thorkill 99
Toki 121
Tosti Godwinson 93
Tostig, Earl von Northumbrien 120[133]
Totila, König der Goten 48f., 51f., 54
Toynbee, Arnold 62
Türken 68, 70f., 83, 183, 194

Ubba 103
Uhtred 98
Ungarn 105, 112
Urban V., Papst 185
Urvoy, Dominique 78

Valerius Potitus 232[173]
Van Creveld, Martin 25, 73
Van Ess, Josef 68

Vandalen 46, 53
Vegetius, Flavius Renatus 192, 254, 259
Veh, Otto 47, 51
Veijaner 227, 240
Vigevano => Guido da V.
Villani, Giovanni 144, 157
Villard de Honnecourt 256
Vinci => Leonardo da
Visconti => Bernarbo V.
Volsker 232[173], 241

Wadle, Elmar 21, 22
Waliser 116, 117, 120
Watt, W. Montgomery 65
Wenzel IV., König von Böhmen 259
Westgoten 65
Widukind 105
Wigod von Wallingford 121
Wikinger 101-103, 105, 112
Wilhelm I. der Eroberer, König von England 107f., 110f., 113f., 119-121
Wilhelm II. Rufus, König von England 111-113
Wilhelm I. der Löwe, König von Schottland 118
Wilhelm V. d. Gr., Herzog von Aquitanien 108-110
Wilhelm VI., Herzog von Aquitanien 111
Wilhelm Clito, Graf von Flandern 107
Wilhelm von Jumièges 108
Wilhelm Malet 119
Wilhelm von Montgomery 114
Wilhelm von Montigny 115[119]
Wilhelm von Poitiers 107f., 113, 120
William, Sohn von Giroie (Geroianus Willelmus) 111, 114

Willoweit, Dietmar 25
Witigis, König der Ostgoten 46, 50, 53f.
Wolfram, Herwig 46[3], 48, 51

Wulfhere 102
Wulfric 102
Wulfrun 99

ABBILDUNGEN

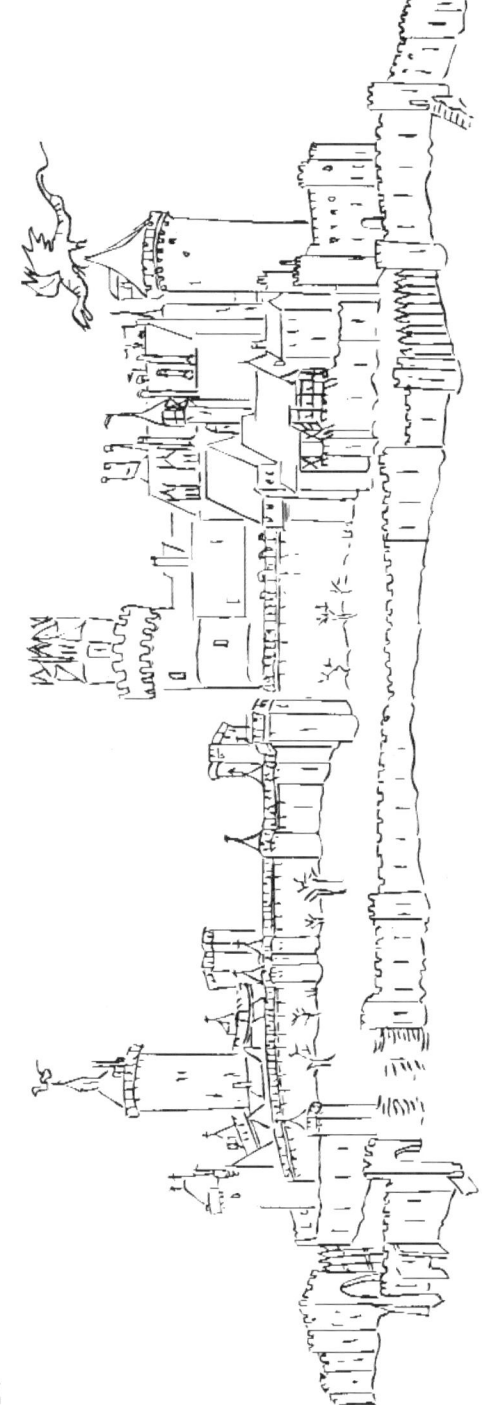

Chr. Raynaud, Défenses, **Dessin 1**

Dessin d'après les Très Riches Heures de Jean de France, duc de Berry (détails). **D 1**: (fol. 3 verso). Mois de mars, château de Lusignan.

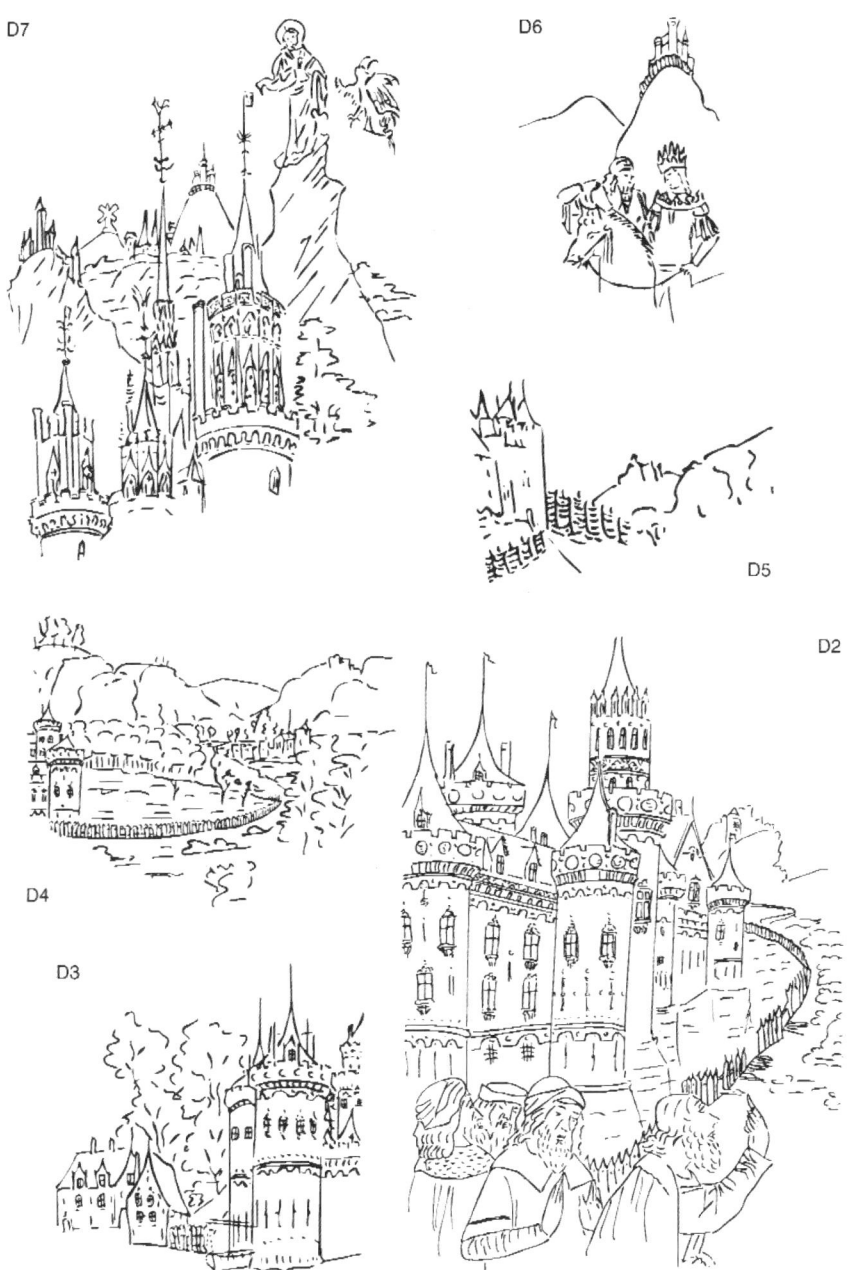

Chr. Raynaud, Défenses, **Dessin 2–7**
Dessin d'après les Très Riches Heures de Jean de France, duc de Berry (détails). **D 2**: (fol. 82), Livre de Job; **D 3**: (fol. 90 verso), Le cavalier et la mort; **D 4**: (fol. 133 verso), Invention de la croix par Sainte Hélène de Constantinople; **D 5**: (fol. 150), Ps. 22, Souffrances et espoirs du juste; **D 6**: (fol. 51 verso), La Rencontre des Mages, la tour de Montlhéry; **D 7**: (fol. 161 verso), La tentation du Christ, château de Mehun-sur-Yèvre.

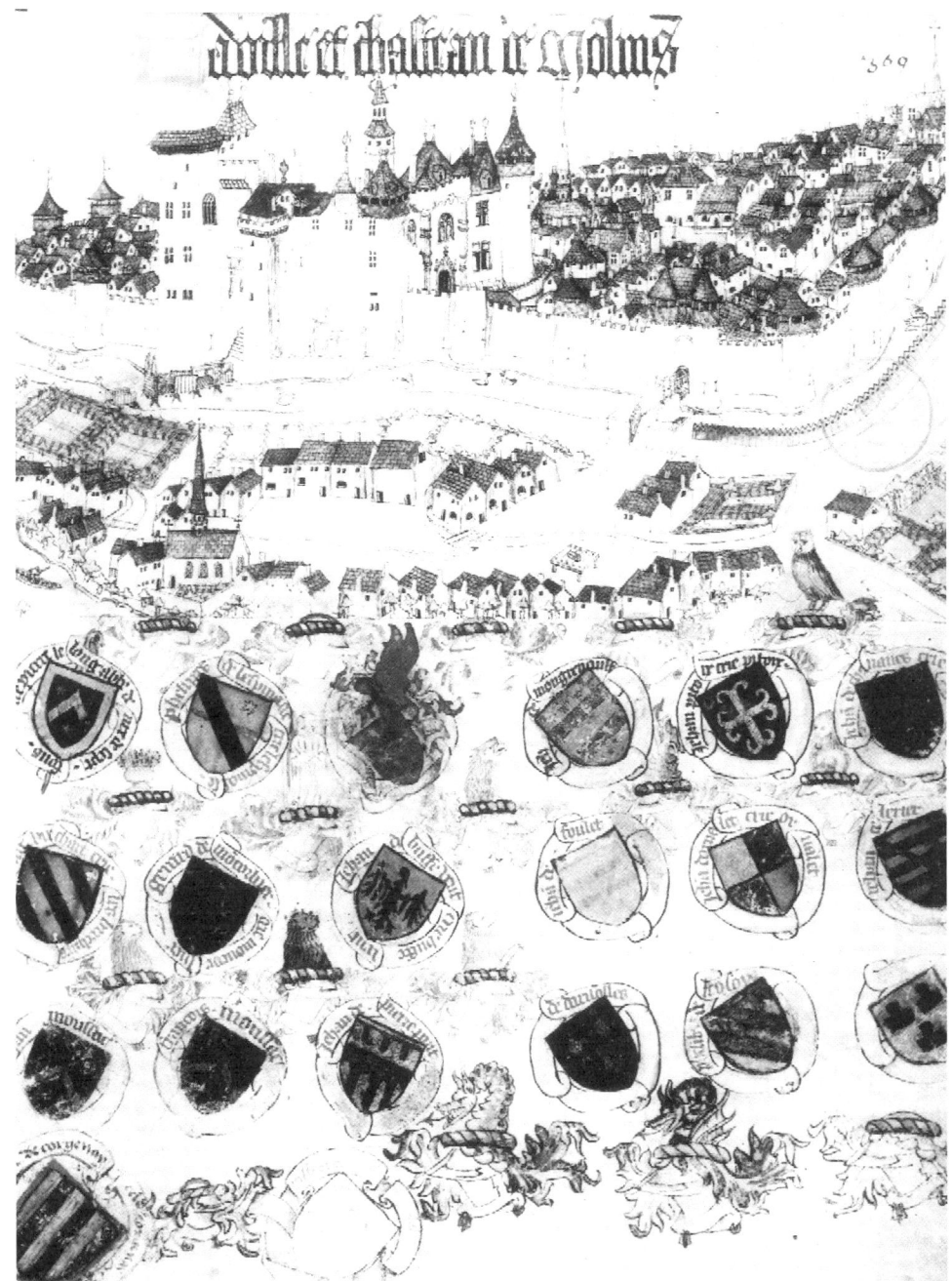

Chr. Raynaud, Défenses, **Fig. 1**
Ville et le château de Moulins (cliché Bibliothèque nationale de France, Paris).

Abbildungen 289

Chr. Raynaud, Défenses, Fig. 3
Lutte entre Romains et Gaulois révoltés (cliché Bibliothèque nationale de France, Paris).

Chr. Raynaud, Défenses, Fig. 2
Siège de Syracuse (cliché Bibliothèque nationale de France, Paris).

Chr. Raynaud, Défenses, **Fig. 4**
Siège de Babylone par Alexandre (© Photothèque des Musées de la Ville de Paris).

Chr. Raynaud, Défenses, **Fig. 5**
Victoire de Chizé (cliché Bibliothèque nationale de France, Paris).

**Fig. 6**
Victoire des Romains et des Latins sur les Privernates et les Antiates
(cliché Bibliothèque nationale de France, Paris).

Chr. Raynaud, Défenses, **Fig. 7**
Bataille contre les Véiens (cliché Bibliothèque nationale de France, Paris).

Chr. Raynaud, Défenses, **Fig. 8**
Victoire de Lagny (cliché Bibliothèque nationale de France, Paris).

Chr. Raynaud, Défenses, **Fig. 9**
Anxur (cliché Bibliothèque nationale de France, Paris).

Chr. Raynaud, Défenses, **Fig. 10**
Numance assiégée par Scipion (cliché Bibliothèque nationale de France, Paris).

Chr. Raynaud, Défenses, **Fig. 11**
Siège d'Harfleur (cliché Bibliothèque nationale de France, Paris).

Chr. Raynaud, Défenses, **Fig. 12**
Siège de Meaux (cliché Bibliothèque nationale de France, Paris).

Chr. Raynaud, Défenses, **Fig. 13**
Siège de Dieppe (cliché Bibliothèque nationale de France, Paris).

Chr. Raynaud, Défenses, **Fig. 14**
Siège de Châtellerault (cliché Bibliothèque nationale de France, Paris).

Abbildungen

Chr. Raynaud, Défenses, **Fig. 16**
Incendie d'un camp des Volsques par Camille
(cliché Bibliothèque nationale de France, Paris).

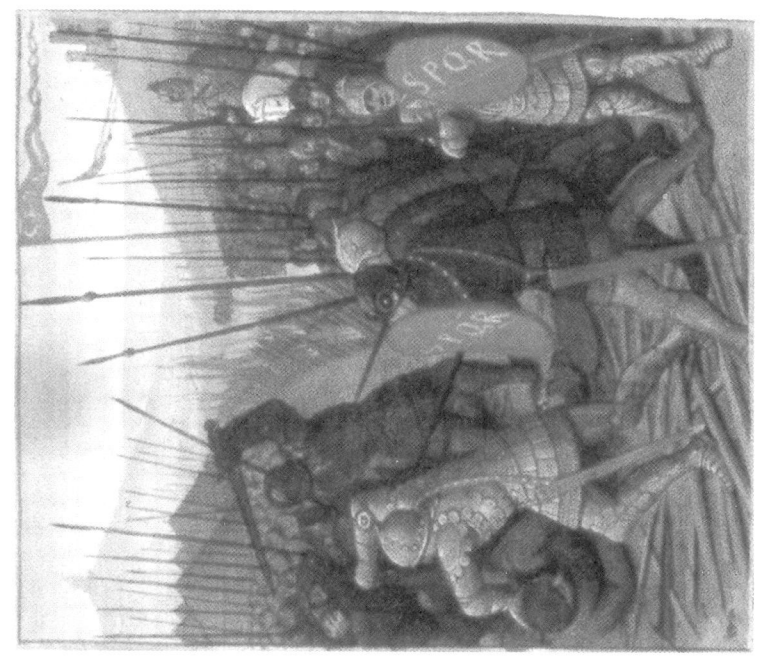

Chr. Raynaud, Défenses, **Fig. 15**
Siège de Véies (cliché Bibliothèque nationale de France, Paris).

Chr. Raynaud, Défenses, **Fig. 17**
Siège d'Orléans (cliché Bibliothèque nationale de France, Paris).

Chr. Raynaud, Défenses, **Fig. 18**
Siège de Bordeaux (cliché Bibliothèque nationale de France, Paris).

Abbildungen

Chr. Raynaud, Défenses, **Fig. 19A et B**
Siège de Caen (cliché Bibliothèque nationale de France, Paris).

Chr. Raynaud, Défenses, **Fig. 20**
Prise de Sagonte (cliché Bibliothèque nationale de France, Paris).

Abbildungen 301

M. Popplow, Bildkataloge, **Abb. 1**
Das typische Bild des mittelalterlichen Krieges: blutige Schlachtszenerie (Anfang 14. Jahrhundert)
(Codex Manesse, Universitätsbibliothek Heidelberg, cpg 848).

M. Popplow, Bildkataloge, **Abb. 2**
Idealisierte Rekonstruktion des Einsatzes mittelalterlichen Belagerungsgerätes: Schutzhütte mit Rammbock, Gegengewichtsgeschütz, Belagerungsturm (Viollet Le-Duc 1854).

M. Popplow, Bildkataloge, **Abb. 3**
Frühe, zweidimensionale Darstellungsweise kriegstechnischer Objekte: Guido da Vigevano, Streitwagen (um 1335) (Cliché Bibliothèque nationale de France, Paris, cod. lat. 11015).

304    Abbildungen

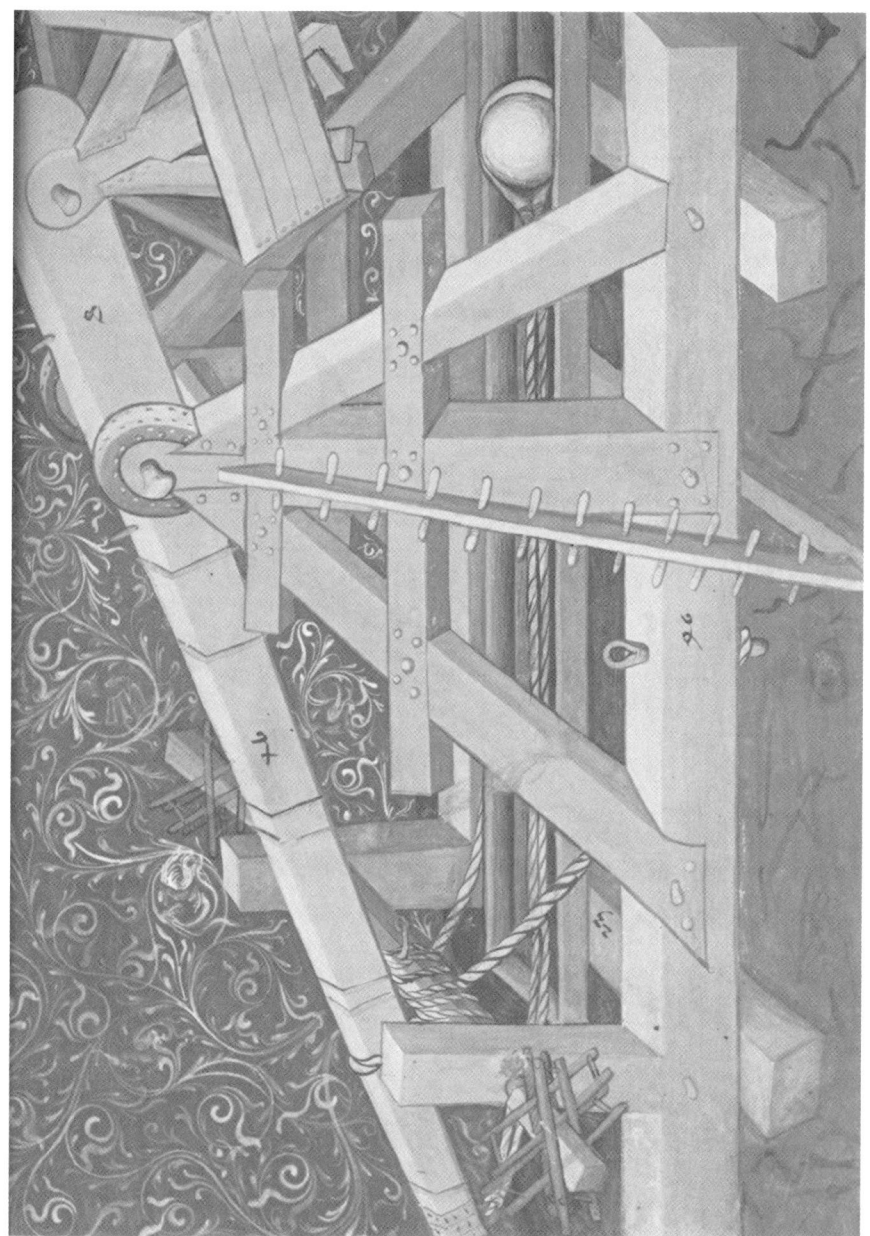

M. Popplow, Bildkataloge. **Abb. 4**
Räumliche Darstellungsweise kriegstechnischer Objekte: Conrad Kyeser, Tribock (um 1405) (Universitätsbibliothek Göttingen, Cod. phil. 63).

M. Popplow, Bildkataloge, **Abb. 5**
Szenische Präsentation der Anwendung von Kriegstechnik: Conrad Kyeser,
Hilfsmittel zum Überwinden von Zugbrücken, vorne Tarnkappen aus Weidengeflecht (um 1405)
(Universitätsbibliothek Göttingen, Cod. phil. 63).

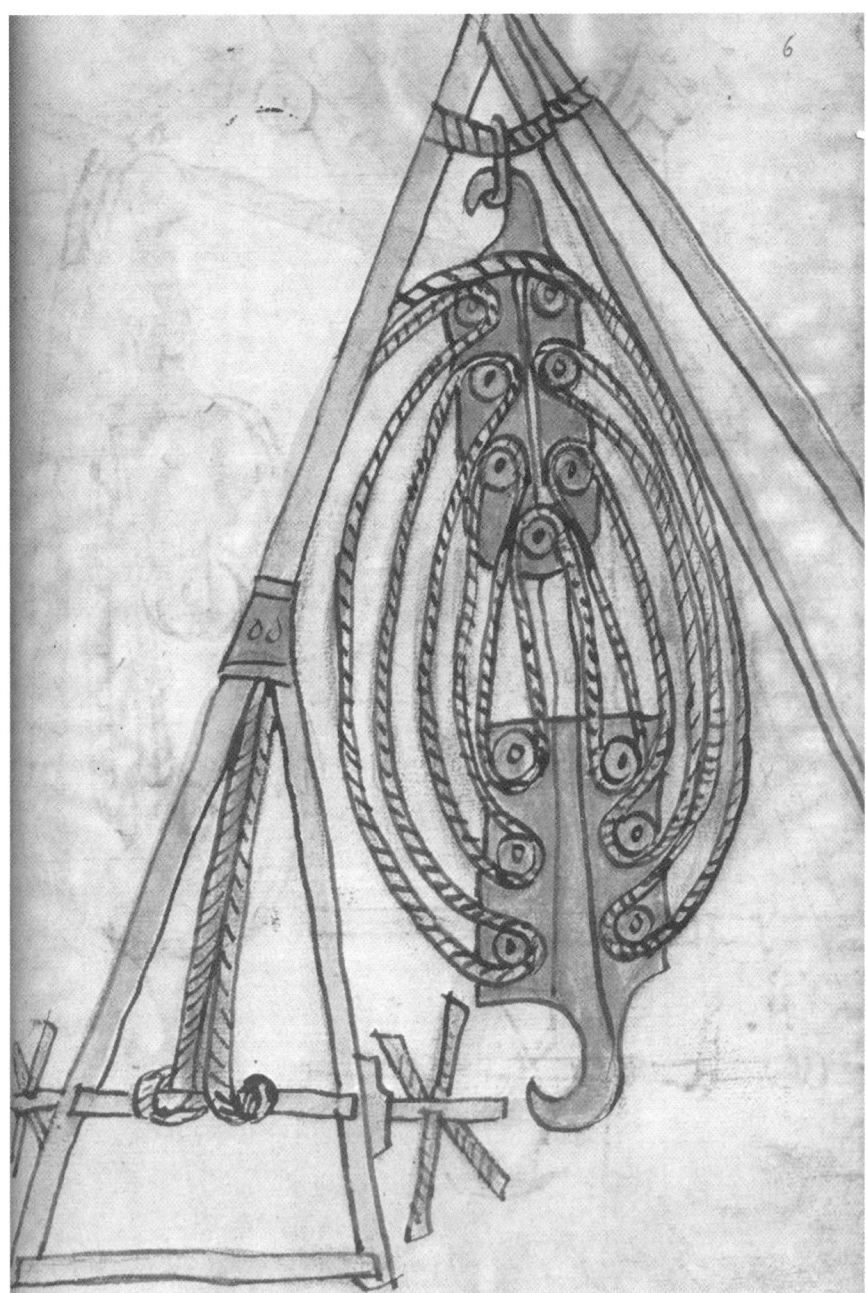

M. Popplow, Bildkataloge, **Abb. 6**
Zeichnerische Möglichkeiten der Verdeutlichung technischer Details: "Anonymus der Hussitenkriege",
Hebezeug mit Flaschenzug zum Verladen schwerer Geschütze (ca. 1472–1475)
(Bayerische Staatsbibliothek München, clm 197).

Abbildungen

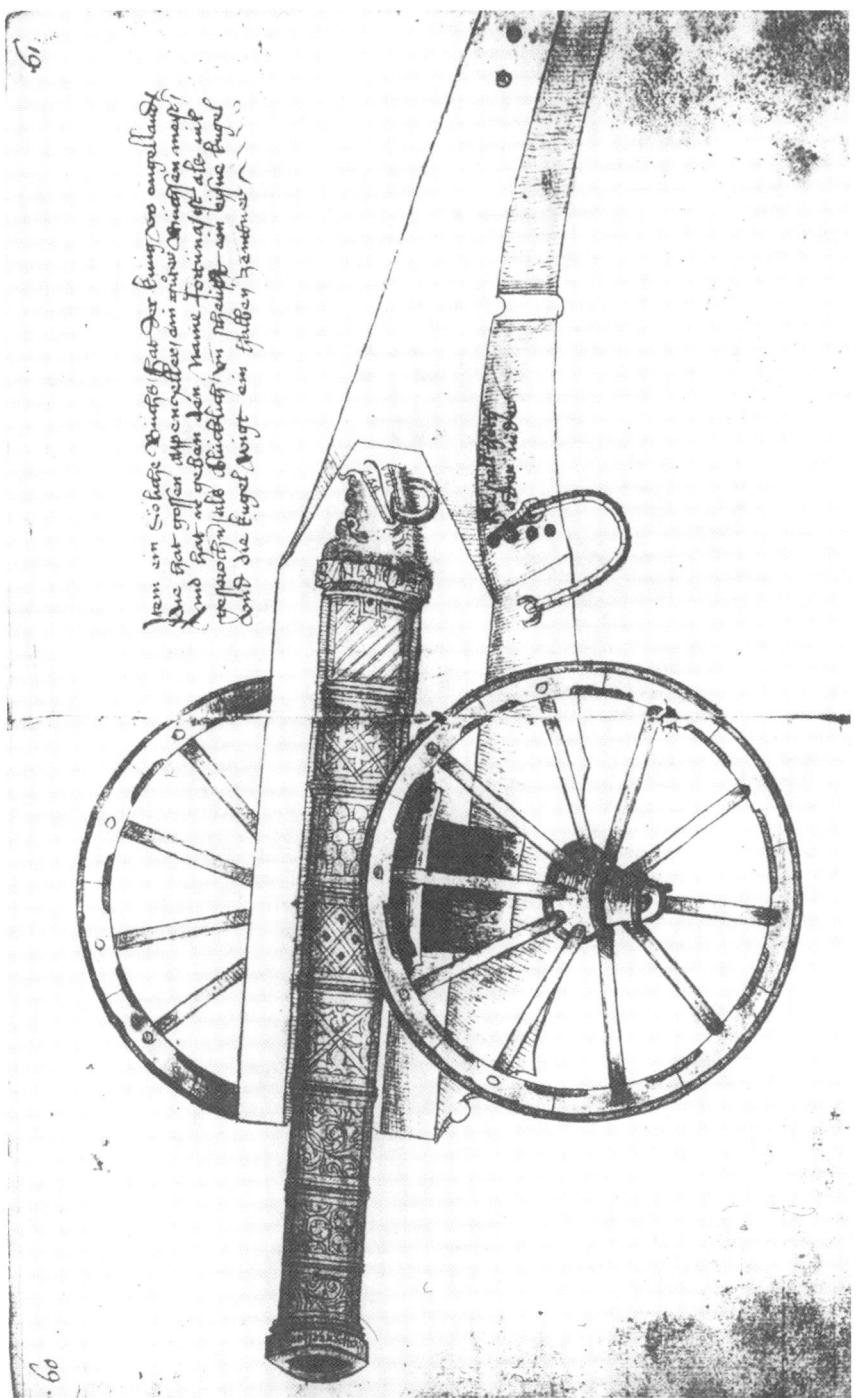

M. Popplow, Bildkataloge. **Abb. 7**

Konkrete Identifizierung eines Entwurfes im Begleittext: Johannes Formschneider, Geschütz des Büchsenmeisters Appentzeller (um 1475) (Bayerische Staatsbibliothek München, cgm 356).

M. Popplow, Bildkataloge, **Abb. 8**
Seltene Darstellung des Todes: Paolo Santini nach Mariano Taccola, Anbringen eines Brandsatzes,
im Vordergrund rechts von einem Stein erschlagener Soldat (um 1475)
(Cliché Bibliothèque nationale de France, Paris, cod. lat. 7239).

M. Popplow, Bildkataloge, **Abb. 9**
Kassette eines Frieses am Herzogspalast von Urbino: Auf einem Karren gelagerte Sturmleiter,
über eine Winde ausklappbar (Ende 15. Jahrhundert).